鼓楼史学丛书·海外中国研究系列

英国对华政策

1895-1902

British Policy
in China, 1895-1902

[英]杨国伦（L.K.Young）著

刘存宽　张俊义　译

中国社会科学出版社

图字：01-2020-3155 号

图书在版编目（CIP）数据

英国对华政策：1895-1902/（英）杨国伦（L.K.Young）著；
刘存宽等译. —北京：中国社会科学出版社，2020.10
（鼓楼史学丛书. 海外中国研究系列）
书名原文：British policy in china：1895-1902
ISBN 978 - 7 - 5203 - 7001-1

Ⅰ.①英…　Ⅱ.①杨…②刘…　Ⅲ.① 对华政策—研究—
英国—1949—1954　Ⅳ.① D822.356.1

中国版本图书馆 CIP 数据核字（2020）第152965 号

出 版 人　赵剑英
责任编辑　宋燕鹏
责任校对　冯英爽
责任印制　李寡寡

出　　　版　中国社会科学出版社
社　　　址　北京鼓楼西大街甲 158 号
邮　　　编　100720
网　　　址　http：//www.csspw.cn
发 行 部　010 - 84083685
门 市 部　010 - 84029450
经　　　销　新华书店及其他书店

印刷装订　北京君升印刷有限公司
版　　　次　2020 年 10 月第 1 版
印　　　次　2020 年 10 月第 1 次印刷

开　　　本　710×1000　1/16
印　　　张　18.25
字　　　数　350 千字
定　　　价　126.00 元

再 版 序 言

　　本书初版于 1991 年，被列入中国社会科学出版社 1987 年开始出版的"中国近代史研究译丛"中的一部，面世迄今已近 30 年。30 年的光阴在人的一生中已不算是个短的时长，它足以令人生出诸多的感慨。本书的主译刘存宽先生为笔者的硕士指导老师，也是笔者从事近代中外关系史的引路人，记得当年跟随恩师学习时，先生曾特别指出，他欣赏牛津式教学方法，即导师不会填鸭式给学生灌输知识，而是提出问题，让学生独立思考，找出解决方法，最后师生共同研究探讨去寻求答案。在此后三年的硕士学习期间，先生基本践行了这一指导方式，笔者也因此度过了一段轻松愉快令人难忘的学习时光。日常接触中，恩师经常通过看似不经意的谈话，来传输着他对治学的理解以及人生感悟，经此长时期的浸染，即便愚钝冥顽如我，事后想来亦是得益匪浅。笔者硕士毕业后荣幸留所工作，与恩师成了同处一个研究室的同事，因而得以继续欣享恩师的耳提面命。参与本书的翻译即是在恩师的鼓励与指导下完成的。记得大概是 1990 年年底的时候，当时我刚从陕西商洛挂职锻炼而归，未来工作如何开展不知所措，同时感情上也遭遇波折，有一天，先生特地把我叫到家中，说作为"中国近代史研究译丛"编委会成员，他准备推荐翻译英国学者杨国伦的《英国对华政策 1895—1902》，这本书对于我们以后开展中英关系史的研究有很大的参考价值，他说我们两个一起译，前半部他译，后半部我译。记得我当时诚惶诚恐又非常忐忑，脱口而出："我行吗？"先生则用充满鼓励与期许的口吻对我说："我了解你，你肯定能行。"正是在先生赞赏式的鼓励下，我下决心费心力最终顺利地完成了这部本人翻译的处女作，也算是没辜负先生的一片期待。光阴似箭，天不假年，先师不幸已于 2012 年 10 月 5 日谢世，距今也有了近 8 年的时间，往昔美好相处虽一如昨日，但这些体验与回味也只能无奈地停留在自己内心的记忆里了。平素里我自认不是一个善于表达内心之人，因此先生过世之时也未曾举笔写些文字以表达对恩师的感念之情，本书的再版正好提供了一个机会，故此写上一段文字以资纪念。

本书聚焦了中英关系史和英国对华政策史上的一个重要时段，从19世纪后期开始，传统的殖民强国英国在世界范围内遭遇了后起的俄、德、美、日等新兴帝国主义国家的挑战，为维护自身权益，英国最终放弃传统的"光辉孤立"政策，在远东选择与日本结盟，1902年英日同盟的签署则成了这一政策转变的重要标志。英日同盟的签署改变了远东的格局并极大地鼓舞与纵容了日本在华的侵略步伐，对英日两国对华关系以及远东国际关系均产生了重要影响，直到1921年12月，随着华盛顿会议召开，在美方压力下，英日同盟才宣告终结。新的华盛顿条约体系暂时调整了第一次世界大战后帝国主义列强在远东、太平洋地区的关系，自此，以美、英、日等为代表的帝国主义在远东和中国的竞逐开始进入了一个新的历史阶段。

近代以来，在中国对外发生交往的国家中，英国一直占居举足轻重的地位，中英关系一直是中国对外极为重要的双边关系。作为曾经的西方资本主义国家中的头号强国，英国对近代中国产生过重要影响。1840年的中英鸦片战争是中国近代史的标志性事件，它开启了中国半殖民地化和近代化的历程。英国是传统中国被迫走向半殖民地、半封建社会的元凶，同时也是近代欧洲文明和新型产业模式传入中国最早最多的国家。在近代中国百余年漫长历史进程中，英国曾扮演过侵略者、帮凶、掮客、合作者、盟友等多重角色，每一种身份都演绎着近代中英关系的一段丰富历史。与此同时，近代中英关系的发展也在不同程度上影响了近代中国的发展轨迹。近代中英关系的特殊性与复杂性在香港问题上有着突出的展现。英国对中国香港的割占，开启了中国遭受西方列强侵略与奴役的苦难历程，成为近代中国百年屈辱的一个历史象征。而收回香港主权的努力则代表了近代中国抵抗强权、御侮图强的追求与决心。香港从被割占到最终回归中国的历史进程，既反映了近代以来中英两国此消彼长的关系变化，同时也成为近代中国从落后挨打到崛起复兴的一个绝妙注解。

　　有鉴于此，在国内学术界，近代中英关系史一直是学术研究的热点，出版过众多研究著述，即便如此，遗憾的是，目前学术界仍然缺乏一部能够全面反映近代中英关系发展历程的通史性研究著作，恩师在世时曾有意组织完成此项事业，并一度拟定过研究计划和搜集整理过研究著述目录，然而，由于各种原因，这项工作并未取得实质性进展。因此，笔者也借此呼吁有志于近代中英关系史研究的同仁投身此项工作，弥补这一学术缺憾。最后，感谢为再版此书热心联络和付出辛劳的中国社会科学出版社的宋燕鹏主任及其他工作人员。

张　俊　义

2020 年 9 月 6 日于北京

原 译 者 序

本书论述的是中英关系的一个十分重要的历史时期。著者 Leonard Kenneth Young 是英国学者，中文名字叫杨国伦，1926 年出生于英国伦敦，1951 年伯明翰大学毕业，50 年代后期曾在马来亚大学执教。1960 年以后定居中国香港，曾任香港大学教授、历史系主任、代理副校长等职。

19 世纪末 20 世纪初的中国，正值清王朝病入膏肓，奄奄待毙之时。外有列强环伺，虎视眈眈，时刻准备扑向这个半死人，以攫取一部分肢体。1894—1895 年的甲午中日战争，将半殖民地中国的虚弱性暴露无遗，引起列强一拥而上，大肆劫掠。这是帝国主义瓜分中国，掠夺各项让与权，划分在华势力范围的年代；也是中国人民酝酿变革，誓死抗争，掀起声势浩大的义和团运动，并遭受到八国联军野蛮镇压的年代。这是中国人民经历空前苦难和屈辱，各种重大事件接踵而至的动荡不安的年代。

这时的英国正值维多利亚女王时代（1837—1901）的末期。盛极一时的"日不落"大英帝国虽然仍拥有相当大的实力，但已逐渐丧失昔日的光辉，衰落的迹象随处可见。是它，曾以其坚船利炮，不可一世地冲开了老朽的中华帝国的大门，并在侵略中国上稳执牛耳达数十年之久；如今却面对俄法同盟和后起的日、德、美等国的竞争，不得不为保持其在华既得利益而焦虑不安了。为此，英国的索尔兹伯里第三届内阁不得不调整其对华政策；由视中国为英国的禁脔转而参与列强在华势力范围的划分，并开始放弃传统的"光荣孤立"政策，试图寻找盟友，终于在 1902 年缔结了"英日同盟"。这不能不说是英国对外政策方针的一次历史性大变化。

本书选择中、英两国均处于重大转折的时期来论述中英关系，自然是内容丰富而饶有兴味的。本书有三大优点：一是立论公允，较少偏见；二是叙事详明，条理清楚；三是史料充实，言必有据。著者在本书中广泛使用了英国外交部、殖民地部、海军部、陆军部、内阁及英国驻华使领馆的档案，以及索尔兹伯里、张伯伦、兰斯多恩等许多人的私人文书和英国议会文书，此外，还参考了一些中国和他国的历史文献，这是本书的一个突出特点。

本书是译者在研究中英关系史的过程中翻译的。原著于1970年由牛津大学出版社出版。书的第1—7章由刘存宽翻译，第8—12章由张俊义翻译，全书由刘存宽负责总校。译文若有不妥之处，敬希读者指正。

本书在出版过程中，得到范明礼、王昊二同志的大力支持和帮助，特此致谢。

刘　存　宽
90年代第一春于中国社
会科学院近代史研究所

目　　录

第一章　导言

在索尔兹伯里第三届内阁的整个任期内（1895—1902），中国问题引起英国政府的很大关注。这个时期英国不想在远东采取主动。1895 年标志着英国对外政策的一个关键时期的开端。亚美尼亚大屠杀已经重新提出了俄国在海峡地区活跃起来的问题。在非洲，法国在尼日尔正转而执行一种侵略政策，英法在埃及问题上的关系十分紧张。这年年底以前，由于德皇威廉二世干涉特兰西瓦尼亚事务，英德关系趋于紧张，美国在委内瑞拉边界问题上也想表明它对正在形成的国际问题的观点。此外，评估这些事件，都必须涉及新形成的 1894 年法俄同盟。从 1895 年起，英国政治家们的政治考虑都是围绕着这件主要事实，即英国对于这个潜在的敌对联合体找不到满意的对策。

早在 1892 年 6 月这两个强国之间的友好关系初次明显起来的时候，索尔兹伯里即已洞察到这个"两强同盟"的政治意义。当时陆军情报处处长和海军情报处处长有一个报告，指出要保卫君士坦丁堡不受到俄国的进攻，只能靠摧毁土伦的法国舰队才能实现，据此，索尔兹伯里认为英国能否继续封锁海峡是成问题的[①]。因此，在他几个月后离职的时候，他力劝继任的罗斯伯里继续保持 1887 年的地中海协议，这协议同"三国同盟"诸强有一些次要的关系[②]。

[①]　索尔兹伯里备忘录，绝密，印内阁参考，1892 年 6 月 8 日，附有陆军情报处处长和海军情报处处长 1892 年 8 月 18 日的报告。索尔兹伯里文书。

[②]　见格温·塞西尔夫人《罗伯特·索尔兹伯里侯爵传》，4 卷本，伦敦，1931—1932 年出版，第 4 卷，第 404—405 页；戴姆·莉莲·彭森《英国外交的新方针，1892—1902》，《英国皇家历史学会会刊》，第 4 辑，第 25 期（1943 年），第 130 页。

1895 年索尔兹伯里重新任职后，除了他在一个短的时期内试图在亚美尼压问题上得到德国的合作外，他采取了不同的态度。索尔兹伯里在他的整个第三届政府任内对德皇威廉二世的巨大野心以及他渴望在世界事务中起决定作用一事越来越有所认识。在索尔兹伯里看来，英国在欧洲卷入"三强同盟"组织代价太高，不值得为了寻求德国在英国捍卫其海外利益时给予靠不住的支持而花如此高的代价。此外，从 1895 年起愈来愈明显，俄国和法国的扩张倾向并不是对着欧洲，而是旨在确立它们在国外的地位。

远东特别引起这两个强国的注意。中国真正的软弱程度在 1894—1895年的中日战争中一经暴露，俄国和法国就企图扩大他们的在华阵地。德国、日本以及在较小程度上的美国参加了这一行动，导致了列强在远东争夺影响力的激烈斗争。在此情况下，英国被迫采取守势，不仅要保卫其既得的条约权利，而且要保持它的整个在华地位的基础。

19 世纪英国在远东的地位

19 世纪英国在华的主要利益是贸易，它在那里的主要政策目标，就是在保持它已经在远东确立起来的商业优势地位的同时，致力于这一贸易的普遍扩大。通过 1839—1842 年及 1856—1860 年的对华战争而获得的这个地位，是建立在一些既得条约权利的基础上的。通过结束第一次英中战争的《南京条约》，香港割让给了英国，在广州、厦门、福州、宁波和上海五口岸获得通商特权。规定了英国臣民在这些条约口岸的居住权、旅行权和治外法权等条件，就贸易的关税率达成了协议，这一关税率在 1843 年7 月 22 日的《中英五口通商税则章程》和 1843 年 10 月 8 日的《虎门补充条约》中有更加明确的规定 ①。第二次中英战争期间议定并于 1860 年战

---

* 印《五口通商附粘善后条款》。——译者。

① 《中国海关条约汇编》，两卷本，上海，1917 年第 2 版，第 1 卷，第 341—356、383—389 页；M. 格林伯格著《英国贸易与中国的开放，1800—1842》（剑桥，1951 年出版）一书中有关于这个时期英国政策的论述。并见 W.C. 科斯廷：《英国与中国，1833—1860》（牛津，1937 年出版）；费正清：《中国沿海的贸易与外交：条约口岸的开放，1842—1854》，两卷本（马萨诸塞州坎布里奇，1953 年出版）；G.H.C. 黄：《耆善义律关于设立近海转运港的谈判及流产的穿鼻约的再评价》，《丝绸文物》，第 14 卷（1949—1955），第 539—573 页。

争结束时批准的 1858 年《天津条约》扩大并巩固了这一地位。根据这个条约，中国沿海和长江沿岸又增开了一些口岸。贸易条件改善了，重修了海关贸易税率，规定外国人持通行证可以在条约口岸以外的地方去旅行。此外，确定了外国外交官驻在北京的权利，还就组成中国外交部（总理衙门）一事作出了安排，外国列强通过它可以在官方的基础上和中国打交道[1]。

英国带头采取这一行动，为其他外国列强所接受和遵循，因为那时他们在远东的商业利益尚未如此扩大。因此，在解决《南京条约》问题时，美国和法国和中国议定了单独的条约，其他国家在随后几年中也起而效尤[2]。随后，法国积极参加了 1856—1860 年的战争以扩大其条约权利，美国和俄国加入了天津的解决办法[3]。

英国欢迎这一参加，因为这有助于扩大外国列强在东方的一般阵地。它所采取的保护英国利益的唯一措施，就是在 1843 年 10 月 8 日的《虎门条约》中规定，中国给予外国臣民的任何特权英国臣民可以均沾，这个条约的商定正值法国及美国的条约正在考虑之中的时候。这个最惠国待遇原则，和中国有条约关系的其他列强很快也提了出来，写进了当时中国签订的绝大多数协定中，并在 1858 年《天津条约》中得到重新确认。它实际上成了在中国的条约地位的拱顶石[4]。1895 年以后，中国倾向于给予其他外国列强以排他性的有约束力的租让权，英国就广泛使用这种保护性措施，不过在谈判这件事的时候，英国政治家们并没有想到要行使这个保护性条款。当时的英国外交大臣克拉兰顿勋爵说，英国的目标仅仅是要确保整个中国向外国贸易开放，所有的国家都应该在平等基础上参与这一贸易[5]。

---

① 《中国海关条约汇编》，第 1 卷，第 401—431 页。

② 《中国海关条约汇编》，第 1 卷，第 677—712、771—813 页。关于法国和美国在这个时期的活动，见格罗斯—阿晓夫：《耆英剌萼尼谈判，1844—1846》（纽约·卢万，1950 年出版）；J.F. 卡迪：《法国帝国主义在东亚的起源》（纽约，1954 年出版），第 43—63 页；施维许：《中国对美夷的驾驭，中美关系研究，1841—1861》附文件（纽黑文，1953 年出版）；蒋廷黻：《南京条约后平等的贸易优惠权扩大到英国以外的其他国家》，《中国社会及政治学报》，1931 年，第 15 卷，第 2 期，第 422—44 页。

③ 《中国海关条约汇编》，第 1 卷，第 81—124、713—735、814—882 页。

④ 戚洛比：《外国在中国的权利和利益》，两卷本（巴尔的摩，1927 年出版），第 1 卷，第 35—45 页；第 2 卷，第 726—733 页。

⑤ 有关 1857—1859 年额尔金伯爵赴中国和日本特别使团的来往文书，见《报道与文书》，《英国议会文书》，第 2 次会议，第 33 卷，第 4—6 页。

　　由于英国对控制现有贸易显然有保证，因此它当时对华政策的实施不曾引起过像上两次战争的那种压倒一切的紧迫感。这个情况部分地是由于帕麦斯顿勋爵在外交部的继任者们不愿意在海外继续推行一种支持英国商业冒险事业的有风险的政策；部分由于 1860 年以后政府更加集中注意欧洲事务。至于中国，在 19 世纪 60 年代已能觉察到这一变化，那时商业部提出了一系列报告，引起人们注意到在中国的商业机会的真正性质及其局限性①。与此同时，1851—1864 年出现的破坏性的太平天国运动使得必须明确官方的态度。很明显，尽管英国的商业利益迫切要求扩展贸易，但是为了实现这一点而不恰当地施加压力，只能削弱现存的清朝政府，加强中国国内的不满，而且可能导致限制现有的贸易，损害英国的有利地位。因而在 19 世纪后半期，特别是 1876 年的《烟台条约》使英国的地位更加牢固以后，英国的商业利益更加服从于这样一件事实，即官方政策旨在通过和平的方式和支持中国的政治稳定来保持英国商业的突出地位。英国代表们只是在此限度内寻求纠正现存条约中的反常现象，并逐步巩固其商业阵地。

　　在 1894—1895 年中日战争以前，在中国一点也没有出现任何可以预见到的能威胁它的地位的迹象。在 19 世纪后几十年中，驻北京的英国代表，在指导事务上表现出一种满不在乎的，甚至是傲慢长官的态度，相信英国能控制 80% 以上的中国对外贸易。

　　英国在长江的条约口岸中的势力以上海最大，这个地方到 19 世纪中叶已经代替广州成为外国商业活动的中心。富庶的长江地区一般认为是英国享有特殊利益的地方。英国公司在各条约口岸对其竞争者占有压倒优势。像怡和洋行、太古洋行、颠地洋行等公司控制了进口贸易和沿海贸易的大部分，即使货物实际上并非用英国船只运载，多半也是用悬挂英国旗的中国船只运出香港的。这数量与日俱增的贸易，其资金的筹措同样主要是靠英国商界提供。印度、澳大利业和中国的渣打银行和汇丰银行在这个方面占压倒优势：直到 19 世纪 90 年代德亚银行（1889）、横滨正金银行（1892）和可怕的华俄道胜银行成立以前，英国银行家们并没有碰到过重

---

① 伯尔考维茨：《中国通与英国外交部》（纽约，1948 年出版），第 53—54，69—71 页。

大的外国竞争。

英国企业在对外贸易上也没有局限于狭隘的观点。它在商业上所承担的义务的复杂性质，导致它越来越多地卷入中国经济的各个层面中去。虽然直到1895年才从中国获得成立制造业公司的合法权利，但是英国公司实际上已卷入造船、工程、棉纺等业的活动。

在南方，香港已经发展成一个繁荣的转口贸易港，不仅大多数的欧洲贸易，而且还有东南亚的贸易，都要经过该地。这个殖民地为巩固英国在远东的整个地位提供了一个可靠据点，并且形成了扩大英国影响的第二个中心。英国海军的一些部队巡逻中国沿海，造成商业上的信心，并有助于消灭海盗。如英国殖民部档案所示，前后相继的一些港督认为他们的作用较之单单管理殖民地政府要大一些，他们对华南事务的兴趣越来越大了。

不过，要充分认识英国在中国承担的义务，就得了解其参加和控制中华帝国海关的情况。中国海关是在太平天国运动时在上海出现的，是时地方当局权力的崩溃导致外国领事官们承担起征收关税的责任。其后10年间在罗伯特·赫德的有力指导下，中国海关迅速发展起来，实行征收关税和收税并将其控制力扩大到各个条约口岸。它具有多种职能，其中最主要的是它形成了中国在西方影响下实现近代化的独一无二的工具：它完成了中国沿海地图的绘制，设置了助航设施，建立了邮政系统、学校和一些学院，出版了贸易分析报告并派遣教育使团出国考察。得到可靠征收和严格管理的税收交给了中国政府，在支撑中国财政、偿付赔款及为贷款提供担保方面起了重大作用。到该世纪末，赫德取得了准外交官的地位，当上了中国政府的非正式顾问。这个行政部门雇用了700多名外籍雇员，其中大多数是英国人。虽然赫德拒绝那样想，而且坚持认为他本人及他的人马是中国政府的雇员，但是从外国列强和英国的观点看，中国海关及其行使的巨大权力，则是英国所特别关切的事。

外国竞争的兴起

19世纪最后几十年，在远东出现了几个威胁英国的安然统治和表明可能发生外国竞争的因素。19世纪80年代欧洲国家和美国增长起来的工业发展，促使它们对英国在世界贸易中的统治地位提出广泛的挑战。这一竞争的特点是在国内市场建立关税壁垒和为控制尚未开发的海外市场而斗争。对尚未占有的非洲、太平洋诸岛及远东表现出更大的兴趣。由于列强不能期望在同英国的公开竞争中控制这些地区，因而他们倾向于寻求一种排他性的领土控制的方式，并以外交支持为手段把它们的商业企业强加给这些地区。其结果，英国谋求在全世界保持的平等公开的商业活动的原则，遭到其他外国列强连续不断的破坏。

在中国，由于 1860 年以后列强和清朝廷正式建立了外交关系，间接地促进了这股潮流。由于各国的不同利益表现得更加明显，因而列强在早期打开中国大门时的那种合作精神便自然消退了。驻在北京的不同国家的外交代表愈来愈多地倾向于关心解决涉及其本国国民的具体申诉，这就给在补偿问题上私下提出要求开辟了道路。与此同时，由于各国认识到对华贸易的局限性，又加强了它们通过外交压力谋求各自利益的倾向。尽管最惠国待遇条款保证了这种竞争实践不会对英国已经确立起来的条约地位产生严重的影响，但是在应用这个条款时却暴露了列强在中国的不同目标。

这方面的外国竞争在 19 世纪 80 年代愈来愈引起英国商界的关切。事实上，英国公众最初大声疾呼反对其外国竞争者用领事和外交支持的办法施加压力，是英国商界对 1884—1885 年的远东局势感到关切引起的①，这种做法在同时发生的对非洲的瓜分中很快成为一个政治问题。这导致刚刚组成第一届短命内阁的索尔兹伯里侯爵授权在凡是外国商人得到官方支持的地方，英国也给予同样的外交支持。此后，英国外交部认为促进英国的对华贸易利益是合法的，这使 1889 年组成的同这股外国竞争的新潮流作斗争的英国商人组织"英商中华社会"感到心满意足②。

这时远东事务中出现的第二个因素对 1895 年以后这段时期的英国政策将发生更重大影响。迄今忙于中国事务的列强愈来愈把注意力转向邻近

---

① R.J.S. 霍夫曼：《英德贸易竞争，1875—1914》（费城及伦敦，1933 年出版），第 53—55、172—173 页。关于这一局势的概述，见伯尔考维茨《中国通与英国外交部》，第 131—153 页。

② J.A.C. 蒂利、S. 盖斯利：《英国外交部》（伦敦，1933 年出版），第 245 页，关于英商中华社会，见伯尔考维茨：《中国通与英国外交部》，第 157—189 页。按：China Association 这个英商组织的中文名称是"英商中华社会"，国内一般学术著作意译为"中国协会"，似宜从原称。——译者

东亚的领土。争夺中国附属国的斗争开展起来，这一斗争决定了活跃在这些地区的列强的不同的、往往是互相冲突的政策和利益。

1853 年带头打开日本大门的美国就是这样一个强国。虽然美国在 19 世纪末以前再未对日本恢复多大的兴趣，但是日本的出现确有更加直接的影响。日本从 1868 年起开始实行一个近代化的和政治军事改组的长期纲领，要使它在世纪之交跻身于大国的水平。明治时期日本政治家们面临的一件重要事情是逐渐形成一种代替已被废弃的德川幕府的闭关锁国的外交政策。为了达到这个目的，他们亲自把这个外交政策应用到日本在远东的战略地位的问题上，特别是他们对于控制日本四周的岛屿和领土深感兴趣。于是在 19 世纪 70 年代占领了琉球群岛和小笠原群岛，在北海道鼓励殖民，并竭力扩大日本在台湾和朝鲜的势力。尤其朝鲜是近邻，这就使它在日本政策中成为一个首要的地区。由于朝鲜是中国的属国，因而两国之间接着发生了争夺该地控制权的斗争，这终于酿成了 1894 年的战争。

中日在朝鲜问题上发生的摩擦，由于俄国对该地区领土的兴趣增长而更加复杂了。在共同陆界上和中国有长期接触历史的俄国，在 19 世纪中叶将它的活动推向一个新的阶段。俄国依靠东西伯利亚总督尼古拉·穆拉维约夫伯爵的主动精神，于 1857—1859 年在乌苏里江和阿穆尔地区建立了移民村屯，并于 1860 年建立了符拉迪沃斯托克港[①]。这个殖民地的缓慢发展很快使人们认识到，要在东方有成效地殖民，只有建立一条连接俄国西部领土的高效率交通线才能实现。由于漫长的海路不切实际，注意力便转向发展陆上铁路交通上了。19 世纪 60 年代开始有了西伯利亚地区内的一些路线的零星方案，到 1875 年，已经形成从伏尔加河连绵到阿穆尔河路线的想法。1877—1878 年俄土战争时，兴趣转到修筑伏尔加—乌拉尔地区的铁路上，这个想法暂时中断，但是在其后的 10 年中，由于这次战争所造成的后果，由于柏林会议对俄国在中东行动所强加的限制，由于 1879 年的德奥秘密结盟的事在 1887 年泄露出来，以及 1887 年索尔兹伯里侯爵在君士坦丁堡和地中海问题上采取了强硬立场，俄国对近东事务的影响受

---

① A. 马洛泽莫夫：《俄国远东政策，1881，1904》（伯克利—伦敦，1958 年出版），第 6—9 页；俄国与此有关的外交活动，在 M. 曼考尔《伊格纳切夫少将出使北京，1859—1860》一文中有所论述，见《有关中国的论著》，第 10 辑（1956 年，哈佛大学出版），第 55—96 页。

到了限制。与此同时，在伊犁问题上和中国发生的麻烦、中国致力于向东北和乌苏里地区移民、朝鲜对外国开放贸易以及日本在那里的势力的急剧增长，又引起俄国对其东方地位的安全感到担心。其结果，在19世纪80年代可以明显看到俄国的注意力从近东转到远东。从1891年修一条连绵不断的横跨西伯利亚的铁路的想法得到批准以后，这个想法便成了俄国政策的一个重要因素①。

1892年，这条铁路的工程置于谢尔盖·维特伯爵的控制下，他在1892—1903年间任俄国的财政大臣。在他的有力指导下，西伯利亚铁路成了俄国政策的一个举足轻重的因素。在维特看来，这条铁路"是世界上的一件大事，它在各国历史上开辟了一个新时代，它引起各国间现存经济关系的剧变是并非偶然的"②。这条铁路线将建立起俄国同东方的交往，而在经济上，它将对英国所控制的海运贸易提出挑战。俄国将通过经济纽带在中国起决定性的政治作用。这一过度的野心之所以成为可能，是由于维特作为财政大臣，能够支配通过1894年两强同盟的财政而得到的法国资本的财力。

1894年拟定了除去贝加尔湖和阿穆尔区段以外的整条线路的建筑方案。这条线路的东边终点是符拉迪沃斯托克。这个港口有两个严重的不利条件：首先，一年中它有五个月封冻；其次，要到达该地，这条线要围着中国东北领土的北部边界绕一个很大的圈。于是获取一个不冻的出海口就认为是必不可少的了。虽然俄国设计者们在这样一个港口的位置问题上意见分歧，但是一般来说，在中日战争前的时期，俄国官方的意见倾向于把铁路东部终点从符拉迪沃斯托克沿阿穆尔海岸*而下延伸到朝鲜的一个较为有利的出海口③。

19世纪下半叶对远东发生领土兴趣的另一个欧洲强国是法国。法国早就对占有东方领土发生兴趣，但是这些领土在拿破仑战争时期丢掉了。19

---

① 马洛泽莫夫：《俄国远东政策》，第20—29、34—39页；罗曼诺夫：《俄国在"满洲"，1892—1906》（列宁格勒，1928年出版，1952年安阿伯出版的S.W.琼斯的英译本），第38—44页。

② 引自罗曼诺夫：《俄国在"满洲"》，第43页。

* 应为"沿滨海省海岸"，此处系显系错引。——译者。

③ 罗曼诺夫：《俄国在"满洲"》，第7—10、53、62—63页。

世纪上半叶，法国政府致力于恢复法国在东方的影响，其办法是支持天主教传教事业。尽管这一措施给开始恢复法国在东方的影响作了准备，但是它几乎不能满足拿破仑时代沿袭下来的那种实行生气勃勃的外交的感情①。1858年拿破仑三世利用法国参加第二次中英战争来干涉1847—1883年的安南国王嗣德的排外、反洋教活动。岘港和西贡于1858—1859年被占领，并于1862年6月议定了《法国—安南条约》，据约安南割让南部三个省，然后组成法属交趾支那②。

19世纪60年代，法国将其势力扩张到柬埔寨和老挝，从而巩固了它的这一地位。它通过这些行动稳稳地控制了湄公河和红河的出海口，这两条河支配着东南亚内陆的贸易，并同中国的内陆省份保持联系。通过一条法国单独控制的路径吸取中国内地的资源，从而使日益衰落的对华贸易复苏，这种可能性引起法国的兴趣是自然而然的事。因此，1866—1868年派出了晃西士加尼—特拉格来探险队去考察湄公河的通航程度。晃西士加尼发现这条路不能通行，于是兴趣便转向红河，以之作为通向以富饶著称的云南省的替代物。一个常驻汉口的法国商人堵布益于1866—1872年从红河云南一边的入口航行了这条河，又于1872—1873年沿着相反的方向航行该河，证实了沿着这条河可以抵达云南③。

这些探险队的成功，鼓励了法国在印度支那向前推进，以求控制扼红河咽喉的省份东京。1874年3月同东京人议定了一项条约，并在当时的法国总理茹·费里的热情支持下，这个地区逐步归法国控制，直到1883年8月建立了保护国④。这导致了同安南及其向之进贡的宗主国中国的断断续续的战争。尽管法国在这次战争中打了几次小败仗（然而这已足以使费里下台了），到1885年，法国已经在东南亚大陆确立有利的地位了。

英国对政治事态上的这些发展的态度取决于对其既得利益影响的程度。一般来说，它是欢迎将对华贸易扩展到周围的东亚领土的，但是它

---

① 加迪：《法帝国主义的起源》，第17—42、83—87页。

② S.H.罗伯茨：《法国殖民政策史》，两卷本，（伦敦，1929年出版），第2卷，第421—422页。

③ 罗伯茨：《法国殖民政策史》，第2卷，第422页；A.曼菲：《法国帝国主义的意识形态》，1871—1881，华盛顿1958年出版，第50—59、60—63页。

④ 亨利·高第：《中国同西方列强关系史，1860—1902》，3卷本（巴黎，1901—1902年出版），第2卷，第331—392页。

又决心要这些地区向商业自由开放。因此它参加了打开日本大门的活动。然后，随着外国势力伸入朝鲜，它又鼓励中国建议其属国给予所有利益相关的列强以平等的商业权利，以阻挠任何个别列强的势力过度增长①。在19世纪80年代达到这个目的以后，英国的官方舆论对中国、日本和俄国卷入朝鲜事务就采取一种比较超然的观点了。在1895年以前的时期，在卷进去的三个强国中，唯一可能引起英国忧虑的是俄国，但是由于东北亚不能认为是和英国有直接利害关系的地区，由此对俄国人的活动多半未加过问。

整个19世纪英俄竞争中一再出现的问题，在于所谓印度脆弱经不起俄国的进攻。虽然印度事务部关于俄国在西北边界沿线进行阴谋活动的卷帙浩繁的报告使人们注意到这个可能性，但是该多山高地的几乎无法穿越的特性使一切深怕直接入侵的恐惧减轻了。英国的注意力集中在阻止俄国通过黑海海峡取得出海口上面，这在1869年苏伊士运河通航，开辟了短捷的航线后，其重要性更增加了。

19世纪下半叶俄国在中亚和中东的推进使保卫印度的问题进入一个新的阶段。1878年和1885年，英俄在阿富汗问题上先后两次似乎就要开战，英国也被迫转而采取更加积极的措施，并企图在印度西北边界同俄国达成一项解决办法②。19世纪80年代俄国公开干涉朝鲜事务初次显露出来的时候，英国的注意力更多地是放在俄国在中亚的活动上，而不是远东。就与中国有关的事情而言，英国驻北京的代表们在喀什噶尔和西藏安全问题上而不是在朝鲜问题上更多地运用他们的外交才能。就是1885年英国占领朝鲜海岸附近的巨文岛这件事，也应该将之当成该年阿富汗危机的一个方面来理解。

---

① E.V.G. 季南：《英国对华外交，1880—1885》（伦敦，1939年出版），第81—85页，芮玛丽：《清代外交的适应性》，《亚洲研究杂志》，第17期（1958年），第363—381年。W.G. 比斯利著《英国与日本的开放，1834—1858》（伦敦，1951年出版）一书论述了英国对日本开放的政策。

② C.C. 戴维斯：《西北边疆问题，1890—1908》（剑桥，1932年出版），第1—17、71—98页；W. 哈伯顿：《英俄在阿富汗的关系，1837—1907》，（厄巴纳，1937年出版），第23—68页有关部分；V.G. 季南：《喀什噶尔与中亚政治，1868—1878》，载《剑桥历史杂志》，第11期（1955年），第317—342页；A.P. 桑顿：《英俄外交中的阿富汗，1869—1873》，同上杂志，第11期（1954年），第204—218页。

　　另一方面，法国在东方的活动构成对英国在这些地方的利益的更加直接的威胁，因而这些活动受到英国政治家们更加密切的注意。首先，法国占有的领土在东南亚大陆的确立使它和在该地同样占有领土的英国发生竞争。其次，法国想把对华贸易向南方吸引的必然可能构成对英国控制这一贸易的威胁。最后，法国在湄公河上游和中国内地省份建立控制，引起英帝国担心印度的安全。

　　英国 19 世纪初即已在东南亚大陆建立了领土阵地。通过 1824 年第一次英缅战争，若开和丹那沙林两省被占领，在阿瓦设立了英国驻扎官。1852 年第二次战争后，下缅甸被占领；往后的 1862 年和 1867 年条约巩固了这一地位。其后，英国手忙脚乱地致力于向北面扩充其势力。同法国时事评论员和旅行家一样，英国的时事评论员和旅行家们也向往于从南面打开一条通向中国内地的陆路交通线。其实斯普赖和霍尔特这两位英国时事评论家的书比晃西士加尼的书要早 10 年之久①。但是法国转向河道时英国却倾向于铁路方案。其中在曼德勒和云南之间修一条铁路的方案得到商业界的支持，而对这些方案力能胜任的英印政府则倾向于采用经八莫到云南的一条更西的线路②。后一条线路的局部勘查于 1867—1875 年之间进行，直到派往云南谈判一项协定的英国领事马嘉理之死为止。其后一个时期，这件事引起英国官方对该路线漠不关心，直到 19 世纪 80 年代后期法国人的活动使这件事重新紧迫起来，才重新恢复活力。

　　其实英国政府对这个陆路铁道联系的商业潜力几乎没有信心。从英印政府宁肯选择战略吸引力大于商业吸引力的八莫线可以看出，官方的有限热情不是由指望获得商业利益激起的，而是法国人的活动越来越引起的紧张不安所激起的。法国探险队进入湄公河河谷、19 世纪 70 年代缔结一项条约的谈判，以及关于法国人在曼德勒从事阴谋活动的报道，都表明上缅甸有可能成为法国冒险计划的牺牲品。这件事的后果将是一个大国在印度的东部边疆确立下来。鉴于英国占领埃及使英法关系恶化了，因此这个可

---

　　①　W.B. 沃尔什：《云南的神话》，载《远东评论》，第 2 期（1943 年 5 月），第 272—285 页；H.R. 戴维斯：《云南：印度和长江的纽带》（剑桥，1909 年出版），第 4—17 页。

　　②　沃纳先生的两个备忘录：《铁路延伸至中国境内的方案》及《对云南的贸易前景》，索尔兹伯里文书：91/34。

能性在 19 世纪 80 年代就显得特别严重。1885 年，英国寻求通过吞并上缅甸来解决这个问题。

此后英国在该地区政策的主要目标就是反对法国进一步侵入内地。为了达到这个目的，英国主张使暹罗继续成为英、法领地之间的缓冲国。其次，它谋求在缅甸边境明确划界。英国人于 1890 年沿萨尔温江和湄公河进行了勘察，这一勘察于 1893 年为暹罗所承认。不过法国对这一解决办法持有异议，它反对暹罗对湄公河上游左岸地区提出的要求。两艘法国炮艇于 1893 年 7 月开往曼谷，当英国接到命令英国炮舰驶离该河的报道时，英法关系随即紧张起来，一时有卷入一场战争的可能[1]。

不过，暹罗危机在第二年被中日战争的阴影遮盖而模糊起来，这场战争使列强的活动进入一个新阶段。

中日战争

1894 年夏，朝鲜的一个名叫东学党的民族主义派别的起义激起了中日争夺对朝鲜事务的控制权的斗争，这一斗争导致中日间的敌对行动。在随后的冲突中，日本陆海军的优势使中国遭受接二连三的失败。日本在平壤（1894 年 9 月 15 日）和鸭绿江（1894 年 9 月 17 日）取得胜利后，日军随即在东北南部战略上至关重要的辽东半岛登陆。该地区的主要设防中心旅顺口于 11 月陷落。1895 年 1 月，日军在山东的一个海岬登陆，攻占了除旅顺口外华北海域中唯一有点战略用处的港口威海卫。中国人面临日本对北京愈来愈大的威胁而请求议和。然后战斗零零星星继续到 4 月份，那时两国在马关议定了一个解决办法。

英国原来没有预见到会打仗，因而政府不知道采取什么态度才算合适。最初，一艘名叫"高陞号"的悬挂英国旗帜的中国船只运送中国增援部队去朝鲜，被日本人击沉，曾经引起一些反感。对日本可能进攻上海，英国也曾表示过担心。然而当日本人对外国在华利益作出安全保证并承诺全面赔偿"高陞号"的损失时，英国舆论马上就平息下来了。

---

① W.L. 兰格：《帝国主义的外交，1890—1902》，第 3 版（纽约，1931 年出版），第 43—45 页。

在格拉德斯顿 3 月份辞职后，刚刚接管政府控制权、权力尚不稳定的罗斯伯里勋爵，并不想在远东采取主动。头一年暹罗危机时他任外交大臣，他知道在东方的复杂国际形势下英国政策可能造成的影响。因此罗斯伯里致力于恢复原来局面的和解。经过旷日持久的事先协商后，英国的仲裁建议于 1894 年 10 月 6 日送给了美、法、俄、德四个国家[①]。

这项建议没有得到采纳。1894 年大陆列强的注意力集中在欧洲和近东的事件以及该年的法俄和解上。同样，美国对太平洋和远东事务的兴趣尚有待于发展，这种兴趣要到 1898 年的美西战争才引发起来。野心受到最明显影响的俄国，这时暂时被沙皇尼古拉二世的继位吸引住了。此外，它对战争采取什么合适的政策还是犹豫不决的。1894 年夏末日本军事节节胜利的时候，俄国还不能决定是否对日本采取强硬态度，还是与日本达成一项协议，使其同意在朝鲜给计划中的西伯利亚铁路找一个出海口[②]。这种犹豫态度是所有列强的特点，它们对事件的急转直下惊诧不已。

然而，随着战争过程的进展及日本占领辽东半岛和朝鲜，引起了俄国人的焦虑。因此，1895 年 2 月中国人显然在求和的时候，俄国采取了英国人在 10 月 6 日提议失败后已经放弃的那种主动行动，并且提出外国列强互相保证朝鲜独立的建设[③]。于是在 2、3 月份英、法、俄、德之间接着进行了对话，这种对话由于列强要弄清当时日本在马关谈判解决办法时提出的条件迟迟不作决定，而没有结果。4 月 4 日获知了这些条件。日本除了要求一大笔赔款、要求中国开放更多的港口以及其他商业上的让与权外，还要求朝鲜独立，吞并台湾、澎湖和辽东半岛[④]。

这些要求的广泛领土性使俄国大吃一惊。四天以后，即 4 月 8 日，俄国建议列强联合起来劝说日本，告诉它吞并辽东将使朝鲜的独立成为

---

① P. 约瑟夫：《列强对华外交，1894—1900》（伦敦，1928 年出版），第 73 页。

② 马洛泽莫夫：《俄国远东政策》，第 58—59 页；罗曼诺夫：《俄国在"满洲"》，第 53—57、70 页；（红色档案）杂志俄国文件的英译文可查：该杂志第 50 及 51 期（1932 年），涉及 1894 年 2 月到 8 月期间列强制止战争的努力，载《中国社会及政治学报》，第 17 期（1933 年），第 480—514、632—670 页；该杂志第 52 期（1932 年）报道 1894—1895 年历次俄国大臣会议研究决定在远东应奉行何种政策的情况，载《中国社会及政治学报》，第 18 期（1934 年），第 236—281 页。

③ 马洛泽莫夫：《俄国远东政策》，第 59—60 页。

④ 约瑟夫：《列强对华外交》，第 102—103 页。

泡影，而且将对远东和平构成长期严重的威胁。法国和德国接受了这一建议①。

英国内阁于 4 月 8 日召开会议，经过认真考虑后，决定英国避免参加劝说日本。英国外交大臣金伯利勋爵通知英国驻华公使欧格讷说："日本的条件不能成为我们进行干涉的理由。"②4 月 17 日中日《马关条约》签字那一天，俄国外交大臣洛巴诺夫亲王再一次建议欧洲进行干涉：德国热切地支持这个建议，法国颇不情愿，但还是支持了。4 月 23 日，英国内阁再次开会，重申它原来的不参加干涉的决定③。

有几个因素影响英国采取这个态度。辽东半岛并不是与英国利益直接有关的地区，而且罗斯伯里不愿意进行干涉，因为他深信进行干涉势必要对日本动武④。他的观点得到内阁的支持，特别是得到当时任财政大臣的威廉·哈考特的支持，他坚决反对"搅"进那场日本反对俄国入侵东亚的预防性战争中去，当时有很多人是这样看待这个战争的⑤。还有，英国虽然对大量赔款可能造成的不利后果有些担心，但是它对日本写进和平条件中的诱人的商业利益打动了，它可以期望通过援用最惠国条款来分享这些利益⑥。最后，自 1894 年秋天起，英国对日本的感情早已发生了变化。舆论的这一摇摆在《泰晤士报》的态度上特别明显可见，在 1894—1895 年冬天，该报的社论及其领导人越来越称赞日本。到 1895 年春，这家报纸竟公开主张英日友好，4 月 8 日，即内阁开会考虑俄国建议之日，《泰晤士报》要求英国在东方实行不干涉政策⑦。

罗斯伯里制定他的不干涉政策时似乎曾受到两种主要考虑的影响。第一种考虑是基于英国已经出现的对日本的好感，这导致一种自然不愿意以

---

① 兰格：《帝国主义的外交》，第 182 页。

② 金伯利致欧格讷，第 37 号电报，秘密，1895 年 4 月 8 日，英国外交部档案：T.O.17/1242。

③ 关于内阁决定的备忘录，1995 年 4 月 23 日，《金伯利文书》，转引自 E. 帕金《英国在中国问题上的政策》，伦敦大学硕士论文，第 68 页。

④ I.H. 尼什：《英日同盟》（伦敦，1966 年出版），第 31 页。

⑤ 帕金：前引书，第 78—84 页。

⑥ 英国外交部来往文书揭示英国政府当时并不打算急剧改变政策，而是打算采取一些必要的措拖，以便考虑到新的事态发展，使英国的商业地位合法化。见吉芬先生的备忘录，《中日条约的商业方面》，1895 年 4 月 17 日；并见：商务部致外交部，1895 年 4 月 29 日，英国外交部档案：F.O.46/459。

⑦《泰晤士报史，1785—1984》，4 卷本（伦敦，1935—1952 年出版），第 3 卷，第 190—192 页。

任何不必要的方式去反对日本的感情。第二种考虑植根于他的一个信念，即英国应该树立一个克制的榜样，不应该去参加当时正在展开的机会主义的打群架。他后来解释道："我宁可让英国像雷云般高悬在那些擅自对外作战者的头上，而不让雨点洒遍我们的帝国。"①

然而，罗斯伯里在避不接受俄国的建议时，他既弄错了远东形势，也看错了列强的态度。4月23日晚，俄国、法国和德国甩开英国向日本递交了同样的照会，规劝它从辽东撤退。日本犹豫一番之后对这些请求作了让步，并于5月8日在烟台认可了修改后的《马关条约》。在这个条约中，日本接受了更多的赔款，以抵偿其对东北的领土要求，并于11月8日将这片领土交还中国②。

三国的干涉暴露出英国在东方的孤立，列强的活动有破坏英国在华地位的危险。从1895年起英国政府被迫重新估价它的对华政策，以确定为了支持其在华利益它准备采取何等程度的行动。索尔兹伯里侯爵及其大臣们的任务是明确的，即：在竞争的时代捍卫英国在垄断时代所获得的东西。

---

① 罗斯伯里致威姆斯·里德，1897年12月30日，引自克鲁侯爵《罗斯伯里勋爵》，两卷本（伦敦，1931年出版），第2卷，第554页。

② J.V.A.马克谟：《同中国签订的及与其有关的条约和协定汇编，1894—1919》，两卷本（纽约，1921年出版），第1卷，第50—51页。

第二章　索尔兹伯里侯爵与中国

1895 年，政策的调整取决于索尔兹伯里侯爵，他既担任首相职务，又掌管外交部的大印，直到 1900 年 11 月他把后一个职位交给兰斯多恩勋爵为止。索尔兹伯里 1895 年正处于他政治生涯的顶峰，领导着可能是 19 世纪最有才干、最富个人特色的内阁。但是他已经 65 岁，健康不佳，而且他经常感到需要去国外作恢复健康的旅行。

他不在的时候代表他处理外交部事务的阿瑟·贝尔福，缺乏他的沉着镇定和有名的按兵不动的本事。陆军大臣兰斯多恩侯爵、印度事务大臣乔治·汉密尔顿勋爵和海军大臣乔治·戈申，以及由于各自官职的关系而积极一贯地参与政策制定的其他内阁成员，也感到需要采取积极行动来影响中国事务。警惕性高的财政大臣迈克尔·希克恩·比奇为日益增长的英国财政义务的负担所扰，也被迫在东方寻求政治解决。1898 年旅顺口危机以后，这个趋势变得更加明显了，那时殖民大臣张伯伦开始对中国局势发生兴趣。张伯伦的卷入以及他当作解决办法提出来的英德同盟的有力建议，实际在英国对华政策的处理上造成了两重性，这种两重性可以一直追踪到 1902 年。

在外交部的常设班子中，常务次官托马斯·桑德森爵士和后来的泰姆勋爵弗兰西斯·伯蒂在制定英国对华政策中起过相当大的作用。外交部中国处在伯蒂的指导下成了一个狂热活动的中心，这同 1893 年暹罗危机以前那里笼罩着的宁静气氛形成鲜明的对照。1895 年以后，一些措词明确雄辩的备忘录和通报从伯蒂的办公桌大量涌出，显示出他具有后来使他晋升为驻巴黎大使的那种能力。

英国驻中国的外交代表们显示出同等的能力。1895 年到 1902 年间有三位公使在北京供职，每个人都具有对英国制定政策施加重大影响的本领。1892 年受任驻华公使的欧格讷爵士，行动刚愎冲动，似乎好空想，但是他敏锐地指出了中日战争将造成的必不可免的政治后果。他的那些用引人入胜的词句写成的快信，很快引起了政府的注意和担心。不过他抗议中国政府对英国势力进行任何遏制时的那种强硬态度深深触犯了清朝朝廷，因而要求英国将他召回。他于 1896 年调往圣彼得堡，他在那里的贡献较少成效。欧格讷在北京的职务由少校克劳德·马克斯韦尔·窦纳乐接替。窦纳乐在 19 世纪 80 年代初曾参加埃及战役，然后在桑给巴尔和尼日尔海岸领事馆工作。他担任在北京的职务似乎是用人不当，《泰晤士报》也明白大胆地反对这一任命[1]。其实此举是索尔兹伯里授意的。窦纳乐表现出对目标的执着追求精神和对细节的充分掌握，这使他在角逐租让权时受了益，而他个人的勇气和担任过军队领导人的素质又在围攻使馆时鼓舞了信心。围攻使馆后从东京调来和窦纳乐交换职位的萨道义爵士是一个不同类型的人。他天性好学多思，有的是耐心和机智，这使他在义和团事件后解决问题的漫长的几个月里得以在谈判桌上议定事情。

日常政策的处理在颇大程度上受到缺乏可靠的通讯手段的变化。先前英国驻华代表享有的相对行动自由让位于伦敦政府的较大控制。这使得制定政策的过程加快了，并使政府在一件事情尚有争议时能够较仔细地了解争论点的所在。可是它又转过来引起新的问题，因为这时通讯手段技术还不完善。1871 年从新加坡到西贡附近的圣詹姆士角铺设了一条电缆，再从那里铺设到香港。可是香港以北地区为丹麦大北电报公司的庞大系统所控制。1871—1883 年间，这个公司铺设了符拉迪沃斯托克、日本和上海之间，以及上海、厦门和香港之间的海底电线。英国人试图同这一控制进行竞争，于 1884 年铺设香港与上海之间的海底电线，又于 1898—1900 年在中国另外铺设大沽、烟台和上海之间的海底电线[2]。到 19 世纪末，电报通讯已经成为常态，并得到外交邮袋所传递的写得更加详细的快信的补充。可是通讯中断是常有的事，特别是在义和团危机高潮时，大量电报局遭到

---

① 《泰晤士报》，1896 年 1 月 13 日。

② C.S. 戈德曼编：《英帝国和十九世纪》（伦敦，1905 年出版），第 276—277 页。

破坏。于是外交部被迫向上海、东京和北京重复发出同样的指示，以期至少有一封电报能送到英国公使手中。

电报费用也是要加以考虑的一个因素。1890 年以前，发往华北的电报每个字官方收费八先令九便士，到 1900 年每个字还要六先令六便士。通讯的昂贵价格显然使政府不能充分明细地传达它的意图来指导其公使们的行动，同样，也使得驻北京的英国公使们不能详细报告在中国首都表现出来的外交态度的微妙区别。力求简要的不断尝试往往使意思难以理解，而萨道义在义和团谈判紧要关头所作的节约的努力使他受到索尔兹伯里的申斥[①]。

得到准确的有关中国的情报也非易事。在 1900 年夏天英国远征军到达中国以前，有五个不同的机关与在华情报工作有关。这些机构有：外交部、陆军部情报处、海军部情报处、印度事务部陆军军需兵司令兼军需局局长手下的情报处，以及印度事务部的外事局。此外还有一些各种独立行动的代理人。这些人有驻北京的武官，香港英军总司令、英国海军中国站的海军总司令，女王陛下驻北京公使馆、女王陛下驻各条约口岸的领事，以及偶尔因休假或因公旅行的一些军官们。尽管上述名单给人印象很深，可是收到的情报却是极其残缺不全。不同的机构间几乎没有交流，也没有统一的管理。收到的情报往往使人误入迷途；地图也欠缺。与之相比，俄国早已在中国有军事特务，有高达少将衔的一些军官从事这件事。到 1900 年，德国也照此办理，而日本则拥有一个让其他列强妒羡的大特务网。

野战军从中国撤退以后，盖斯利将军建立了一个一体化的情报处。这个单位由在华北和长江地区建立了一个情报网的温盖特少校节制。这些情报报告起初是零星地报上去，然后是每周汇报一次。到 1902 年盖斯利离开后，克雷将军接替他统率驻华英军，他建议把中华帝国分成三个部分来搜集情报，大体上包括华北、长江流域、华南三个部分[②]。为了考虑这件事

---

① 萨道义的经验反映在他的名著《外交实践指南》一书中，他在书中说道，"电报让您来不及思考"（第 2 版，第 1 卷，第 157 页），我对年轻的外交官"建议最好是详细地说明理由。宁可在电报上花钱，也不要去冒谈判失败的危险"。（第 8 版，第 1 卷，第 96 页）。他在下文第 341—345 页详述了这个事件。

② 印度事务部致外交部，附件：在华英军司令将官致印度事务部，1902 年 4 月 29 日，英国外交部档案：F.O.17/1551。

而组成的委员会觉得这个方案在财政上受不了，反而建议利用新形成的英日同盟，可以利用业已存在的庞大的日本情报网来获取情报[①]。这个建议揭示了 1902 年时在远东出现的复杂的国际关系结构。它还表明了这些年英国政府不得不考虑采取的一些措施。

直到 1901 年春天旅顺口危机冒出来，成为一个像是要分裂他内阁团结的问题为止，索尔兹伯里侯爵对于中国的事情并没有发生过什么特殊的兴趣。他并不是不知道围绕中日战争发生的那些事件的重要性，他也没有忽视列强的政治活动可能对英国的地位造成的有害后果。1895 年 8 月，在他重新任职不到一个月的时候，他支持贝尔福的建议，成立一个防务委员会来协调他的内阁和这个国家的陆海军顾问们的观点。索尔兹伯里一开头就设想防务委员会的视野及活动应该超出防御本土的范围。他说道："防务委员会的活动应当把地中海和中国海包括在内，其中必定要涉及大的政策问题……"此外，即使在这个早期阶段，他也准备全面讨论远东所需要的船舰的数目和部署情况。

> "在中国海还需要处理其他的政策问题。"他补充说道，"英国的兵力能够在公海上对付俄国和法国在那里保持的加在一起的兵力吗？我们军队有义务为了帮助对华外交行动而保持所需规模和数量的船舰吗？或是英国军队的组成应该使它能够执行上述两种职能？"[②]

1900 年以后英国在华利益显然受到威胁时，索尔兹伯里是最先详细谈到采取专门措施调动英国在东方的物力的人物之一。他还先于他的大臣们考虑到同日本结盟的可能性，不过直到那时为止，除了在拟成立的内阁防务委员会中作些准备外。他不承认有采取行动的需要。

索尔兹伯里认为，远东是便于吸引两强同盟的扩张倾向的地区，保卫英国在华利益仅仅是英帝国承担的责任的一个方面。不过，索尔兹伯里可能比当时的其他政治家们更多地意识到这种扩张主义行动可能带来的政治后果。非洲、波斯和土耳其的事变进程说明了外国的压力能够使一个弱小无防御能力的国家发生瓦解倾向。1891 年 5 月索尔兹伯里在格拉斯哥发表

---

① 1902 年 8 月 6 日金登干备忘录，英国外交部档案：F.O.17/1552。

② 防务委员会章程草案上的批语，1895 年 8—12 月，英国内阁档案：Cab.1/2/55。

的一次演说中宣称："一个国家灭亡时并没有分配它的财产的遗嘱，没有分配它的遗物的章程。一个国家的消失意味着一场争夺它曾经拥有的东西的拼死争吵。"[①]他认为大国争夺影响的新地区的增多是他所处的时代对和平的最大威胁之一，他在 19 世纪 90 年代所发表的公开演说中反复谈论需要国际克制这个主题。

尽管如此，由于政治上的原因，他在 1895 年以后还是准备鼓励法国和俄国转向东方。不过，在公开场合，对法俄两国的行动不是从政治上而是从经济上进行评价的。英国对这些行动表示赞成是和它商业上的渴望有关的。从 1895 年起，在中国经商的无限机会是内阁反复谈论的主题。起初发表这种意见是为了安抚商界的舆论，但是后来却把它当作英国深思熟虑的政策的一个方面。英国企图通过大谈特谈商业方面来否认并拒绝承认外国活动的政治性。

即使在中国的事件已经具有明显的政治性以后，索尔兹伯里仍然不愿意放弃这一态度。他的显然不承认和不愿意在政策方针上采取更加积极态度的事实，在国内引起愤怒，也引起了内阁的不满。到 1898 年，他的许多同僚开始考虑建立广泛的同盟来满足英国承担的很多责任的迫切要求时，这位首相的态度却近于怯懦和玩忽职守。不过，索尔兹伯里企图在鼓励和抑制之间保持微妙的平衡，以及他坚持这个观点的态度，却构成了这些年他的对华政策的基础。

索尔兹伯里比他的许多同时代人更加以欣然满足的心情看待其他列强在英国没有特殊要求的一个地区从事积极活动。不过在容忍这一活动时他要原封不功地保持英国在这个地区的现存的显然已经确立起来的利益，他承认这是他的一个职责。这种实用主义的态度导致他企图通过议定有限的地方性解决办法来分别处理英国与列强的分歧，以保持英国利益的现状。对于一个显然坚信"孤立政策"恰当的政治家来说，索尔兹伯里令人吃惊地表现出愿意在利益发生冲突的地区和他的外国敌手达成协议的意向。因中日战争而削弱了的亟须觅钱偿付战争赔款的中国，在 19 世纪末就是这样一个地区。

[①] 转引自格温多林·塞西尔夫人《罗伯特·索尔兹伯里侯爵传》，4 卷本（伦敦，1921—1922 年出版），第 5 卷，第 385 页。

为偿付赔款的贷款

借外债的思想对于苦恼的清朝政治家们来说并不是一件新事，他们不断被提醒，主要靠传统的土地税和苛重的盐税得来的帝国固定税入，是难以满足内乱和对外战争的特殊要求的[①]。在 1861—1894 年间，外国公司和银行界搞了大约 25 次小型贷款，总额约计 1200 万英镑。这些大多数贷给地方当局以应军需的贷款，一般都立即偿还了。可以说，在中日战争以前中国没有多少外国公债。

从 1894 年起这个格局发生了变化。战争期间为了战争需要举借了四次贷款，总额达 6635000 英镑。战后对日赔款定为二亿两库平银。六年中要交出半数，按年均摊，除非到 1898 年交清，每年要加付值百抽五的利息。威海卫港在赔款还清以前由日本占领，由中国负责占领费用。因归还辽东半岛应增加赔款 3000 万两。中国的债款总额达 2.5 亿两库平银，或大约 3800 万英镑[②]。

中国借助于举借外债来偿付这些债款。1895 年到 1898 年间，它向外国列强借了三笔大款、两笔小款，总额 4980 万英镑；加上利息，总数达5450 万英镑。中国被迫保证以资源作为这些贷款的担保。控制这些资源对于列强来说是重要的，中国的债权国以此为杠杆来获取租让权。这样，1895 年以后，列强争夺在华财政影响的激烈斗争开展起来。

这一斗争在财政方面并不是英国严重关切的事。1870—1914 年期间，英国在国际投资领域内占压倒优势，伦敦是事实上的世界金融首都。英国政府自信不求助伦敦市场就筹不了这一大笔款，忽略了中国转而向其他地方举借较小额款项的可能性。此外，它迟迟才认识到向中国的贷款政治性大于财政性，取得贷款权不是靠贷款本身的有利性而是靠对北京施加政治压力。在这方面，英国避不参加三国干涉使其在东方外交上被孤立起来，

---

① 纳粮，厘金（国内通行税）、海关及地方海关税、卖官以及各种其他税收构成岁入。

② 侯纪期：《中国的外资与经济发展，1810—1937》（马萨诸塞州坎不里奇，1965 年出版），第23—24、236 页。

它拒绝参与反日还导致其对清朝廷影响的丧失，这是令人不快的[1]。

4月份贷款谈判开始时，汇丰银行表示愿意同一家德国辛迪加出面联合贷款。那时英国政府对这笔赔款的数额的关切大于对其规定的关切。为了将赔款保持在合理的限度内，他试图说服日本，为了归还辽东半岛一事，可以接受更多商业上的有利条件，不必索取金钱上的追加补偿[2]。当拟议中的银行辛迪加中的德方显出不满足于海关提供的担保，并考虑在中国成立一个为贷款担保的国际管理机构时，英国的这一软弱态度就引人注目了。法国对这一建议迅速作出反应，然后又力图拉俄国参加[3]。这样，商议开始不到两星期，英国就面临着将其排除在外的欧洲式解决办法的可能性了[4]。

即使到了这个时候，英国政府也不是很懂得应该以何等速度来进行贷款谈判。这时一个由六家法国银行和四家俄国银行组成的辛迪加正在形成，准备提供所要求的1600万英镑的贷款。这笔由俄国政府担保的贷款于是借给了中国[5]。

从英国的观点看，第一次赔款贷款谈判未能成功说明了英国政府在已经变化了的中国事态中将面临的困难。由于官方不愿给一项法律上属于私人事情的事提供足够的政治支持，因而英国的反应一开始就受到牵制，而这种态度是可以理解的。俄国同法国紧紧抱在一起引人注意，而德国又明显倾向于与他们合作更使政治形势难以预测。英国政府也没有预见到法俄贷款将要引起的政治后果。

不过这些很快就显而易见了。在俄国还没有立即利用这次贷款会自然带给它的政治好处时，法国不失时机地提出了它的要求。1895年6月20日中法议订了两个专条：对中国和安南边界作了有利于法国的调整，并在中国南部省份云南、广西和广东给法国以广泛的开矿和修筑铁路的特权。这些租让权创造了一种外人在华活动的新形式，和英国在东方的利益背道

---

① 欧格讷致索尔兹伯里，1895年7月3日，索尔兹伯里文书：106/1。
② 尼什：《英日同盟》，第31—32页。
③ 罗曼诺夫：《俄国在"满洲"》，第65—66页。
④ 1895年5月7日桑德森备忘录，英国外交部档案：F.O.17/1252。
⑤ 实际数额是四亿法朗，或15820000英镑；见侯纪明《中国的外资与经济发展》，第46页。

而驰。

因此，索尔兹伯里7月返任时，迫切需要积极的措施。罗斯伯里旨在使英国成为一朵悬在列强头上的遏制性雷云的目标显然几乎不见成效。中国局势中出现了两个新的因素，英国如果要保持其在东方的至高无上的地位的话，就需要不断注意这两个因素。第一个因素是在对日赔款贷款问题正在形成的金融竞争。第二个因素是争夺中国为了给货款提供担保而被迫给予的租让权的斗争。这个国家处于一种不安和软弱的状态，而且有明显的改变迹象，有些人还认为有大难临头的迹象。这就要求一定程度的政治卷入，这同传统的英国自由放任的重商主义政策是全然不同的。

然而，索尔兹伯里拒绝开始实行期待中的对华政策。实际上什么东西也不能驱使索尔兹伯里的实用主义性格去鲁莽从事。中日战争后的头两年英国看来在中国是原地不动的。在第一次为偿付赔款的贷款落到俄国和法国手里以后，财政上的斗争出现一种大体上的均势。主要因为法国拒绝同德国合作，德国在争取贷款的竞争中便逐渐趋向英国一边。这两个强国联合向中国政府施加压力，要求同各自国家的国民商定贷款，结果于1895年贷给两笔小贷款，每笔100万英镑。与此同时，汇丰银行和德华银行作出了在财政上密切合作的安排，据此双方在中国取得任何铁路或商业上的租让权，另一方均有权分享。此外，到1895年底第二次为偿付战争赔款的贷款提出来讨论时，中国已经理解到法、俄要求的政治性。为了加强对局势的控制力，它转而向英、德银行寻求贷款。1896年，就英、德贷款1600万英镑一事作出了安排①。

另一方面，法国通过6月20日的两个专条获得的租让权确实使索尔兹伯里有更加担心的理由。10年来法国一直在毗连它安南领地的华南诸省谋取排他性的利益。为了对抗法国，英国在1894年3月1日的英中条约里把涉及缅甸和西藏部分写进了保证它在这个地区的利益的条款②。英国人认为6月20日的两个中法专条违反了这些协议，因为第二个专条的第五款规定，开发云南、贵州、广东三省矿产，中国应首先邀请法国商界和工程师。因此，索尔兹伯里向中国提出保卫英国现有条约权利。这些谈判终

---

① 期限36年，年利6厘，九四扣。两笔小的贷款为卡斯贷款（英）与南京贷款（德）。

② 《中国海关条约汇编》，第1卷，第506—508、520—531页。

于导致 1897 年 2 月 4 日英中条约的签订，从而为英国在华南的地位重新奠定了外交基础[1]。

如此运用最惠国条款虽属必要，但却增加了而不是减轻了英法紧张关系的趋势。此外，这一斗争的范围还要广些，它实际上是两国在东南亚大陆上已经存在的竞争的扩大。英法在这个地区的关系在 1893 年暹罗危机以后已经恶化。法国通过 6 月 20 日两个专条在中国东南所获得的利益使这个地区的竞争活动达到新的水平，而法国在其中采取了主动。仅靠对中国施加压力来恢复英国的地位显然是不够的。因此索尔兹伯里决定把这个局势当作一件帝国的事而不是当作一件中国的事来处理，并且直接同法国打交道，以达成一项谅解。

同法国达成解决办法

1895 年 8 月同法国驻伦敦大使古尔塞开始了商谈。要是古尔塞的话可信的话，那么早在 1892 年暹罗危机以前，索尔兹伯里本人已经个人表示赞成作出一种安排，英法两国互相保证不将其势力扩大到湄公河彼岸。在罗斯伯里任期行将届满时，这位大使在同金伯利的一次谈话中说，索尔兹伯里那时已经作出英国不越过湄公河上游一线的保证[2]。古尔塞的回忆可能不实，是出自他强烈希望英法关系更加接近的渴望。不管怎么样，金伯利宁可设想曾经发生过误会，而索尔兹伯里也不曾保证过如此限制英国的势力。不过索尔兹伯里在 1895 年秋天曾经想到过作出一些这类的安排，而且可以想象，同这位亲英的法国大使进行的讨论也是顺利的。这些讨论广泛涉及暹罗、突尼斯和尼日尔的事情，而最重要的是暹罗，比起它来中国问题就是不重要的了。后来在 1896 年 1 月 15 日签了一项协定[3]。在这个协定中索尔兹伯里同意以湄公河上游为缅甸和法属印度支那的边界，从而让

---

① 《中国海关条约汇编》，第 1 卷，第 532—538 页。

② 1895 年 5 月 28 日金伯利备忘录，英国内阁档案：Cab.37/39/33。

③ J.V.A. 马克谟：《同中国签订的和与中国有关的条约和协定，1894—1919》，两卷本（纽约，1921 年出版），第 1 卷，第 54—55 页，J.D. 哈格里夫斯：《不成功的协议：英法关系，1895—1896》，载《剑桥历史杂志》，第 11 期（1953 年），第 65—92 页。

出了曾经引起 1893 年夏天英法摩擦的左岸领土。关于中国，他向法国人保证在华南取得的任何商业或铁路租让权，两国均得共享。

这一解决办法由于其对法国所作的让步，特别是在暹罗边界问题上所作的让步，在英国遭到自由主义反对派的广泛谴责①。这个指控是不公平的，但是首相不能为自己辩护。他确实草拟过一封供发表的快信，举出这个协定所给予英国的好处，但是由于害怕引起法国人的异议，有人劝他不要以这种形式发表出来②。其实索尔兹伯里在暹罗问题上的观点是经过深思熟虑的，有说服力的：这些观点从他和古尔塞谈判期间及在此以后他写给张伯伦的信中可以看得出来。

索尔兹伯里认为，英国或者是扮演正面角色，为了保持暹罗的完整而提出抗议，或是扮演反派角色，在最后一幕到来之前参加它的瓜分③。法国正在以罗斯伯里不能制止的方式大力吞并这个国家。英国不愿为暹罗的事情打仗，而且没有任何条约权利去加以干预，即使想这样做也不行。他对张伯伦说道："谁也不相信我们能够诱使英吉利民族为了一项我们根本没有权利的事业去作战。"④1896 年的协定使英国人有了这种权利，并在该地区有效地控制了法国。1897 年 6 月给张伯伦的同一封信清楚地举出了理由：

> ……我们诱使法国签订了一个给予我们那种权利并且实际上使法国不能征服暹罗的条约。为了获得这个好处，我们对一块没有价值的内陆地方放弃了要求，我非常怀疑经过仲裁我们能保有这个地方；而且这个地方在战略、商业、财政上都毫无用处。法国失去了对暹逻的未来所有权，而得到一个通向一小片地方的通道，而他们获得这个通道是不容置疑的，无论如何同我们享有一样多的权利。我不能说这是给了法国很多东西，或者说给了它任何东西……⑤

---

① S.L. 格温、G.M. 塔克韦尔：《查理·迪尔克爵士传》，两卷本（伦敦，1917 年出版）：第 2 卷，第 486 页；《泰晤士报史，1785—1948》，4 卷本（伦敦，1985—1952 年出版），第 3 卷，第 201—202 页。关于全国欢呼接受这个协定的情况，见兰格《帝国主义的外交》，第 251—254 页。

② 索尔兹伯里致张伯伦私函，1895 年 6 月 7 日，张伯伦文书，5/7。

③ 索尔兹伯里致张伯伦私函，1895 年 9 月 4 日，张伯伦文书，5/7。

④ 索尔兹伯里致张伯伦私函，1895 年 6 月 7 日，张伯伦文书，5/7。

⑤ 同上引文。

这些信件无论就其明白显示了索尔兹伯里在这个有争议的问题上的想法来说，还是对仔细了解在这类争议上指导他行动的原则来说，都是有启发性的。在英国和列强卷入争夺领地的时代，除非涉及英国至关重要的利益或是明显侵犯了它的既得条约权利，任何一届英国政府都不能够指望在全国的支持下去打仗。任何一届英国政府要做的第一步就是表明，最好是通过协定明确这些权利，从而消除外国的误解，同时采取强有力的行动。那时，鉴于时代的竞争精神，最好是不要忘记，其他列强和英国一样，也有同等的权利向那些英国的利益尚不明确的地区扩张。

然而，对 1896 年的英法协定切不要估计过高了。索尔兹伯里可能是承认这件事的第一个人，即该条约最多不过是一个能有效地使遏罗不成为英法分歧之源的切实可行的协定而已，与此同时，它又使法国通过第一次战争赔偿贷款取得的利益化为乌有。英法在东南亚大陆的关系和在其他地方的关系，直到 1903—1904 年的协约以前仍继续处于不稳定的状态中。在那以前，同法国达成一项持久的解决办法的前景越来越遥远了，这是由于法国在赤道非洲采取了行动，直到 1898 年的法绍达危机为止，英法在那里的关系在不断恶化。在这些年里，法国在华南的活动是影响英国对远东事务态度的一个基本因素。

在这一点上，在索尔兹伯里—古尔塞 1895 年谈判期间，导致了英国内阁重新全面审查包括英国在孟加拉湾和南中国海在内的整个地区的利益。在各次内阁会议上，集中讨论了保持马来半岛的完整、英国在遏罗及湄公河流域的商业利害关系以及到云南进行贸易的前景等问题[1]。注意力特别集中在铁路建设方案上。为了抵消法国所得到的好处，作出了同意在这个地区修筑一条商业铁路的决定。这是对原先态度的一种背离。我们还记得，印度政府曾经提出过西边更有战略价值的八莫线。

英国曾经考虑过两个方案:（1）曼德勒—滚弄方案;（2）缅甸—遏罗—中国铁路。对缅甸—遏罗—中国（或思茅）线几乎没显出什么热情，这条线将有 703 英里长，仅仅有"魔杖勾出的"一个轮廓，"未经考察和勘探"[2]。经过遏罗的路线在战略上也受到严重反对，因为遏罗对其北部和东

---

① 英国内阁档案：Cab.1/2/335。

② 英国内阁档案：Cab.37/40/59。

部领土的控制因法国人的侵略而减弱了。此外，除非取消当时正在进行的英法商谈，修这样一条线是不可能的。

不过对曼德勒—滚弄线作出的许诺更多一些。这个方案存在已久，索尔兹伯里侯爵早先在任时就支持过这一方案；1866 年在印度事务部时他曾经批准考察斯普赖线①。在他第二任内阁期间（1886—1892），由于法国人的活动，导致他要求英国时事评论家兼旅行家霍尔特·哈利特给他写一份报告，此人是继斯普赖以后的曼德勒线的倡导者。这个报告于 1892 年 5 月 31 日提交②。在 1892—1894 年间，对曼德勒到滚弄一线作了顺利的勘查③，设想此线由曼德勒到萨尔温江长 224 英里，从该处到滚弄长 270 英里。两个路段的费用估计第一段为 18298137 卢比，而到滚弄一段要 22600000 卢比。经过多山的云南省而轻叩四川地区的那条线则公认为是迥然不同的，而四川不被柯乐洪宣传为黄金国，富饶而人口众多。不过，云南被当成了适当的目标，而从孟加拉湾最好的英国港口开端的曼德勒—滚弄线则为深入内地提供了最有希望的门径。

1895 年 10 月 16 日，这条线获准修建④，并于 1897 年 3 月将这项工作转由缅甸铁路局主持⑤。1898—1899 年往云南派去一个考察队作进一步考察，揭示出这个方案的棘手之处⑥。这条线预定在一个地方要跨越宽半英里深一千英尺的地裂谷特峡谷。它也不是一条足以和法国沿着河流的前进相比的可行路线，因为英国的铁路要翻山越岭，而法国铁路则经由纵向的河谷⑦。到 1901 年，艰苦工作六年以后，第一个路段铺轨还不足一百英里，这个连中国边境都达不到的冒险事业成了一个笑料。正如 1901 年 12 月寇

---

① N.A. 伯尔考维茨：《中国通与英国外交部》，第 121 页。

② 霍尔特·咕利特的报告（1892 年 5 月 31 日）附在乔治·汉密尔顿勋爵的报告（1895 年 11 月 19 日，密件）中，索尔兹伯里文书：1896 年大事记。

③ 印度政府编：《印度铁路报告，1894—1895》，第 51—52 页。

④ 见《利物浦商会致印度事务国大臣函，1901 年 10 月 21 日》，英国外交部档案：F.O.17/1510。对铁路的一般论述，见 P.H. 肯特：《中国的铁路事业》（伦敦，1907 年出版），177 页。

⑤ 合同见《印度铁路报告，1897—1898》，第 2 部分，附录 1。

⑥ W.J. 韦特曼：《1898—1899 年云南考察报告按语》，1900 年 1 月 6 日，见云南公司致伯蒂函，1900 年 2 月 16 日，英国外交部档案：F.O.17/1437；云南公司致伯蒂，1902 年 10 月 18 日，英国外交部档案：F.O.17/1507。

⑦ 皮奇上尉报告，情报处致外交部，1901 年 8 月 8 日，英国外交部档案：F.O.17/1507。

松勋爵在仰光商会发表的一篇演说所断言的那样：

> 要是明天一把火烧掉（中缅铁路计划）产生的大量文献的话，我并不认为世界上有谁受了损失……这条路有许多英里不得不用齿轨爬山才能到达仰光，而四川省有几条大的河流干线流经该省心脏地区，能够与大海之间来回经商，那种认为如果修了这条铁路线四川的财富就会从一条轨距一米的单行线源源而来的想法，照我看，在中亚演进的现阶段，几乎像是一种仲夏的热狂①。

那时寇松不过反映了一个公认的观点，英国在争夺租借地的角逐中对长江流域的控制更加保险以后，这个观点就更加畅快地表现出来了。1899—1900 年实行的考察明白承认了长江流域是通向中国内地的天然道路这个明显的事实②。然而，曼德勒—滚弄方案虽然不实际，这个时期却仍在实行这一方案，这是把它作为一个必要的措施来对抗法国在这些地区扩大势力，也是为了保证英国根据 1896 年的英法协定在开发中国资源中分享同等的利益。

俄国问题

和法国的平起平坐以及在缅甸铁路问题上所采取的积极措施给人以英国在华利益稳如泰山的令人放心的印象。因而索尔兹伯里在他第三任的几年中倾向于镇定自若地来看待远东局势。他知道俄国想以推进西伯利亚铁路来扩充自己。但是他认为应该鼓励而不要反对这一行动。西伯利亚铁路的商业机会引起索尔兹伯里的热情，然而他有忽视其中的政治影响的倾向。

到 1895 年夏天，俄国受到中国暴露出来的软弱的鼓励，放弃了在

---

① 印度政府出版总监办公室编：《寇松勋爵言论集》，4 卷本（加尔各答，1900—1906 年出版），第 2 卷，第 382—385 页；并见 1901 年 12 月 12 日《泰晤士报》的一篇社论。

② 克莱夫·比格姆先生关于长江上游及紧邻其流域北部诸省的备忘录，1900 年 11 月 17 日，英国外交部档案：F.O.17/1499；温盖特上尉关于铁路从英属印度帝国延伸到中国的报告。西姆拉，1900 年出版。附件，情报处致外交部 1900 年 4 月 24 日，英国外交部档案：F.O.17/1438。

朝鲜为这条铁路找出海口的想法。代之而起的是要修一条跨越"北满"直抵符拉迪沃斯托克的线路，从这条主干还要修几条支线经东北进入华北。这个计划得到谢尔盖·维特的热情支持，他认为这是扩大俄国在华政治影响的手段。

维特的目标是在经济上不断渗透这个国家，这将把俄国置于不可动摇的地位。为了促使这个目标实现，他取得法国资本的支持，于1895年成立了华俄道胜银行。这家银行是俄国政府发起成立的，"按照最广泛的原则在东亚各地开展业务"，并且照维特看来，还要指派它这个任务，即加强俄国在华经济影响，来抵消英国人主要靠实际上接管了海关行政在该地所达到的很重要的地位[①]。最后，他企图掩盖俄国的意图，声称要实行对华友好政策，这一政策将以订立一个反对日本的秘密同盟条约为基础。

对待这个方案的小心态度在促成它的失败上起了一些作用。1895年10月初，俄国驻北京公使喀西尼伯爵提出一个试探性的动议[②]。当中国显得犹豫不决时，俄国就决定把广泛的谈判拖到亲俄的中国大臣李鸿章1896年夏天去圣彼得堡出席沙皇加冕礼的时候。李鸿章到达时，俄国人发现这一拖延代价太高昂了。法国人在提出要求时及时抓住的中国在三国干涉还辽后不久所表现出的那种感恩的情感，由于列强的侵略行动而大大消失了。这位中国大臣准备同意越过东北的那条直接线路，但他坚持东北各支线要用标准轨距建造，同俄式宽轨不同，而且由允许中国参与的私人公司承建。其次，1896年的中俄条约中没有指明要一个不冻港[③]。实际上，俄国的各项计划还很带试探性，使其不能采取更加明确的立场。即使就横跨东北的直接线路而言，只是到1897年夏天才做了彻底的测量，直到1898年春天才确定修建计划。1896年到1898年仅仅在"北满"进行了平整路基的施工。

---

① 罗曼诺夫：《俄国在"满洲"》，第68页。

② S.P.郭：《中国对外国侵犯的反应，第一次中日战争及其直接后果专论》，哥伦比亚大学博士论文，1953年。大学缩微胶卷出版物第6652号（安阿伯，1954年出版），第187—189页。

③ 1896年5月22日（俄历）即6月8日（公历）中俄条约法文本的全文载于罗曼诺夫《俄国在东北》一书第400—102页；中文文本载于《东华续录》，光绪朝，第136卷，第8—9页。法文本有法律效力。与之伴生的1896年9月8日中国与华俄道胜银行签订的东清铁路公司合同是根据1896年6月8日条约第4条签订的。见马克谟《同中国签订的及与其有关的条约和协定》，第1卷，第74—77页。

这一拖延有助于说明索尔兹伯里对俄国在远东影响增长的态度。1895年10月25日《泰晤士报》报道了"喀西尼协定"，号称俄中之间的秘密协定，给予俄国在旅顺口的停泊权和西伯利亚铁路延伸经过"北满"的权利[①]。索尔兹伯里那时对德国驻伦敦大使哈茨费尔德说道，如果俄国更深地陷入中国，那并不是不受欢迎的，只有俄国要求在旅顺口有排他性的停泊权时，英国才会提出反对[②]。11月9日他在伦敦市政厅讲话时，他企图平息《泰晤士报》的报道以后在伦敦城里出现的商界的不安，保证英国在东方的利益将受到充分的保护。这位首相发言反对俄国行动的"神经过敏"，并且强调在亚洲有供列强活动的余地的观点[③]。贝尔福伯爵、迈克尔·希克斯·比奇爵士以及内阁的其他成员其后几个月在公开演说中反复发表了这个意见。1896年夏天沙皇尼古拉访问巴尔莫勒尔宫时，索尔兹伯里侯爵对他直接宣布了同样的看法。索尔兹伯里后来向内阁报告了他和这位沙皇的谈话：

> 我提出远东这个话题并向他保证英国不想妨碍俄国在那个地方的工商业发展，因为一切有利于工业的事情都创造贸易的机会，而我们是以贸易为生的。他以明显的十分满意的心情接受了这些保证。他说他打算让他的铁路经过"满洲"，但是在出海口问题上他们还没有明确的计划。[④]

那时索尔兹伯里虽然还不知道中俄秘密谈判的条款，但是他知道那年初夏在圣彼得堡举行的谈判[⑤]。但是不管这个信息也好，还是前一个月（10月）《泰晤士报》轰动一时地发表这个条约的著名条款也好，都不足以阻止他鼓励俄国转向远东。

---

① 《泰晤士报》，1895年10月25日；《泰晤士报史》，第198—199页。"喀西尼协定"见马克谟：前引书，第1卷，第79—81页。

② 哈茨费尔德致德国外交部，1895年10月25日。《德国外交文件，1871—1914》，40卷，共54册（柏林，1922—1927年出版），第10卷，第35—36页。

③ 约瑟夫：《列强对华外交》，第156—157页。

④ 索尔兹伯里内阁备忘录，绝密，1896年9月27日，索尔兹伯里文书：89/21。

⑤ 议员伊恩·马科尔姆备忘录，1896年6月10日，索尔兹伯里文书：129/103·马科尔姆访问过圣彼得堡。关于此条约要旨的发表情况，见兰格《帝国主义的外交》，第404页，注37。

促使采取这一姿态的政治目的不难以加以概括。19 世纪末，俄国无论从战略上和资源上都在国际事务中正进入支配地位，他同法国结成两强同盟更加加强了这一严重局势。

保卫印度边界的前景看来是暗淡的。俄国在这个地区修筑具有战略主动性的铁路似乎将危害英国的整个地位。外里海（中亚）铁路的竣工以及 1878 年土耳其战争后俄国注意力的转向中东，引起英国对俄国可能吞并波斯和在海湾确立俄国的影响感到焦虑，以铁路为打击力量的较新思想重新提出了从陆上入侵这个传统的问题，而英国海军对此是不能作出充分防御的。到 1899 年寇松任印度总督时，英国的地位已受到如此严重的威胁，以至寇松认为有理由催促防卫性地在波斯划分势力范围①。印度事务大臣汉密尔顿勋爵在回信中认为甚至这一退步也是不够的。

> 您的计划是基于这样一个设想，汉密尔顿写道，"……我们应当使用武力来保持我们在那个国家的地位。……我在过去很长的时间就觉得，俄英在陆上的任何战争较量，结果必然于我们不利，为此理由，我一直认为，就中国、波斯、土耳其而言，俄国的影响必然要逐渐变得比我们要强些……我并不相信我们在陆上对俄作战会取胜，但在靠近我们印度边界的地方是例外。"②

在 19 世纪末，这个俄国不可避免地要统治亚洲大陆的观点是普遍持有的。军事情报处总监阿德少将很专心研究这个问题。即使维特的庞大西伯利亚计划，也是受了加拿大太平洋铁路的同样范例的影响，以之作为统治广阔地域的工具。在世纪之交的时候，利用铁路作为俄国力量日增的威胁印度西北边疆的无情手段，似乎要削弱当时很流行的海军上将马汉关于海上力量的影响的学说。马汉本人在 1900 年的《亚洲问题及其对国际政策的影响》③一书中也论及海上力量与陆上力量的冲突。马汉预言在亚洲纬度 30°—40° 之间，包括印度、波斯和长江流域的地方要发生特大的冲

---

① 1899 年 9 月 21 日的 "寇松快信" 载 G.P. 古奇和 H. 坦珀利编的《关于大战起源的英国文件，1898—1914》，10 卷本，共 13 册（伦敦，1926—1938 年出版）。

② 汉密尔顿致寇松，1899 年 11 月 2 日，索尔兹伯里文书：未分类。

③ 伦敦，1900 年出版。

突。应该说，哈尔福德·麦金德爵士关于"心脏地带"的地缘政治学说这个时候正在形成，是这个情绪的产物。

这个论点还扩大到英国对华事务的想法中。英国驻圣彼得堡公使尼古拉·欧格讷爵士力持这一论点，怂恿英国政府不去追究1898年春天俄国对旅顺口的占领。欧格讷争辩道，由于俄国和中国有三四千英里的共同陆界以及西伯利必然要发展进步：

> 每年必能看见俄国人日益向南逼进，直到这堆重物最终发生作用，一个不可避免的历史插曲就完成了……我们在华北让他们受挫，他们必将在印度边疆和波斯湾把我们折磨到同等的程度。要是我们在华北挤压他们，他们只要做得到，就一定到处咬我们，而其他列强将会乐不可支。①

1900年收到义和团起义蔓延到东北的消息时，军事情报处总处长也是有一样的反应。阿德说，由于俄国卷入东北，

> ……解除了对它在阿富汗、波斯和土耳其采取行动的焦虑，减少了法国想要支持俄国的机会……（"满洲"事件）显然有助于消除势将威胁我们的一些雷雨云，我们可以用安详甚至是感谢的态度来注视俄国的不幸了。②

从1895年起，英国政府中相当多的成员（其中一些人看不出是亲俄分子）都以满意的眼光看待俄国在远东的扩张，这将同时使法俄在欧洲的合作归于松弛，在此过程中，有助于在埃及遏制法国，减轻俄国对印度的压力并防止英国在海湾丧失影响。此外，索尔兹伯里的观点中还有一个超越狭隘政治视野的进一步考虑。在英国被迫重新估价其国际地位的这些年里，他期待着英俄能够重新建立为克里米亚战争所破坏的原先的友谊，这是欧洲和平的最好希望。这种感情在他1896年8月致他的友人伊万—马勒的信中清楚地表现出来：

---

① 欧格讷致桑德森，1898年8月21日，内阁传阅，索尔兹伯里文书：129/39。

② 阿德第69号备忘录，1900年7月19日，英国国家档案局存档：30/40/14。

　　……英国和俄国也可能恢复他们旧日的关系了。但是一旦机会允许，这是一个应当希望和接近的目标。无论如何应该作出努力来避免不必要地加重两国之间的长期不和，这种不和是两国政府而不是两个民族造成的。法国和德国的"人民"恨我们；俄国人民却不。要停止过去的错误所造成的冲动是不可能的。由克里米亚战争的激情塑造其政治信念的那一代直到现在才正在消逝。不是由于我们本人的过错，我们可能发现自己在这个问题上反对俄国是由于过去干的傻事造成的。我们能够做的一切就是试图缩小那隔开我们的鸿沟。这是争取实现现行欧洲均势的最好机会。[①]

　　这封信是他在巴尔莫勒会见沙皇前几天写的，不难理解他为什么愿意鼓励那位皇帝在东方去实行他的西伯利亚计划。他和他的其他政府成员能够在多大程度上容许俄国的行动挖英国在华地位的墙角，那时还是一个留待后来解决的问题，这一问题直到1898年旅顺口危机时才开始显露出来。

---

　　① 索尔兹伯里致 E.B. 伊万—马勒，1896 年 8 月 31 日，《关于大战起源的英国文件》，第 4 卷，第 780 页，附录四。

第三章　第三次战争赔偿贷款 与攫取中国北部港口

　　虽然保卫现有条约权利和参与争取赔偿贷款权的竞争是甲午战争后英国政策的必要方面，但是其本身是不足以应付远东变化了的形势的。1895年以后，中国无论在政治上或是军事上较之外国入侵的任何时候都处于更加软弱的地位。日本占领军在威海卫的存在和外国军队在中国北部领海的调动突出说明中国政府军事上的不足并加强了他们对列强政治图谋的猜测。俄国从欧洲移向东方对伦敦来说也许是一个令人惬意的前景，但是从远东的观点看俄国的向前推进却具有威胁性。

　　在1895年到1898年间出现领土租让权争夺的时候，各条约口岸关于可能提出什么要求的广泛猜测造成了一种几乎不能指望回到正常局面的气氛。荒谬的是，在早期列强的目的特别是俄国的目的尚未暴露的不确定的情况下，中国政治上瓦解的危险、即1897年罗斯伯里所说的"即将到来的大危机"的危险看来是更大了，在这个大危机中，列强将在一个"更大的东方问题"上互相对抗①。

　　列强的注意力特别集中在获取加煤港上，既以之作为经济扩张的合法立足点，又可以满足当时的民族扩张渴望。不过，在选择这些港口的准确位置上还有困难，尽管能够以和平方式取得它们。中国的海岸线虽长，但是只有很少几个地方能够满足商业和海军的需要，这种需要由于占领香港而很好地提供给英国了。这一明显缺少合适的海港的情况在列强的关系中

---

　　① 克鲁：《罗斯伯里勋爵传》，第2卷，第554页。

掺入了一个竞争的因素。

德国在这一活动中起了带头作用。从 1895 年起在德国外交政策中可以看出一种冲动，这种冲动起源于它对其在东方的地位普遍地感到不满。它虽然参加了三国干涉，但是俄国和法国的紧密结合曾经迫使其站在英国一边，尽管它对贸易的控制权很小，但是却发现自己是站在捍卫自由贸易政策一边的。德皇特别渴望采取一种更富冒险性的政策，极想在远东建立一个海军基地。从 1895 年年中起，中国沿海各个不同港口都考虑过了，南面甚至远及厦门，直到 1897 年初有个勘查队报告胶州具有的明显优越性为止①。

胶州和旅顺口

胶州湾形成一个极好的港口，其大足以容纳列强在中国领海的所有舰队，而且实际上整个冬天都不封冻。抛锚地良好，但南面和西面有大片浅水和广阔的泥淖浅滩。该湾从前有运河同北面的北直隶湾相连。这条运河部分堵塞了，但是花不多的钱可以重新开通，使掌握该湾的列强可以控制从北京到上海的沿海商道。最后被纳入现代青岛港的胶州本身，元朝时曾经是中国最重要的港口之一，位于距通向北京的主要道路 300 英里处。胶州所在的山东海岬的潜力同样是吸引人的。地理学家兼旅行家里希特霍芬男爵 1898 年 1 月 6 日发表在《殖民报》上的观点是流行的观点。里希特霍芬注意到胶州附近良好的煤田储藏量，他认为是世界上最大的储量，能使占领胶州的列强控制中国北部领海的煤炭供应。里希特霍芬承认，这个地方本身人口已经过分稠密，欧洲人不能和中国劳动力竞争，因而谈不上山东成为本来意义上的德国殖民地的问题。但是它确能满足德国取得一个商业据点的目标，从而保证能在中国的工业发展中占有一席之地。他在这方面得出结论说，胶州是冬季华北贸易的天然出海口，而天津是夏季最便利的通道②。

这个港口确实有其优点，但并没有里希特霍芬所认为的那么多优点。

---

① N.R. 里奇：《弗里德里希·冯·霍尔斯泰因》，两卷本（剑桥，1965 年出版），第 555—556 页。

② 里希特霍芬的文章见英国陆军部档案：W.O.106/17。

中国人本来打算在胶州设防，但是在战争时放弃了这个计划，防御措施于是集中在距天津较近的大沽。从 1895—1896 年冬天起俄国远东舰队开始在那里过冬，这一举动在列强中只引起不大的兴趣。战时就想到要自己占领这个港口的日本，由于害怕敌人舰队把自己封锁起来，因而放弃了这个想法；它也并不认为俄国会永久占领这个地方，因为该地内陆交通欠缺。到 1897 年不断传闻俄国有意占领这个地方，这导致总理衙门通知窦纳乐说，中国打算把胶州湾设防建成一个海军站，英商中华社会则力促把胶州变成一个条约口岸以防止任何列强把它弄到手。然而英国驻北京公使觉得，被陆地封锁的海湾内的浅水引起该处海面波涛汹涌，因而不适合商船停泊，俄国人是知道这个事实的，他还有些精明地争辩说，"俄国人大半会企图占领"南满"的旅顺口或大连湾，这两个地方能够比较容易地和他们的西伯利亚铁路方案连接起来"①。

使中国的事态急转直下的德国态度日益强硬的迹象，从它在第三次战争赔款贷款谈判中采取的不调和姿态中也可以看出来。虽然和平解决办法的实际条件规定余下的赔款应分六次偿清，逐年均分，却到 1901 年偿清，中国仍然决定尽快地偿清这笔债款。日本人对威海卫实行军事占领到赔款偿清之日为止，这是中国战败的一个有形的纪念品，也是造成 1895—1896 年间公众许多怨愤的原因。李鸿章决定谈判一大笔外国贷款，将赔款一次还清。还有一个考虑是，如果到 1898 年偿清债款，中国将从和约条件规定的威海卫占领费用和偿付的利息中节省大约 200 万英镑②。

贷款谈判于 2 月份开始，是时李鸿章请求同德华银行合作的汇丰银行等候机会发放一笔 1600 万英镑的贷款，利息不高于先前的五厘贷款。

---

① 窦纳乐致索尔兹伯里，第 127 号，1897 年 9 月 8 日，英国外交部档案：F.O.17/1313。
② 如果中国建议在 1838 年 5 月 8 日还清对日赔款，则净支出将是：

未偿清的赔款	13 708 741 英镑
到 1898 年 5 月 8 日追加的威海卫占领费	82 252 英镑
根据对日合约条件	13 790 993 英镑
中国少付的利息	1 782 136 英镑
尚余	12 008 857 英镑

协定确定赔款兑换率为一两库平银折合 3 先令又 3.5 便士。即供外交部使用的数字，1898 年 1 月 8 日，英国外交部档案：F.O.17/1330。

随之而来的以后三个月的讨论说明在贷款性质和担保的支配权上存在着难点。李鸿章最初想以海关税收和田赋来抵偿贷款，那时这两项为中国政府提供了总收入的大约一半左右。然而这个银行团中的德方赞成修改关税税率，把盐税和厘金转归海关管辖，并重新改组海关行政以便更好地保护欧洲的利益。还建议让华俄道胜银行参加贷款合同，从而取得法国市场的合作。6月2日，李鸿章明确提出以海关收入和总岁入作担保作为1600万英镑贷款的交换条件，九四扣，50年为期，年息五厘，贷款逾10年后开始还本。中国户部自然反对外国对任何附加的担保享有支配权，但是由于银行团认为这是绝对必要的条件，因而随之出现了僵局[①]。

1897年11月初，两个德国传教士在山东被杀，给德国提供了攫取胶州的机会，这个财政上的争吵暂时退到幕后。从19世纪80年代后期起，德国即已开始向法国自封的在华天主教传教会保护人的地位提出挑战，就此事涉及德国国民来说，它的行动是迅速的。三艘德国战舰出现在胶州海面，并且要求中国人撤离该城镇。其后几个星期向中国提出了专横的要求；派出了海军陆战队，德国人在该地任命了地方长官，并开始在周围地区站住脚。

德国人的这一行动在英国引起的反应温和得令人吃惊[②]。直到12月中旬，英国外交部还相当弄不清德国人是否真正要占住这个港口，还是加以临时占领，以迫使中国人接受一项解决办法。因此，需要加以考虑的是这个行动所包含的内容，而不是这一占领本身。由于俄国享有在这个港口的冬季碇泊权，因此人们认为该两强如果没有串通一气的话德国的行动本来就不会发生，而且俄国可能要求大连湾作为补偿。其实，两强间事先并无谅解；至少没有英国外交部所设想的那种谅解；在采取行动以前，德皇曾经问过沙皇，俄国是否反对这一行动，而这位沙皇对这一个个人亲近表示

---

　① 诺顿备忘录，1898年1月1日，英国外交部档案：F.O.17/1356。

　② 《泰晤士报》，1897年12月6日和1898年4月30日；《标准报》（1898年2月4日）说到这一冒险行动的费用；《图画日报》（1898年1月8日）采取调和态度，争辩说此举并未损害英国的贸易，该报在1898年2月4日还以热情的言词对这一占领作了全面报道；1898年1月22日的《新闻日报》讨论了胶州事件，涉及德国为了解决其"庞大的过剩人口"而实行殖民扩张的问题，1898年5月8日《早邮报》注意到1898年4月30日成立的"德国海军同盟"，该同盟"由于顺利采取了那项措施（'海军法案'的初审会议）和承认德国在山东的海外冒险，无疑已经完善起来"。

的反应是颇为天真的，大意是，就他所知俄国在那个地方并无特殊利益，只是从 1895—1896 年冬天起用它作为冬季碇泊处而已[1]。德皇于是占领了这个港口，这使害怕此举将给俄德关系带来不利后果的德国外交部大为吃惊[2]。事实上，德国占领胶州使俄、德两国间出现相当大的恶感，这个局面是英国不曾注意到的，直到 12 月底奥地利驻伦敦大使拜访外交部常务次官托马斯·桑德森爵士，密告他两强并无事先协议为止。[3]

与此同时，11 月中旬，英国政治家们专心注视着德国同中国关于在其他地方给它另一个加煤港的解决办法所可能引起的后果。这种感情在很大程度上是德国蓄意引起的，它微妙地暗示说俄国建议它在更靠南边的地方找一个港口，从而取得英国对占领胶州的默认[4]。从英国的观点看，这也可能会引起同德国相遇的微妙问题。这个可能性在头年冬天占领港口的大恐慌中已经仔细想过了，那时德国似乎要在中国中部要求得到一个加煤港，即在福州、汕头或是厦门，这件事曾导致一场英国可能需要取得补偿的有关讨论。有一份写给海军部的非正式材料得出了一种意见，即英国将不得不在位于长江口的舟山群岛要求得到一个同样的港口[5]。索尔兹伯里讨厌出现这种补偿政策的前景，尽管他承认如果必要的话将不得不遵循这一政策。在这种情况下，他无意对德国占领胶州提出抗议。他写道："我倾向于这样想，要是他们留在他们所在的地方，会对俄国起一个刺激物的作用，但却不会伤害我们，但是如见他们到福州去，我们就应该在舟山取得补偿。"[6]

两个星期以后，形势发生了严重转折。中国海军站总司令布勒海军上将报告大批俄船在华北海域的活动情况。虽然这本来在意料之中，但是其

---

① 《德国外交文件》，第 14 卷，第 1 册，第 69 页；M.J. 比：《1897 年彼得霍夫协议》，载《中国社会及政治学报》（1936—1937），第 20 期，第 231 页。

② 里奇、《弗里德里希·冯·霍尔斯泰因》，第 560—566 页。

③ 桑德森备忘录，1897 年 12 月 28 日，桑德森文书（F.O.800/2）。德国和俄国的麻烦，见斯普林·顿斯致维利斯，1897 年 11 月 20 日，索尔兹伯里文书：122/102。

④ 里奇：《弗里德里希·冯·霍尔斯泰因》，第 563 页。

⑤ 伯蒂备忘录，1897 年 11 月 18 日，英国外交部档案：F.O.17/1330。

⑥ 在上述备忘录上的批语。

明显目标却令人惊诧。报道有九艘俄国军舰泊于朝鲜仁川港①。这个后来证明不实的报道引起了严重后果。正在想着俄国在"南满"要求得到一个港口的索尔兹伯里作出了尖锐的反应。12 月 7 日他命令派一支同俄国人的力量相等的海军前往这个朝鲜港口。此举目的在于防止朝鲜人以为俄国人在这个地区有什么特权。他写道："这支舰队的出现有很大的效果，比许多急件更有价值。"②然而实际效果本来是可以预见到的。12 月 9 日，一支英国海军奉命开赴仁川，指示与俄舰数目相等的船舰应在该港停留一周或 10 天，其余英舰应开往巨文岛、长崎或其他地方。然后安排从长崎及舟山停泊地开来的部队同从香港开来的主力相会合③。与此同时，发现在仁川实际上只有三艘俄舰，原来报道的九艘是在那时供外国军舰正常访问的长崎。索尔兹伯里由于海军部送假情报而大发雷霆，认识到如果仅有三艘俄船在这个地区活动的话，局面就完全不同了④。这支后来转赴巨文岛的英国大舰队不会给朝鲜人造成深刻印象，但却使他们深信英国人将重新占领这个他们在 1885 年曾经占领过的港口⑤。于是发出一道只调动三艘英国船舰的急令，可是这个新命令发出得太晚了。

这时布勒已经离开香港，随后的两周中有 10 艘英船在华北海域积极活动。到 12 月 29 口，九艘船在仁川，"永生号"和"伊芙琴尼亚"两艘船经布勒许可已经开赴旅顺口。布勒对其所造成的局势全不在意，带着有些满意的心情报告说，"除了俄国以外没有哪个列强获准访问旅顺口，但是中国政府却允许英国军舰访问"⑥。

尽管不能说英国此举发动了德国占领胶州后的那场对港口的普遍争夺，但是它破除了直到那时为止列强可能已经感到的那种犹豫心情，因而无疑对这一过程起了一分作用。12 月 13 开，德国通知中国它有意留在胶州。与此同时，一支强大的俄国海军匆匆派往旅顺口，部分是由于害怕英

---

① 伯蒂备忘录，1897 年 12 月 7 日，英国外交部档案：F.O.17/1330。
② 在上述备忘录上的批语。
③ G.I. 托马斯备忘录，英国船舰在旅顺口，摘要，1898 年 1 月 27 日，索尔兹伯里文书：93/28。
④ 伯蒂备忘录，1897 年 12 月 7 日，英国外交部档案：F.O.17/1330。
⑤ 同上。
⑥ 托马斯备忘录，索尔兹伯里文书：93/28。

国在旅顺口捷足先登①。

在 12 月份，占领旅顺口和胶州所酿成的不确定的政治形势又因赔款贷款谈判出现严重转折而进一步恶化了。谈判于夏天破裂后，李鸿章曾试图借用私款，但是没有结果。同欧内斯特·胡利先生和尤斯塔斯·詹姆森少校为首的一个银行团举行了谈判并且签订了一个草约，贷款 1600 万英镑，以海关税收、盐税和厘金担保。然而，胡利—詹姆森银行团未能拿出为履行合同准备的 10 万英镑保险金，因而整个安排化为泡影。于是李鸿章第三次和英德银行团打交道，再次以盐税和厘金作担保。他还准备一旦发生拖欠就让外国人控制这些税收或是任命一名汇丰银行的官员来管理这些税收②。

德国不接受这个合理的建议，它规定立即任命两名督查，英、德各占一名，来控制盐税和厘金，并许可法国在贷款中占同等的份额。当法国表示乐意参加，并要求派一名法国督查时，德国就坚持要把俄国也包括在内，而且要成立一个在埃及成立过的那种财政委员会③。

这时谈判已经进行到 12 月中旬，它显示出贷款所提出的要求基本上是政治性的。不多几天以后，这一活动显然已全面展开。12 月 22 日，总理衙门请求英国驻北京公使窦纳乐在一周内确定英德银行团是否接受 6 月份的提议，同时通知他说一项年息四厘，九三扣，以田赋作担保的 1600 万镑的俄国货款已经作好安排。为此，俄国将得到华北及东北的铁路垄断权和海关总税务司职务④。虽然俄国似乎不大可能以如此优惠的条件贷款，但是当汇丰银行经理尤恩·嘉谟伦进一步证实此事时，这一报道就可靠了。嘉谟伦强调指出这一点，如果俄国提供贷款，它无疑会坚持提出将严重损害英国影响和威信、削弱英国贸易的那些条件。俄国显然在着手控制中国海关，由给贷款提供款项的法国和德国参加其中。他建议英国政府应该给这笔贷款担保，即使政府只同意部分担保一厘或一厘半的利息，汇丰

---

① 马洛泽莫夫：《俄国远东政策》，第 98—100 页。俄国对日本解释说（12 月 17 日），此举是为了反对德国占领胶州。尼什：《日俄同盟》，第 50 页。

② 诺顿备忘录，1898 年 1 月 1 日，英国外交部档案：F.O.14/1356。

③ 同上。按：原文此页有两个注，疑有误。——译者

④ 窦纳乐致索尔兹伯里，1897 年 12 月 22 日第 95 号电报，英国外交部档案：F.O.17/1334。

银行也能筹到这笔款项①。

贷款谈判的这一不利的转折明白地显示了列强的野心，这种野心突出表现在占领旅顺口和胶州上。索尔兹伯里对需要采取积极行动表示同意，要是什么事也不能做的话，中国财政管理权也许会"落入不友好者的手中，严重地损害贸易"②。他命令将嘉谟伦争取政府帮助的呼吁书送交财政大臣迈克尔·希克斯·比奇爵士。

与此同时，索尔兹伯里试图对占领北部港口的重要性进行评价。12月22日，他同负责对华事务的外交部常务次官托马斯·桑德森爵士和助理常务次官弗朗西斯·伯蒂进行了讨论。第二天，又请来正在休假的英国驻圣彼得堡大使、前驻北京公使欧格讷爵士参加。索尔兹伯里觉得迫切需要对此问题的各个方面获得足够的建议，因此他还征求了海陆军当局的意见。

12月22—23日的讨论对于了解1897—1898年冬春英国的思维模式是重要的。一般认为在1898年3月底，英国政府为了抵消俄国和德国的行动而想去占领威海卫是不太情愿的。其实外交部一开头就想的是取得一个补偿物，这个想法甚至在证实俄国和德国将继续占领各自港口以前就有了。

这次讨论的范围在同桑德森举行预备会议时已由索尔兹伯里确定了。他劝说道，鉴于俄国和德国人的行动，需要确定：

1. 此举是否会使战略形势改变到我们必须占领一些新阵地的程度，如果是的，应占领什么地方。

2. 我们采取的这一步骤是否是为了保持我们意思含糊的威信所需要的——就是说，我们作为一个头等强国的地位比其他国家对这些海域贸易更感必趣。

3. 俄国和德国所拥有的地位，是否使其拥有对北京施加政治压力的手段，以至我们在保护我们的商业如遴选总税务司等重大事情上为了保持我们的影响而需要采取对抗手段。③

---

① 汇丰银行致外交部，1897年12月24日，英国外交部档案：F.O.17/1330。

② 在上述信件上的批语。

③ 桑德森备忘录，1897年12月23日，桑德桑文书，英国外交部档案：F.O.800/2。

"除非俄国和德国公开宣布吞并一部分中国土地"①，索尔兹伯里一般是反对占领任何领土的。伯蒂也坚决反对采取任何损害英国利益范围的行动，这种行动势必招致其他列强在范围不明确的地方照此办理。他强调说，英国在华的最大利益在于在一切地方进行无限制的贸易，它应当尽可能久地阻止建立势力范围。但是如果海陆军专家另有想法，他准备听从他们的意见。他反复无常地得出结论说："一支能够对付俄、德、法联合力量的分舰队是我们安全的最好保证。"②

欧格讷的意见走向另一个极端。他力主英国应该"以友好的态度坦率而果断地对俄国、德国和法国"陈述"英国在华的主要利益所在"③。他反对在香港附近取得附加的领土（曾有人建议可以采取这个措施，理由是英国在紧急关头可以予以占领，但这并不能完全补偿德、俄在北方的所作所为），作为代替方案，他力主英国应该占领舟山④。

从 1895 年起就提出了占领舟山的建议，这一占领将保证英国控制长江的出海口。然而从官方的观点看，英国也许受到禁止其自由占领该岛的条约规定的束缚。据 1845 年 4 月 4 日第一次中英战争后的《虎门条约》，英国曾订定自该岛撤退后该岛不得割让任何外国（第三条），在受到攻击时英国得保护舟山并将其还与中国（第四条）。第二次中英战争时该岛曾短期为英、法军队占领过。不过英国曾一贯采取认为 1846 年条约的这些条款有效的立场，而且 1858 年《天津条约》事实上重新确认了这些条款（第五十四条）。这个观点在 1884—1885 年中法战争中曾经提出来，以反对法国人可能对该岛采取行动，迟至 1895 年 11 月盛传德国想以该岛为加煤站时，又向中国重申过。因此，在 1897 年 12 月，索尔兹伯里对于英国是否采纳欧格讷的自由行动的建议仍然有所怀疑。于是去征求司法官员的意见，他们回答说，虽然对英国在舟山受到进攻时英国予以保护的义务还有所怀疑，但是它如果不接受第四条的责任，就难以

---

① 在 1897 年 12 月 23 日伯蒂备忘录上的批语，英国外交部档案：F.O.17/1330。

② 同上。

③ 桑德森备忘录，1897 年 12 月 23 日，英国外交部档案：F.O.17/1330。

④ 同上。

要求得到第三条的好处①。

不管怎样，无论是占领舟山的想法，还是为了保护香港而占领额外的领土，都引不起索尔兹伯里的兴趣，他认为取得中国不割让的许诺就能最好地达到目的。他尝试提出在北面的芝罘附近为英国舰队设立一个过冬站，以此作为对俄国和德国行动的一种全面的补偿②。几天后，即此事提交内阁讨论以后，索尔兹伯里又进了一步，要求驻北京的窦纳乐是否可以在北直隶湾建议取得一个足以与德国占领胶州相抗衡的小港口③。

索尔兹伯里对德国的行动的强调表明了他1897年12月对北部港口的心情。一个月以前，他对德国人的占领行为还是比较泰然自若的。到1898年2月，这个问题即将变成英俄在东方利益的一场冲突。在此期间，对德国产生了反感，这种反感是由于越来越认识到德国对中国出现的危险局势应负责任而产生的。

迈克尔·希克斯·比奇也持这种态度。在回答索尔兹伯里关于中国贷款的质询时，希克斯·比奇详细谈到这件事的政治方面。他认为不经德国同意，法国和俄国本来是难以筹到所需的1600万英镑贷款的，这笔贷款也许早已弄到手了。他说道："来往文书的总趋势似乎是三强在其对华政策中结成友好关系，企图把我们冷在一边。"④希克斯·比奇在12月27日的回信中还提出一个可能解决贷款问题的办法，这立即引起索尔兹伯里的兴趣，导致他于次日召开了一次内阁会议。希克斯·比奇在考察英俄的主要分歧点后说道：

> 我想……我们可以在瓜分在华势力范围的基础上以某种方式同俄国分享这笔贷款，我们各自在自己的势力范围内从中国人身上榨取我们想得到的利益。俄国人从陆上，我们从海上，能够完全控制中国，并使其他任何国家不能干涉我们。这当然会是一个急转弯——因为迄

---

① 奥克斯备忘录，1897年12月23日，英国外交部档案：F.O.17/1330。

② 桑德森备忘录，1897年12月23月，桑德森文书，英国外交部档案：F.O.800/2。

③ 索尔兹伯里致窦纳乐，第75号，机密，1897年12月28日，英国内阁档案：Cab./37/46/29（1898），印交内阁使用，1898年3月25日。此案卷收集了1897年12月28日—1898年8月22日有关旅顺口危机的245件电报，其中多数未收入外交部来往文书卷宗。

④ 希克斯·比奇致索尔兹伯里，机密，1897年12月27日，索尔兹伯里文书：90/42。

今一直是按相反的路线行事。鉴于德国的态度，难道不是到了新起点的时候了吗？我相信，这样做在这里会很得人心的，而且对靠近英国本土的事情必然会发生影响。[①]

希克斯·比奇对于政府应嘉谟伦之请能够实际上给予多少支持并不抱多少希望。嘉谟伦提出的选择方案是，或是直接贷款，或是给贷款担保，政府在拖欠时应对税收实行保证过的管理，或是支持英格兰银行发行债券。希克斯·比奇宁愿直接贷款，而不希望对贷款进行担保，因为后两个选择方案都有困难：第一个可能导致同其他列强发生麻烦，第二个是因为没有政府的明白许诺支持，英格兰银行就不愿采取行动，这位财政大臣明确地作出结论说，除非直接贷款。

议会就将要求比仅仅保持目前贸易地位更多的东西；而且会希望采取一些导致取得优势的明确步骤，就像购买苏伊士运河股份在埃及给予我们的优势那样。[②]

这些建议导致索尔兹伯里勋爵重新估价局势，这在一定程度上给他的对华政策带来了重大政变，并导致他于1898年1月直接向俄国提出建议。

索尔兹伯里对俄国的建议

英国公开表示主张中国领土完整和贸易开放以维持中国现状的企图在反对通过财政贷款强逼中国接受明显的排他性要求方面一直没有奏效。英国为了保持其地位而加入了夺取这些贷款的竞争，而有关这些贷款的谈判又使其陷入一种危害其国际地位的处境。这同英国的真正目标不符。英国坚持中国的完整并非出于为中国谋福利的利他主义冲动，而是为了自由扩大贸易。英国并不反对俄国在远东取得一个不冻港。自从两强同盟形成以来，此举一直被视为有利的行动。维多利亚女王在这一点上起了决定作用。"女王陛下认为我们应该帮助俄国人在中国北部得到一个港口"[③]，这是

---

① 希克斯·比奇致索尔兹伯里，机密，1897年12月27日，索尔兹伯里文书：90/42。
② 同上。
③ 比格致埃里克·巴林顿，1898年1月25日，索尔兹伯里文书：85/65。

女王的秘书阿瑟·比格的报道。索尔兹伯里所唯一关心的是俄国占领的任何港口均应继续对英国贸易开放。同样，夺取贷款也仅仅是为了防止遏制英国的影响并在贷款如果归于别国时保护英国的现有权利。

　　同俄国之间的麻烦不该在这个不怎么方便的时侯发生的。在西非，法国人正要横跨尼日尔河，企图建立一个从达荷美到此河的法属领土的走廊。英国大使从巴黎报道说，法国人对德莱福斯案的愤怒有可能爆发战争。尽管西非战役一触即发，但这不过是掩盖在尼罗河酝酿着的更加危急局势的伪装，在那里，基钦纳亚在向喀土穆进军，而马尔尚正处于他横越大陆路程的最后阶段[①]。

　　憎恶在国际事务中施行讹诈是索尔兹伯里执政的一个特点。英国不能同时在两个地区同俄国和法国遭遇，而且对索尔兹伯里来说只有一个方针是可能的。1898年1月，他向俄国提出为解决他们的分歧可以达成一项协议的问题。这个建议的本身，同索尔兹伯里侯爵通过商定条约和平解决地区性分歧的信念是一致的，希克斯·比奇提出的建议又鼓励他采取这个行动。这个建议虽然直到1月17日才提出来，但是在此前的12月31日已经朝这个方向有所行动，那时他同驻北京的窦纳乐爵士讨论贷款条件，曾试探性地建议过俄英分担贷款[②]。

　　索尔兹伯里对俄国提出的不成功的1月建议不幸晚了半个月。要是最初提出时就付诸行动的话，也许已经得到更有利的反应了。但是其间英国就货款谈判不断提出要求，引起了俄国人的极大怀疑。

　　在1898年1月的头几天，对满足贷款担保的需要以及如果德国留在胶州应作何等必要补偿的种种可能性进行过考虑。先后考虑过的事有：由英国人控制中国海关、全面控制税收、将缅甸铁路延伸到长江流域的权利和拒绝在该流域给予一切租让优先权、展拓香港界址、获取一个港口或一个岛屿的可能性，甚至考虑到引进外国食盐等等其他要求[③]。自然，所有这

---

　　① 加文：《张伯伦传》，第3卷，第215、217页；M.佩勒姆：《卢加尔传》（伦敦，1956年出版），第672页。

　　② 索尔兹伯里致窦纳乐，第76号，机密，1897年12月31日，英国内阁档案：Cab.37/46/29。

　　③ 索尔兹伯里致窦纳乐，第73号，机密，1897年12月28日，第5号，机密，1898年1月8日，英国内阁档案：Cab.37/46/29。

些要求最后都没有提出来，但是，当外交部开始试图找出希克斯·比奇听说的那种满足议会需要的"苏伊士运河股份"式的步骤时，这些要求却表明了英国考虑的范围。

1月5日，中国企图让事情有些条理，在伦敦正式提出了借款要求。英国答应借与大约1200万英镑直接贷款来支付余下的赔款，由海关税和地方关税、盐税和厘金作保，并取得谅解，所担保的税收应由一名英国人审计，如发生拖欠情况，则应由一名英国人加以控制①。这还表明将会索取额外的租让权，虽然并未加以明白规定。

不过中国人得知其中的一项可能提出的要求后立即引起了他们的关切。这就是大连湾应该成为条约口岸。大连湾是"南满"冬季唯一可以自由出入的港口。俄国在12月中旬占领旅顺口后，有明显的迹象显示其对该港发生兴趣。然而当时尚不知道它对两个港口的最终意图。窦纳乐建议英国应该提出将大连湾变成条约口岸，正是为了检验俄国的意图。1月中旬提出这个建议时，总理衙门承认如果开放这个港口，对反对吞并更有把握，但是窦纳乐很清楚，中国大臣们害怕同俄国发生争吵。他在逼迫了他们两天以后得出结论说，中国大臣们"甚怕"俄国人的威胁，他们也许宁愿放弃这项贷款，也不冒担受俄国报复的风险②。中国的那种不甘心情愿的情绪使窦纳乐吃惊并使他相信需要重视俄国的反对。因此，1月16日下午，他给伯蒂发了一封私人电报，建议说英国应该尝试同俄国达成一项索尔兹伯里已经指出的谅解，这样的时机已经来到③。索尔兹伯里这时已开始怀疑中国蓄意挑拨一国反对另一个国家，并且决定采取行动。他指示已经回到圣彼得堡的殴格讷向维特提出英俄可否达成一项谅解。他写道：

> 如果可行的话，可询问维特先生英国和俄国可否在中国共事。我们的目的并不是严重敌对的：另一方面，要是我们那样做的话，我们双方都能相互造成巨大的损害。因此我们最好是应当达成一项谅解。我们将致力于促进俄国实现其在中国北部的商业目标，要是我们可以

---

① 索尔兹伯里致窦纳乐，第2号，机密，1898年1月5日，英国内阁档案：Cab.37/46/29。
② 窦纳乐致索尔兹伯里电，1898年1月16日，英国外交部档案：F.O.17/1340。
③ 窦纳乐致索尔兹伯里电，1898年1月16日，中国外交部档案：F.O.17/1340。

认为它愿意同我们共事的话。①

与此同时，他试图解决大连湾的困难。他虽然承认英国放弃使该港成为条约口岸的想法是件憾事，他还是指示北京的窦纳乐说，如果此事不可行的话，他并不一定要坚持②。

在圣彼得堡，欧格讷在1月19日的每周定期招待会上，第一次向俄国外交大臣穆拉维约夫公爵介绍了这个想法。谈话一开始就出乎意料地转了向。穆拉维约夫赞成达成一项谅解的想法，这对他来说显然是指在中国建立一个俄国的势力范围。他开始对欧格讷明确表示，这个势力范围就是"从天津到北京、从北京到'满洲'的整个小国北部"③。欧格讷三天以后见到维特时，这位俄国财政大臣也持同一观点。维特强调指出，俄国的地理位置或迟或早会使它在中国北部取得优势，它的真正政策是保持中国的完整。后来他又拿出一幅中国地图，用手扫过直隶、山西、陕西和甘肃，将其当作俄国迟早要吞并的领土。维特宽宏大量地说道，包括长江流域在内的中国南方将不属于俄国扩张的范围④。

俄国大臣们在其回答中所意指的势力范围政策是索尔兹伯里不曾料想到的结局。此外，穆托维约夫从他一向的观点出发，在第一次会议上就对欧格讷抱怨英国军舰不断在旅顺口出现，并抱怨英国对大连湾的态度⑤。另一方面，索尔兹伯里的想法是在商业上而不是从政治上瓜分利益，这不会限制英国的现有权利。出现误会多半要责怪欧格讷。没有证据表明这位英国公使想要纠正误会。相反，欧格讷个人已经深信需要势力范围，他对俄国的反应持热心的态度。他还认为最好是在讨论中不透露他所说的话在多大程度上得到过索尔兹伯里的同意，因为在沙皇同意以前，其结果是不

---

① 索尔兹伯里致欧格讷密电，第7号，1898年1月17日，《关于大战起源的英国文件》第1卷，第5页。

② 索尔兹伯里致欧格讷密电，1898年1月17日，英国外交部档案：F.O.17/1338。

③ 索尔兹伯里致欧格讷密电，1898年1月20日，《关于大战起源的英国文件》，第1卷，第6页。

④ 索尔兹伯里致欧格讷密电，第12号，1898年1月23日，《关于大战起源的英国文件》，第1卷，第7页；欧格讷致索尔兹伯里，第38号，机密，1898年1月30日，《关于大战起源的英国文件》，第1卷，第8页。

⑤ 欧格讷致索尔兹伯里电，第7号，1898年1月19日，英国内阁档案：Cab.37/46/29。

可靠的^①。最后，欧格讷一开始就力求达成一项谅解，这项谅解不仅限于中国，而且扩大到两国利益发生冲突的其他地区^②。

索尔兹伯里从1895年起就渴望同俄国建立一种更友好的关系，而且他发现要俄国作出响应是困难的。同时他认识到俄英的观点分歧日大。他在1月25日亲笔写给欧格讷的一封作为行动指南的快信中，企图矫正这个分歧。他说道，中国和土耳其这两个帝国衰弱到这个地步，它们必须有列强的忠告作指导。英国和俄国在这方面是对立的，经常抵消了彼此所作的努力，而它们的实际利益的对抗程度不能证明这种现象是正当的。达成一项谅解会是有益的，但是他警告说：

> 我们希望不要违反现有的权利。我们不会容许侵犯任何现存的条约，或者损害现在的中华帝国和土耳其帝国的完整。这两个条件是至关重要的。我们的目的绝不是瓜分领土，而是要划分优势范围。^③

显然，关于中国，索尔兹伯里是在呼吁达成一项英俄谅解，这种谅解不是以一种勉强让步的精神达成的，而是出于一种和衷共济的精神。在这方面是可以分工的，这种分工容许每一个国家在一个地区占据优势。为了使欧格讷有所遵循，他在1月25日的一封快信中将此区分为黄河流域及其以北地区给与俄国，而英国应该照管长江流域。

欧格讷误会了这个理想主义的观点，他抓住索尔兹伯里的反应，趁机发动一次辉煌的突击。自此以前直到2月中旬讨论销声匿迹，他竭力劝说达成一项谅解，此项谅解将扩及英国政策与两强同盟国家的政策发生冲突的一切地方，甚至扩大到埃及。到2月份他报告说，"我们可以找到一些一般的措词来适应我们的目标，鉴于和法国同盟的存在，我们将尽可能走得远些"^④。此外，欧格讷认为会逼得俄国人屈从的，他所选择的手段是因为维特承认俄国对英日同盟感到紧张而形成的。他争辩道，"我们手里已

---

① 殴格讷致索尔兹伯里，1898年1月26日，索尔兹伯里文书：129/34。

② 欧格讷致索尔兹伯里密电，第10号，1898年1月20日，《关于大战起源的英国文件》，第1卷，第6页。

③ 索尔兹伯里致欧格讷电，第22号，1898年1月25日，《关于大战起源的英国文件》，第1卷，第8页。

④ 欧格讷致索尔兹伯里私函，1898年2月10日，索尔兹伯里文书：129/36。

经拿到日本牌，我想我们不急于把它打出来……我们同日本结盟的可能性使他们提心吊胆并且帮了我们的忙"①。

　　然而，应该如实看待欧格讷在圣彼得堡所做的努力。从 1898 年 1 月起，一股强烈的反俄情绪在英国流行起来，几乎不能指望同俄国达成谅解。即使首先提出这个想法的希克斯·比奇，也在索尔兹伯里主动提出该项建议的当天对斯旺西商会说，"即使不惜以战争为代价"，英国也将在中国保持门户开放政策②。

　　索尔兹伯里似乎可以满足俄国愿望的唯一事情就是俄国抱怨英国在旅顺口的军舰问题。不知道在这个港口还有英国军舰的索尔兹伯里，认为布勒海军上将未经允许派军舰去该港是出奇的鲁莽。他下令撤走当俄国人抱怨时确实还在该港的一般轮船③。其结果是不幸的。路透社报道的这个行动，使英国本来相当大的反俄情绪增加了。

　　其实，几乎没有任何证据，即使是官方的证据，足以证明为改善同俄国的关系真正作过什么努力。这可以从中国贷款谈判中所持的不妥协态度看出来。

　　到 1 月底，中国还没有对英国给予 1200 万镑直接贷款来偿付余下的赔款一事作出答复。深信这种迟疑态度是由于俄国威胁所致的窦纳乐，建议实行反威胁的政策来迫使中国屈服。他说："对中国人来说没有比恐惧更加有力的东西，不管我们怎样想，我们必须以威胁对付威胁。"④在伦敦，索尔兹伯里准备进一步采取行动来反对俄国取得贷款权。他说："如果占贸易 4/5 的我们贷给款项会打破均势的话，则俄国贷给款项更无疑会产生那种效果。"要是贷款归于俄国的话，英国将采取内河自由航行，借地修缅甸铁路和占领舟山等形式来调节平衡。他坚决说："如果中国接受俄国

---

　　①　欧格讷致索尔兹伯里，1898 年 1 月 26 日，索尔兹伯里文书：129/34；并见 1898 年 1 月 23 日第 12 号密电，《关于大战起源的英国文件》，第 1 卷，第 7 页 1898 年 2 月 10 日函，索尔兹伯里文书：129/36。

　　②　希克斯·比其夫人维多利亚：《迈克尔·希克斯·比奇传》(伦敦，1932 年出版)，第 2 卷，第 59 页。

　　③　托马斯备忘录：英国在旅顺口的船只，1898 年 1 月 27 日，索尔兹伯里文书：93/28；索尔兹伯里致欧格讷电，第 13 号，1898 年 1 月 21 日，英国内阁文书：Cab.37/46/29。

　　④　窦纳乐致索尔兹伯里密电，第 27 号，1898 年 1 月 28 日，英国外交部档案：F.O.17/1340。

贷款，中国就必须给予这些权利，如果它拒绝，我们就自己去拿。"[1]中国因为这些越积越多的政治要求而陷于绝望，便宣布不从任何国家借款。于是又和汇丰银行私下重开谈判，这导致于2月19日贷款1600万英镑草约的签订[2]。

中国想使贷款脱离政治的尝试未获成功。还在中国宣布决定不接受直接贷款以前，索尔兹伯里即已宣布如果中国顺从俄国人的愿望而放弃借款的话，这就是公开侮辱，为此就需要索取让与权[3]。因此，窦纳乐继续对中国人施加压力。在2月5日至14日间，他取得中国人的同意，开放内河轮船航道，在湖南设立条约口岸，不割让长江流域，并确认中国海关总税务司的职务应继续由英国人掌管。中国在作出此事让步时要求他们完全脱离贷款谈判，以免俄国人提出反要求[4]。

英国并没有试图对俄国掩盖这些政治上的让与权。事实上，当俄国外交副大臣拉姆斯多尔夫敦促欧格讷说出英国对贷款的要求，索尔兹伯里开了一张长长的清单，其内容超出了窦纳乐正在北京商谈的范围。列入清单的有一项争取将大连湾开放为条约口岸的引起争论的要求[5]。其实，索尔兹伯里利用了对华贷款谈判来对俄国认为英国准备同意在中国划分势力范围的政策这种设想进行挑战。可以理解，俄国的态度也相应地冷酷起来。拉姆斯多尔夫在评论英国的要求时，强调大连湾问题应该排除在今后的讨论之外，而且俄国将提出补偿的反要求[6]。作为最后的一步，他建议如果英国同意俄国租借旅顺和大连湾20年的话，俄国将同意贷款归于英国[7]。

拉姆斯多尔夫的做一笔"交易"的建议使英国进到贷款谈判的最后阶段。自1897年以来它的政策摇摆不定地经过了竞争、要求补偿、威胁、要求为"当面侮辱"而给予让与权等不同阶段。俄国从贷款中将间

① 索尔兹伯里致窦纳乐电，第23号，1898年1月28日，英国外交部档案：F.O.17/1338。
② 窦纳乐致索尔兹伯里电，第45号，1898年2月19日，英国内阁档案：Cab.37/46/29。
③ 索尔兹伯里致窦纳乐电，第25号，1892年2月1日，英国外交部档案：F.O.17/1338。
④ 索尔兹伯里致窦纳乐电，第45号，1898年2月19日，英国内阁档案：Cab.37/46/29。
⑤ 索尔兹伯里致欧格讷电，第38页，1898年2月10日，英国外交部档案：65/1557。
⑥ 欧格讷致索尔兹伯里密电，第31页，1898年2月18日，英国内阁档案：Cab.37/46/29。
⑦ 欧格讷致索尔兹伯里密电。第32号，1898年2月19日，英国内阁档案：Cab.37/46/29。

接受益的可能性驱使它对英国在华目标的看法更趋狭隘。欧格讷报告说俄国建议做一项"交易"时，索尔兹伯里得出结论，认为不需要和俄国协商一项解决办法，因为英国寻求的让与权没经贷款已经得到了。他回答欧格讷说："我们已经列了一个亟须小心从事的地点，由于得到了这些东西，到底给予贷款对我们来说是否明智就值得怀疑了。"① 他向窦纳乐通报形势时更加直率。因为法国、俄国不会支持英国延伸缅甸铁路的方案，因此"我们除了贷给 1600 万英镑的自由外将一无所获。这本身还有大的价值吗？"②

窦纳乐和欧格讷两人对于这个狭隘观点都反应强烈。窦纳乐强调说，这项贷款的主要价值并不在于伴生的各项让与权，而是在于它给予英国对税收机关的控制权，以及给予进行财政改革的机会。两位公使均建议比较明智的方针是同意和俄国作出一项安排，特别是俄国不问英国反对与否都要取得旅顺口及大连湾的租借权。欧格讷面对明确指出他为同俄国达成谅解的努力无足轻重的表示时，丧气地说道："我们将重新进入一个互相嫉妒和互不信任的时代，由于西伯利亚铁路日益接近北京，我担心俄国的势力必将增长而危害我们。"③

索尔兹伯里无须公使们的告诫已经恢复了情绪上的稳定。贷款的事已经成交，由英格兰银行相当不乐意地注册登记了。然而，应付俄国在华挑战的问题依然存在。

寻求一项积极政策

到 1898 年，英国对本国的国际地位愈来愈感到关切。人们觉得英国如要保持海外的恰当地位，就需要实行一种更加积极的政策。一些人认为只有英国承认需要结盟才能实现这一点，从而使其能够更有效地反对两强同盟的国家。

---

①　索尔兹伯里致欧格讷密电，第 52 号，1898 年 2 月 20 日，英国内阁档案：Cab.37/46/29.

②　索尔兹伯里致窦纳乐密电，第 44 号，1898 年 2 月 20 日，英国外交部档案：F.O.17/1340。

③　窦纳乐致索尔兹伯里密电，第 33 号，1898 年 2 月 22 号，英国外交部档案：F.O.17/1340；欧格讷致索尔兹伯里密电，第 33 号，1898 年 2 月 22 日，英国外交部档案：F.O.65/1559。

殖民大臣约瑟夫·张伯伦坚持这个意见，他可能是索尔兹伯里致府中最强有力的人物。1898年春天，相当多的内阁成员持有这个观点。结果是在探索结盟的需要和可能性时，对英国的传统观点进行了彻底的重新评价。这一过程以向美国提出结盟开始，以缔结英日同盟告终，但是德国一般被当成最有可能帮助反对俄国和法国的国家。

在1898年到1901年间，英国曾经有三次主动建议达成一项英德谅解，其中第一次和第三次是直接出于英国对其在东方地位的焦虑。可以说，张伯伦想成为英国外交设计师的野心是起源于旅顺口危机，而与德国结盟的价值是由于中心的局势才予以实际考察的[①]。

内阁中在英国国际地位问题上发生的意见分歧难免要反映到政策实施上。由于反对和德国结盟最坚决的索尔兹伯里因健康原因常在国外，这种分歧就更显得突出。这些旅行一般是在春秋进行，而且直到1900年11月索尔兹伯里放弃外交部职务以前，正是在他这些不在场的时候，英国的对华政策才出现了前进的步骤。在旅顺口危机的时候，和张伯伦一样主张采取有力行动的贝尔福勋爵留下来主持内阁。公众对远东地位的关切增长，是1897—1898年冬天出现的使政府对中国局势的处理复杂化的另一个因素。从1895年起商界曾经有过某些焦虑，但是在北部港口被占领后公众评论的调子变了。对政府的无所作为的批评常常是直接辱骂，并且同一再

---

① "他以丰富的观点和词句谈论中国和西非、法国和俄国，这些话在10年前恐怕会吓坏伯明翰的。近来他同索尔兹伯里侯爵意见有很大分歧。他认为我们现在是在十字路口，不同后果如何，我们现在必须坚持帝国的扩张，否则将永远丧失时机。" M.V.布雷特编：《埃歇子爵里基诺尔德日记书信集》，4卷本（伦敦，1934—1938年出版），第1卷，第210—211页。张伯伦同德国驻伦敦大使哈茨费尔德争取缔结英德同盟的商谈，当时贝尔福勋爵说这是"在外交部找不到记录的一个奇怪的插曲，不应该让其无影无踪地消失了。（贝尔福致索尔兹伯里，1898年4月14日，索尔兹伯里文书：大事年表，1898年。外交和帝国，I.德国）。这次商谈以后有不同的作者进行过广泛的研究。见J.L.加文：《约瑟夫·张伯伦传》，8卷本，第4卷由J.艾默里撰写（伦敦，1932—1951年出版），第8卷，第254—295页；B.E.C.达格代尔：《第一代贝尔福伯爵阿瑟·詹姆士·贝尔福传》，两卷本（伦敦，1936年出版），第1卷，第256—261页，J.M.古茨瓦德：《英国"光荣孤立"终结的几个问题，1898—1904》（鹿特丹，1952年出版）。第12—71页；J.D.比克福德、E.N.约翰逊合著：《拟议中的英德同盟，1890—1901》，《政治学季刊》，第42期（1927）年，第1—57页；J.A.S.格伦维尔：《索尔兹伯里侯爵与外交政策》（伦敦，1964年出版），第148—176页。

要求执行一种更加勇猛的对外政策的呼吁相结合[①]。

1898 年整个春天和夏天持续很久的这个运动产生了重大后果。此刻变得温顺了的内阁，在让公众不安的压力下蠢蠢欲动，并且开始对中国的局势发生兴趣。总是对选民区的情绪敏感的约瑟夫·张伯伦是最先行动起来的人之一。2 月 3 日他写信给贝尔福称："我但愿您刚刚读完了所有的报纸，我想，要是您读过了，您会同意我的看法，如果我们对中国不采取更加坚决的态度，政府即将碰到大麻烦。"[②]张伯伦心目中的"坚决态度"就是美、德、英三国联合起来要俄国将新近占领的中国港口和今后一切类似的获取地向国际贸易开放。张伯伦接着对因索尔兹伯里生病而临时主持政府的贝尔福说道，要是俄国拒绝了，"我们应当号召其舰队离开旅顺口，如果需要的话，就迫使其离开"[③]。

在 2 月 20 日同俄国做一笔"交易"的建议被拒绝、俄国要索取旅顺口和大连湾一事已经很明显以后，就更加迫切需要作出一项积极的决定了。2 月 23 日，内阁决定向美国提出，要求在保持中国门户开放上进行合作[④]。即将短期出国休养的索尔兹伯里反对贸然采取行动，于是真正打交道被推迟了。然而其后两个星期形势恶化。窦纳乐于 2 月 25 日报告说，中国政府准备将威海卫租给英国。尽管一些报道说德国可能夺取该港，索尔兹伯里还是拒绝这个提议，因为这作事很可能导致他正在试图避免的那种局势[⑤]。海军部关于七艘法国军舰出现在中国南部海岸的报道暗示情况紧急。然后，《泰晤士报》于 3 月 7 日报道俄国拟将派军队到东北要求租借旅顺口和大连湾。

再次署理政府事务的贝尔福采取了坚决行动。窦纳乐接到指示，要

---

① 加文：《张伯伦传》，第 3 卷，第 250—251 页，埃利奥特：《高慎传》，第 2 卷，第 219—220 页，《蓓尔美尔根》提供了一个比较激烈攻击的例子，1898 年 9 月 3 日该报称："在这些武装和平的日子里，英国渴望得到一个领袖，自从奥斯特利茨战役的消息使皮特丧命以来，英国还没有如此渴望过……英国不喜欢让体弱多病的人来统治……"等等。7 月 16 日，《每日邮报》上对索尔兹伯里进行了粗鲁的攻击，哈姆斯沃思赶忙否认此事和他有关。

② 张伯伦致贝尔福，1898 年 2 月 3 日，达格代尔：《贝尔福传》，第 1 卷，第 252—253 页。

③ 同上。

④ 格伦维尔：《索尔兹伯里侯爵与外交政策》，第 143 页。

⑤ 窦纳乐致索尔兹伯里专电，机密，1898 年 2 月 25 日，英国内阁档案：Cab.37/46/29。该消息是通过赫德爵士提供的。

求对威海卫的优先租借权①。同一天（8月7日）向英国驻华盛顿公使朱利安·庞斯福特爵士发去一封电报，指示他请求美国合作②。

形势开初似乎有利。庞斯福特报告他在8号内阁开会前即已将这个消息送交美国总统。麦金莱说他早已料到这个信息，答应第二天回答。然而一周过去了，3月15日，庞斯福特被告知敦促答复。于是对此作出了非正式的口头回答，该口头回答站不住脚地解释道，决定基本政策的是美国立法机构而不是行政机构，尽管美国总统对保持中国贸易开放的政策持同情态度，但是他认为已发生过的一切占领行为有干扰那项贸易的打算。庞斯福特的报告作出了清醒的结论：

> 相反，（他的）现有官方通信指出，现在没有出现对文明世界封闭对华贸易或在中国获取排他性商业特权的意图。他看不出有任何现实的理由让美国放弃其有关同外国结盟和尽量切实可行地避免干涉欧洲纠纷的传统政策。③

美国助理国务卿戴伊在答复中称，这是基于美国避免结成"纠缠不清的同盟"的既定政策，也是因为即将和西班牙发生麻烦而制定的政策④，这个说法并没有带来什么安慰。

在美国断然拒绝以后，从3月中旬起，英国内阁寻求一种对付俄国在华北的挑衅态度的恰当政策。英国并不反对俄国获得一个不冻的商港，使其能够推进其西伯利亚铁路计划。俄国势力扩大到东北南部也可以默认，但是该地区必须继续对国际贸易开放。但是，正如所有的报告所提出的那样，如果俄国意图要求旅顺口和大连湾为封闭口岸，这就是对门户开放概念的公开挑战。俄国起初在寻求租借权时曾经表示将尊重这两个口岸的条约权利。然而由于这两个口岸均未开放为条约口岸，因而这个保证公认为是毫无意义的。于是使这两个口岸保持开放的唯一办法就是根据《天津条

---

① 索尔兹伯里致窦纳乐密电，第55号，1892年3月7日，英国内阁档案：37/26/49。
② 索尔兹伯里致朱利安·庞斯福特爵士电，第17号，绝密，1898年8月7日，英国内阁档案：Cab.37/46/29；R.G.尼尔《英国和美国帝国主义，1898—1900》（布里斯班，1965年出版），第97页。
③ 庞斯福特致索尔兹伯里电，第18号，1898年3月16日，英国内阁档案：Cab.37/46/29。
④ 庞斯福特致索尔兹伯里电，第19号，1898年3月16日，英国内阁档案：Cab.37/46/29。

约》的最惠国条款要求得到平等的权利。这是英国不公开放弃其对华政策基本原则而能够接受的最低要求。

英国试图在此基础上试探俄国的意图。3 月 11 日，它要求根据《天津条约》作出一项权利平等的保证①。一个星期以后，它作出一种更加明确的姿态，提出俄国可以租借大连湾并将铁路延伸到该港，只是它得同意不夺取在商业上没有用途的旅顺口。作为交换，英国保证不从事报复而去占领一个北部港口，只要它的条约权利受到尊重，也不占干涉东北的事情②。

俄国对此不予作答，这就明显说明它有意占领旅顺口，以之作为一个封闭的、设防的港口。因而这就成了一个英国不得不从战略和政治意义上加以考虑的政治行动。

占领威海卫

内阁的考虑是受到俄国必然要跨过它的陆界统治中国这个流行观点决定的。窦纳乐在其自北京发出的一些快信中鼓吹英国承认俄国的统治地位并且同它妥协以保持对东北贸易的畅通，就是基于这种信念③。贝尔福准备承认俄国的有力地位，甚至承认其占领旅顺口对于中国北部的未来不可能产生长期的不利后果，"因为有没有旅顺口，中国北部都会落入俄国手中"④。他还准备同意窦纳乐的俄国的占领行动不需要打乱在北京的均势的观点。尽管如此，他还是力称去占领一个其全部和唯一的重要性在于军力和战略地位的港口，必然将在远东被视为对北京的经常性威胁和瓜分中国的开始⑤。

因此，英国需要采取一些积极行动，并将其注意力集中在占领威海卫的可能性上。贝尔福在和窦纳乐的讨论中考虑在两种政策中进行选择：

---

① 索尔兹伯里致欧格讷电，第 60 号，1898 年 3 月 11 日，英国内阁档案：Cab.37/46/29。

② 索尔兹伯里致欧格讷私电，3 月 18 日，索尔兹伯里致窦纳乐电，第 99 号，1898 年 3 月 22 日，英国内阁档案：Cab.37/46/29。

③ 窦纳乐致索尔兹伯里电，第 71 号，1898 年 3 月 10 日；窦纳乐致贝尔福电，第 90 号，1898 年 3 月 21 日，英国内阁档案：Cab.37/46/29。

④ 贝尔福致窦纳乐电，1898 年 3 月 19 日（甲），英国内阁档案：Cab.37/46/29。

⑤ 索尔兹伯里（贝尔福）致窦纳乐电，第 99 号，1898 年 3 月 22 日，英国内阁档案：37/46/29。

一种是同意俄国租借旅顺口，保证保留现有的条约权利并不在旅顺口设防（虽然可能未必能实现），同时我们租借威海卫来作为补偿。

另一种是要求俄国人不要租借旅顺口，同时我们保证不在北直隶湾占领港口，并且不在"满洲"进行干涉。[①]

贝尔福提出的第一个选择方案意思是英国试图通过拟将占领威海卫来逼迫俄国屈从。第二个选择方案含有可能使用武力的意思。贝尔福在说明第二个选择方案时劝告说，即使冒全面战争的危险，这个方案也是唯一能遏止俄国和防止即将对中华帝国进行瓜分的唯一途径。在此前一天，他曾询问俄国是否会打仗而不会让步，这位英国公使确定地回答说他认为俄国不会打仗，虽然在他看来关系将会十分紧张[②]。尽管如此，在旅顺口危机期间，英国从来也没有真正认为战争是能够解决问题的办法。

这样，内阁所面临的实际问题就是英国是否应该占领威海卫，从而表明它反对俄国人的行动，或是默认俄国人的行动，参加瓜分中国，在别处寻求补偿。

作出占领威海卫是一项困难的决定。这件事在五次会议上进行了争论。迟至 3 月 10 日，窦纳乐还报告说威海卫是"从海军的观点看余下的不次于任何其他港口的海港"[③]。然而内阁深知该港的局限性。海军部专家们在受到咨询时，对于该港是否合适提出了相当有保留的看法。该港实际上不够深，不能满足近代海军的需要，因而很难证明有保持该港的价值[④]。8 月 19 日，贝尔福对窦纳乐明确指出了这一点：

要是占领威海卫，将需要太大一支军队去防御它，要是设防的话，除了外观以外，对我们几乎毫无价值，要是不设防，价值会更小，因而不能与旅顺口相抗衡，旅顺口天然强固，又拥有如此坚固的

---

① 贝尔福致窦纳乐电，1898 年 3 月 19 日（A），英国内阁档案：Cab.37/46/29。

② 贝尔福致欧格讷密电，1898 年 3 月 18 日，欧格讷致贝尔福密电，1898 年 8 月 19 日，英国内阁档案：Cab.37/46/29。

③ 窦纳乐致索尔兹伯里电，第 71 号，1898 年 3 月 10 日，英国内阁档案：Cab.37/46/29。

④ 马德：《英国海军政策》，第 302 页。

堡垒，很容易坚不可摧。①

促使产生犹豫的另一个考虑，是威海卫位于德国正在巩固其利益的地区。窦纳乐警告内阁说："我们占领威海卫将对德国这一打算给予致命的打击，并挑起它（德国）的敌意。"②窦纳乐及欧格讷的联合谋划并没有消释内阁日益增长的犹疑。在作出决定的整个期间，这两位公使似乎是联合起来，阴谋怂恿政府承认俄国的行动，并遵循一种势力范围的政策，在长江地区寻求补偿。欧格讷怂恿道："这能保证在半瓦解的中国得到一份。而且是优厚的一份，不幸的是，中国的瓦解已经开始了。"③这是一个强烈的诱惑：一般说来，主张实行强有力政策的大臣们也主张巩固英国在中国中部的势力。然而内阁认为它不能实行势力范围政策。他们所面临的问题不仅仅是支持英国在华的商业利益。他们已经痛苦地知道俄国占领旅顺口将"使英国在整个远东名誉扫地"④。欧格讷所力持的补偿政策只能使英国的地位更糟。戈申勋爵严厉地指出，欧格讷的快信说明"他根本不认识其中包含的外交上的失败"⑤。

德皇后来形容占领威海卫是"离开了英国人通常具有的那种实际常识"⑥。其实，英国要想保持其国际声誉，除了占领威海卫别无选择。1897年12月索尔兹伯里侯爵最初估量形势时，他早已断定这种考虑将导致英国在北部寻求一个港口⑦。到1898年3月一切事情都发生了以后，英国除了实行一种积极政策外，别无他法。对付俄国和德国在华优势的唯一真正适当的平衡物是在北方⑧。寇松勋爵也力持此说，那时他任议会秘书，是公

① 贝尔福致窦纳乐电，1898年3月19日（A），英国内阁档案：37/46/29。

② 窦纳乐致索尔兹伯里电，第71号，1898年3月10日，英国内阁档案：37/46/29。

③ 欧格讷致索尔兹伯里密电，第46号，1898年3月13日，英国内阁档案：37/46/29；欧格讷致索尔兹伯里电，1898年3月21日；欧格讷致索尔兹伯里电，1898年3月24日，传至内阁，索尔兹伯里文书：129/37，39；窦纳乐致索尔兹伯里电，第10、11号，1898年8月13日，英国内阁档案：37/46/29。

④ 贝尔福致窦纳乐电，1898年3月19日（A）。英国内阁档案：37/46/29。

⑤ 欧格讷致索尔兹伯里函，1898年3月24日，批语，内阁传阅，索尔兹伯里文书：129/39。

⑥ 拉塞尔斯致索尔兹伯里电，第168号，绝密，1898年5月26日，印交内阁使用，英国内阁档案：37/47/36。

⑦ 桑德森1897年12月23日备忘录，桑德森文书，英国外交部档案：F.O.800/2。

⑧ 伯蒂1898年3月14日备忘录，《关于大战起源的英国文件》，第1卷，第17—18页。

认的远东事务专家，他应邀参加 3 月 25 日的内阁特别会议，力说应该占领威海卫[①]。

英国也知道如果它弃权的话，在日本撤退后德国会占领这个港口。如窦纳乐曾经指出那样，威海卫是剩下的华北最后一个有些重要性的港口。3 月 25 日，内阁经过三个半小时的考虑后，决定只要俄国占领旅顺英国就租借这个港口[②]。

在作出占领该地的决定的当天，贝尔福和张伯伦同德国大使哈茨费尔德男爵和德国驻伦敦使馆一等秘书艾尔德斯坦男爵开始了初步谈话。这一考虑无疑对张伯伦有影响，因为他反对占领威海卫[③]。为了应付德国的、可能还有张伯伦的反对，在柏林作了明确保证，不从该港修铁路到山东半岛[④]。

迫使中国租借的任务落到窦纳乐身上，他在作出决定以后还争辩着反对占领。租借威海卫一事，是遭受折磨的总理衙门大臣们为了在同俄国谈判旅顺口时支撑其正在瓦解的外交地位而想出来的孤注一掷的措施。另一个唯一使困惑的英国内阁在思考中松一口气的事便是建议结成一个英、日、中的反俄同盟[⑤]。3 月末，中国大臣们已经深知答应将威海卫租给英国将导致其他列强提出反要求。窦纳乐在几次漫长的会议上力劝中国屈从，而且这位英国公使曾经一度考虑使用武力。"我想除非受了很大压力他们

---

① 寇松本人有影响的看法是："威海卫尤其是我本人的产儿，因为是我第一个去找贝尔福和张伯伦建议获取这个地方，并且在海军部一个秘密委员会上同戈申、贝尔福、德文希尔、兰斯多恩及海军上将们一起，努力陈述过获取该地的理由，最后，您（汉密尔顿）可能还记得，在允许我参加的为此目的而召开的内阁会议上，我也曾力劝过获取该地……"寇松致汉密尔顿，1900 年 8 月 22 日，汉密尔顿文书。

② F. 戈瑟斯：《第一次世界大战前尤其是 1880 年—1914 年间英国外交政策的运用》（莱登，1948 年出版），第 155 页；加文：《张伯伦传》，第 3 卷，第 248—249 页；罗纳德谢伊伯爵：《寇松勋爵传》。三卷本（伦敦，1928 年出版），第 1 卷，第 276—281，283—286 页。关于海军部的态度，见马德《英国海军政策》，第 302 页，总论见孙任以都《威海卫的租借》，载《太平洋历史评论》，1950 年第 19 期，第 277—283 页。

③ 贝尔福致索尔兹伯里，1898 年 4 月 14 日，索尔兹伯里文书：大事年表，1898 年，外交与帝国 I，德国。

④ 弗兰克·拉塞尔斯爵士（英国驻柏林大使）致德国外交大臣冯·比洛先生，1898 年 4 月 20 日，《关于大战起源的英国文件》，第 1 卷，第 33—34 页。

⑤ 窦纳乐致索尔兹里里电，第 79 号，绝密，1998 年 8 月 15 日，英国内阁档案：37/46/29。

是不会让步的，占领舟山或许是必要的（作为第一步？）。"①又拖延一阵以后（是时中国要求在该港停泊船只的权利），于1898年7月11日签订了租约。

获得威海卫以后在那里做的事很少。开初认为会把该港变成一个设防的海军基地。然而由于该处一般说来不太恰当，这件事牵涉要修一条很长的防波堤和在港内做大量疏浚工作，花不起钱。无论如何，建立一个永久性的先进基地不合乎当时海军部的政策②。海军部认为铺一条从吴淞口到威海卫的海底电线，如果同俄国开战，将极为有利，这个要求也被财政部拒绝了③。虽然提出了各种各样的方案，但是并没有作过将该港用作战略基地的尝试，而是主要用它作海军休养中心④。总司令吴士礼陆军元帅建议可以在威海卫组织中国军队供他处使用，但是中国政府反对在租借地招收一般用途的新兵⑤。最后组成了一个用作保卫当地的中国团。这一冒险行动没有成功。1899到1900年间逃兵逾800人⑥。其中许多人在被叫作"威海卫军校"合格后径直为华军服役⑦。正如印度事务部所指出的那样，英国实际上向中国"每年稳步提供受过训练的士兵"⑧。

4月5日，议会为占领威海卫进行辩护。当贝尔福在下议院强调需要保持英国在东方的商业势力时，德文希尔公爵在上议院说得更坦率。他提出占领威海卫是在中国北部海域恢复海军均势的必要砝码，鉴于俄国在中国北部陆上占压倒优势，必须保持这种均势⑨。

索尔兹伯里在他的度假休养地波利欧，对此事持保留态度。直到3月

---

① 窦纳乐致索尔兹伯里电，第110号，1893年3月3日；第107号，1998年3月28日，英国外交部档案：F.O.17/1358。

② 中国威海卫，1905年，英国内阁档案：17/65。

③ 1899年5月10日希克斯·比奇备忘录；1899年6月8日海军备忘录。机密印刷品。

④ 威海卫，利用该地的各种方案，英国内阁档案：1/2/411。

⑤ 1898年12月1日吴士礼备忘录，英国内阁档案：37/48/88。殖民地防务委员会备忘录，"在殖民地驻军中利用当地军队问题"，秘密，第173M号，1899年4月，英国内阁档案：8/2。

⑥ 少将A.多华德爵士殖民部国务大臣密函，1901年12月12日；威海卫，1901，英国殖民部档案，C.O.521/2；陆军部致外交部，1901年12月16日，英国外交部档案：F.O.17/1511。

⑦ 印度事务部致外交部，1901年11月27日，英国外交部档案：F.O.17/1511。

⑧ 印度事务部致外交部，1901年11月13日，英国外交部档案：F.O.17/1510。

⑨ 议会辩论记录，第4辑，第56栏，第165—174、224—239页。

30 日贝尔福发出急信说，内阁"一致认为必须不惜任何代价取得威海卫，我们在这件事情上的任何让步将对本国造成最坏的后果"时，他才表示同意①。一个月前他曾经拒绝过中国给予该港，他改变态度显然是为了保持内阁的团结和信任票。

他于 4 月 29 日返回，发现中国形势已经成为引起激烈政治讨论的诱因。几天前出版的一本有关中国的蓝皮书提供了头一个冬天的事态的情报。早先对政府处理这种局势的办法的批评复活了。人们的注意特别集中在两艘英舰从旅顺口撤退这件事情上，这件事显然发生在俄国提出抗议以后。批评激烈的《环球报》称之为"'袖手旁观'事件"。《早邮报》更加庄严而有效地表示，希望那些信，特别是关于那两只船的急件能够在全国各个选区得到研读并引起深思。该报尖锐地评论："这些急件在不多几句话里体现了政府政策的整个精神，或者说，体现了它垂头丧气的劲儿。"政府稚气地相信国家的对手的保证招致了成堆的轻蔑。《泰晤士报》议论说，这"不是保持一个大国在东方的威信之道"。《标准报》则试图以强调俄国人的两面性来宽宏大量地为索尔兹伯里辩护②。

形势远非索尔兹伯里所喜好的那样。他认为要就英国在国际事务上的孤立地位进行有益的辩论，中国不是一个合适的讲台。5 月 4 日他在艾伯特大会堂讲话时力图使中国问题从争论的中心转到可以作为地区性问题得到和平解决的边缘地位上去。他说道：

> 生气勃勃的国家定会逐渐蚕食垂死国家的领土，各文明国家之间发生冲突的种子及原因将迅速显现……我们决不允许英国在任何可能发生的重新调整中处于不利地位。另一方面，如果一个对手在我们力所不及的地区通过扩张而消灭了荒芜和贫瘠的话，我们也不嫉妒。③

---

① 贝尔福致索尔兹伯里，1898 年 3 月 30 日；索尔兹伯里致窦纳乐，1898 年 3 月 31 日，索尔兹伯里文书，第 1 函，草稿，复本，会议记录等，1897—1902。关于索尔兹伯里对威海卫的意见，加文在《张伯伦传》第 8 卷第 249 页曾经加以引用，即为了满足英国舆论"而在中国寻找一些领土上的或制图学上的安慰"，"它不会有用而且代价高昂"。直到 4 月 14 日贝尔福写信以前，索尔兹伯里似乎不知道张伯伦的异议。

② 本引文及上述报纸引文均见于 1898 年 4 月 25 日各该报纸。

③ 《泰晤士报》，1898 年 5 月 5 日。

这一抗辩没有得到他所希望得到的反应。5 月 13 日张伯伦以其同样著名的演说作答，这篇演说对俄国人的两面性进行了嘲弄：

> ……同坏蛋打交道得有特殊的本领。……如果今后还保持我国迄今为止的孤立政策，则今后中华帝国命运的决定可能而且也许一定会不顾我们的愿望并无视我们的利益。①

这次意见交换暴露了由旅顺口危机引起的在处理英国对华政策上的意见分歧。索尔兹伯里视中国为可以和平地调整分歧的地区，从而在对两强同盟的关系中限制英国孤立政策的使用范围的企图，遭到一些好战的内阁成员的拒绝。

然而，他们的努力导致了英俄利益的危险冲突，这一冲突在随后几个月中似乎是削弱了而不是加强了英国在中国的地位。

---

① 《泰晤士报》，1898 年 5 月 14 日。

第四章 让与权的争夺

北方港口的占领造成中国形势的变化。整个 1898—1899 年，列强在显然处于瓦解中的中华帝国扩大它们的利益，开展了让与权的争夺。所获得的让与权表面上是由外国私人企业商定，一般是采矿权和筑路权。在某些情况下，安排了由中西合股公司或允许外国在技术上进行合作的中国公司来实现这些要求，以试图取得中国的参加。然而载于各贷款说明书中的外国控制权相当大，这些让与权实际上被视为外国企业，而且是通过在北京施加外交压力谋得的。

此等让与权一般是以国家为基础在特定的地区索取的，这个事实使得这些行动的政治性突出起来。1895 年法国和俄国要求在中国东南部及东北取得优先权时就开始有这个倾向。然后 1897—1898 年攫取北部港口又加速了这个进程，在某种程度上似乎要使中国的经济结构和政治控制力土崩瓦解。这些港口成了便于向其四周地方提出领土要求的中心点。于是俄国在"南满"、德国在山东半岛、法国在南方广洲湾周围的地区方便地安顿下来。后来日本打算在厦门地区建立一个特殊利益地区，意大利指望在三门湾附近建立一个势力范围。

自 1895 年起，利益范围在中国得到默认，但是由于这些利益范围允许其他外国列强继续分享（尽管可能性已经减少），因此它们并不特别违反门户开放概念，另一方面，势力范围包含一种明确的经济的及商业上的排他性，以及在某种程度上的政治控制和不言而喻的合并领土的自由，除非改变外国在中国条约地位的整个基础，这是不能容许的。

中国政府的态度促成了外国猎取让与权的高潮。19 世纪 60 年代最初试探性地企图将铁路引进中国时，清政府对视为外国创新的事物持敌视态度。然而，在1894—1895年中日战争以后，清廷开始认为修筑铁路可能是一种国防手段。直到1898年底为止它随便地批准给予让与权，当年年底，由于对外国活动后果的忧虑与日俱增，导致颁布一道圣旨，指示直到已经特许的让与权着手处理，以后不再考虑给与让与权。这种慷慨的态度不适用于采矿业，对该业曾经试图实施强有力的采矿条例以限制外国的控制权。不过，由于这些采矿企业往往同铁路方案分不开，因而往往难以区别，结果，通过货款合同，外国的大量控制权还是确立起来了。

1898年春夏出现的争夺铁路让与权的模式表明，中国在列强可能与其欧洲对手发生冲突的各个地区给与它们让与权，借以尽量防止形成势力范围。各个让与权被视为私人企业，而且每个让与权必须从中国政府分别获取，这个事实使中国得以继续保持其先前通常享有的某种控制权。由于中国政府对列强与日俱增的胃口感到担心，因此它给予让与权的方式是防止任何一个强国发展到排他性地控制一个地区的地步。这种首创性的发挥及其灵巧的试探性的运用，给中国在一个否则将全面处于被统治地位的时期提供了一个不大不小的成功的机会。列强越来越感到它们正在互相侵入对方的势力范围，结果外交上的紧张关系加剧。在1898年初预期的势力范围虽然已易于确定，但是随着争夺的继续，其界限却模糊不清了。所给予的让与权的多样性导致局势悬而不决，到头来使整个进程受挫。

可以理解，英国是反对出现势力范围的。虽然在1895年以后这个时期英国的政策相当漠视势力范围这个观念，其政策仍然是基于门户开放的原则，然而英国还是有意避免采取使其与其他列强相反并加重其在东方的孤立地位的行动方针。旅顺口危机表明，即使设想为了恰当地保护它的地位而为中国的事情去作战是合理的，但是它并不准备采取这个步骤。因此，1895年以后英国支持门户开放不妨可以从防守的观点解释为决心抗拒对其现存利益的任何遏制。其实这已经成为一种向中国要求补偿性让与权的政策。它要求将缅甸铁路延伸到云南所施加的压力；它的不得割让长江地区的要求；它坚持要一名英国人担任海关总税务司以及在第三次战争赔款贷款期间所提出的其他要求，对支持门户开放原则几乎都毫无助益，倒是大大危害了英国想要保持的地位本身。

不过，即便英国准备放弃门户开放，它还是不能接受在中国实行势力范围政策。在对领土的估价上，它对可以与内地联系的中国中部发生兴趣。它在香港有利害关系，对缅甸铁路计划有兴趣，因而特别关心华南和中国东南部。它不得不保持其在北方的地位以便维持对北京的影响。它甚至不得不对遥远的西北诸省表示出兴趣，以便防止俄国巩固其在该地区控制，从而可能影响在中亚的均势。

然而俄国和德国显然认为它们已经在东北和山东获得了势力范围。法国也要求在南方取得同样的地位。从 1898 年 2 月中旬起，流行着这样的报道，说法国有意在已从中国取得不割让协议的海南岛或邻近该岛的大陆上要求得到一个港口。一个月以后，《泰晤士报》报道说，为了回答英国的不割让长江流域的要求，中国将把对法国的不割让协议扩大到中国长江以南的整个部分[1]。军事情报总监约翰·阿德爵士立即发出警报，将此事说成是蓄意阻挠英国扩大在香港的利益，阻止缅甸铁路延伸到云南。阿德还反对使用"valley"这个词，说这个词含义不清而且可能将英国在长江地区的控制限制在紧连着该河流的低地的范围内。他极力主张正确的表述应该是"长江流域及其一切支流"[2]。

英国的这种担心不出几个星期就得到了证明。4 月 9 日法国获得广洲湾的租借权，并得到中国的同意，不割让广东、广西、云南等省给他国。先前同意过的东京和云南府之间的铁路让与权以及法国在海南岛的特权也得到公开确认。此外还同意在中国邮政建立起来时让一名法国人进行控制[3]。尤为重要的是，关于修筑至关重要的北京—汉口—广州铁路的旷日持久的谈判于 4 月中旬出现了转折，这使得外交部深信争夺铁路让与权的斗争正在按政治轨道形成。

京广铁路干线计划在中日甲午战争后不久就已经提了出来。中国热切要建立这条联络线，并于 1896 年 10 月 20 日谕令批准修建京汉路段，授权由一家中国公司签订一项为修筑此线的外国贷款合同。谈判是在中国铁路总公司督办盛宣怀的监督下进行的，他同一家美国公司华美合兴公司商

---

① 《泰晤士报》：《法国的要求》，1898 年 3 月 19 日。

② 阿德备忘录，第 39 号，第 1 卷，第 340 页；英国国家档案局档案：30/40/14，第 1 部分。

③ 约瑟夫：《列强对华外交》，第 307 页。

定了一个草约①。这个谈判成为泡影后，一个比利时辛迪加大比银行工厂合股公司又开始谈判，该辛迪加在巴黎和布鲁塞尔登记的名义资本有 4500 万法郎。1897 年 5 月同这个公司签订了修筑这条线路的两个草约。

整个 1897 年，英国外交部觉得英国应该争取让与权。在 1893 年 3 月第三次战争赔款贷款谈判达到高潮时，索尔兹伯里认为由于中国拒绝接受英国给予贷款的建议，英国可以提出让与权的要求，作为部分的补偿。这个建议向 1896 年曾任驻华公使的欧格讷提了出来。欧格讷认为这个方案"微不足道"，予以拒绝，力主英国应将注意力集中在从缅甸到长江流域的铁路计划上，不应用它来"交换"京汉铁路方案②。欧格讷梦想修一条英国铁路连接缅甸和印度的偏见不仅已经过时，而且有损于英国在长江流域的地位。到 1898 年春天，汉口到广州及北京到汉口的路段均在考虑中。1893 年 4 月 14 日，重新发生兴趣的中美合兴公司商定了一项修筑此线南段的草约。后来显露出拥有修筑铁路北段让与权的比利时辛迪加不过是一家法国公司（中国铁路公司）的掩护物，这家法国公司握有已发行的 133000 股中的 78000 股。还有人报道说，盛宣怀对那家美国公司是否购买南段的股票心存疑虑，他已经答应，如果美国的合同失败了，就给予该比利时辛迪加以优先权。

京汉、粤汉铁路让与权的政治内涵马上引起了英国的忧虑。法国和俄国通过比利时可以控制这条至关重要的干线，截断英国在长江流域的阵地。5 月 31 日《泰晤士报》的社论着重指出了俄国在这个行动中所起的作用，指出该路北段事实上将由华俄道胜银行出资兴建③。第二天该报又发表一篇文章，主旨是谈论此类由国家控制的行动的效力以及英国政府不愿意去反对这种行动。《泰晤士报》用尖刻的话指出，英国的外交家和政治家们对于前一天所发表的文章不会有多大的兴趣，"据我们的观察和证据得知，不能指望他们在事情发生以前表现出聪明的预见"。但是，《泰晤士报》断言这件事对"普通人"来说将具有深远的意义：

---

① W.R. 布雷斯特德：《美国与中美合兴公司》，《远东季刊》，第 11 期（1952 年），第 147—165 页。
② 欧格讷致索尔兹伯里电，1898 年 3 月 12 日，索尔兹伯里文书：129/37。
③ 《中国的铁路》，《泰晤士报》，1898 年 5 月 31 日。

此事清楚地表明，一种有助于今后要求在中华帝国内创立一种新的政治秩序的有力手段业已存在，而且我们的对手们此刻正以其惯有的顽强和远见利用这个手段。……我们所说的手段就是为了兴修铁路实际上而不是名义上对中国发放国家贷款。[①]

政府为了反对法国和俄国的行动而获得积极财政支持的事于是由英商中华社会来着手进行。要求英国政府给对华 500 万英镑的贷款每年以125000 英镑作担保，以对抗那项京汉铁路让与权。英商中华社会在坚持此项建议时争辩说，华俄道胜银行是一家国家银行，自由企业尚可彼此竞争，而国家财政只能由国家财政去对抗。它指出，"英国对保持长江地区不受损害有利害关系，控制它的各个人口是一项帝国所关切的事"[②]。政府在经历了第三次战争赔款贷款谈判以后，对这个直接采取财政和政治行动的建议不能作出响应。不过，政府给予某种支持显然是必要的。1897—1898 年冬天政府举棋不定的政策导致了英国公众的信心锐减，较之其外国竞争者们表现出来的朝气蓬勃的乐观主义，实有逊色。英国和德国投资者们认购第三次战争赔款贷款时的很不同的反应引人注目地说明了这一点。在柏林发行德国那一份 800 万英镑对华贷款债券时，申请额达 3800 万英镑，而同等数目的债券在伦敦发行时，英国公众仅认购200 万英镑[③]。

因此，从 1898 年春天起，一些英国商业团体得到了英国政府的支持。其中最主要的是中英公司，该公司是在 3 月份英德银行协商失败后由英国两家大公司汇丰银行和怡和洋行组成的。安排由汇丰银行经管英国在华财政活动，怡和洋行则以合同公司的身份修筑铁路，提供引擎和全部车辆[④]。中英公司在长江流域、东北以及从广州到九龙所获得的铁路让与权构成了英国在这一争夺中的主要成就。其他得到政治支持的英国团体有福公司和云南公司。

英国政府对给予私人商行以津贴一事持相当慎重的态度。这个问题

① 《泰晤士报》，1898 年 6 月 1 日。

② 冈德里致外交部，1898 年 7 月 8 日，英国外交部档案：F.O.17/1440。

③ 伯蒂备忘录，1898 年 3 月 24 日，英国外交部档案：F.O.17/1357。

④ M. 科利斯：《汇丰》（伦敦，1965 年出版），第 118—120 页。

的提出是由于这种要求在 1898 年激增所引起的，同时采取了一些步骤由下议院的一个委员会考虑此事。迟迟才作出的报告直到 1902 年才盼到。与此同时，由财政部制定的英国政府的政策是要参照为非洲作出的裁决来考虑中国企业问题。在非洲给与津贴的几个极少的事例中，这些津贴严格限于只给予那些与英国领地和保护国直接相连的交通线。这方面的一个例子是英属印度轮船运输公司每年有一个月在桑给巴尔和亚丁之间服务，每年给与 9000 英镑①。在 1899—1901 年间照此办理的这个裁决，在外交部和申请帮助的商人心中造成了颇大的混乱。一方面，外交部想在交际上不让政府承担义务的情况下来扩大英国的利益，而又难以拒绝任何求助的申请。另一方面，在中国积极活动的各种各样的小公司又对外交部的缄默保留态度真的产生了误会并且认为它们有权请求政府给予津贴。不过，几乎没有对华贸易的企业符合适用于非洲的那个裁决，而且一般均拒绝发给津贴。最容易得到直接财政帮助的是一家名叫长江贸易公司的英国小企业，它提出一个在长江上游保持一支由江船组成的小舰队以便开辟到重庆的英国交通线的方案。即使在这个情况下，外交部也只准备给予政治上的帮助而不给财政上的帮助。到 1901 年任财政大臣的兰斯多恩勋爵在该公司进行清理前提出最后一次申请时说道，"如果中国政府要妨碍这样一个企业的话，从对中国政府施加压力的意义上来说，我们肯定应该予以'支持'"②。

这种程度的政治支持在争夺让与权期间提供给了英国所有的小投机商和让与权猎取者。让与权拥有人受到鼓励，要在中国尽可能广大的地区谋取权利。虽然提出来的许多方案极其含混不清，但是几乎没有任何证据足以说明官方企图控制或指导这种活动。都柏林东方合同公司的活动是一个极端的例子，该公司据说以每年 360 英镑的代价，从蒙古王公处得到保证，在蒙古索取 1900 万英亩土地上的采矿让与权③。到 1898 年 10 月，驻

---

① 财政部外交部，1898 年 8 月 18 日，见 1901 年 8 月 17 日马利特备忘录，英国外交部档案：F.O.17/1508。

② 在 J. 丹尼上校致克兰伯恩勋爵（1901 年 8 月 17 日）信上的批注，英国外交部档案：F.O.17/1508。

③ 东方合同公司致外交国务大臣，1901 年 4 月 17 日，英国外交部档案：F.O.17/1503。译者按：疑即 1898 年 10 月 10 日订立的《南票矿物合同》。

北京的窦纳乐爵士不得不对那些来到中国要求外交支持的自封的投资者的不现实要求提出抗议。有一件使他恼怒的特殊事情，就是来了两位议会议员，提出"一项小小的要求，要在各有英国那样大小的三个省取得排他性的采矿权，还要修一条经过同一地区的铁路，支线像烤架一般呈方格状通过中国。……确实，本来不应该没有看守人就让他们出来"，窦纳乐报告说，"难道还有更多的议会议员受这样的折磨吗？"[1]不过，自1898年春天起，外交部面临着法国在华南所取得的重大收获，以及由于京广铁路让与权所造成的英国地位江河日下的事实。它宁愿鼓励尽量扩大英国的活动范围，以免英国在正在出现的角逐中落在后面。

英国参加角逐

法国的收获立即引起英国的反应。4月13日，驻北京的窦纳乐得到指示，要求从中国获得五项对应的让与权；其中的四项是计划用来抵消法国在南方所得到的利益的。要求中国给予香港的军事防卫所需的全部领土；保证在铁路、采矿等事情上不给法国以独占权，实践开放南宁为通商口岸的诺言，同意中英达成一项协议，不割让广东、云南两省给他人，第五项是为英国争取铁路让与权的，旨在巩固英国在长江流域的地位[2]。虽然预计同法国会有麻烦，但是最先的外交冲突实际上是同德国发生的，是关于英国在长江流域的权利的事。

1898年3月底，汇丰银行和德亚银行的1895年协定到期，这时后者拒绝实施平均瓜分山东的原则。一个月以后，英中公司要求得到沪宁之间的铁路让与权，作为给予法国的各项让与权的一种交换件，一种政治让步。德国对这项要求提出挑战，所持的态度是，虽然长江流域仍然对德国开放，但是占领胶州的协定使它在山东占有特殊地位，因而不能无保留地对英国企业开放[3]。此后两周为了控制长江流域的铁路让与权而互相竞争，直到9月份才重新达成一项松散的协议，上述两家银行同意以山东省界为

---

① 窦纳乐致麦克唐纳，1898年10月11日，索尔兹伯里文书：大事记，外交与帝国，Ⅱ。

② 约瑟夫：《列强对华外交》，第308—309页。

③ 1893年5月3日伯蒂备忘录，见1992年4月23日马利备忘录，英国外交部档案：F.O.17/1548。

界来划分津镇铁路工程①。

尽管德国的态度如许，但是英国在长江流域的活动并未受到其他列强的严重挑战。1898 年初夏，英中公司得到中国在此地区所允诺的所有铁路让与权。5 月 13 日同盛宣怀签订了沪宁铁路草合同，接着又获得苏杭甬铁路的让与权。是时，人们认为这是长江流域的一个广泛的铁路系统的开始，它最终将和内地的四川连接起来，并且通过它连接缅甸铁路工程直抵印度。然而，英国在争夺让与权期间的政策，通过英国在中国中部的活动是不能查清的，只有从英国在其他列强正试图建立的势力范围中所提出的挑战方式，才能查清这一点。

展拓香港界址是这方面的一个早期行动。英国政府考虑香港防卫不充分已经有一些时候了。1895 年海陆军联防委员会的一份报告即以海军和军事的理由主张展拓与调整界址。陆军部国务大臣及海军部各位长官对此表示同意。导致该委员会作此建议的战略原因集中在驻军是否充足的问题上，认为为了全面保卫英属九龙，其中包括海军站和码头在内，现有驻军远远低于应有数量。他们觉得要全面保卫香港不仅需要绝对控制介于该岛和大陆之间的水域，还得控制鲤鱼门南北两翼的海岸。由于北岸的领土处于中国的管辖之下，因此在需要时予以占领可能被当作宣战的借口。因此，虽然害怕采取任何行动可能会惹起法国进行报复，及早地予以占领仍然被视为一件至关紧要的事情②。

在法国占领在南面仅距香港 210 海里的广州湾以后，事情就益发紧迫了。英国于是迫使中国政府举行谈判，中国政府表示，只要不妨碍中国对当地九龙城的控制权，则愿意租借附加的土地。1898 年 4 月 14 日，外交部请求殖民部就香港的正当防御所必需的准确界限一事发表意见。殖民部将此事委托给殖民地防务委员会办理，该委员会建议展拓界址，而且鉴于法国人的所作所为，建议围绕该殖民地建立一个英国的势力范围，其界限

---

① P.H. 肯特：《中国的铁路事业》（伦敦，1907 年出版），第 140—153 页。

② 1895 年 5 月 13 日海陆军联防委员会第 17 号报告，殖民地防务委员会备忘录，第 74M 号，1896 年 10 月 12 日，见 1896 年 11 月 12 日第 85M 号秘密备忘录，英国内阁档案：Cab.8/1 ；1897 年 12 月 23 日伯蒂备忘录，英国外交部档案：F.O.17/1330。

是从深圳湾到大鹏湾按照合适的自然特征来划分[①]。后来又强调指出，获取新领土的军事目标仅仅是加强香港水域的防卫，无意将大鹏湾变成一个英国舰队的设防港口[②]。1898年6月9日签订了一个租借新界99年的专条[③]。实际占领这个地区安排在7月1日，由于海军上将杜威率领的美国舰队在大鹏湾而往后拖延了一段不长的时间。为了尊重英国的中立权，杜威在美西战争时将其舰队由香港调到该处[④]。

英国为了抵消法国在南方的收获而逼迫接受的第二个措施是要求得到自北海到南宁的铁路让与权。自1895年起，法国和英国在竞相控制中国南方的交通线和打开云南的贸易时，已把南宁当成他们的目标。南宁是云南东部和广西西部的主要销售中心，有三条道路可以到达该地。第一条是从香港上溯西江行560英里；第二条是从北海走水陆近道；第三条是从海防经府朗、朗商、龙州，这条水陆路较长些。法国的政策是要把中国西南的贸易吸引到南宁来，因而反对开放南宁。这有损于香港的商业利益，因此英国的政策是开放这个地区。从1895年起英国逼迫中国开放西江内陆交通，宣布南宁为条约口岸。然而，西江上游难以通行，由该路抵达该地区的通道是有限的。在1898年争夺铁路让与权的斗争开展起来时，英国强行索取从北海到南宁的铁路让与权。1895—1896年里即商业使团曾称该路是"法国铁路线最可怕的竞争对手"。法国有力地反对这条路线并得到成功。这个问题于1899年10月获得解决，是时中国同意修筑龙山和南宁间的法国铁路，从而允许将河内到龙山的路线延长[⑤]。

与此同时，英国在中国西南同法国展开竞争。1898年成立了云南公司，以将缅甸铁路延伸到云南为其特殊目标。这个方案得到政府的欣然支持，并为借给该公司两名军官勘查一条路线之事做了安排。他们提出报告

---

① 殖民地防务委员会备忘录，第139M号，机密，1898年5月3日，英国内阁档案；Cab.8/2。

② 1899年1月23日殖民地防务委员会备忘录，英国内阁档案：Cab.8/2。

③《有关展拓香港殖民地的急件和其他文书》，1900年1月26日殖民部致外交部函，附件，英国外交文书，F.O.17/1436。关于确定边界线及控制大鹏、深圳两湾滩涂的来往文书，见英国外交部档案：F.O.228/1330，第31号文件及F.O.17/1444，1900年8月18日文件。

④ R.尼尔：《英国和美国帝国主义，1898—1900》（布里斯班，1965年出版），第55—58页。

⑤ 1901年5月17日马利特备忘录，英国外交部档案：F.O.17/1504；《中国的铁路》，第73页，1903年12月18日，英国外交部档案：F.O.17/1622；约瑟夫：《列强对华外交》，第229—231页。

后，事情已经很明显，这条路线不可能同法国人竞争。因而 1898 年以后英国转移目标集中利用长江上游，以便沿江而下直到上海有一个天然的出口。云南公司和英国其他让与权猎取者一样，同意这个选择优于缅甸铁路，直到义和团起义为止，又进行了几次考察①。

1898 年夏天英国猎取让与权的范围不仅限于中国南部和直到长江上游，而且进入了中国北方。英国在北方十分积极地进行活动的有两个地区。第一个地区包括山西和河南。它在该处的活动成功地驳斥了英国向北推进其利益不能越过长江流域这个狭小的界限这种看法。第二个地区是东北，它在那里反对俄国的要求。

英国在山西、河南的让与权是经由福公司获得的，该公司是为了继续从事意大利商界和中国政府间已经开始的谈判于 1897 年成立的。1898 年该团体从金融家卡尔·迈耶和罗斯柴尔德处得到充分的财政支持。在争夺让与权期间，它获得开发山西和河南矿产资源的 60 年让与权②。该公司在这方面的记录不佳。由于当地矿业界的反对，在山西实际上根本没有进行采矿，而漫无止境的拖延开工，导致 1900 年成为英国驻北京公使的欧内斯特·萨道义爵士断定这是一件只得将证券批发掉的事③。然而该公司得到外交部的有力支持，因为铁路让与权是写入矿业协定中的。据该协定第十七条，该公司有权铺设从矿山到任何干线及任何可通行的水道的运送矿物的铁路支线。这个让与权被视为建立同长江流域的联系的一个手段，得到了中国的同意，可以修一条从矿山通向长江支流汉江边的襄阳的铁路。1899 年勘查了汉江，发现实际上不能通航，于是又要求修一条从开封到南京对面浦口的铁路。于是英国不顾中国的反对，逼迫它为此项让与权举行谈判，直到义和团起义使其中断为止。外交部的动机是政治性的。英国在这个地区站住脚跟，就能够反对法国和俄国所牢牢控制的计划修建的京汉铁路。

---

① W.J. 韦特曼：《1898—1899 年云南考察队报告按语》，1900 年 1 月 6 日，英国外交部档案：F.O.17/1437；副官科长、军事情报总监皮奇上尉的报告，英国外交部档案：F.O.17/1507。

② 有关北京辛迪加获得的让与权，可见《英国议会文书》，中国，1899 年第 1 号，第 154、194 页。

③ 1908 年该辛迪加以 2750000 两银子的补偿金放弃了山西的让与权。协定文本见朱尔典致格雷，第 7881 号，1908 年 1 月 22 日，英国外交部档案：F.O.371/413/637。

英国对在东北猎取让与权感兴趣背后也有政治原因。1898 年英国在这个地区的商业活动仍然超过其他列强^①。一位名叫 C.W. 金德的英国总工程师控制了从天津经大沽到山海关，由此再到出长城 40 余千米的中后所这条重要的北方铁路[*]的修筑权。尽管这样，英国还是准备接受俄国在东北享有特殊利益的观点。当俄国开始修建其独有的中东铁路网，一再对金德的地位发起攻击并敦促将他撤职时，英国并没有采取坚定的立场。不过它拒绝承认俄国在东北拥有一个势力范围。我们已经看到，在旅顺口危机时索尔兹伯里曾经利用对华贷款谈判对这一僭越行为进行过斗争。1898 年夏天，为了同样的原因，他又鼓励英中公司为把北方铁路延伸到东北的让与权而实行竞争。中国在打交道时欣然响应。1898 年 6 月，该公司为将北京至山海关铁路或北方铁路延伸至长城以北的牛庄一事同中国政府授权的华北铁路督办胡燏棻安排了 230 万金镑的贷款。除了中国政府对其绝对担保外，并以北京至山海关现有铁路及关外建成后的路段的收入作保。如果拖欠债款，同意由英中公司接管北京—山海关铁路及其所属财产，直到本息付清为止^②。这项让与权使英国得以控制华北并使其能够深入俄国已开始视为己有的"南满"地区。

外交妥协

到了 9 月，猎取让与权的仲夏狂热已经大半消逝。英国活动的范围和魄力以及列强觉得英国外交部准备不顾其他列强正试图建立的势力范围而支持这一活动，使得这些国家有心就它们的在华地位问题达成一项执议。同样，英国认识到它虽然在全中国已取得广泛的成果，但是外国控制了京广铁路的让与权却有效地削弱了英国对长江流域的控制。英国参与让与权的争夺从一开始就不是为了反对其他列强在它们的地区拥有特殊利益，而是为了防止那些地区变成势力范围。贝尔福 1898 年 4 月底在下议院阐明

---

① 到 1896 年，从上海通过沿海海陆运到牛庄的英美进口棉织品合计 664000 吨，其中 349600 吨由英国船运载，俄船载的仅有 3628 吨。《泰晤士报》，1898 年 4 月 28 日。

* 即关内铁路。——译者

② 见 1900 年 11 月 21 日伯蒂备忘录及各个附件，英国外交部档案：F.O.17/1450.

了这一点。他宣称，"我们从来没有承认过势力范围，我们也从来没有否定过利益范围"①。因而，在夏季的危险活动之后，列强倾向于在中国达成一项协议。

重新恢复已在3月份破裂的英德银行安排，是朝此方向采取的一个早期行动。9月2日，冯·豪斯曼先生代表一些德国银行，W.凯瑟克先生代表英中公司，尤恩·嘉谟伦先生（后为爵士）代表汇丰银行签署了一项协议。根据这个安排，英国铁路让与权的利益范围定为长江流域、江南诸省和山西省。德国的利益范围定为山东及黄河流域。这就在此基础上瓜分了津镇铁路的让与权。1902年，义和团起义使得在中国发展利益范围的可能性减少以后，英国否认这项谅解有官方背景。应邀调查此事的克兰伯恩勋爵报告说，此项"谅解"仅仅适用于津镇铁路，但是"没有任何有资格代表英国或德国的人，就连受托人的签字也没有"②。不过，在英国正为争取承认其在长江流域的地位的1898年闹哄哄的日子里，外交部毫不迟疑地接受了这一安排。

英国没有就划分利益范围的事同法国达成明确的协议。不过，两国都知道，如果他们打算避免法国驻伦敦大使康邦所认为的那种可能导致在华南出现第二次法绍达危机的话，就需要作出一些工作安排③。1899年私下进行了一些和解行动，导致1899年10月云南公司这个英法联合企业的成立。这个公司的目的是根据1896年1月15日的英法协议获得云南的全部利权和让与权④。

这些私人进行合作的努力扩及京广铁路的让与权。根据1899年2月1日的一项协议，英中公司有权拥有中美合兴公司得到的任何让与权的一半股份。由于这家美国公司财政上不稳定，因此这项安排不是很成功⑤。但此事确实指明了今后外国在华财政活动的模式。1905年，英中公司、福公司和法国公司联合组成华中铁路公司。1908年德国参加进来，随后美国也参

① 1898年4月29日，《议会辩论》，第4辑，第56栏，第1582—1583页。
② 1902年5月16日克兰伯恩备忘录，英国外交部档案：F.O.17/1594。
③ 1900年2月21日伯蒂备忘录，英国外交部档案：F.O.17/1437。
④ 见英国外交部档案：F.O.228/1340，1900年11月，附件，索尔兹伯里—孔塞尔协定第4条规定，在云南取得的一切让与权均应由英法两国共享。
⑤ 凯瑟克致桑德森，1901年2月4日，英国外交部档案：F.O.17/1506。

加进来。

英国和俄国就解决让与权争夺的主要问题进行了安排。从 1898 年春天起，英国的让与权猎取者们已在"南满"进行活动，而俄国势力已向南扩张，在一定程度上引起两国的忧虑。在此情况下才尝试恢复头年 1 月开始的商谈。

谈判的大门是在伦敦由俄国代办雷萨尔打开的，他于 1898 年 6 月向贝尔福建议说，如果俄国同意不插手东北的铁路和采矿让与权，俄国就承诺在长江流域采取同样的态度[①]。

贝尔福同雷萨尔会谈后，替内阁写了一份报告，考虑各种不同的回答办法。贝尔福强调指出当时公众舆论的基调使得对俄国采取好战态度轻而易举，并补充说，"我们应该战斗，是因为我们想使'满州'和长江流域成为英俄两国让与权享有者的共同活动场地。他们会战斗，是因为他们宁可把这个场地分成两份，并把较大的一份交给英国，这是一件能引起全世界着火的小事"。贝尔福注意到英国在势力范围方面的不能令人满意的处境，断言道："因此我们至少要获得那怕是一个有关的强国承认我们有一个利益范围，这个利益范围应该比我们易于蓄意提出的要大许多。"[②]8月底，贝尔福又给正在休假的索尔兹伯里写信说："中国的事情正乱成一团……俄国正在畏缩不前（我想是故意的）……我想驱使他们明确提出利益范围问题（只要让与权的事还在进行）——就是说，'满洲'对长江流域：——他们对此做过暗示，但是不明确提出建议。"[③]

此后采取了谋求谅解的飞快行动。索尔兹伯里回来着手处理谈判，这个谈判仅仅是同年 1 月份他认为必要的那个建议的继续，现在由于旅顺口的事激起的愤怒而变得更加急迫了。俄国也有妥协之心。热衷于海牙和平大会的年轻沙皇尼古拉二世也有和解倾向。面临西伯利亚铁路的财政负担和重大造船任务的俄国外交大臣穆拉维约夫伯爵也有此倾向。只有维特最初不乐意，他刚刚给华俄道胜银行在合同规定的铁路线以南投资 300 万卢

---

① 罗曼诺夫：《俄国在"满洲"》，第 128、153—154、166—167、170—171 页。

② 贝尔福备忘录，机密，1898 年 7 月 13 日，即供内阁使用，1898 年 8 月 15 日，索尔兹伯里文书：89/33；达格代尔著《贝尔福传》第 265—266 页大段引用了该备忘录。

③ 贝尔福致索尔兹伯里，1898 年 8 月 30 日，索尔兹伯里文书：贝尔福来文，1892—1899 年。

布①。不过他迫切需要重新得到伦敦货币市场的信赖，当人们保证给北方铁路贷款的担保并未给英国以控制长城以北的铁路控制权时，达成协议的道路就打通了。

1899 年 2 月 8 日，穆拉维约夫提议俄国和英国应该达成协议，互相承认各自在东北和长江流域的利益范围。俄国的利益将限于长城以北，而英国得保证北方铁路留归中国控制。2 月 15 日索尔兹伯里将这项建议转至内阁，说服内阁接受。他评论道，虽然不大可能有入侵长江流域的严重意图，但是"他们承认我们在该地占优势的利益，并保证予以尊重却有相当大的价值"②。2 月 21 日，内阁同意了这个公约。这个协定经过进一步安排细节后，于 1899 年 4 月 28 日签字③。

英俄协定成了索尔兹伯里对华政策的基础。他清楚地认识到，让与权猎取一事的爆发使按照他 1 月份建议的路线达成协议成为不可能，一定要经由一种划分范围的政策，英俄方能在远东友好相处④。在他留任外交大臣期间（直到 1900 年 11 月），遵守该协议的条件和精神是他的政策的一个值得注意的方面。贝尔福曾经答应将政府支持英中公司把北方铁路延伸到东北一事写进贷款说明书，索尔兹伯里则和这种支持割断了联系，直至 1899 年夏天该公司认为不能再保留这条线，修成后不得不予以出售⑤。整个 1899 年，他的目标就是同俄国改善关系，为了达到这个目的，他不愿意干预东北的事，也不愿鼓励任何旨在结成反俄同盟的行动。

---

① 罗曼诺夫：《俄国在"满洲"》，第 155—156、162—163、167—171 页。

② 1899 年 2 月 15 日索尔兹伯里起草的内阁备忘录草稿，索尔兹伯里文书，89/53。追溯谈判的背景，可查英国驻圣彼得堡大使 C.斯科特 1898 年 8 月 25 日致贝尔福的信件，以及 1898 年 9 月 8 日、12 月 1 日、1899 年 2 月 23 日、3 月 6 日斯科特致索尔兹伯里的信件，索尔兹伯里文书：129/47、48、49、52、55—57。

③ 马克谟：《……条约和协定》，第 1 卷，第 20—205 页。

④ 索尔兹伯里开始处理穆拉维约夫的建议时，注意到其"范围不够"，索尔兹伯里致斯科特电，1899 年 2 月 22 日，英国外交部档案：F.O.65/1581。

⑤ 索尔兹伯里甚至对出售该线也不发生兴趣，而且直截了当地宣布，由于英中公司是自己搅进去的。所以他们得自己摆脱出来，参见，1899 年 6 月 22 日索尔兹伯里备忘录；1899 年 6 月 8 日布罗德里克备忘录，1900 年 11 月 21 日伯蒂备忘录附件，英国外交部档案：F.O.17/1450。1899 年 7 月，俄国开始就购买汇丰银行的 2300000 债券一事进行协商（罗曼诺夫：《俄国在"满洲"》，第 170—171 页），但因义和团起义中断，是时北方铁路在英俄关系中起突出作用。

他的这种态度从他如何对待当时出使东方的贝思福勋爵使团可以看出蛛丝马迹。1898 年夏天，商会联合会对英国投入中国让与权的资本总额发生了兴趣，该会感到应该派出一名观察员就形势作出报告。于是任命了海军上将查尔斯·贝思福担当此任，指示他"就如何保证那些有意在对华商业中投资的商人的安全一事获取准确的情报"①。索尔兹伯里对这个代表团十分热心，尽管贝思福系以非官方资格出去的，但是仍安排以"秘密服务基金"拨给 750 英镑作他的开支。

贝思福于 1898—1899 年整个冬天在东方做了广泛旅行，在中、日两国均就扩大贸易及建立商业联盟作了报告。他回国后即写了一本轰动商界的书②。不过贝思福的活动还有另一个方面，它比这位海军上将提到的需要建立商业联盟的话更使索尔兹伯里感到不高兴。贝思福访问时，中国的政治局势混乱且具有爆炸性。1898 年春，光绪皇帝发起实行一个强制改革中国政府的纲领。9 月，在慈禧皇太后指导下开始推行极端保守的反动政治。这个不稳定的局势鼓励外国列强实行干涉，他们把这个变动时期视为增强其势力的机会。贝思福从事了这种活动。他把各内阁成员给他的一些信件到处给人看，借以吓唬中国人，他是在履行一桩秘密使命。然后他谋求劝诱当时在北方的中国人中间唯一有能力的军事司令官袁世凯用他的骑兵打中国首都。袁世凯以为贝思福代表官方说话，而且据说，只要英国公使窦纳乐发话，他就准备照办。③贝思福还同当时在东方旅行的普鲁士亨利亲王进行过政治讨论。他向这位亲王建议说，英、德、美、日能够把俄国赶出东北④。

索尔兹伯里对于这种行为非常不满，以至商会联合会主席诺斯科特主动负担了允诺给贝思福的 750 英镑开支。诺斯科特安抚索尔兹伯里的努力暴露了首相为何发怒。诺斯科特建议告诉贝思福"联盟的问题不是一个由

---

① 斯塔福德·诺斯科特爵士（商会联合会主席）致贝思福，1898 年 8 月 1 日，见诺斯科特致索尔兹伯里，1898 年 8 月 3 日，附件，索尔兹伯里文书；1898 年大事记，外交与帝国，二。

② 查尔斯·贝思福勋爵：《中国的解体：兼述中国当前的商业，货币，水道，铁路，政治及其未来前景》（纽约、伦敦，1899 年出版），原书出版于该年 5 月。

③ 窦纳乐致巴林顿，秘密，1898 年 12 月 25 日，索尔兹伯里文书：106/18。

④ 查尔斯·贝思福勋爵 1898 年 11 月 18 日在上海会见亨利亲王备忘录，复印供内阁使用，1899 年 1 月 10 日，索尔兹伯里文书：89/50。

英、美、德商人决定的问题，而是由内阁决定的问题"。诺斯科特还补充说，"他所造成的危害……是引起了俄国人的怀疑"[1]。

这个插曲所说明的内容不仅是贝思福个人不负责任的问题。从1898年春天起，就有人（特别是张伯伦）谈到把盎格鲁—萨克逊和条顿联盟应用于远东形势的话。1899年1月，贝思福的问题提交给内阁，内阁的言论中较少谈到结盟的机会这个话题了。此后直到义和团起义，英国对华政策由索尔兹伯里独揽，这个政策的原则之一就是避免采取任何鼓励结盟和使得英国海军力量陷在东方的行动。这个考虑由于英国在国际上的孤立地位而成为中肯的意见，1899年10月以后，由于南非战争爆发，它就成了主要关心的事。

英俄的四月协定实际上重新确立了远东的国际均势。已经在中国取得领土立足点的列强着手巩固他们新获得的地位，不想去支持那些迟迟才向中国要求让与权的列强。这样，1899年3月中国政府拒绝意大利租借三门湾和承认浙江省沿海地区为意大利势力范围的要求时，意大利被迫撤销了这一要求，这主要是因为缺乏国际上的支持，使其不能强迫实现这项权利[2]。列强对美国的外交建议也表示同样的冷淡，该国一反前一年的态度而迈步前进，要在远东事务中发挥作用。

中日甲午战争后发生的让与权的角逐使美国商业界深信需要根本改变美国的远东政策。1895年成立了中美合兴公司，随后几年内进行了一个引起政府兴趣的运动。1898年初对北部港口的攫取导致美国利益相关的商业集团组成了美国亚洲协会[3]。这种鼓动受到1898年4月至8月的美西战争在美国引起的对太平洋和远东事务的普遍兴趣的促进，导致麦金莱政府更加密切注视中国的事态。海约翰任国务卿后朝这个方向采取了一个能取得美国商界赞同并使政府增光的引人注目的行动。在中国海关供职的英国人贺璧理和海约翰的中国事务顾问柔克义打上了交道。海约翰经由这个渠道

---

① 诺斯科特致索尔兹伯里密函，1899年2月26日，索尔兹伯里文书：1899年大事记，杂件和密件，一。

② 兰格：《帝国主义的外交》，第683—684页。

③ C.S.坎贝尔：《特殊的商业界与门户开放政策》（耶鲁大学，1951年出版），第6章各处；F.R.杜勒斯：《美国上升为世界强国，1898—1954》（伦敦，1954年出版），第63页。

更加熟知中国的事态①。于是海约翰决定采取一个有助于在正在迅速关闭的中国市场、确保美国商业利益的勇敢行动。从 1899 年 9 月 6 日到 11 月 17 日，他向英、俄、德、法及日本散发照会，号召列强承认他们的各个势力范围内继续存在条约口岸，并且继续在这些口岸实施关税、铁路费、入港税，以使中国政府受益。列强（尤其是俄国）在回答美国的这种态度时均小心谨慎。不过海约翰忽视了这种犹豫态度，并宣布列强的同意是明确的和最后的同意②。

俄国的犹豫不决为伦敦所知后，英国政府感到在俄国保持行动自由时英国很难受那些照会的约束。负责在下院回答质询的圣约翰·布罗德里克为了避开辩论这个题目颇费了一番力气，并且觉得应该重新和美国讨论这件事。不过索尔兹伯里认为最好不提出这个问题③。

就索尔兹伯里而言，远东的事态实际已经解决，最好是让它不受干扰。

---

① A.W. 格里斯沃尔德：《美国的远东政策》（纽约，1938 年出版），第 62—85 页；P.A. 瓦格；《门户开放政策的外交家柔克义传》（纽约，1952 年出版），第 30 页；坎贝尔：《特殊的商业界与门户开放政策》，第 8 章。

② 这些照会及答复的文本，载于美国国会外交委员会编《美国外交文书，1868—1912》，按年分卷（华盛顿哥伦比亚特区出版），1899 年，第 128—143 页。

③ 布罗德里克致索尔兹伯里备忘录，1900 年 5 月 7 日，英国外交部档案：F.O.17/1489。海约翰的照会被称为"关于美国从在华拥有租借地的列强获得对外贸易利益的宣言"。

第五章　中国的反应

义和团运动的兴起

　　索尔兹伯里企图摆脱中国局势的目标未能实现。虽然到 1898 年底猎取让与权的"仲夏狂热"已经消逝，但它却导致了一种即使是细心的外交也不能料到的局势。整个 1899 年和 1900 年上半年，采矿和铁路租借地成了狂热活动的中心。企业家及工程师们涌入东北、山东和山西，铁路勘查者们则沿着未来的路线布满田野。实际的要求本来是总理衙门（外交部）和各国使馆举行谈判的事，而这一活动却使得外国人直接接触了人民。当这些新来者致力于他们的工作时，其态度犹如他们建议铺设的铁路一样的直接，在此过程中地方当局和传统遭到了无情的践踏。

　　外国人的流入正值凶年。从 1897 年起华北平原遭到一系列破坏性的水灾。同年春，邻接山东的苏北地区发生大旱，使小麦和大麦难以发芽，随之出现歉收。夏天，连绵的雨水引起大涝，全年断续出现涝灾，到 1898 年夏天，海河一再泛滥，据说有 500 多万难民背井离乡。这时水灾已经波及华北平原的中心水系黄河。这条河 1853—1855 年于河南铜瓦厢决堤，改道在山东半岛北面入海。当时正忙于应付太平天国运动的中国政府，让村民去管理水利；因而堤坝失修，该河几乎每年泛滥成灾。1898 年 8 月，东阿地区河堤有四处决口，受害面积估计超过 5000 平方英里，淹没了山东平原的大部。是年冬，饥饿的村民背井离乡。1899 年，于上年水灾后又继之以大旱和蝗灾①。

　　这些灾难所引起的愤怒必然要朝着那些显然不平的事发泄出来。那些
铁路工程自然成了活动的中心。这种新鲜事一开始即受到怀疑，将铁路发
展到中国，仍然是一件使居民产生迷信的恐惧的事②。此外，修路意味着改
变交通手段，可能威胁到该水系及大运河的搬运工人和船工的生计。那些
勤劳的河上居民对改变运输手段所造成的后果记忆犹新。1853 年黄河向
北改道切断了同大运河的交通。所纳的粮食由海路运输达 12 年之久，而
大运河的交通一直没有完全复原③。这些年里运河地区为激烈的捻军所破坏
（1853—1865）④。在 1900 年，运河船工们在破坏铁路的骚乱中扮演了突出
的角色⑤。

　　传教士们的工作成了第二个焦点。在整个 19 世纪，反对在华传教的
历史由来已久。这部分是由于居民迷信，进行抵制；部分是由于贵族憎恨
外国人，他们视传教士及其享有的治外法权的特权地位是有损官方控制的
颠覆势力⑥。1860 年传教士有权在中国内地居住和旅行一事载入条约以后，
这种对抗采取了比较明确的形式⑦。从 1860 到 1895 年间，由于各教派的传
教士渗入中国内地做非教徒的皈依工作，排外情绪遂不断增长，这表现在

---

　　① A.H. 史密斯：《骚乱的中国》（爱丁堡—纽约，1901 年出版），第 1 卷，第 162 页；胡昌度：《清
代的河政》，载《远东季刊》，第 14 期（1955 年 8 月），第 505 页；村松友治：《1898—1899 年的义和
团，义和团起义溯源》，《一桥学会年刊》，第 3 期（1953 年），第 257—258 页；《中华帝国海关十年报
告》（上海，1892—1901），第 1 卷，第 60—61 页。

　　② 例如，1900 年 5 月报道政府即将搜捕儿童为广九铁路奠基作祭品，这件事引起香港外面仔渔村
的父母们拿起陈旧的枪支反抗警察的事件。参看：殖民部致外交部，1900 年 11 月 8 日，附件一，卜力
致张伯伦，1900 年 9 月 25 日，英国外交部档案：F.O.17/1449。

　　③ H.G. 欣顿：《中国的纳粮制度》（哈佛，1956 年出版），第 16 页。

　　④ 蒋湘泽：《捻军》（西雅图，1954 年出版）。

　　⑤ 见"有关义和团人物简表"，载翦伯赞编《义和团》（资料丛刊），四卷本，第 3 版（上海，
1953 年出版），第 4 卷，第 503 页。

　　⑥ 费正清：《天津教案的幕后机构》，载《哈佛亚洲研究杂志》，第 20 期（1957 年），第 494 页。

　　⑦ 赖德烈：《基督教在华传教史》（伦敦，1929 年出版），第 274—275 页；S.T. 王绳祖：《马嘉理
事件与烟台条约》（伦敦，1940 年出版），第 18 页。

居民自发地爆发暴力行动上[①]。

19世纪末，在中国人的心目中将传教工作和外国列强的政治活动联系起来，这个问题乃急转直下。从19世纪40年代起，法国早已僭称自己是在华天主教传教士的官方保护人。这项要求在1858年中法《天津条约》第13条中已经得到承认，因而天主教传教士持法国护照前往中国已经成为惯例。19世纪80年代，自斯特尔传教团从德国派安治泰神父前往山东南部去成立一个传教士团以后，德国已开始对法国的控制产生怀疑。1890年就这个问题作出了决定，安治泰神父决心将自己置于德国的保护之下[②]。

1897年11月安治泰布道团的能方济和亨勒两名神父的被杀导致德国占领胶州，并在传教活动中引入了一个不幸的因素。中国人当中产生了一个普遍的感觉，就是各国将要强制传教。与此同时，由于列强在中国争权夺势的斗争，传教士们的传教狂热具有新的特征。不同教派之间为了获得皈依者和扩大其控制地区开展了竞争。为了鼓励改宗，他们准备保护其皈依者反对地方当局的干预。1899年12月英国驻宁波领事说，"传教士们日益倾向于处理皈依者之间的世俗争端并为他们谋取领事馆的支持"[③]。这种形式的活动随处可见，其后果是灾难性的。社会上的不满分子利用所给的这种保护，宣布他们自己是改宗者以逃避惩罚，或是在村际争端中谋求支持。当地的土著牧师们利用他们的地位勒索私利的事司空见惯。例如，在汉口附近的夏阳，一桩为控制当地湖泊的长达20年之久的村际争端引起一场诉讼。败诉者们于是入了罗马天主教会，于是当地牧师又重新挑起该案。其余的人为了不被制服，入了伦敦布道团，使官方颇感为难[④]。这些新入教者毫无问题地被接受入教并得到帮助。一个基督教传教会的成员说，"要是我们不帮助他们摆脱

---

① 赖德烈：《基督教在华传教史》，第303—485页；马士：《中华帝国对外关系史》，第2卷，第220—238页；P.A.科恩：《1862年湘赣反洋教事件》，载哈佛大学出版《有关中国的论文集》，第十二册（1958年），第1—27页；费正清：《天津教案的幕后机构》，《哈佛亚洲研究杂志》，第20期（1957年），第480—511页；《北华捷报》，《1891年的排外暴乱》（上海，1892年）；A.坎宁安：《1895年五、六月四川动史》（上海，1895年）。

② R.A.诺雷姆：《德国天主教布道团在山东》，载《中国社会及政治学报》，第19期（1935年4月），第45—64页；赖德烈：《基督教在华传教史》，第306—307、311—313页。

③ 《宁波情报》，迄至1899年12月31日为止，英国外交部档案：F.O.228/1363。

④ 《汉口情报》，迄至1900年3月31日为止，英国外交部档案：F.O.228/1361。

政府官员，我们就会失掉他们，他们定会和天主教徒站在一起或加入其他能得到帮助的传教团体"[1]。在福州地区，皈依者和村民因控制公有树木而发生争执。结果发生了斗殴，入教者被打败，他们的小教堂被毁。他们于是向当地的副主教申诉，后者对道台施加了压力，道台不经审问就把村民关押起来[2]。如若不从，他们马上就去请求领事馆和外交官的帮助。在有些地方，当地领事官所给与的支持是成问题的。法国代表不顾中国的抗议坚持用船装运40箱武器供传教士使用激起了1900年云南的广泛起义[3]。在其他一些地方，法国神父们甚至反对本国领事们进行调查[4]。

其结果是严重破坏了中国地方当局的权威。在某些地区政府濒于全面崩溃。汕头的全体客家人一起加入罗马天主教，从而同地方官僚进行斗争。其他居民为了防御，复活了一个原先供奉桥梁和道路之神的佛教教派，并将其变成一个反基督教的协会，"以便对抗罗马天主教僧侣集团所行使的巨大权力"[5]。

正当北方以山东和直隶（河北）为中心发生骚乱的时候，不满的居民同样地利用教派信仰来表示他们的不满。在水灾、饥荒和外国干涉的推动下，华北平原所特有的一些秘密会社复活了。这些教派主要有八卦教、大刀会和义和拳，或称义和团。据说这些教派和早年曾经在华北平原打过仗的主要会社白莲教一脉相承，是其分支。这个联系是脆弱的，但是在每次起义以后，逃亡的教派分子一般均倾向于要求转而效忠于任何一个更加严守秘密的教派分支的权利。例如，在1795—1804年蔓延很广的白莲教起义遭到镇压以后，八卦教支派及其据天书《易经》精心制作出来的宇宙起

① 原注号码错乱。——译者
②《福州情报》，1900年6月，英国外交部档案：F.O.228/1357。
③ 1900年11月3日凯里代领事（云南）报告，见萨道义致兰斯多恩，第90号，1901年3月4日，英国外交部档案：F.O.17/1471；J.G.斯科特：关于中国局势的备忘录……印度事务部致伯蒂，1900年10月7日，英国外交部档案：F.O.17/1448；C.克莱门蒂：《中国西南之行报告》第14—15页，殖民部致外交部，1902年9月2日，英国外交部档案：F.O.17/1552。法国人对中国人申诉的回答是授予法国代表弗朗索瓦荣誉勋位。
④《宁波情报》，迄至1900年4月30日为止，英国外交部档案：F.O.228/1753。
⑤《关于迫害汕头教徒的备忘录》，见赫斯特致窦纳乐，第9号，1900年8月29日，附件，英国外交部档案：F.O.228/1363；《汕头情报》，1899年12月，1900年6月，英国外交部档案：F.O.228/1363；史密斯：《骚乱的中国》，第1卷，第55页。

源论的仪式，很快就披上了白莲教的外衣。19 世纪上半叶与日俱增的社会不满导致了在这个会社领导下的自发性起义的多次爆发。其中之一是 1812 年的天理教起义；另一次是引起破坏性后果的 1853—1868 年的捻军起义。捻军被制服后，会党活动在华北沉寂了一代人之久，直到世纪末复活为止。各个不同的支派又重新强调同早年各会社一脉相承的共同秘密教义。这就提供了赋予会党活动以力量的内聚力。同样，经过一段危急时期以后，异端分子又结成一个提出有最大成功指望秘诀的教派。例如，在 1895 年居民痛感洋人军力占优势以后，义和团便突出了起来，因为这个教派保证通过练一种拳术，可以神秘地做到刀枪不入[1]。

这个教派的扩大得到朝廷态度的支助。中日甲午战争后，中国人进入一个政治上和军事上的认真自省时期。一方面有和康有为、梁启超以及中国其他改革者的活动有关的政府改革运动，他们致力于行政改革，以之作为复兴中华的手段。这件事于 1898 年夏天光绪皇帝所作的闹哄哄的不成功的改革尝试达到顶峰[2]。另一方面，政府也朝着军事改组的方向做了坚决的努力。西太后的亲信、著名满族旗人荣禄当上了兵部尚书。在他的领导下，各种部队集中到北京地区。随着北方港口被占，1898 年维新运动失败，保守的西太后夺了皇帝的权以后，这些措施得以巩固下来。华北的军队并为一个军团，下分五个军。第一军由荣禄亲自统率并驻扎在北京南苑；其他四个军则置于首都的咽喉要冲[3]。与此同时，又解散传统军队中作战力不强的部队，并对军队司令官中广泛流行的冒领军饷的投机行为进行了严格调查，以图减少政府的军事开支[4]。为了进行弥补，改编和扩充了乡

---

[1]　本段系依据劳乃宣著《义和拳教门流源考》,《义和团》一书重印，见该书，第 4 卷，第 431—439 页；李世瑜：《现在华北秘密宗教》（成都，1948 年出版）；哥罗特：《中国的宗教教派与宗教迫害》（阿姆斯特丹，1903—1904 年出版）；B. 法弗尔：《中国秘密会社》（巴黎，1933 年出版）；蒋湘泽：《捻军》（西雅图，1954 年出版）；D.H. 波特：《山东秘密教派》，载《中国记载》第 17 期（1886），第 1—10、64 页；埃德金斯：《华北教派》，同上，第 245 页；陈捷：《义和团运动史》（上海，1931 年出版）；支碧湖：《续义和拳源流考》,《义和团》一书重印，见该书，第 4 卷，第 441—445 页。

[2]　M.E. 卡梅伦：《中国的维新运动，1898—1912》（斯坦福，1931 年出版），第 23—55 页；何炳棣：《翁同龢与百日维新》,《远东季刊》第 10 期（1951 年 2 月），第 125—135 页。

[3]　恒慕义：《清代名人传》，2 卷本（华盛顿，1943—1944 年出版），第 406—407 页；R.L. 鲍威尔：《中国军事力量的兴起，1895—1912》（普林斯顿，1955 年出版），第 51 页。

[4]　村松：《1898—1899 年的义和团》，一桥学会年刊，第 3 期（1953 年），第 243—248 页。

村团练，作为地方保卫的一种手段。

这些措施的后果是严重的。首先，成群失业闲逛的前士兵成了社会不安的一个因素。其次，由于政府想要鼓励地方自卫精神，因而未能觉察这些群伙在居民中表达反对信洋教感情的异端性。1898 年 5 月接到有关这些自卫社团的报告时，清廷下令对这些"山东直隶交界处有私立义民会名目"者进行调查[1]。与此事有关的巡抚张汝梅答称，义民会即义和团，一旦改组乡团后，他即将义和团并入民团，以便对其进行约束[2]。后来清廷也采取了这个态度，因其收到一份认可的报告称：

> 拳民"习拳，专为自卫身家，其中各种技艺，无不精妙，从来恃强生事。稟中有义气相尚，心必直爽……"[3]

这种原动力并没有继续下去。第二年一年中，成群的前兵勇、失意官吏、落榜的应考者、失业船工以及其他人等充斥着这些自卫团体并且改变了它们的性质。这些队伍成了当地反对被诬蔑依靠外国人支持的基督教教民特权地位的工具。此外，由于朝廷渴望利用各种反抗手段，未能确定此等团体是"义民"还是异端，这种犹豫态度鼓励了人们的信奉和追随，导致大多数小官吏在采取镇压措施的问题上举棋不定；其他官员，尤其是继张汝梅为山东巡抚的毓贤则给这些团体以积极支持。1899—1900 年冬，混乱局面有所发展，凡是派出政府军去镇压义和团的地方，军官们皆因实行了镇压措施而被撤职[4]。政府的犹疑、义和团的好斗和传教士的压力加在一起，使官员们无所适从。当时的一位知县劳乃宣指出。

> 拳弱则挫折夫拳党以媚教……彼党习知官之欺弱畏强也，则益相

---

① 《大清历朝实录》，台湾出版，第 418 卷，第 2 页。

② 同上书，第 418 卷，第 3 页。

③ 劳乃宣：《拳案杂存》，见《义和团》，第 4 卷，第 453 页。

④ 尤其在平原事件中是这样；见知县蒋楷的记载：《平原拳匪纪事》，见《义和团》，第 351—362页。正是在平原地区 1868 年最后包围和歼灭了捻党叛乱者。在往平捻党作最后抵抗的包围圈内，清廷保守党扶植义和团运动以前唯一出类拔萃的义和团领导人朱红灯的兴起处即在该地，其地邻接徒骇河、黄河和大运河。

纠结以肆横……官传拳民，其党数百，麇集堂下，官即嗫不敢问者有之；官出资设席，两解拳教有之，拥众千百，枪械林立，动言焚杀，官吏熟视之，而莫敢谁何，纪纲法度，荡然无存，不乱何待乎？①

整个 1899—1900 年冬天，形势急剧恶化。直到平原事件（1899 年10—11 月）爆发前仍针对基督教徒的义和团的破坏行动，现在是针对居民的其他阶层了。拳民们公开炫耀他们的八卦徽章，大摇大摆地走在省内的城镇和村庄，宣称他们得到巡抚毓贤的支持，并预言劫年的大灾大难即将来临②。

外交答复

1899 年 11 月，驻北京的外交使团注意到这一骚乱。美国公使康格根据在山东的美国国外传教理事会的一份报告带头采取行动。1895 年以来中国累次暴露出来的虚弱性已经培养出来一种对中国行政管理能力的轻蔑感，他以行政命令的口气提出需要采取预防措施。康格要求将巡抚毓贤撤职，理出是他对义和团的支持会导致排外行动的爆发③。

这正是清廷力图避免的事态发展。1899 年 3 月曾授予天主教僧侣统治集团以官员身份，试图以此来解决传教问题。这样，主教相当于总督和巡抚，较小的教会官员也相当于中国政府机构中的相应官员。朝廷抱有双重目的：通过吸收传教士朝廷将授予那些人以官职，从而减少他们干预法律案件的自由；其次，可以分散对这个问题的注意，使朝廷免受

---

① 劳乃宣：《拳案杂存》，见《义和团》，第 4 卷，第 451 页。劳乃宣是当时最早写到义和拳的作者之一，也许是最先强调此教的异端性及秘密社会根源的人。尽管 G.N. 施达格尔企图驳斥这个看法（《中国与西方》，1927 年纽黑文出版），强调同民团的联系，但中国学者却相当重视劳乃宣的研究。劳的三部主要著作于 1899—1900 年以小册子的形式发表，旨在激起政府采取行动，后于 1902 年刊出刻印本《拳案三种》。劳本人在起义中幸存下来，官运亨通，做了教育家，死时已 79 岁高龄。

② 教民信奉的中心教义是未来佛弥勒再度降世的理想，他将于千年劫期出现，来解救众生的苦难。见李世瑜《现在华北秘密宗教》，第 5—7、23—24、46—47 页。

③ 施达格尔：《中国与西方》（纽约，1927 年出版），第 173 页论述了康格的这一行动。

外交压力①。1899 年 11 月，清廷（或不如说是西太后）还犹疑不决；不知义和团是否会转变成反王朝的起义，抑或如毓贤所坚持的那样，可以利用他们来加强对列强的抵抗②。

驻北京各国公使的态度均不倾向于克制。在康格进一步施加压力后，毓贤于 12 月应召回京。他的在场对朝廷的态度有决定性影响。这位心怀怨恨的前巡抚对义和团事业的赞助以及他为西太后导演的教民刀枪不入的表演有助于使廷议转向他的观点。1900 年 1 月 11 日，在外国公使的坚持下发了一道谕旨。然而这道谕旨在号召制止义和团活动时，又说尽管人们要求镇压和惩罚义和团，又"念会亦有别，彼不逞之徒，结党联盟，恃众溢事，固属法所难宥。若安分良民，或习技艺，以自卫身家，或联村众，以互保闾里，是守望相助之义……"③

这道告诫地方官注意区别对待的命令，在外交使团看来是煽动性的，因此，英、法、德、美公使在 1900 年 1 月 25 日于英国公使馆举行的一次会议上决定提出抗议。抗议采取共同照会的形式，要求清廷注意存在着义和团和大刀会两个会社和 1 月 11 日皇帝谕旨的含糊其词是不恰当的，还提请注意需要再发一道明令查禁该两个会社全体成员活动的谕旨。这个照会于 1 月 27 日递交给中国人④。

英国公使窦纳乐在采取这个步骤时起了带头作用，因为 1 月 11 日谕令在《京报》公布前没有几天，他接到一份一名英国传教士遇害的报告，这是第一个受害的欧洲人。

卜克斯牧师是福音会的一名年轻教士，他于 1899 年 12 月 30 日在山

① 赖德烈：《基督教在华传教史》，第 499—501 页；吴朝光（音）：《对华传教运动的国际性》（巴尔的摩—伦敦，1930 年出版），第 201—207 页。

② 这个时期的政令既显露了朝廷对义和团的担心，也显示了抵抗外国入侵的决心。此巨患"若不早加镇慑，势将滋蔓难图……意大利军舰多艘……殊为叵测，边防，尤应及时筹备"（光绪二十五年十月十九日〔1899 年 11 月 21 日〕上谕），《大清历朝实录》，第 453 卷，第 6 页。

③ 包士杰：《拳时上谕》，见《义和团》，第 4 卷，第 124 页。

④ 英国公使致总理衙门，1900 年第 4 号，英国外交部档案：F.O.228/1350。

东肥城地区受到一伙暴徒的狙击丧命①。清廷下令马上进行调查②。继毓贤任山东迎抚的袁世凯当时正在扑灭义和团的活动，他立即行动起来。几天之内，对此暴行应负责任的五人中有三人被捕③。进行了广泛调查，并以1900年3月底对罪犯的审判及惩治而告终。两人被判处死刑，一人终身监禁，一人判有期徒刑十年，一人流放两年。中国出银7500两（1125英镑）修一座纪念性的小教堂，出1500两在坎特伯雷修一座纪念碑，出500两在犯罪现场修一个碑。肥城知县被撤了职④。

正当作出上述裁决时，窦纳乐继续对1月17日的上谕提出抗议。2月21日，他要求对1月27日的共同照会作出答复，总理衙门25日闪灼其词地予以回答，他便要求2月27日在《京报》发布一道禁止破坏性教派的命令⑤。

施加压力是不明智的。2月19日，总理衙门劝说朝廷颁发敕令，号召发出布告禁止加入义和团。该敕令发出后，直隶总督裕禄于2月21日发了布告⑥。然而，中国人觉得难以响应窦纳乐所持的态度，并未让他知道此等措施。

此外，整个1月、2月间，清廷对外交使团干涉它所认为的内部事务越来越感到气愤。朝廷于1899年12月和1900年2月两次悬赏捉拿或杀

① 窦纳乐致索尔兹伯里电，第2号，1900年1月4日，英国外交部档案：F.O.17/1418；马士：《中华帝国对外关系史》，第3卷，第178页；克莱门茨：《义和团造反》（纽约，1915年出版），第81—82页。

② 光绪二十五年十二月四日（1900年1月4日）上谕，《大清历朝实录》，第456卷，第5页，上。

③ 窦纳乐致索尔兹伯里电，第8号，1900年1月13日，英国外交部档案：F.O.17/1418。

④ 关于卜克斯事件的来往文书，见英国外交部档案：F.O.228/1343，1900年，杂件；甘伯乐的济南府文书，见英国外交部档案：F.O.228/1348。该知县派一名军官试图劝说卜克斯不要做这次旅行；还有报道说卜克斯先曾到乡村客店去见那几个人，企图要他们皈依基督教。福音会档案馆还可找到另一些有关卜克斯的来往文书，见福音会编：《来信原件汇编》，亚洲，第2卷，1900年。

⑤ 英国公使致总理衙门，第7号，第9号，1990年2月25，27日，英国外交部档案：F.O.228/1350。

⑥《大清历朝实录》，第458卷12页下一13页上收录有这道敕令；劳乃宣的《庚子奉禁义和拳汇录》中提及这个布告，见《义和团》，第4卷，第477—476页。

害于 1898 年维新尝试失败后逃往英国殖民地香港的康有为 ①。殖民部询问英国是否应对此加以默认，如果默认，就等于对在英国的地方暗杀康有为一事加以认可，于是索尔兹伯里指示窦纳乐对悬赏布告提出抗议 ②。虽然窦纳乐认为中国有权发布此令，英国没有理由对之进行正式抱怨，并仅在北京提出正式的抗议，但是中国人的愤懑仍是显然可见 ③。引起中国人敌意的第二个问题，和 1898 年秋保守派执掌朝政后囚禁同年早些时候负责给予外国让与权的那些官员，英国对此提出的抗议有关 ④。第三个问题同清廷的宫廷政治更是紧密相关。1899—1900 年冬天，朝廷里的保守派曾经发起一个运动，废黜 1898 年 9 月西太后宫廷政变以来被幽禁的光绪皇帝，以加强他们的地位。1900 年的新年庆祝会因为光绪帝"生病"被取消了，纷传他即将被废黜。1 月 14 日，大权在握的中国政治家李鸿章告诉德国公使克林德男爵，说皇帝的精神和身体都不行了，已经决定了继位人。随之于 1 月 24 日指定了皇储。于是外交使团威胁说，如果皇帝被废（即被暗杀），将在外国列强中造成不良印象，不会有好结果 ⑤。

朝廷对外国干预的恼怒无疑是一个有利于造反的因素。2 月底，被袁世凯逐出山东的义和团群伙在京城所在的直隶省变得活跃起来。朝廷内以新王储之父端王为首的愈来愈多的人替他们说话，言外之意是如果西太后不默认这个运动，其他人就会默认。

3 月 10 日，被总理衙门的躲闪态度激怒的窦纳乐告诉中国人说，如果在 1 月 17 日谕令的事情上得不到满足，与 1 月 27 日共同照会有关的各国

---

① 《大清历朝实录》第 432 卷第 10 页收录了该项命令；窦纳乐转递了这条命令，1899 年 12 月 22 日第 348 号文件，英国外交部档案：F.O.228/1332；窦纳乐致 ×× 秘函，1900 年 2 月 15 日，英国外交部档案：F.O.17/1718。

② 殖民部致外交部，1899 年 12 月 26 日，英国外交部档案：F.O. 17/1718；同上，1900 年 2 月 7 日，英国外交部档案：F.O.17/1437；索尔兹伯里致窦纳乐电，第 16 号，1900 年 2 月 5 日，英国外交部档案：F.O.17/1718。

③ 窦纳乐致索尔兹伯里，第 36 号，机密，1900 年 2 月 16 日，英国外交部档案：F.O.17/1718。

④ 英国的抗议集中在逮捕豫丰公司总裁吴式钊这件事情上，该公司曾与福公司定了《河南矿务合作章程》。福公司致窦纳乐，1900 年 2 月 26 日，英国外交部档案：F.O.228/1343；窦纳乐致索尔兹伯里，第 37 号，1900 年 3 月 18 日，英国外交部档案：F.O.17/1718。

⑤ 窦纳乐致索尔兹伯里电，第 11、17、19、23 号，1900 年 1 月 14、24、25 日，2 月 5 日，英国外交部档案：F.O.17/1418；恒慕义《清代名人传》，第 391—392、732 页。

政府为了保护其国民的生命财产，将采取其他措施①。窦纳乐向英国外交部建议在北中国海举行一次联合海军示威②。

这正是索尔兹伯里企图避免的事态发展。在 1899—1900 年冬天发生的每个问题上，他都力劝窦纳乐要克制。当这位英国公使于 2 月中旬说"除了集中舰队并继之以积极的敌对措施外"，任何东西也不能保证撤销对康有为的悬赏通知时，索尔兹伯里立即指示他不再加任何压力③。同样的克制也表现在一个重要得多的问题上。2 月份，在克钦山地带密支那地区恩梅开江流域，英国和中国军队为中缅划界问题发生了一次冲突。2 月 9 日在勐简佤族土著杀死两名英国军官，这个乱子引起了警觉。这个事件堪同 1875 年马嘉理被杀事件，窦纳乐觉得应该采取强硬路线。他提出如果中方委员的保镖据说应对此事负责的话，则英国应该避免出席即将举行的一年一度的新年接见会。索尔兹伯里对此答称，即使那个保镖应该负责，也不应理睬此事，直到该仪式举行以后为止④。

对于传教问题，索尔兹伯里更不倾向采取有力的行动。政府中有许多人对于在这些事情上进行威胁感到惋惜。内阁曾就当初英国传教士简光在 1898 年被杀一事作出决定说，"不能仅仅为了撤掉一个没有抓到一名酋长的巡抚"而采取海军示威的手段，"这个酋长据说是这一暗害事件的同谋犯，但是根本没有证据，更何况为此事已经处死了两个人"⑤。同样，当窦纳乐报告卜克斯被杀害的调查结果并且对附近两个地区的知县尚未被撤职表示不满时，索尔兹伯里言简意赅地指出，"他们从来没有告诉我他们何以如此确信他们举出的两个人是同谋犯……"并且不让再提这件事⑥。

---

① 英国公使致总理衙门，第 11 号，1900 年 3 月 10 日，英国外交部档案：F.O.228/1350。

② 窦纳乐致索尔兹伯里电，第 33 号，1900 年 3 月 10 日，英国外交部档案：F.O.17/1418。

③ 窦纳乐致索尔兹伯里电，第 27 号，1900 年 2 月 15 日，英国外交部档案：F.O.17/1718；索尔兹伯里致窦纳乐电，1900 年 2 月 22 日，英国外交部档案：F.O.228/1332。

④ 窦纳乐致索尔兹伯里电，第 26 号，1900 年 2 月 15 日，英国外交部档案：F.O.17/1418；索尔兹伯里致窦纳乐电，第 20 号，1900 年 2 月 16 日，英国外交部档案：F.O.17/1417。关于这个事件的背景，见《东北边界密报，1899—1900》，第 2、9—10、10—20 页，英国外交部档案：F.O.17/1499。已发表的报告对此事均一字不提。

⑤ 1898 年 9 月 13 日机密印刷件·索尔兹伯里文书：89/52；赖德烈：《基督教在华传教史》，第 501 页。

⑥ 1900 年 8 月 29 日在窦纳乐致索尔兹伯里第 40 号电上的批语，英国外交部档案：F.O.17/1418。

但是最能清楚说明英国对传教问题的态度的，还是在给予天主教僧侣以官方地位这件事情上。当时流行的看法是给予的任何让与权，作为一种政策他国均可提出。然而，在华的一些新教徒团体提出了反对这种要求权利的决议，由于外交部对于这种特权是否合乎道德也有所怀疑，此事便提交给坎特伯雷大主教。这位大主教反对这种要求，答道：

> 我发现许多中国人充分注意到各级罗马天主教传教士不断干涉他们国家的民政，尤其是他们的司法所造成的危害。而且这种干涉本身如此有害，虽然它也许有助于传教士得到信徒，但是从整个人民来看，它必然会降低基督教的形象。①

这个意见所引起的超然态度导致外交部对关于中国人正在兴起的反洋教骚乱的报告安然处之。卜克斯的遇害被视为那种事的当然结果，出于偶然，被归为多年来无数同样性质的其他暴行之列。因此，外交部接到窦纳乐在传教问题上采取主动并和他的同僚提出举行海军示威的消息时，便感到震惊。索尔兹伯里说："他不征询我的意见就这样干是愚蠢的。有一个示威的强国定将乘机捞到一些好处，而我们在南非打仗，只得以苦笑对之。"②第二天，窦纳乐接获指示，"目前亟宜安静勿躁。在我们采取任何海军行动以前，此事可稍候"③。

这个指示叫窦纳乐处境为难。8月15日，清廷任命毓贤为山西巡抚。虽然此事并非决定性的一步，但这个任命却暗示清廷正朝着宽容义和团的方向前进。外交使团认为这是清廷回避镇压的明显迹象，更令人恼怒的是清廷不顾他们的命令式忠告。窦纳乐视毓贤的复职是"同我们发谕令的要求唱对台戏"④。由于已经作出使用武力威胁的决定，为了威信

---

① 坎特伯雷大主教致索尔兹伯里，1900年2月16日，英国外交部档案：F.O.228/1339；吴：《对华传教运动的国际性》，第207页。

② 在1900年8月10日窦纳乐致索尔兹伯里第33号电上的批语，英国外交部档案：F.O.17/1418。

③ 索尔兹伯里致窦纳乐电，第29号，1900年3月11日，英国外交部档案：F.O.17/1417。

④ 这个评论在致索尔兹伯里的一份电报草稿中（1900年3月15日第36号电，英国外交部档案：F.O.228/1334），但在实际发送的报告中被删去了（同上，F.O.17/1418）。对照大使馆卷中的草稿和外交部案卷中的电文，发现从这时起窦纳乐在他的报告中故意不提任何足以暗示具有好斗性的内容，也不再提使用武力的事。

不得不召集军舰，窦纳乐要求海军开往北京的外港大沽。于是派去两艘船，但是特别指示将行动限于保护英国人的生命，不得同外国列强的舰只一起使用武力①。

其后，在四五月间，事件急转直下。互相疑忌使形势恶化。清廷知道外国军舰列于大沽门外，对义和团举棋不定；教民因这种犹疑态度而兴旺发展，变得无法控制；外交使团因骚乱方兴未艾，请求增加公使馆卫队，更大规模地显示海军实力。西太后派去调查义和团活动性质的人作了他们认为能让她高兴，或使那些现正公开夸耀支持义和团的满人小集团进一步得益的好报告。到5月下半月，保定府铁路沿线已能见到义和团的活动，头系红巾的帮伙在风沙弥漫的北京从事劫掠，直到城墙脚下。5月16日，当地报纸报道了保守派利用京畿步军、八旗军、虎枪营和御林军来粉碎外国人（俄国人除外）的大密谋。这个把一切正规军都列入的名单组反复仇军，给人印象至深。

外国外交官曾经相信海军示威将很快使中国人更加顺从，并据以采取行动；相反，这种做法与其说是吓倒了居民，勿宁说是激怒了他们，而且使清廷的抵抗显然坚决起来。外交使团多次开会考虑可能采取的措施。有一个建议提出联合海军示威应由大沽扩大到北面的山海关或秦皇岛，但是一般说来这些讨论是毫无结果的；大沽的海军示威曾是他们打算作出的最有力的威胁手段，扩大威胁能否有效，希望甚微。他们很难接受扮演守方的角色，也很难承认北京的公使馆需要补充卫队的想法。中国人对列强的共同非议居然坚持一种无效而又顽固的立场，这是他们主要的恼火之处。

德国公使克林德男爵公然主张在海军示威之后列强应当采取激烈的干涉措施。他在5月20日的会议上有说服力地提出这些看法，使得其他公使对于恐吓政策能够引起的后果产生忧虑②。第二天，俄国公使格尔思向窦纳乐建议说，由于只有英、俄两国在中国有重大利益，如果两国能够协同

---

① 外交部致海军部急件稿，机密，1900年3月24日，英国外交部档案：F.O.17/1438；索尔兹伯里致窦纳乐电，第37号，英国外交部档案：F.O.17/1417。

② 窦纳乐致索尔兹伯里电，第75号，1900年5月21日，英国外交部档案：F.O.17/1418。俄国公使格尔思的报告，见施达格尔《中国与西方》，第197—198页。

反对进一步的海军示威或反对卫队登岸，那将是明智的 ①。

在伦敦，索尔兹伯里接到有关中国局势发展的报告，心情不安。他曾坚持不懈地反对卷入中国事务。他目睹在华北海域海军联合行动的前景，尤其是对德国公使有关列强联合干涉北京的建议，感到震惊。索尔兹伯里接到窦纳乐关于克林德建议的报告后，立即答复说："女王陛下政府对于在中国采取的'欧洲一致行动'将感到不安。"② 三天后，他在一个更加深思熟虑的指示中又表露了这种感情。他通告窦纳乐"要尽量躲在幕后，让任何采取进一步行动的建议由别国提出"③。6月初，中国的事情要引起国际纠纷的又一个迹象使他心烦意乱。纷纷谣传西太后为了躲避义和团，即将逃往西安。当俄国公使格尔思宣布俄国已经授权他为保持清王朝而给予支持时，索尔兹伯里立即指示窦纳乐采取同样的立场④。

然而，那时没有一位公使想到政治对抗的事。中国的难以驾驭使他们由共同看法拴在一起。5月28日他们就需要增加公使馆卫队一事达成一致意见。那时的问题在于他们是否应该召更多的援军来对付中国人的图谋。这样做可能招致一场必须尽可能加以避免的危机；他们的任务是在采取一定行动以前摸准清廷的意图。直到6月9日增派卫队以前，导致各位公使犹豫不定的意见分歧是集中在这个问题上，而不是某国可能乘机动手的问题。他们设想从大沽派来的援军是国际援军。

愈来愈强的孤立感终于驱使窦纳乐行动起来。整个6月的第一周，在北京周围的乡间有越来越多的使用暴力的迹象，因而在北京找到一个可以对之提出抗议的合适的当局也相应地发生了困难。6月初，两名英国圣公会传教士孙牧师和孟鹤龄在永清县被杀⑤。5月5日窦纳乐提出抗议时，总理衙门表现冷淡。这和通常的谦卑反应截然相反，以致窦纳乐马上向索尔兹伯里解释说他不出头露面是不可能了，因为他的资格仅次于外交使团团

① 窦纳乐致索尔兹伯里电，第74号，1900年5月21日，英国外交部档案：F.O.17/1418。
② 索尔兹伯里致窦纳乐电，第58号，1900年5月22日，英国外交部档案：F.O.17/1417。
③ 索尔兹伯里致窦纳乐电，第59号，1900年5月25日，英国外交部档案：F.O.17/1417。
④ 窦纳乐致索尔兹伯里电，第93号，1900年6月2日，英国外交部档案：F.O.17/1418；索尔兹伯里致窦纳乐电，第62号，1900年6月3日，英国外交部档案：F.O.17/1417。
⑤ 窦纳乐致索尔兹伯里电，第91、96、97号、1900年6月4日、5日，英国外交部档案：F.O.17/1418。

长，此人既无卫队也无军队供其支配。与此同时，他请求在大沽的海军将领西摩增派 75 名使馆卫兵来，并作出结论，剩下的唯一办法是直接向皇帝或太后提出抗议①。这些报告导致外交部放弃克制政策，6 月 6 日将节制权置于出事地点的英国当局手中②。

与此同时，北京的外交使团继续试图克服总理衙门的不关痛痒的态度。6 月 6 日，即窦纳乐电告索尔兹伯里这是唯一可能办法的那一天，格尔思试图争取西太后接见他，以说服他对拳民采镇压措施，但是没有成功③。此举的失败使外交使团对通过官方渠道取得任何形式的再保证感到失望。两天以后，即 6 月 8 日，有报道说聂士成将军的军队自天津地区撤退④。聂是当时中国军队中为数不多的有能力的军官之一。他以对义和团采取了行动闻名，外国人视他的军队为制止义和团帮伙大量侵入北京的壁垒⑤。这次撤退使外交使团担心铁路及电讯均将被截断。其后两天中，洋人在北京街道上受到威胁；然后，6 月 10 日有两件事使窦纳乐不再犹疑了。第一件事是《京报》宣布任命端王及其他反动分子主持总理衙门，第二件事是收到英国公使馆在北京城外的避暑营地遭到破坏的消息。窦纳乐于是请求西摩增援⑥。

---

　　① 窦纳乐致索尔兹伯里电，第 100 号，1900 年 6 月 6 日，英国外交部档案：F.O.17/1418。外交使团团长是西班牙公使葛络干。

　　② 海军部致中国海军站总司令电，第 79 号，1900 年 6 月 6 日，英国海军部档案：Adm.116/117。

　　③ 格尔思经由总理衙门大臣庆亲王所表示的态度，在外国人中间尽人皆知，尽管窦纳乐似乎未曾将此举通知索尔兹伯里。参见马洛泽莫夫《俄国的远东政策》，第 126 页；这个办法似乎失败了，因为总理衙门不敢呈报格尔思求见的要求。见李希圣《庚子国变记》，五月十日（6 月 6 日）条，《义和团》第 1 卷，第 12 页。

　　④ 窦纳乐致索尔兹伯里电，第 104 号，1900 年 6 月 8 日，英国外交部档案：F.O.17/1418。

　　⑤ 窦纳乐致索尔兹伯里电，第 99 号，1900 年 6 月 5 日，英国外交部档案：F.O.17/1418。

　　⑥ 窦纳乐致索尔兹伯里电，第 108 号，1900 年 6 月 11 日（经恰克图），英国外交部档案：F.O.17/1418。施达格推测窦纳乐求援可能是为了赶在俄国人以前行动（《中国与西方》，第 216 页，注 7），英国外交部来往文书、海军部档案、大使馆档案没有查到足以证明这个看法的证据。可以设想，如果这个因素决定了窦纳乐的行动，恐怕他早已让索尔兹伯里知道此事，因为他知道后者对诉诸武力表示惋惜并且担心俄国采取行动。在窦纳乐此时发出的电报中，除已经指出的以外，只有两件是和后来在危机中显得如此突出的俄国问题有关。第一件的日期 3 月 30 日（第 85 号电，F.O.17/1413），他传递了大沽沙洲外有五艘俄船的情报；另一件发于 6 月 14 日（第 110 号电，经恰克图：F.O.17/1418），他在电文中说俄国已从旅顺口向大沽派出 2000 人的军队，日本可能派一支军队，为了保持政治上的地位，英国至少应该派出一支力量相等的军队。

西摩入侵

1900 年 6 月初，中国海军站总司令海军中将西摩带着八艘英国船舰泊于大沽，这些舰只构成了其他列强船舰的核心。西摩是在场的高级军官。

大沽位于白河口，东距天津 30 英里，西南距北京 90 英里。河口有三座炮台防卫，两个在北岸，一个在南岸。有四艘中国驱逐舰停在河口内。在白河下游拖船及驳船可以通航；大船只得泊于大沽沙洲以外的地方，距河口四英里。通往北京的唯一实际路线是关内铁路。大沽的铁路终点是塘沽。在白河往上五英里处，由河流拐弯处的第四座炮台保卫。自塘沽有一条长 27 英里的单轨铁路通往天津；从天津有一条长 84 英里的双轨铁路通向北京。

西摩对北京局势和津京间地方的状况没有可靠的知识。到达以后，他的行动是以英国驻天津领事贾礼士的报告为依据。

贾礼士处于紧张激动的状态中。6 月 4 日他为了孙牧师和孟鹤龄被杀的事访问直隶总督裕禄。路上没有车辆行人，店铺空无一人；总督衙门外面聚集着一群群不法之徒。贾礼士冲回领事馆，集合起英国居民，组成一支本国人的卫队，并派人去大沽求援①。

6 月 6 日海军部将支配权授与西摩后，他在旗舰、女王陛下的"百人队队长号"上召集了一次有法、德、意、俄、奥、美、日的海军高级军官参加的会议来安排协同行动的细节。是时已经有 75 名卫兵送往北京，104 名卫兵派往天津。在 6 月 6 日的会议上，西摩提议由俄国在天津的高级指挥官沃加克上校领导天津的联军司令部②。伦敦不同意这个动议。次日，西摩收到海军部发出的指示（该指示同时由索尔兹伯里发给窦纳乐）提醒他应该防止采取任何足以导致俄国占领北京的步骤，这是最严重的危险，如果俄国这样做了，西摩应于同时尝试占领该城的一部分③。

---

① 贾礼士致窦纳乐，见贾礼士致索尔兹伯里函，第 3 号，1900 年 6 月 3 日，附件 1，英国外交部档案：F.O.17/1428。

② 总司令致海军部电，第 84 号，1900 年 6 月 6 日，英国海军部档案：Adm.116/117。

③ 海军部致总司令电，第 80 号，1900 年 6 月 7 日，英国海军部档案：Adm.116/117。

6月10日，西摩从窦纳乐处接到如下的电报："形势极端严重。除非作出立即开赴北京的安排，否则就为时太晚了。"[1]这位海军军官当机立断，通知其他海军指挥官，他正率领一支小分队前往北京，请他们去同他会合，要把所有能找到的人集合起来，于6月11日凌晨三时出发，补给和交通线由他马上解决。是日傍晚，他到达沿此线30英里处的落垡。6月12日他率领一支大约2300人的国际部队离开天津。在天津外面约12英里的廊坊*，他和义和团的一支军队发生冲突，打死他们大约50人，随之开往杨村，在那里联军遇到聂士成将军指挥的4000名中国正规军，"两支军队相互友好致贺，渡河前进……"[2]

第二天，即6月13日，清廷采取了行动。发布了一道命令说，北京的公使馆，卫兵已逾千人，足资保卫，如果允许更多外国军队"纷至沓来，后患何堪设想"[3]，并责成裕禄命令天津地区的正规军指挥官聂士成和大沽炮台司令官罗荣光阻挡外国再派任何部队前进。聂士成于是转回来同西摩的军队交战。

8月17日，西摩被迫退到廊坊，处于孤立无援的境地。19日，他决定扔掉军用列车，沿白河左岸返回天津，因为铁路已经被义和团破坏了。到6月21日，他的军队已经失去辎重，仅剩下两挺马克沁机枪。第二天，他们误入西沽的一个中国武库，有230人受伤残废，只得停留在武库处，直到6月26日一支从天津开来的部队将他们解救为止。西摩的报告说道："只有假定〔中华〕帝国的军队……至少保持中立的情况下，……才有胜利的可能……"[4]

西摩的尝试是勇敢的，然而是可疑的。窦纳乐一直考虑到公使馆的卫

---

[1]　总司令致海军部电，第88号，1900年6月10日，英国海军部档案：Adm.116/117。

*　廊坊距天津不止12英里，此处有误。——译者

[2]　西摩爵士：《我的海军生涯》（伦敦，1911年出版），第344—345页。

[3]　军机处致裕禄，光绪二十六年五月十七日（6月13日），转引自谭春霖《拳乱》（纽约，1955年出版），第71页。按：原书注码脱漏。又：上述引文见《大清实录》，德宗朝，第464卷，第3页。——译者

[4]　总司令致海军部：《导致联军海军远征军试图解救驻北京各国公使馆的历次事件》，1900年6月27日，英国海军部档案：Adm.116/114。伤亡总数为，死65人，伤230人。英国伤亡数为死30人（其中军官1人），伤97人（其中8名海军军官）。英国陆军部档案：W.O.32/137/7812/1003。

兵问题，正在和中国商谈允许派卫兵来的事。西摩的行动是诉诸武力。远征及其被击退的消息在乡间不胫而走。6月13日在北京开始了对本国教民的大屠杀和攻打各国公使馆的小战斗。在天津，义和团于15日接管了本国人居住的城区。

第二个后果更加直接地影响了英国的政策。西摩的软弱地位使得〔联军〕有责任给予广泛的救援。旅顺口的俄军是唯一可以马上得到的军队，而危急的局势又使俄国处于军事上的优势地位。而且，由于西摩决定亲自率领小分队，联军的海军处于资格仅次于他的俄国海军中将希尔德勃兰特的指挥下。西摩在他出发前曾经注意到这个问题并曾用安抚俄国人的办法来处理此事；于是他提议由沃加克任天津的司令官，并由一名俄国上校任他此次远征中的参谋长[①]。他后来说他要亲自带领远征军的原因是他不想让英军归外国指挥[②]。

6月13日，大沽的海军同西摩断了联系。次日，有报道说已经命令全部车辆沿线开来，将一支中国军队从天津运往大沽。海军中将希尔德勃兰特立即在他的旗舰"俄罗斯号"上召开海军将领和高级军官的会议，并且提出建议，鉴于有了这个报道（这已经有详细说明，说有两千中国正规军即将到来，要截断大沽和天津之间的交通），在白河的八支海军部队，应由"海狸号"的俄军上校多勃罗沃尔斯基指挥拿下火车站，制止车辆离开，并控制大沽终点站。如果中国人抵抗，各海军部队有权对火车站动用武力并对炮台发动进攻。第二天，即6月15日，有报道说中国人在白河口布雷。这导致6月16日下午召集了第二次海军将领会议，决定通知直隶总督和大沽要塞司令，联军将于6月17日凌晨2时占领各个炮台[③]。

这个决定是一群军官根据当时收到的报告在大沽口外的一次秘密会议上作出的。他们并没有尝试去估价此举的政治意义，也没有调查附近地方

---

① 西摩致海军部电，第86号，1900年6月8日，英国外交部档案：F.O.17/1439。

② 西摩：《我的海军生涯》，第343页。

③ 海军少将布鲁斯致海军部，第4号，1900年6月17日，英国海军部档案，Adm.116/114。美军司令开姆夫以中国人并未开战为由，没有参加发出这个最后通牒；但是后来在中国人向美舰开火后，他参加了他国军队对炮台的进攻。参看施达格《中国与西方》，第225页，他叙述此等事件较详。布鲁斯未提及美国的躲避态度。

的实际情况。白河里的水雷是早已在炮台附近布下的那些。关于聂士成将军活动的最新报告来自贾礼士；这个报告说聂士成曾带领 1500 人到 2000 人的军队去落垡制服义和团，但是荣禄私下指示他不要使用武力①。海军指挥官们所能见到的居民敌意的迹象是大沽中国人土著表现出来的激动情绪；中国搬运工帮助卸下补给品。后来中国海军站副司令、海军少将布雷斯指出了作出攻打炮台决定的原因：

> 如果失去炮台，我们就失去了该河的入口，就失去了同我们在天津和前线军队的一切交通联系，而我们唯一合用的作战基地是在北面大约 120 英里的北六河*，铁路已被破坏，面前有两个中国大兵营，而且到天津要经过完全没有补给的 120 英里的乡间……②

6 月 17 日凌晨 1 时，大沽炮台向前去缴获停在河湾外面的四艘中国驱逐舰的海军开火。晨 6 时 30 分，炮台已被攻陷，驱逐舰被俘获。发动攻势的海军作战是由一些能够越过大沽沙洲的小股海军部队进行的；一艘俄舰和四艘英舰炫耀了武力；陆军作战方面日本人起了主导作用，他们的海军分遣队登陆并且相当勇敢地从陆路进攻炮台，受了较大的伤亡。在随后的整个战役中日本人比其他外国分遣队的作战都有力得多。夺取炮台时他们使用了蒸汽驳船，可以通过大沽沙洲的拖船、舢板、苦力和陆上探照灯，这一切，"仿佛入侵白河是一件正常的事似的"③。

夺取炮台后，海军部队转而把注意力放在稳稳地占据大沽和天津之间的领土上。6 月 20 日，海军将领会议发表一个声明，宣称列强仅仅是对义和团和那些威胁外国人生命财产的中国人作战④。俄国太平洋分舰队司令阿列克谢耶夫海军上将从旅顺口前来接任海军将领会议主席的职务。军队和军需品继续登岸。6 月 30 日，已经有 520 名军官和 13500 名士兵登岸，

---

① 贾礼士致西摩，见贾礼士致索尔兹伯里，1900 年 6 月 7 日，附件，英国外交部档案：F.O.17/1428。

* 原文件 Pei-ta-ho，疑即北运河。——译者

② 布鲁斯致戈申，1900 年 6 月 25 日，英国海军部档案：Adm.116/1.4。

③ W.H. 科伊希、《天津之围及其后》（上海，1900 年出版），第 29 页。

④ 布鲁斯致海军部，第 24 号，1900 年 6 月 27 日，附件 4，英国海军部档案：116/115。此声明以法文和英文发表并送交烟台公使团首席公使——德国驻烟台公使。

继之而来的俄国及日本的增援部队可望使总人数达到 20000 人。海军将领们认为这支军队足以守住大沽、天津，或可守住北大河，但是无力向天津更远的地区前进[①]。被解救后回到大沽的西摩，于 7 月 2 日报告说，他认为"第一次敌对行动的爆发已经过去了"[②]。

在攻打大沽炮台那天，即 6 月 17 日（星期日），中国人进攻了天津的外国租界。此后直到 7 月 13 日，这座城市被认为是处于包围之中。其实，控制该城本地居民区的中国人更受困逼。前往汇合西摩军队的 1700 名俄军，因铁路线被破坏而滞留在天津，使该城驻军力量达到 2700 人。同大沽之间的交通畅行无阻，远征军派往了乡间。6 月 25 日，已经有足够的援兵去解救西摩。天津的外国居民认为自己的处境岌岌可危，但是联军舰队近在眼前使这个想法没有根据。《字林西报》的记者承认："至于义和团，我们并不害怕，清帝国的军队不多，我们确实想刺穿这个坏透了的义和团的肥皂泡……"[③]

围攻北京各国使馆

北京的局势更加严重。从 6 月 13 日起大量义和团在城里游荡。从 6 月 12 日夜里开始的对本国教民的屠杀继续不断。被叫作"二毛子"的教民住宅都打上"×"号，以引起义和团的注意；这次起义的悲剧就在于屠杀这些无辜者。不到几天，这种劫掠行为就变得不可收拾了。在 13 日到 16 日之间，一再发出谕令，命令镇压义和团[④]，但是在清廷试图下决心时，清帝国的军队却按兵不动。只有排外的指挥官董福祥所部的难以驾驭的甘军表现突出，而这与其说控制了骚乱，毋宁说加重了骚乱。6 月 16 日，整个北京正阳门居民区焚烧起来，4000 多富商之家被毁。大火焚烧三日，并伴以普遍的劫掠。

---

① 布鲁斯致海军部电，第 12、13 号，1990 年 6 月 30 日，英国海军部档案：Adm.116/117。

② 总司令致海军部电：第 95 号，1900 年 7 月 2 日，英国海军部档案：Adm.116/117。

③ W.H. 科伊希：《天津之围及其后》，第 2 页。关于天津之战及攻下大沽炮台的记叙，见《中国书简》，第 24 号，1900 年 6 月 27 日，英国外交部档案：F.O.17/1446。

④ 李希圣：《庚子国变记》，《义和团》，第 1 卷，第 12 页。

在此背景下，西太后试图作出决定。以端王为首的一个强有力的集团大嚷大叫地强行要求消灭外国人。唯一有能力左右西太后并统率京师全部武装力量的荣禄则持游移观望的政策。只有为数不多的勇敢官员冒杀头的危险，力持温和政策，终于被杀了头。6月16—19日西太后召集了三次御前会议，人们劝告她采取行动；全体满族王公和在朝廷有些影响的官员都参加了[①]。这些会议开得很激烈。在6月17日的会议上，西太后拿出一份列强旨在提出四项要求的照会。她将其中的三项告知廷臣。她告诉他们说，外国列强要求将皇帝搬到一个合适的邸宅去，应该让列强管理各省税收，控制中国的武装力量。其中她显然避讳提及的第四项要求是皇帝应该重新亲政。这些要求据称是经由一个名叫罗嘉杰的小官提出来交给荣禄的。这个伪造的文件被视为端王干的，旨在唆使西太后宣战。这个文件显然令她生气；一位目击者记载道：当她把罗嘉杰的信让聚会在一起的廷臣们看时，他们"相顾逡巡，莫敢先发"[②]。

尽管如此，作出反对列强的决定还是拖延了三天。第一次会议后，曾派出两名温和派官员前往杨村劝说西摩的军队不要前进，但是他们在路上被劫而返。第二次会议后又派出三位大臣去各国公使馆，促使撤销求援的命令。这两次使命的失败使温和派的论据破了产。6月19日，清廷收到裕禄关于大沽海军将领们的最后通牒的报告。于是才作出同列强断交的决定，并命令外交团于24小时以内离开北京。6月21日又收到裕禄的奏折，报告大沽和天津爆发了敌对行动；同时发出了向列强宣战的谕旨[③]。

读过这几次宫廷召见的报告以及事件发生后几个小官写的不尽如人意的报告后，产生的印象是人们自然渴望西太后驱逐外国人，而西太后则

---

① 恽毓鼎：《崇陵传信录》，《义和团》，第1卷，第47—48页；李希圣：《庚子国变记》，《义和团》，第1卷，第12—13页。恽毓鼎称这三次会议召开于6月16、17、19日，李希圣称第三次会议是18日开的。两种记载均由小官于事件后某时写的。恽的著作于1911年出版，李死于1905年。恽书是关于这几次召见的常用资料，但李书较少做作，记载更为真实。

② 李希圣：《庚子国变记》，《义和团》，第1卷，第12页。李希圣称罗的信是6月16日告诉官员们的。

③ 谭春霖：《拳乱》，第75页。邓嗣禹注（见李剑农《中国政治史》，邓嗣禹、英戈斯译），第510页，注12，6月20日宣战书。

深信这件事办不到，抑制了这个愿望。这个信念必须同反动派的顽强反对态度作斗争，也必须对外交团除了接受最屈辱的条件外拒绝任何合作的做法作斗争，此外还得反对这样一种说法。认为需要给难以驾驭的义和团在皇权以外寻找一个攻击目标。可以理解，她的抵制日益减弱。许多个人安全系于皇室垂青的官员注意到这种迹象，态度相应地缓和下来，以便拳民"莫不扼腕而起，而言灭夷矣"[①]。攻打大沽的消息使犹疑一扫而光。自此时起清廷虽然宣称它相信义和团刀枪不入，官员们也争着干义和团那种操练，并且谈论海龙王从海底出来掀沉外国人的船舰，谈论那些老朽的不复存在的教派如何灵验，然而这种宣布却打上了绝望的烙印。7月13日，由兵部交直隶财务掌管人经上海道转交各驻外公使的6月29日上谕，已由驻英公使罗丰禄递交给英国外交部。该电文称："据守炮台乃罗荣光之职责。除了拒绝要求外他别无选择。同联军舰队一决雌雄并非出于自不量力。中国作战实因除抵抗之外别无他法。"[②]

正当朝廷决定行动方针时，北京使馆区也在进行防卫准备工作。起初只是随便做了一些，因为全体外国人是慢慢才想到围攻的事。6月份的第一周注意的是增加使馆卫兵。5月31日从天津抵达的一个小分队，装备不佳，使在京的外国平民忧心忡忡，他们迫切要求得到更多的安全保障；但是除了德国公使克林德男爵以外，其他公使对于采取显然会引起中国人反抗的步骤，仍是犹豫不决[③]。

就在6月11日同天津的电讯被截断以前不久，有报道说西摩的军队正在廊坊。此后全体外国人便时时盼望援兵到达。他们小批小批地，甚而单独地不断去火车站迎接进站的军用列车，因而受到日益抱敌对态度的居民的威胁。日本公使官书记杉山彬就是这样在6月11日被杀的。6月13日，鉴于义和团在城内活动日增，也由于西摩的军队没有到达，于是作了一些尝试，使各国公使馆处于防守状态。这些尝试没有计划性；无人相信

---

① 李希圣：《庚子国变记》，《义和团》，第1卷，第14页。

② 由中国公使（罗丰禄）递交。1900年7月13日，英国外交部档案：F.O.17/1435。

③ 这个小分队到达时，带的是1887年型的诺登斐尔德五筒老枪，每打四发就卡壳；俄军随带80发12磅重的炮弹，但是把炮留在天津站台上了。这里仅简略地提到导致围攻使馆的那些事件，因为当时和后来的记载，对此已有详尽叙述，施达格的《中国与西方》，第201页及彼得·弗莱明的《北京之围》（伦敦，1959年出版）第15—22、60—73、91—112页，对此叙述尤详。

中国人敢于反对联军分遣队；他们迟迟不到是因为铁路交通遭到破坏。6 月 13 日到 19 日，这种盼望立即解围的心情促使全体外国人采取一种使起义大大加剧的态度。成群结伙的外国人出城去救中国教民，收集储备物资，更常见的是去捕获拳民。

6 月 19 日，各外国代表收到总理衙门的内容相同的照会称，由于联军舰队已经攻打大沽，不能再保证公使们及其家属的安全，他们应在 24 小时内被保护送到海岸去，这使他们乱成一团。外交团立即召开了一次会议，总的感觉是应该遵守这个命令；但是向总理衙门送了一份照会，请求保证安全，延长期限，因为考虑到在一天之内不可能做好充分的运输安排。还要求总理衙门于第二天同他们会见。实际上当夜除了英国公使馆以外，所有的外国人已经开始打行李包；窦纳乐几乎不相信中国人可能提供什么保护措施。他听到海军将领们的最后通牒时说道，此举使局面发生了变化，并使朝廷内的温和派陷入了泥塘，他还写信给贾礼士说，"他们已经给北京的外国人敲响了丧钟"①。

到第二天早上还没有得到总理衙门的答复。克林德男爵不顾同僚的劝阻，坚持要和他的秘书及两名侍从前往总理衙门。不久以后，他就在街上被一名中国士兵开枪打死；他的秘书身受重伤。直到 7 月 18 日中国人才正式承认他遇害的事，几小时以后收到一份总理衙门的照会，允许延长 24 小时的期限，因为它承认那时外交团离开北京是不安全的②。

然而，就在原定期限刚刚过期的时候，中国军队于 6 月 20 日下午四时向各国公使馆开了火，自此直到 8 月 14 日获救为止，各使馆处于围困之中。从 7 月 18 日到 7 月 25 日曾经停过火，那时允许出售水果和米的商贩进入各国公使馆。然后敌对行动重新开始，直到 8 月 14 日公使馆得到解救为止。

这次围攻给人以深刻印象。中国人的进攻从来不深入要害，头几天过去后，被围困者知道了敌人有所克制。7 月 18 日，窦纳乐得以向荣禄建议

① 萨道义爵士日记，萨道义文书，英国国家档案局存档：30/33/16/3；1900 年 10 月 22 日。

② 使馆解围后，在北京，人们普遍觉得克林德是死于他自己的顽固态度，因为在围攻以前他对拳民苛刻，所以故意选定他来加以惩罚。参见萨道义日记，1900 年 10 月 21 日；萨道义致兰斯多恩，1901 年 2 月 8 日，兰斯多恩文书。

拒绝向进攻者提供弹药[①]。受到最大压力的时间是7月底排外的官员李秉衡抵达北京，给义和团运动注入新的活力以后。守卫者们受到的最大痛苦考验是炎热[②]。

---

① 窦纳乐致总理衙门，第116号，1900年7月18日，英国外交部档案：F.O.228/1351。

② 在保卫使馆中英国的伤亡数是：军人——死3人（其中1名军官），伤22人（其中2名军官）；英国陆军部档案：W.W.32/137/7841/1003。平民——死2人，伤数人。

第六章　争取使馆解围的谈判

　　6月6日的决定将控制权置于在场的英国当局之手，随后伦敦等待观望了一个时期。正如英国驻东京公使萨道义指出的那样，这已经成为"海军将领们的事情"[1]。这个时期一直延续到西摩的挫败表明需要采取非常措施为止，是一个令人焦虑的时期，由于缺乏可靠的情报，很难对之作出推断。

　　先是没有预见到会发生当地人反对外国人的大规模起义。这个骚乱被归因于中国人派系间的活动，可能是维新派为了改变朝廷的目的而挑动起来的。从春天起就流行着一些报道指出有这种可能性。3月22日，萨道义就曾写到一再传闻的造反时机已在中国成熟[2]。3月29日，弗兰克·斯韦特纳姆爵士远自马来亚的槟榔屿报告说，中国维新派预言不出三个月中国会发生起义[3]。6月，鉴于中国的事态发展，这些彼此孤立的报道更具说服力。6月12日，《每日快报》在头版发表一篇长文，这就是著名的光绪皇帝呼吁书，请求外国列强将他从北京救往南京或汉口，宣布西太后及后党是篡权者，应由得到人民支持的光绪帝亲政，对骚乱的这种解释于是成了注意的焦点。[4]

　　据此，义和团被视为可能导致清朝当局崩溃的一场王朝动乱中的一个因素。民间评论试图把它和红帮或三合会看成一回事，从而认为他们具有

---

① 萨道义日记，1900年6月25日。

② 萨道义致索尔兹伯里函，1900年3月27日，英国国家档案局：30/33/14/11。

③ 索尔兹伯里致窦纳乐电，第33号，1900年3月29日，英国外交部档案：F.O.228/1341。

④《每日快报》，1900年6月12日，此文为《中国报》编辑亨利·奥谢所撰。

导致太平天国造反的那种动力①。但是据可靠的意见，认为他们是暴民。此时回国度假的萨道义觉得他们决不可能打开北京的大门②。

然而，对义和团固有弱点的认识被他们的行动可能招致的后果抵消了，后者引起很大的关切。从窦纳乐的历次报告，一点也不能肯定清廷不会试图宽恕暴民统治来挽救自身，这将使全体外国人处于危险境地，而且据弗兰西斯·伯蒂的意见，这将引起列强采取"埋葬中国和加速瓜分中国的强有力措施"③。除了列强采取这种联合行动外，人们还害怕俄国利用这一动乱来干涉中国，或是支撑这个摇摇欲坠的王朝，或是予以更换。1900年，对已于1898年在东北境内修筑的西伯利亚铁路方案可能产生的后果已经想了许多。关于日俄在马山浦和朝鲜的敌对行动的报道使人们相信日本可能发动一场先发制人的战争，这是《泰晤士报》有说服力的记者莫理循所力持的看法④。还有，5月中旬盛传俄国已取得从恰克图到北京的横跨大陆的铁路让与权⑤。中国北部的纷乱局势被认为是一个可能鼓励俄国扩大其野心的因素，因为各国公使馆呼吁给予军事上的支持，使它有理由派遣军队。索尔兹伯里6月8日在给驻孟买总督诺思科特的信上说到俄国时称："它的西伯利亚铁路一日修成，它定想成为大部分中国的霸主。"⑥他在两天前把控制权交给窦纳乐和西摩时，曾经直截了当地写道：

> 可能有多种危险，其中最严重的是促使俄国去占领整个或部分北京。要让它再出去是很难的。因此，如果可能的话，我们应该避免其占领北京，但是，如果有迹象表明它有意这样做，只要我们有能力，我们就应该同时占领北京的若干重要地区。当然要和其他列强作出安

---

① 《中国年代记》，1900年6月18日。原书此处注码混乱。——译者

② 同上。

③ 萨道义日记，1900年5月31日。

④ 见1900年6月7日《泰晤士报》所载莫理循的文章。萨道义见日本军事准备不足，认为要到1903年以后才可能发生这种战争，因为日本人"不容易改变他们的计划，他们的才智没有足够的适应力"。萨道义致索尔兹伯里函，1900年8月22日，英国国家档案局：30/33/14/11。

⑤ 索尔兹伯里致窦纳乐电，第51号，1900年5月11日，英国外交部档案：F.O.223/1341。

⑥ 索尔兹伯里致诺思科特函，1900年6月8日，索尔兹伯里文书，转引自J.A.S格伦维尔《英国对外政策，1899—1902》，（未发表的博士论文，伦敦大学，1954年），第167页。

排，但这并不太重要。①

索尔兹伯里的这个想法导致他拒不执行维多利亚女王巫盼撤回窦纳乐的愿望，他认为这一步将使两强同盟的国家占上风。他坚持道："就我看，现时最严重的危险似乎是俄国，而不是中国。"②

尽管有这些感觉，索尔兹伯里仍不愿采取任何足以鼓励俄国的步骤。他觉得英国在采取积极措施以前应该静待俄国人如何行动。当时任外交部中国处处长的弗兰西斯·伯蒂，最明确地表达了可供选择的看法，即英国的行动应根据这样一种设想，即中国北部已经丧于俄国之手，英国在此情况下如果不予以武装反对，"就应该采取类如占领舟山群岛及南京诸要塞之类的措施以保证对长江的控制"③。

这就是在执行对华政策上的意见分歧，这一分歧在 1898 年春天旅顺口危机时暴露出来，又因索尔兹伯里的 1899 年 4 月的英俄协议而失去重要性。现在该项安排既已显然失败，而且势将全面崩溃，首先想到的事便又是巩固在长江流域的地位了。伯蒂对前来向他索取关于中国的最新报道的所有人都提出这个论点；由于他高谈阔论在南方扶植明室后裔，所以他的解决办法较之索尔兹伯里的无所作为的政策更胜一筹④。

> 我认为我们整个东方政策的主要大错误是……〔6 月 6 日汉密尔顿用一种反映政府中许多人的感觉的口吻给寇松写信说〕相信通过维护和保持这些政府的所谓独立，我们同时也在保护和增进我们自己的利益……只要我们还愚蠢地坚持我认为是过时的政策，我就看不出我们有希望改善我们的地位……。⑤

伯蒂所集中注意的长江终归还是决定性的。虽然索尔兹伯里一再重申他的论点，即直到俄国摊牌以前，英国应该按兵不动，正在集中的海军部

---

① 索尔兹伯里致窦纳乐密电，第 64 号，1900 年 6 月 7 日，英国外交部档案：F.O.17/1417；海军部致中国海军站总司令电，第 80 号，1900 年 6 月 7 日。英国海军部档案：Adm.116/117。

② 索尔兹伯里呈女王，1900 年 6 月 10 日，索尔兹伯里文书中的副本，84/112。

③ 伯蒂备忘录，附有索尔兹伯里的批语，1900 年 6 月 7 日，英国外交部档案：F.O.17/1430。

④ 萨道义日记，1900 年 6 月 25 日。

⑤ 汉密尔顿致寇松，1900 年 6 月 6 日，汉密尔顿文书。

队应该开往"危险地点"大沽[①]，但是当议会政务官圣约翰·布罗德里克坚持他的无可辩驳的论点，说英国等待俄国人采取行动时，法国和德国可能采取更强硬的路线并占领这个地区，索尔兹伯里就被说服改变了态度。因此，海军部于 6 月 13 日接到指示，如果中国发生全面崩溃，则在任何外国占领舟山和南京各要塞以前抢先采取行动[②]。

这个预防措施在那个特定时刻似乎不大可能付诸行动。从 6 月 10 日海军将领西摩带领分舰队登陆起，接着有电报不断报告两千多军队在英国的支配下顺利沿着通往北京的道路前进的情景。13 日，西摩表示他有信心能够进入首都，说对俄国野心所表现的忧虑是没有根据的。索尔兹伯里又乐观起来，并且高兴地坚称义和团成不了气候[③]。

这种心情马上就被打得粉碎。从 6 月 14 日起，报道发生了惊人的突变。西摩已经消失在中国乡间，使大沽和伦敦对他的确切去向感到煞费苦心。与此同时，英国驻上海代理总领事霍必澜报告说长江的形势恶化。英国驻天津领事贾礼士则送来不可靠的消息说，西太后已经决定摧毁各国公使馆，直隶总督裕禄即将要求到一般英国船舰上避难[④]。英国政府在上议院和下议院均承认对这种局势不能理解[⑤]。和天津及大沽的通讯已经截断，海军部被迫向刘公岛的威海卫海军站高级海军军官寻找信息，冈特司令以打算轰击大沽炮台的消息作答，第二天（6 月 18 日）从华盛顿和柏林接到业已攻打炮台的消息[⑥]。海军少将布鲁斯关于最后通牒的报告于 6 月 17 日下午 12 时 24 分经旅顺口发出，直到 6 月 25 日下午 8 点 15 分才到

---

① 金登干、巴林顿、布罗德里克备忘录，1900 年 6 月 16 日，附有批语，英国外交部档案：F.O. 17/1440。

② 外交部致海军部，机密，1900 年 6 月 13 日，英国外交部档案：F.O.17/1440；布罗德里克致索尔兹伯里，附有 1900 年 6 月 9 日的备忘录。关于长江流域的局势，见下文第 7 章。

③ 萨道义日记，1900 年 6 月 12 日。

④ 贾礼士致索尔兹伯里电，第 11 号，1900 年 6 月 11 日及 6 月 15 日电，英国外交部档案：F.O.17/1429。给该总督提供了避难所，见索尔兹伯里致贾礼士电，第 3 号，1900 年 6 月 16 日，英国外交部档案：F.O.17/1429；外交部致海军部，1900 年 6 月 15 日，函稿，英国外交部档案：F.O.17/1440。

⑤ 议会辩论记录，第 84 卷，第 12—14、259 页。

⑥ 刘公岛海军高级军官致海军部电，1900 年 6 月 17 日，英国海军部档案：Adm.116/117。冈特司令官的情报见于中国海军站第二号司令官海军少将布鲁斯的一封信；海军部致驻大沽海军少将电，第 7 号，1900 年 6 月 18 日，英国海军部档案：Adm.116/117；《泰晤士报》，1900 年 6 月 18 日。

达伦敦，而攻占炮台的消息和经烟台报道的海军将领们的声明是 21 日知道的①。

6 月 20 日海军将领们的声明对于英国政府来说是华北的司令官们所持态度的唯一象征，由于这个声明提出了限制冲突的办法，因而索尔兹伯里以之作为他的政策的依据。这个声明应用于正在为占领南京各要塞举行谈判的长江地区，也应用于伦敦，在那里，中国大使 * 罗丰禄于 6 月 22 日代表李鸿章焦急地询问列强是否认为它们是在同中国交战②。不过，为外国干涉打下外交基础还不是急于关心的事。找到援军才是紧迫的问题，西摩的失败暴露了大沽海军分遣队的不足。

索尔兹伯里建议使用日本军队

索尔兹伯里得知各国公使馆的危急处境后，即把他早些时候的克制态度抛在一边，致力于准备一支充分的援军尽快派往华北去。香港团队已奉命北开，五个步兵团和一个骑兵团从印度开拔正在途中③。但是这些英国军队要过些时候才可望到达。澳大利亚虽然重申愿意帮助，但是也似乎在最近的将来不能派来援军④。如果要拯救各国公使馆，显然只有从俄国或日本派军队来，它们是唯一在附近拥有充足军队的大国。

早在 6 月 9 日，日本外相青木就指出日本准备一得到通知，就马上派出一支陆军；但是他在提出这个建议时曾规定需要事先同英国协商并强调希望得到德国和美国的支持，"以便在有关列强中取得多数"⑤。布罗德里克、贝尔福和张伯伦均赞成这个动议，曾建议要求俄国和日本各派 4000

---

① 海军少将致海军部电，1900 年 6 月 17 日及 1900 年 6 月 20 日第 1 号电，英国海军部档案：Adm.116/117。

* 应为公使。——译者

② 索尔兹伯里致驻广州领事电，第 2 号，1900 年 6 月 22 日、复本，英国海军部档案：116/117。

③ 戈中致索尔兹伯里秘函，1900 年 6 月 18 日，索尔兹伯里文书：93/59；印度事务部致外交部，1900 年 6 月 20 日，英国外交部档案：F.O.17/1440。关于派远征军到中国的详情，在《皇家联军协会杂志》第 44 期（1900 年），第 943—946、1079 页该年 8 月的"军事评论"栏中容易查到。

④ 见 R.H. 怀尔德《义和团事件及澳大利亚对帝国防务的责任》，载《太平洋历史评论》，第 26 期（1957 年 2 月），第 51—65 页。

⑤ 怀特黑德致索尔兹伯里电，第 8 号，1900 年 6 月，英国外交部档案：F.O.46/531。

军队，英国则将派出 2000 人 ①。索尔兹伯里曾经提出过反对，因为他认为在不应鼓励俄国独自派入军队的同时，日本所规定的派遣日军条件显然会使英国卷入一个远东反俄联合体。不过，当大沽的海军少将布鲁斯于 6 月 21 日请求为拯救天津所亟须的援军时 ②，索尔兹伯里即将他的怀疑搁置一边并马上向日本提出请求 ③。

这时日本也从大沽的日本海军上将处收到增援的请求，青木于 6 月 23 日在东京召集了一次会议讨论此事，以弄清有关列强的看法。英国代办 J.B. 怀特黑德在会后将索尔兹伯里的请求私下通知了他，青木答应日本内阁将立即考虑此事。不过，怀特黑德从青木当时的言论，断言日本"将不会采取有力的行动，除非至少英国和德国保证给予支持，以便应付和俄国及法国发生纠葛" ④。这是日本在 8 月 9 日的提议中曾经规定过的条件，它在其后所有历尽曲折的谈判中都拒不从这个立场后退。

日本费了很大的力气才使自己得到理解。6 月 24 日晚，青木前往探望怀特黑德，强调指出，日本从中国得来的情报得知，1898 年宫廷政变以后掌权的保守派，包括端王，可能还有西太后在内，已经受骗从俄国得了贿赂，清廷内部这一帮活跃人物想以黄河为中国边界，将北部割让给俄国。于是青木断言俄国图谋利用义和团骚乱来达到这个目标，如果日本派兵，似将发生冲突。因此青木力主"英、德、日三国亟须达成一项对抗俄国计划的谅解"，如果列强和中国处于战争状态，"则应集体宣战以创造一个合作的基础，并防止任何一国采取单独行动" ⑤。与此同时，日本驻伦敦代办向索尔兹伯里提出急需保证日本提供的任何有效援助不会导致同俄国发生冲突。日本还告知已动员了一个师（约 13000 人）备用；日本驻伦敦武官还访问了军事情报总监约翰·阿德，和他讨论了有关干涉的军事方面

---

① 萨道义日记，1900 年 6 月 13 日。

② 在大沽的海军少将军部，1900 年 6 月 21 日，英国外交部档案：F.O.17/1440。

③ 索尔兹伯里致怀特黑德电，第 29 号，1900 年 6 月 22 日，英国外交部档案：F.O.46/530。

④ 怀特黑德致索尔兹伯里电，1900 年 6 月 20 日，21 日，22 日，副本，英国海军部档案：116/117。

⑤ 怀特黑德致索尔兹伯里电，私人密电，1900 年 6 月 25 日，转报女王及内阁，英国外交部档案：F.O.46/531。

的事①。

　　不过，索尔兹伯里拒绝考虑日本这个以这些条件为基础的建议。相反，他的行动是基于这样的假定，即救援各国公使馆是一件国际的事情，而日本所寻求的保证可以经由取得俄国的同意而得到满足。他指示英国驻圣彼得堡大使查尔斯·斯科特取得俄国的同意。让日本派出一支二万到三万人的远征军②。同时他又向德国提出要其帮助获得这个保证从而谋求改变局势③。

　　此举未获成功。圣彼得堡对这次起义的直接反应正是担心出现索尔兹伯里现在提出的那种事态。在西摩登陆时，俄国外交大臣穆拉维约夫伯爵就曾向沙皇建议派出 4000 俄军去天津"以防止日军或其他外国军队被召集来进行防卫"④。因此有 4000 军队从旅顺口上船开往华北，并及时到达参加天津附近的军事行动⑤。与此同时，俄国试图采取一种使之能够保持自 1896 年以来同中国建立的特殊友谊的政治态度。6 月 17 日，穆拉维约夫再次向沙皇提出一份备忘录，强调指出在参加任何救援公使馆的联合远征军时，俄国不应当起突出的作用，以免引起中国人的敌意。该建议得到沙皇的赞同，并成为危机时期俄国政策的基础⑥。然后，随着起义的扩大和大沽炮台的占领，俄国对其在东北的地位变得关心起来。因此，当李鸿章6 月 28 日要求圣彼得堡给予忠告时，维特便抓住这个机会立即给这位中国政治家回信说，俄国不会向中国宣战，而且乌赫托姆斯基亲王（沙皇的一个亲信，常常从事这种性质的出使）将前往中国同李讨论东北的解决办法。与此同时，维特急忙拨给中东铁路总工程师一笔款项，用来贿赂东北三个省的官员⑦。

　　这个政策因俄国本身的行动而受挫。一方面，俄国军国主义分子在陆

---

　　①　怀特黑德致索尔兹伯里电，第 22 号，1900 年 6 月 26 日，副本，英国海军部档案：Adm.116/117；1900 年 6 月 26 日托马斯·桑德森备忘录，英国外交部档案：F.O.17/1440。

　　②　索尔兹伯里致斯科特电，第 74 号，1900 年 6 月 25 日，英国外交部档案：F.O.65/1603。

　　③　索尔兹伯里致高夫电，第 65 号，1900 年 6 月 26 日，英国外交部档案：F.O.64/1496。

　　④　转引自罗曼诺夫《俄国在"满洲"》，第 178 页。

　　⑤　马洛泽莫夫：《俄国远东政策》，第 127 页。

　　⑥　同上书，第 127—128 页。

　　⑦　罗曼诺夫：《俄国在"满洲"》。第 179—180 页。

军大臣库罗巴特金的鼓励下，在华北表现出侵略态度。俄国太平洋分舰队司令阿列克谢耶夫海军上将抵达大沽并接管了海军将领会议的控制权。然后他努力巩固俄国对大沽和天津之间地方的控制；在此过程中，他占有了位于该地区由英国人拥有的北方铁路路段[①]。另一方面，维特出于对他的铁路的担心，也支持派军队进入东北。这一公然军事行动促使居民采用暴力并刺激中国正规军实行积极抵抗，使俄国失去达成一项使东北中立化的一切机会，而当时英国正在同样的基础上同长江流域的总督们举行谈判。

不过，索尔兹伯里的质询同乌赫托姆斯基使团出发去同李鸿章谈判在时间上相合。直到同中国达成协议为止，保持单独行动的假象，强调俄国对中国人的改革的态度截然不同和拖延对北京的军事进攻对俄国是有利的，因此在义和团起义初期，尽管俄国军事行动的侵略性和掠夺性不亚于任何人，但俄国的外交无论对中国还是对其他列强都一直采取守势。因此，不得不使索尔兹伯里的使用日军的建议转变方向，而又不至于冒犯他，伦敦所收到的俄国的回答是字斟句酌的：

> 对于日本在目前情况下所表示的感情及其对中国事务的看法，我们甚为欣赏。我们无意妨碍它的行动自由，特别是在其表示坚持该行动同其他列强保持一致之后……[②]

德国对索尔兹伯里建议的反应更加不能令人满意。它不仅不对俄国进行斡旋，反而设想索尔兹伯里的建议事实上是英国试图给日本弄到一张单独行动的委任状，蓄意制造英俄摩擦。俄国掩饰其拒绝时，德国则公然表示出来，并处心积虑地加以曲解，这使索尔兹伯里大为光火。该复信称：

> 他们并没有得到建议中的日本干涉的详细通知，无从判断其是否触犯处于第三者地位诸列强的利益，也无从判断德国是否承担予以支持的责任。只能保持列强迄今坚持的协议才能在中国恢复秩序，该帝国的生存和世界和平才得以继续。因此，只有德国自始能够确定女王

---

① 下文第 11 章对这个方面有所详述。马洛泽莫夫在《俄国远东政策》书第 127 页上说阿列克谢耶夫曾打电报给直隶总督裕禄，建议他阻止外国军队自天津开往北京。并未发现支持这个极端看法的确证。

② 斯科特致索尔兹伯里电，第 58 号，1900 年 6 月 28 日，英国外交部档案：65/1604。

陛下政府所建议采取的步骤不会危及上述必不可少的协议时，它才能够参加。[①]

这个回答直到俄国亮出观点后才发出来；索尔兹伯里知道，这样选择时机是善意讨好圣彼得堡。6月19日，克林德男爵遇害的报道过早地传到欧洲[②]。于是德皇强烈表示主张立即实行报复，并曾号召动员海军陆战队去把北京夷为平地。德国外交大臣冯·比洛伯爵是时曾经尽力说服威廉二世采取更为谨慎的态度，以待英日和法俄之间的对抗充分显示出来，从而保证一旦发生讨伐性的远征，使统率权落入中立的德国之手[③]。这个建议既合乎当时冯·比洛的政治哲学，也合乎当时德国外交部的心腹谋士冯·荷尔斯泰因伯爵的政治哲学，那就是：如果德国保持独立于俄、英两国之外的立场，则此两大强国之间日益增加的紧张关系将使他们的力量互相抵消，从而使对事情的决定性控制权落入德国手中[④]。德国政治家们虽然以此为目标，但德国在欧洲处境的迫切需要促使它对俄国的不快十分敏感。结果是，照英国人看来，他们的政策过于经常地受到其东边邻国的影响，正如英国驻柏林大使弗兰克·拉塞尔斯爵士在知道德国对动用日军的态度后回到柏林时所嘲笑的那样，是被牵着鼻子走[⑤]。

很快就明白，德国期望俄国对这一协调一致的证据作出热情的反应。在索尔兹伯里动用日军的建议被拒绝后，马上收到了关于克林德之死的可靠消息（7月2日）。德皇又一次大肆嘲弄起来[⑥]。他作出要求立即行动的号召是指望得到俄国全心全意的响应。在这方面他是失望了。相反，威廉

---

① 高夫致索尔兹伯里电，第10号，1900年7月1日，英国海军部档案：Adm.116/117。

② 关于冯·克林德的死讯的奇怪的过早报道，见马士《中华帝国对外关系史》，前3卷，第224页。

③ 德国外交文件，第16卷，第14，18—19页：张凤晨（译音）：《1898年以来的中德外交关系》，（上海，1936年出版），第108—109页。

④ J.M.占兹瓦德：《英国结束"光荣孤立"政策的几个问题，1398—1904》，（鹿特丹，1952年出版），第31页。

⑤ 拉塞尔斯致索尔兹伯里，1900年8月1日，《关于大战起源的英国文见》，第2卷，第5—6页。

⑥ 德国外交文件，第16卷，第27—28页注，德皇关于中国危机的公开演说（7月2日，第一营海军开赴中国时；7月27日，增援的军队从不来梅港启航时；以及8月18日瓦德西动身前在卡塞尔发表的演说），见L.埃尔金德编《德皇演说集》（伦敦，1904年出版），第313—317页。

二世的歇斯底里大发作使俄国感到吃惊。6月底义和团起义蔓延到东北，随着这一事态发展。俄国人痛感他们没有足够的军队来保护他们自身的利益，更谈不上为他人的利益卖劲了。陆军大臣库罗巴特金将军直截了当地驳斥道，俄国对给他人火中取栗不感兴趣[①]。虽然这句话几天以后在外交上变得温和了，不过德国还是明白俄国的态度是由东北的局势左右的，而且俄国准备像抛弃英国那样，也准备将它抛弃。

德皇走极端的立场使俄国对动用日军的态度有所缓和。这位皇帝的震耳欲聋的演说预示中国即将解体。面对这个危险，俄国开始将其不参与其他列强行动的政策改变成协同联合行动的政策，这将有助于使这个德国皇帝受到一点控制。因此，拉姆斯多尔夫伯爵于7月初谨慎地暗示英国驻圣彼得堡公使斯科特说，欢迎日本援军"在实现共同目标中进行合作，所有列强均应将其他一切考虑放在一边，以此为唯一的目标"，而且他认为德皇的演说"太冲动了一些"[②]。

在这个时刻日本又重新开始谈判。曾经使它指望成立一个天然的反俄联合体的那种乐观情绪，因为索尔兹伯里反应冷淡而消失大半。7月初，鉴于德国的好战声明和大量俄军涌入东北，似乎要开始实行一种单独侵略的政策。日本担心俄国可能入侵朝鲜[③]。它既不能单干，又不能站在一边。由于不知道俄国也焦急万分，不知道拉姆斯多尔夫那时（7月4日）也主张实行一种同样的方针，因此日本散发了一个备忘录，大意是：

> 华北的动乱要根深蒂固得多，比表面上的政治意义要大得多……
> 有关列强亟须就采取共同措施以应付不测事件交换意见。[④]

青木并没有明确指出他心目中的共同措施是什么，这种缄默态度导致怀特黑德未能领会这份日本备忘录中所包含的态度转变。他设想青木的意

---

① 罗曼诺夫：《俄国在"满洲"》，第181页；德国外交文件，第16卷，第40—42页。

② 斯科特致索尔兹伯里电，第24号，1900年7月4日，英国外交部档案：F.O.65/1604。

③ 怀特黑德致索尔兹伯里电，第25页，1900年7月5日，副本，英国海军部档案：Adm.116/117。

④ 同上。

思是达成使用日军并就远征的费用作出一项财政安排的协议①。这个设想转过来又使索尔兹伯里得出错误印象。要是日本人准备克服他们早些时候的踌躇不决的话，他是太乐意同他们接触了，6月底已经有520名军官和13500名士兵在大沽登陆②。聚集起来的各国海军当局认为这支军队仅够守住大沽与天津之间的地方，在此之外要有所前进将需要三万到四万人。据报告，附近有一万名中国军队，于是将计划于7月3日对天津本地人居住的城区发动的进攻推迟了10天。尽管一再保证增援，但是由于西摩的惨败已经使得各分遣队很不愿意开赴天津以外的地方，不能激励它们采取较大的尝试。7月13日，海军将领西摩心平气和地报告说"在大约9月初雨季过去以前"，不宜于在陆上向前推进③。

推迟向北京推进的决定在伦敦引起深刻的悲观心理。萨道义痛感英国过去40年来执行了错误的政策，而"旧的炮舰政策是最好的政策"；而通常心平气和、没有偏见的外交部常务副大臣托马斯·桑德森爵士则认为，如果发生了大屠杀，就应将中国皇城夷为平地④。但是占主导地位的情绪是一种毫无办法的沮丧感，这促使人们相信各国公使馆是完了⑤。女王给索尔兹伯里写信说道："我一想起窦纳乐等人，女士们和孩子们就觉得不舒服。这使我日夜不安。"⑥此前三个星期，这位首相曾拒绝了女王召回窦纳乐的要求，并且找不到恰当的话去安慰她。曾经探讨过各种拯救各国公使馆的可供选择的措施，显然都没有成功。

其中有一个建议是威胁要毁坏甚得中国人敬重的皇陵，即该王朝各先帝的坟墓。这个使人想起1860年额尔金暴烈行动的步骤，最先是英国驻

---

① 怀特黑德致索尔兹伯里电，第25号，1090年7月5日，副本，英国海军部档案：Adm. 116/117。

② 总司令致海军部电，第95号，1900年7月2日，英国海军部档案：116/117。

③ 总司令致海军部电，第103号，1900年7月13日，英国海军部档案：116/117。

④ 萨道义日记，1000年7月3日。

⑤ 汉密尔顿致寇松，1900年7月6日，汉密尔顿文书；张伯伦致张伯伦夫人，1900年7月5日，转引自加交《张伯伦传》，第3卷，第585页；W.S.布伦特、《我的日记》，单卷本（伦敦，1932年出版），第369页。

⑥ 女王致索尔兹伯里，1900年7月5日，索尔兹伯里文书：83/165。

天津领事贾礼士于 6 月 26 日提出来的[①]。这个建议在欧洲各国首相府着手处理时，英国坚持不允，而德国则急切地力求这样干。虽然艾卡尔德斯坦在伦敦为了保持德国的行动得体而强调德国本心不愿意这样做，力言只是作为一种"最后的非常手段"才会作此尝试[②]。但是德国外交部副大臣里希特霍芬男爵在柏林却较为直言不讳，干脆问英国代办高夫子爵英国是否有能够立竿见影的更好措施可以提出来，"它对于拒绝由消息最灵通的现场人士一致提出来的建议是否要承担重大责任"[③]。

索尔兹伯里侯爵宣布了三点反对这个措施的理由：1. 还不知道陆、海军司令们的意见，2. 各陵墓位于东北，因而为了完成此事，需要有一支相当大力量的远征军，3. 他不能批准这样一个冒犯欧洲舆论的措施，除非该措施由比天津领事团权威大得多的人提出来。他断言道，"这一威胁手段对于暴民和哗变的士兵来说似乎根本不可能发生什么效力，而这些人却是使各国公使馆岌岌可危的因素"[④]。

这三点理由有两点是没有根据的。贾礼士在作出这个建议的报告时曾着重指出海军将领西摩表示赞同，而提出的坟墓并不是奉天附近的陵墓，而是北京附近的东陵。索尔兹伯里对这个措施怀有一种天然的反感，其中与基钦纳在攻克喀士姆时毁掉马赫迪墓所招致的尖锐批评不无影响。同俄、法两国可能发生纠葛的前景可能是另一个遏制因素，因为比利时公使惠特纳尔男爵以俄国和法国的代理人的身份（接见他的桑德森是这样看他的）迅即到外交部来试探英国对这个建议的反应[⑤]。但是毫无疑问，索尔兹伯里侯爵不乐意的最大理由在于他对德国的侵略性不表信任。

为了分散对这一令人不快的措施的注意，索尔兹伯里提出一项反建议，"所有列强集体宣布，如果对各国公使馆发生任何暴行北京各级当局均须负人身和财产上的责任"[⑥]。这是法国所能接受的，因为法国外交部长

---

① 贾礼士致索尔兹伯里电，第 22 号，1900 年 6 月 26 日，英国外交部档案：F.O.17/1429。关于额尔金的所作所为，见科斯廷《英国与中国》，第 332—337 页。

② 1900 年 7 月 2 日桑德森备忘录，英国外交部档案：F.O.17/1441。

③ 高夫致索尔兹伯里电，第 11 号，1900 年 7 月 2 日，副本，英国海军部档案：116/117。

④ 索尔兹伯里致高夫电，第 77 号，1900 年 7 月 2 日，英国外交部档案：F.O.54/1496。

⑤ 1900 年 7 月 2 日桑德森备忘录，英国外交部档案：F.O.17/1411。

⑥ 索尔兹伯里致高夫电，第 78 号，1900 年 7 月 2 日，英国外交部档案：F.O.64/1496。

德尔卡斯同时也产生了这个想法，德国也能接受，能够靠它支持任何一种报复性的措施；但是这不能得到俄国的支持，拉姆斯多尔夫狡猾地回答说，目前要在北京找到"能起作用的"当局是不可能的①。

在获悉俄国的看法时，该宣言已交给中国驻伦敦公使罗丰禄，他答应将宣言经由外省总督递交朝廷。这份"认罪书"达到了有限的目的。外省总督们经过斟酌后将其递交总理衙门，它有助于使清廷头脑转而较为清醒起来，导致 7 月中旬对各国公使馆停止发动进攻。

然而，这些措施掩盖不了这样一个事实，即北京外交团的生命有赖于立即派来援军。因而当怀特黑德的快件表明日本准备出兵时，索尔兹伯里马上作出反应。他答称，日本是唯一有望成功地拯救各国公使馆的强国，"如果他们迟迟不出兵，他们要负严重责任"。同时他强调"立即采取拯救各国公使馆的行动和日后的行动"截然不同，"后者的一切问题留待将来解决"，以促成远征并消除国际间的分歧。他还着重指出英国将提供一切必要的财政资助②。发出此电报后，在此区别的基础上达成国际协议的指望在索尔兹伯里的心目中增长了，当天（7 月 6 日）晚些时候他再电怀特黑德，其中英国将承担财政责任，"因为就此点举行国际谈判将致命地耗去时间"③。此外，为了取得欧洲的同意，他把英国这个最新提议散发给列强④。

这个提议同第一个一样受到粗暴对待。其他列强仍然关心可能组成的政治集团的问题，并关心他们在可能对中国的领土瓜分中的地位。法国驻伦敦大使保罗·康邦先生据圣彼得堡报道，说过英国曾经宣布只和日军一同作战；尽管立即否认了这个说法，但是这种断言的刺激并未消失⑤。此

① 斯科特致索尔兹伯里电，1900 年 7 月 7 日；高夫致索尔兹伯里电，第 14 号，1900 年 7 月 5 日，副本，英国海军部档案：Adm.116/117；1900 年 7 月 4 日桑德森备忘录，英国外交部档案：F.O.17/1141。

② 索尔兹伯里致怀特黑德电，第 58 号，1900 年 7 月 6 日，英国外交部档案：F.O.46/530。

③ 索尔兹伯里致怀特黑德电，第 60 号，1900 年 7 月 6 日，英国外交部档案：F.O.46/530。此电实由贝尔福发出，是时索尔兹伯里已去出席王宫接见会。

④ 索尔兹伯里致蒙森电，第 101 号，1900 年 7 月 6 日；索尔兹伯里致斯科特电，第 93 号，1900 年 7 月 6 日，副本，英国海军部档案：116/117。并无证据表明通知过德国，但是可能电报放错了地方，给法国和俄国的通知就收在英国海军部的案卷中。

⑤ 斯科特致索尔兹伯里电，第 63 号，7 月 8 日，索尔兹伯里致斯科特电，第 102 号，7 月 9 日，斯科特致索尔兹伯里电，第 66 号，1900 年 7 月 10 日，英国海军部档案：116/117。

外，日本假定英国可能说的是一回事，实指的是另一回事，谨慎地询问英国给予的财政资助将采取何种形式①。当索尔兹伯里出其不意地回答说将提供 100 万英镑以供增派二万军队的开销，这些军队只用来解救各国公使馆，不用于任何其他作战时，青木也同样出其不意地答称："由于没有就联合作战计划达成协议"，增派军队尚不合时宜②。

这次交换照会导致英日关系的损伤，需要一些时候才能愈合。后来暴露出，日本人对于英国建议给予纯财政资助感到受了很大的伤害。

国际上承认中国的领土完整

7 月的第一个星期，关于索尔兹伯里侯爵使用日军的提议的谈判已经表明，在得到使大沽各军事司令官满意的足够数目的军队以前不得不达成一项国际谅解一事可以得到认可。这样一个对瓜分中国不作安排的协议，只能是一纸各大国表明其对华态度性质的声明。在这件事情上起带头作用的来自一个完全出乎意料的地方。7 月 3 日美国发出一个通告式的照会，宣布它并不认为自己在对华作战，并且应该保持中国的领土完整。③

这个通告以第二个而且是更加重要的门户开放照会而著称于世并且后来被炫耀为美国外交的胜利。但切不可将其重要性说过头了。那时索尔兹伯里侯爵关心的是能促使解救各国公使馆的实际措施，而不是关心有关中国领土完整的原则性声明。海约翰的许多文电均受到漠视。索尔兹伯里在给女王的报告中说，美国"仍然拒绝认为它同中国处于战争状态"，而且美国驻伦敦大使约瑟夫·乔特"认为北京处于无政府状态，因之权力及责任实际上已落入各个省地方当局之手"，索尔兹伯里断言："我似乎觉得我们应该持同样的态度。"④

这时英国内阁着手处理中国的领土完整问题，但并不是按照美国的

---

① 怀特黑德至索尔兹伯里电，第 31 号，机密，1900 年 7 月 11 日，英国海军部档案：116/117。

② 索尔兹伯里致怀特黑德电，第 68 号，1900 年 7 月 12 日，副本，英国海军部档案：116/117，第 70 号，1900 年 7 月 13 日，英国外交部档案：F.O.46/630；怀特黑德致索尔兹伯里电，第 33 号，1900 年 7 月 14 日，副本，英国海军部档案：116/117。

③《美国外交文书》，1901 年，附录，第 12 页。

④ 索尔兹伯里致女王电，1900 年 7 月 5 日，索尔兹伯里文书：84/116。

照会来处理。第二天（7月6日）傍晚，罗丰禄转达李鸿章的一项建议，大意是列强应达成一项保证中国领土完整的协议或一项"自我克制的条例"。李鸿章曾思虑周全地加上一个极为重要的信息，说俄国已经对此表示同意。索尔兹伯里立即声明"俄国所明显执行的政策同本国的原则及目标完全一致"，并且答应将此事提交他的同僚考虑。这个建议在全内阁传阅，传得很慢，到7月10日大多数人还没有看到。只有陆军大臣兰斯多恩勋爵附上了突出的意见，他认为"任何的保证均取决于中国政府（如果还有的话）在当前危机时的行动"。内阁的大多数人支持这个意见。德文郡公爵、英国枢密院主席将此通告的来源弄错了，因而表达了收到这个建议时所普遍感到的兴趣，他写道，应该找到一个比中国公使更加真实可信的提供俄国建议消息的人①。

　　李鸿章的建议确有理由是来自圣彼得堡，但是没有支持这一看法的证据。这时俄国急于在中国达成一项基本协议。拉姆斯多尔夫并不喜欢在俄国忙于东北事务时，一方面由英国来怂恿日本采取行动，另一方面由德国来大肆准备军事远征。俄国没有注意到英国答应支持使用日军纯属金钱性质。单独授权日本采取行动可能使其在今后索偿时提出排他性的要求，而在现阶段尚未确定索偿不具有领土性质。李鸿章的自我克制条例，要是和海约翰散发的照会不一致的话，本来是可以为俄国所利用的。这是拉姆斯多尔夫为了实现其目的一个令人极为满意的开端，因其使俄国可以用答复的形式阐明它的立场。因而7月13日俄国向英国外交部提出一份照会，明确表示俄国在中国的目标是保护欧洲人的生命和财产，解救各国公使馆和保持中国的完整②。俄国的行动显然是以其对索尔兹伯里使用日军的计划的恐惧为转移的。7月16日，乔特声称俄国驻华盛顿公使喀西尼伯爵曾经特地询问海约翰美国是否参与过给予日本什么指导的事。7月19日法国驻伦敦代办透露俄国7月14日给法国的照会对日本可能要求只使用它的军队一事表示过焦虑。桑德森评论道，"它颇为暗示我们曾建议为日本作出过某种特殊安排——这是一个误会，因为我们并没有这样做过"③。俄国不

①　见索尔兹伯里通告上的附批，索尔兹伯里文书：89/68。
②　索尔兹伯里致斯科特电，第107号，1900年7月15日，英国外交部档案：F.O.65/1603。
③　1900年7月16日及20日的桑德森备忘录，附有法文本及复照，英国外交部档案：F.O.17/1442。

仅不愿置日本于如此有利的地位，它还准备为争取中国的完整而呼吁。后来在它本身对东北的控制似乎确有把握的时候，这个声明就会被利用来给它造成不利的后果了。从这个观点看，索尔兹伯里在其他方面流产了的使用日军的建议结出了丰硕之果。

统帅的任命

承认中国领土完整标志着列强关于义和团起义的外交活动第一阶段的结束。这是谨慎的戒备心和害怕国际纠纷所产生的结果，这是使索尔兹伯里的尝试突然停下来的两个因素。如此郑重地在欧洲各国的部长、大臣办事处传阅的那些声明，只不过是口头说说而已。列强在否决索尔兹伯里所公开呼吁的事情时，把它们能弄到的所有军队飞速开往华北。与此同时，对被围困在北京的外国人的真诚关切使欧洲的舆论不安。据说罗马教皇准备怂恿发动一次十字军东征①。布鲁塞尔、根特、列日和安特卫普等市的市长号召捐款资助一个志愿兵团②。这一活动的结果是7月份有一支相当大的国际部队在大沽集结。7月14日攻占了天津本地人的城区。这一胜利鼓舞了联军各司令官草拟了一份在8月1日或其前后向北京推进的尝试性计划京津作战日志，见英国国家档案局：30/33/7/11。多沃德准将关于从大沽推进及攻陷天津的报告，写于1900年7月11日和19日，见英国殖民部档案，521/1，战争。正在发动的这次攻势使国际联军统帅这个微妙问题提到了外交的前台。

自危机开始以来统帅问题就是伦敦所焦虑的事。前已提及，海军中将西摩决定亲率海军分遣队去北京，使俄国处于大沽统率权的高位，先是由希尔德布兰特海军中将统率，后来又由阿列克谢耶夫海军中将领导③。在最初的激动阶段，其他海军将领乐于在此形势下持默认态度。西摩离任后指挥英国分舰队的海军少将布鲁斯甚至向英国海军部提出建议，由于已在大

---

① H. 德拉蒙德·活尔夫（马德里）电，第42号，绝密，1900年7月18日，副本，英国海军部档案：116/117。

② 1900年7月26日桑德森备忘录，英国外交部档案：F.O.17/1443。

③《京津作战日志》，第123—125页。

沽成立的海军将领会议是由俄国人当主席，因此指挥陆军的军官也应该属于同一个国家，"以避免发生摩擦的机会"①。

伦敦并没有布鲁斯的那种热情。议会上曾经提出一些问题，布罗德里克和贝尔福对之难以作答②。西摩返回大沽后，阿列克谢耶夫虽然在军衔上比他晚两年，却仍然留任司令。7月2日，海军部试探性地询问西摩，这个俄国人是否享有当地的头衔，以及在大沽是否提出过统帅问题③。

西摩经过询问后，发现他的消息不实。阿列克谢耶夫确有当地头衔，但只是陆军身份和文职身份的，在海军问题上西摩的地位仍然是较高一筹。此事太微妙，难以在当地提出来，于是西摩回过头来让内阁予以裁决④。

这时统率权问题因和索尔兹伯里使用日军的建议有关，已由其他列强提了出来。青木在拒绝这一要求时，对由海军军官阿列克谢耶夫充任联军统帅表示怀疑，并且对怀特黑德表示希望派一名高级英国军官或德国军官到中国来⑤。由于俄国此时正担心授予日本人以单独行动权，因而谈判获得进展。7月11日，拉姆斯多尔夫在圣彼得堡非正式地向斯科特提出建议说，需要达成"某种协议，以便在一切大规模的共同尝试中联合行动和联合指挥"⑥。两天以后，俄国在有关中国领土完整的通函中，力言它认为急需就必须在中国采取进一步军事步骤一事立即达成一项积极的谅解，其中还应该包括在中国领土上的所有国际部队的联合行动问题。就此，俄国建议将联军一切分遣队的统率权和指挥权"集中于一人之手"⑦。

俄国的通告正值有关使用日军的谈判破裂之时，也正值已在华北的联军各分遣队攻陷天津之时。这一军事推进定将引起上海全体外国人的恐惧，他们害怕长江流域地区的中国人采取报复性措施，以转移对北京的压

---

① 布鲁斯海军少将致海军部电，第5号，1900年6月23日，英国海军部档案：116/117。

② 议会辩论记录，第84卷，第205、628—629页；第85卷，第1305页。

③ 海军部致总司令电，第88号，1900年7月2日，英国海军部档案：116/117。

④ 西摩致海军部电，（无编号）及1900年7月13日第108号，英国海军部档案：116/117。

⑤ 怀特黑德致索尔兹伯里电，第28号，1900年7月8日，副本，英国海军部档案：116/117。

⑥ 斯科特致索尔兹伯里电，第87号，1900年7月11日，英国外交部档案：F.O.65/1604。

⑦ 索尔兹伯里致斯科特电，第107号，1900年7月15日，英国外交部档案：F.O.65/1603。

力①，几天之内，上海风靡的歇斯底里情绪导致发自该城的一篇报道说北京的外交团全部被杀害了。在伦敦，人们相信此事，在《泰晤士报》上发表了窦纳乐、赫德和莫理循的讣告。此后，索尔兹伯里缩了回去；在该月的其余时间里，他实行的是没精打采的冷淡的政策。索尔兹伯里的政治声望受到损害正是在这个时期，因为他持续不断的无所作为激怒了他的同僚。这种情绪的根源在于他对于显然决定北京全体外国人命运的那些政治策划感到幻灭。直到该月底各国公使馆显然还在坚持下来的时候，他才重新活跃起来。猛烈抨击索尔兹伯里的犹豫不决态度的乔治·汉密尔顿勋爵于8月8日写道，内阁会议这时变得比较令人满意了。他对寇松吐露说："我想现在我能够揣摩出首相的心了，他曾经相信各国公使馆已经被屠，不愿意派出英国军队去扩大俄国和德国的势力；但是一俟他听说各国公使馆安然无恙时，他就行动了起来。"②

这样，索尔兹伯里是在相信各国公使馆已经完了的精神状态下在7月下半月不得不转而着手处理任命联军统帅问题的。任何安排都只会增加列强的政治野心，索尔兹伯里对于将英军置于外国控制下去实行报复性措施不能表示热情。而且，统帅部的成立不是凭军衔高低，或者建立在军队人数的基础上，就会由列强来邀请。英国几乎不大会得到任命。反之，在排除一些国家在外的过程中，德国有可能得到任命。曾经在东方旅行过的亨利亲王是最有希望的候选人。汉密尔顿不同意索尔兹伯里不相信德国的看法，提出亨利亲王是一个"好小子而且对我们很友好"③。首相对此印象不深。7月18日，艾卡尔德斯坦去见索尔兹伯里的私人秘书埃里克·巴林顿，"神秘地谈及"在远东反对英国的阴谋，"俄国正如何试图以可能出现"英日"恐怖"和可能复活三强同盟来吓唬欧洲。艾卡尔德斯坦做了这些准备后吐露了他访问的原因：他说，法国即将提出由一名德国人当统帅，如果英国抢先提出此项建议，德皇"将无比高兴"④。艾卡尔德斯坦虽然说这是他本人的意见，但是他显然是受了德皇的怂恿。

① 汉密尔顿致寇松，1900年8月3日，汉密尔顿文书，第175页。
② 汉密尔顿致寇松，1900年8月3日，汉密尔顿文书。
③ 汉密尔顿致索尔兹伯里，1900年7月16日，索尔兹伯里文书：未分类。
④ 巴林顿1900年7月18日致索尔兹伯里备忘录，索尔兹伯里文书：122/87。

在这阴谋与日俱增和不讲情义的机会主义的背景下，英国内阁于 7 月 19 日召开会议来考虑俄国的通告。预期索尔兹伯里会以批判性的保留态度来看待俄国的建议。拉姆斯多尔夫使用的"进一步军事步骤"和"集中于一人之手"的词句受到怀疑。索尔兹伯里亲自起草一封电报给斯科特，要查明俄国对遴选一名独揽大权的统帅以及预期的作战的性质、范围和目的的看法。这个冷淡的反应使拉姆斯多尔夫处于守势，他在回答中声称俄国的唯一目的一直是摆脱新闻界说它在接受日本援助方面犹豫不决的指控①。此后谈判就中断了。

索尔兹伯里的冷淡态度使德国人不知所措。德皇极望取得统率权。明显的动机是获得威信，第二个考虑是想取得欧洲的同意派出当时正在集结的德国远征军。7 月底，事态变得于德皇有利。在远征军启航前不久，得知各国公使馆仍原封未动。威廉二世得到一个难以驳倒的立即采取行动的借口。为了达到他的目标，他试图由个人作出决定，因为德皇坚信应继续由皇室掌管各项事务。7 月 31 日，他写信给威尔士亲王，对给予德军的顺利送行表示兴高采烈。由于艾卡尔德斯坦早些时候的策略显然产生了不良后果，于是德皇小心翼翼地强调指出不存在德俄同盟这样一回事，并对这位亲王认为英国和德国不能齐心协力地干表示遗憾②。

德皇在对俄关系上较为顺利。在讨论任命一名大权独揽的联军统帅时，库罗巴特金将军趁机指出，要是普鲁士的亨利亲王还在中国，或是俄土战争期间在俄国人中间享有声誉的利格尼茨将军在现场的话，他本来会建议将俄军置于他们的统率下的。这件事报告给了德皇，他抓住这个机会于 8 月 5 日直接向尼古拉二世建议任命陆军元帅瓦德西为联军统帅。此举获得成功，因为沙皇擅自予以同意了③。

德皇接到沙皇的回答后立即宣布了瓦德西任命的事。现在德国外交部需要从外交上消除德皇此举的障碍，以便取得英国和法国的同意。8 月 7

---

①　索尔兹伯里致斯科特电，第 109 号，1900 年 7 月 20 日，英国外交部档案：65/1603；斯科特致索尔兹伯里电，第 78 号，1900 年 7 月 22 日，英国外交部档案：F.O.55/1604。

②　德皇致威尔士亲王，1900 年 7 月 31 日，索尔兹伯里文书：86/26，哈茨费尔德曾经报告说，索尔兹伯里曾暗示过英国可以在没有联军司令部的情况下行动，《德国外交文件》，第 16 卷，第 75—76 页。

③　斯科特致索尔兹伯里，第 262 号，1900 年 8 月 13 日（8 月 27 日收到），副本，英国海军部档案：116/118，第 16 部分；《德国外交文件》，第 16 卷，第 82—83 页。

日，德国代理外交次长冯·德伦塔尔先生向拉塞尔斯提出一份口头照会，通知说俄国已经请求任命那位德国陆军元帅；同时他又表示深信在俄国采取该行动以前法国想必已经同意了。不过，当德皇手里拿着尼古拉二世的电报时，奥地利代办图英伯爵曾经瞥见过，因而这个建议的起源是显而易见的[①]。

8月9日，英国内阁中有几个人开会来研究形势。对于逼迫英国默认此事甚为反感。但是伯蒂指出，如果英国不接受这一既成局势，德皇就会以此为借口，在中国恢复反英的三强同盟。他还争辩说，到瓦德西抵达天津时，北京战役恐怕已经打完了，这将使此项任命不那么紧要[②]。

这些考虑以及显然需要的向北京的进军，决定了英国内阁经过许多讨论后同意接受一名德国人充当总司令，"如果有军队在北直隶的列强决定将其军队置于瓦德西伯爵的最高指挥（拒绝用统帅一词）的话"，索尔兹伯里向女王报告说："此案无论是接受还是拒绝，均将遭到严重反对。"[③]

圣彼得堡也存在着伦敦的那种怀疑。拉姆斯多尔夫对斯科特说，瓦德西要用一个月才能抵达中国，到达后他的统率权可以局限于直隶一省。拉姆斯多尔夫是时正遵循着伯蒂过去的那条说理路线，但是那位英国大使完全误解了他，一直没有注意到俄国在德皇发表好战演说后政策上的变化。因而斯科特将拉姆斯多尔夫的话解释成暗示库罗巴特金本人渴望掌握统率权，而瓦德西的任命"似欲恢复《马关条约》的三国同盟"[④]。

其实拉姆斯多尔夫当时正忙于解决尼古拉二世的狂妄反应所造成的后果。俄国在远东的力量得益于两强同盟甚多。通过给俄国的直接贷款，以及经由华俄道胜银行的间接贷款，俄国曾经得到法国财政的大力支持，而法国却从这些支出中几乎得不到回报。俄国在埃及问题上曾经持保留态度；在中国也同样缺乏合作。尼古拉二世对德皇所作的反应使平稳的法俄关系增加了

① 拉塞尔斯致索尔兹伯里电，第20号，1900年8月7日，第21号，机密，1900年8月8日，英国外交部档案：F.O.64/1496；拉塞尔斯致索尔兹伯里，机密，1900年8月10日，索尔兹伯里文书：121/80。

② 伯蒂致索尔兹伯里，见1900年8月7日拉塞尔斯致索尔兹伯里第20号电的件，英国外交部档案：F.O.64/1496。

③ 索尔兹伯里致女王，1900年8月9日，索尔兹伯里文书：84/117—118；索尔兹伯里致拉塞尔斯电，第117号，1900年8月9日，英国外交部档案：F.O.64/1496。

④ 斯科特致索尔兹伯里，1900年8月9日，索尔兹伯里文书：129/81。

摩擦。德伦塔尔关于俄国是在法国先已同意后才作出反应的假设是一个合乎情理的臆断，但并无根据。当英国驻巴黎大使蒙森爵士8月9日同德尔卡塞打交道时，后者酸溜溜地回答说，除去新闻界的报道外，他一无所知[①]。

当法国人充分认识到这种怠慢行为的内含时，表现得相当愤激。事实上他们想自己当统帅，7月中旬这件事变化莫测时，他们在非正式场合曾经公开暴露过他们的野心。起初，他们曾希望西摩因病召回，由法国海军将领波蒂埃接任司令[②]。当统帅问题由海军将领会议中的资历来决定改为直接军事任命时，传云多德将军是候选人。多德在军事上声誉甚隆，观察家们认为他没有被任命为派往中国的法国分遣队司令是为了留任统帅[③]。

在法国人为任命瓦德西的事表示愤怒的时候，拉姆斯多尔夫试图摆脱他所陷入的困境，强调说原来的建议只给予瓦德西以在直隶的八国联军作战的总指挥总司令权。他争辩说如果突出这个解释将使法国人易于接受。他还进而试图用宪法来掩盖法国受了伤害的自尊心，承认法国人在取得议会两院的同意将法军置于外国的指挥下存在着困难[④]。

法国人迟迟才给任命瓦德西一事以回答是可以理解的。他们并没有表示不愿遵守列强所树立的榜样，但是法国人却暗示他们的同意纯属基于公认的军事礼仪上的考虑。在瓦德西抵达中国后，法国作了如此的回答：

> ……由于他的高军阶，将承认他在国际联军中的突出地位，法国远征军司令瓦龙将军将使他和该元帅的关系置于适当的基础上。[⑤]

法国所表现的保留态度未能抑制住德皇的洋洋自得。他特别邀请威尔士亲王派人在瓦德西手下做参谋，但是这个感谢的标志因对俄国作出的姿态而相形见绌，德国在华分遣队司令受命于瓦德西到达之前归俄国将军指挥[⑥]。

---

① 蒙森致索尔兹伯里电，第60号，1900年8月9日，英国外交部档案：F.O.27/3499。

② 这是波蒂埃向海军上将加纳拉罗透露的个人野心。参看地中海总司令致海军部电，第386号，英国海军部档案：116/118，第266函，第5卷。

③ 卡特赖特1900年7月16日备忘录，英国外交部档案：F.O.17/1442。

④ 斯科特致索尔兹伯里电，第88号，1900年8月14日，英国外交部档案：F.O.65/1604。

⑤ 蒙森致拉塞尔斯，第425号，1900年8月17日，副本，英国海军部档案：116/118，第6部分。

⑥ 索尔兹伯里致拉塞尔斯电，第122号，1900年8月11日，拉塞尔斯致索尔兹伯里电，第27号，1900年8月13日，英国外交部档案：F.O.64/1496。

别国没有这种热情。其他列强对于他们受捉弄同意这项任命产生反感。往后就会看到，联军司令部未能取得任何一致。瓦德西的权威一开始就受到保留态度的窒碍。其中最突出的是他的控制权限于直隶省内。这位陆军元帅到达中国时，中国军队大多已退到该省境外，而他所处的受限制的地位使瓦德西的热情一下子烟消云散。还在他启航前，他即已预感到他的司令部班子里会弥漫着阴谋诡计。仅次于该项职务的英国军官本应按常规从在印度的军队中抽调，但是人们认为这样一个军官，无论是谁，只能在新加坡与瓦德西会合，那时"他班子里的军官们恐怕早已组成一些集团了"，因而便从英国本土任命这名军官。此外，索尔兹伯里还深思熟虑地提醒不要选一名"亲德分子"担任此职，那将有助于在东方组成一个反英的欧洲联合体[①]。在开往中国的船上，俄国参谋官恩加利谢夫公然宣称瓦德西仅被任命为对北京的联合行动的指挥官，由于当时已经攻占北京，他已经不是俄军的总司令了。为了加强他的论点，恩加利谢夫坚持拒穿他的军服[②]。瓦德西到达后，他几乎没有行使真正的支配权。法国人和俄国人不理睬他，日本人只是勉强容忍他，美国人则认为他是一个有趣的人。英国分遣队司令盖斯利曾得到有关他对瓦德西的态度的周密指示。英军的指挥权一直留在盖斯利手中，虽然他们在特定的行动范围或在特定作战中扮演的角色可以由这位陆军元帅来决定。给英军下的一切命令只能通过本国军官来进行。英国人须保持其对给养的支配权，命令的开头可冠以"应瓦德西伯爵之请……"的字样，但不得冠以"……命令"的字样。盖斯利本人的军事观点永远必须如实阐明[③]。

瓦德西得在他到达后才能了解这些预防措拖的后果，但是即使在他离开欧洲以前他就体会到一次巨大的失望。前已指出，7月14日攻下天津后，联军指挥官们决定于8月初开往北京。中国的抵抗集中在杨村之战（8月6月）及河西务之战（8月9日）两次绝望的反击中。结果造成了失

① 汉密尔顿致索尔兹伯里，1900年8月12日，索尔兹伯里文书：91/44。

② 格里尔森（英国参谋官）致威廉·埃弗雷特爵士，1900年9月10日，情报处致外交部1900年10月15日函附件，英国外交部档案：F.O.17/1448。

③ 关于任命盖斯利的来往文书，见英国海军部档案：116/118，第16部分，第266函，第5卷；1900年8月2日指示草稿，英国外交部档案：F.O.17/1443；印度事务部致A.盖斯利爵士电，第18号，1900年10月5日，英国外交部档案：F.O.17/1448。

败和直隶总督裕禄及具有一些军事才能的义和团的最后一个拥护者李秉衡之死，从而使北京在进攻面前门户洞开。联军由日本分遣队打头阵，沿着通往北京的道路运动，直到 8 月 12 日距北京 15 英里的有城墙围绕的通州被占领为止。在此地号召暂停前进，以待联军纵队殿后的各个分遣队赶上来，因为这时一些部队实际上在日军后面已经落下了行军一天的距离。计划于 8 月 15 日协同进攻北京①。

与此同时，中国政府通过李鸿章发起了争取停战的狂热尝试。中国驻伦敦公使接到指示，将一项把各国公使馆安全护送到天津的皇帝敕令通知他们。李鸿章还附带请求索尔兹伯里带头调停，以便及早获得解决。欧洲正在进行的精心准备不曾对中国人发生作用，罗丰禄告诉伯蒂说，索尔兹伯里可以提出他自己的条件，例如撤换排外派，"就连西太后也不例外"，等。于是这位中国公使以使中国人莫名其妙的讨人喜欢的中国逻辑断言道："索尔兹伯里侯爵年事高于德皇，这使他有资格把那位需要克制的德皇陛下当孩子对待。要是索尔兹伯里侯爵带头，其他列强就会照办。"②

李鸿章要求英国调停是奉承，但不实际；不过对这个停战建议还是进行了探讨。军方的可靠意见曾经强调指出，如果兵力不足而向北京前进可能会产生不利的后果，而且觉得长期围困将意味着该城的所有外国人受到大屠杀③。但是当通过中国的渠道和窦纳乐打交道时，他断然宣称不相信能由中国的护卫队将外交团护送出北京，而正当寻求解决此项异议的办法时，在通州集结的各个分遣队由俄国人带头争着冲向中国的首都，于 8 月 14 日解救了各国公使馆④。

五天以后，瓦德西去接管总司令部。这时欧洲的注意力已经转向长江流域，并因英国占领上海一事发生了一场外交危机。

---

　①　津京作战日志，英国国家档案局存档：30/33/7/11。参加者的形形色色记载，参见"参考书目"。

　②　关于与罗丰禄的一次谈话致伯蒂的备忘录，1900 年 8 月 8 日，英国外交部档案：F.O. 17/1435。

　③　《军事情报处总监对中国局势的评价》，1900 年 8 月 15 日阿德第 66 号备忘录，英国国家档案局存档：30/40/14，第 2 部分。

　④　津京作战日志，英国国家档案局存档：30/33/7/11。

第七章　英国与长江

尽管义和团的活动到 1900 年集中在首都所在的直隶省，但是前已指出，导致该运动的排外骚乱也存在于外国势力已经渗入的该国其他地区。在 6 月份清廷开始支持拳民的时候，各省官员就有可能遵从怂恿他们从事排外活动的川流不息的敕令并鼓励他们管辖范围内新萌发的骚乱，这就导致了全国的总爆发。大沽的海军将领会议曾经在其 6 月 20 日的告示中强调指出他们所采取的措施是专门针对拳民，而不是针对中国人民的，以试图防止这个总爆发。然而一般说来，各省当局的态度视他们个人对外国人反感的程度、该省离京城的远近以及在其管辖范围内活动的外国列强的行为而定。

这样，惧恨外国人甚烈的毓贤积极参加了这一运动并对山西的传教士进行了大屠杀。另一方面，袁世凯则表现出政治上的敏锐（这种敏锐使他在民国初年上升到总统地位），他在山东严守中立。在东北，俄国当局采取预防措施，对这个地区实行了军事占领，从而唤起了民众。不过，华北起义的发展程度实际上取决于华中及华南诸省官员们的态度。

与此有关的大吏有两江总督刘坤一、湖广总督张之洞和两广总督李鸿章。这几个人和袁世凯一起，行使了足够的权威，保证那些尚未被拳民所煽起的仇外情绪淹没的各省全体下级官员服从他们的决定。

李鸿章是这些官员中资格最高者；但在起义之初，李鸿章采取谨慎有保留的政策，尽管中国政府屡次命令他入朝，他却在广州耽延不走。这样，就由身在汉口和南京的张之洞和刘坤一来作出决定。由于长江流域是英国的利益范围，总督们的态度是英国直接关切的事。因而英国署上海总领事霍必澜控制了同中国当局的谈判。级位较高的葡萄牙总领事华德师则被紧迫的局势挤到了幕后。

长江流域的中立化

西摩的军队一登陆，霍必澜就想到有可能促成长江流域的中立化。"我深信我们应该和南京与汉口的总督及早达成一项谅解"，他在 6 月 14 日致电索尔兹伯里说，"如果他们确信女王陛下政府能给予有效的支持，我认为他们定将竭尽全力保持他们所在地区的和平"。霍必澜建议英国应该给长江流域的总督们以海军支持①。

不要忘记在长江流域的地位问题早已是伦敦所关注的事，而且海军部已于 6 月 13 日收到指示，抢在外国干涉之前采取行动。霍必澜的建议因而在伦敦受到欢迎，因为此建议送达时，有一篇报道说，一艘俄国运输船带着少量军队已经溯江上行抵达汉口②。女王陛下的二级巡洋舰"赫尔迈厄尼"号开赴南京，战舰"林奈号"驶往汉口，以确保英国给予总督们以支持③。女王陛下的巡洋舰"无畏号"得令从香港开往上海外面不远的中国大多数舰队的停泊地吴淞口。此外，尽管海军少将布鲁斯曾经从大沽下令，从马尼拉及他处开来集中的船只应该开往北方，但是，和这些命令相反，一些已经集结的部队却故意按兵不动，以防止整个中国燃遍烈火，并能立即支援长江流域的总督④。

6 月 16 日，英国驻南京领事孙德雅拜访总督刘坤一，以取得他对此等措施的同意。刘坤一新近进京归来，孙德雅发现这位年迈的总督因朝廷中反动势力的扩大而沮丧不安。刘坤一对孙德雅表示，希望英国在南非战争问题获得解决后，能够转而处理中国问题，帮助把事态弄得好一些。刘坤一还私下对他说，他认为西太后的政府已经完了，并对他本人维持秩序的

---

① 霍必澜致索尔兹伯里电，1900 年 6 月 14 日，英国外交部档案：F. O. 17/1427。

② 索尔兹伯里至霍必澜电，第 3、4 号，1900 年 8 月 15 日，英国外交部档案：E.O.17/1426。

③ 6 月 15 日外交部致海军部备忘录，英国海军部档案：Adm.116/116 ；海军部致上海英国高级海军军官。1900 年 6 月 16 日，英国海军部档案：Adm.116/117。

④ 海军部致香港海军分遣指挥官，1990 年 6 月 20 日，英国海军部档案：Adm.116/117。

能力发生疑问。因而他欢迎英国给予海军保护，并请求马上派船只来。刘坤一说出来的唯一条件是不能把占领控制南京的江阴要塞作为派遣海军的绝对必要条件，因为这将暴露他的软弱无力并且将导致混乱①。

刘坤一在请求李鸿章出来领导的要求失败后作出了这个决定②。给朝廷的各个电报一直未得答复，他显然不得不自行作出这一决定。为了和他的同僚有一个共同行动的基础，他将和孙德雅的谈话逐字逐句地用电报向汉口的张之洞作了报道。张之洞在 6 月 18 日的答复中表现出比较有战斗性的独立态度。他坚持认为两位总督勿须外国帮助可以维持秩序，应该要求外国军舰离开。张之洞在同英国驻汉口领事法磊斯的谈话中，强调他渴望和英国保持友好关系，并且表示决心通过他本人的努力来维持和平并给外国国民提供条约规定的保护③。

在此情况下，刘坤一改变态度，要求船只应减至最低限度。刘坤一将张之洞给他的一封不欢迎任何外国船只留在长江的电报给女王陛下"赫尔迈厄尼号"船长卡明看，这封电报揭示了他的心地更为坚强的同僚在何等程度上导演了这个立场的转变。刘坤一认为可以在南京和汉口江面留下两艘船。两位总督都害怕他国的船只开来④。这时中国驻伦敦公使罗丰禄也递交了一封反对英国海军显示实力的信件。有鉴于此，停在南京和汉口的英国船只受命要保持克制⑤。

霍必澜在这些最初的行动后接着干下去，他想把英国对长江地区的控制建立在更加牢固的基础上。6 月 19 日上海纷传各大陆列强即将对吴淞口要塞采取行动。霍必澜为了对抗对这个英国势力范围的可能入侵，向刘坤

---

① 孙德雅 1900 年 8 月 30 日给霍必澜的报告，见霍必澜致索尔兹伯里，第 174 号，1900 年 9 月 26 日，英国外交部档案：F.O.17/1425。

② 谭春霖：《拳乱》，第 76 页。

③ 法磊斯致霍必澜，1900 年 8 月 29 日，见霍必澜致索尔兹伯里，第 161 号，1900 年 9 月 25 日，附件 13，英国外交部档案：F.O.17/1425。张之洞坚持说两位总督均认为和英国一起行动是可取的；所用的词句是："把自己和英国绑在一起"。见法磊斯致霍必澜，第 145 号，1900 年 6 月 18 日，英国外交部档案：F.O.17/1422。

④ 女王陛下"赫尔迈厄尼号"指挥官致海军部，1900 年 0 月 19 日，英国海军部档案：Adm. 116/117。

⑤ 外交部致海军部函稿，1900 年 6 月 20 日，见 6 月 19 日中国驻英公使备忘录附件，英国外交部档案：F.O.17/1440。英国海军部吴淞英国高级海军军官，1900 年 6 月 22 日，英国海军部档案：Adm. 116/117。罗丰禄是执行各省总督的愿望，而不是执行朝廷的愿望。

一建议安排由中英两国联合占据该要塞。刘坤一答称，如果他默认的话，英国是否"准备制止任何船泊通过，必要时使用武力？"①在得到令人满意的回答之前，长江流域是和北京发生的诸种事件搅在一起的。6月21日惊传端王杀了皇帝，赶走了西太后，这件事导致刘坤一更改他的立场。他在经孙德雅送交的一封密信中说，如果英国劝阻其他列强不在长江流域打仗，如果英国和他一起来维持秩序，他就会同意由中英联合占据该长江要塞。这一合作的细节可由霍必澜和上海道台来作出安排，他将给该道台以秘密指示②。

这个建议并未如最初所想的那样实现。在还没有采取任何行动以前，西摩溃败和炮轰大沽的消息传到长江流域，群情鼎沸。江阴要塞司令＊李秉衡告知，任何外国船只，一经察觉，即予以击沉。据报导，有数万由近代化武器装备的中国军队屯于吴淞；5000余人在南边的苏州。逃离上海的中国居民数以千计③。各国公使被迫张贴布告，说长江的外国军舰仅仅是用于防卫④。霍必澜认识到英国用和平手段占领长江要塞的机会已经错过了。6月24日他报告说："现在实现两江总督建议的联合占据江阴要塞的时机已经成为过去，除非在吴淞此地有一支很强的军队，否则中国军队将像攻占大沽要塞以后的天津那样，极有可能立即对上海发动进攻。"⑤

北方传来的消息对中国当局也有影响。除了对严重的形势有深刻印象外，他们还知道了6月20日皇上对外国列强的宣战书。随之各省总督就决定采取合适的行动方针一事迅速地交换了看法。最后，由于在上海的中国铁路电报总办盛宣怀的建设性建议，决定将宣战书作为朝廷内的篡权派发出的伪造文件对待。于是总督仍决定对北方发生的事件采取中立政策，同时强调他们忠于清朝廷⑥。

---

①　霍必澜致索尔兹伯里电，第 26 号，1900 年 6 月 23 日，英国外交部档案：F.O.17/1424。

②　霍必澜致索尔兹伯里电，第 11 号，1900 年 6 月 22 日，英国外交部档案：F.o.17/1427。

＊　当时的官职为长江巡阅水师大臣。——译者

③　霍必澜致索尔兹伯里电，第 27 号，1900 年 6 月 28 日，英国外交部档案：F.O.17/1421。

④　同上，该告示见于《美国外交文书》，1900 年，第 250 页。

⑤　霍必澜致索尔兹伯里电，第 13 号，1900 年 6 月 21 日，英国外交部档案：F.O.17/1427。

⑥　见"有关东南互保资料"，《义和团》，第 3 卷，第 323—362 页，补充记载见于同书 517—539 页。

因此，他们对外国列强采取了比较坚定的态度。为了说服上海的各国领事他们有权进行谈判，他们将宣战前的一道敕令告诉领事们，该敕令告诫总督及巡抚们保卫各省并给京城以支援。这道敕令是真的①；但是当通过刘坤一的法律顾问德律蒙使各国领事注意此敕令时，他们暗示他们认为该敕令是将绝对权力置于各总督之手的"一个垂死的政府所下的遗嘱性命令"②。各总督在这样准备条件时，转而以更大的信心去从事原来安排的各国领事与道台间的6月26日商谈。

中国人在这次会议上提出他们准备保证长江流域和平的九条。*这些条款坚持领事的代表们在保护本地人及外国人的生命财产时应和他们"联合"行动。上海归列强保护，长江流域及其以南地区则由中国行政官员负责。他们还规定任何外国海军船只不得在长江巡航，不得靠近中国要塞和军火库。已在各条约口岸的战船可以留在原处，但为了预防激怒居民，全体船员不得登岸；在爆发起义期间，外国人不应在难以保护他们的内地旅行③。

这一缺少主动性的表现不中霍必澜的意。他发现不但不能占领要塞以加强英国对长江的控制，反而希望他同意限制外国势力。在其他领事的支持下，他援引6月20日联军海军将领们的公告，曲解中国的要求。由于该公告声称列强只对拳民作战，这就意味着如果中国人不破坏和平，外国的进攻就不会发生④。

索尔兹伯里侯爵一接到报告就同意这样行动⑤。这样，当中国公使第2天（6月28日）向他提出这九条时，索尔兹伯里在称赞拟定这个建议的卓越精神时，宣称由于这些条件限制现存的条约权利，"实难接受"⑥，并于7月12日进而补充说："该建议将本该属于中国政府的责任强加在女王陛下政府身上，……只要女王陛下政府认为便于执行其条款，将乐于为此，但

① 《大清历朝实录》，第464卷，第12页上。

② 霍必澜致索尔兹伯里电，第19号，1900年6月29日，英国外交部档案：F.O.17/1427。

* 按即"保护南省商教章程"九条——译者

③ 文本见1900年6月28日罗丰禄、索尔兹伯里的通知，英国外交部档案：F.O.17/1435。

④ 霍必澜致索尔兹伯里电，第16号，1800年6月27日，英国外交部档案：F.O.17/1427。

⑤ 索尔兹伯里致霍必澜电，1900年6月27日，英国外交部档案：F.O.17/1426。

⑥ 罗丰禄致索尔兹伯里1900年6月28日函上的批语，英国外交部档案：F.O.17/1435。

我们并不将其当作契约来接受，而必须分别情况判断其利弊。"①英国政府为实现长江流域中立化而开始正式谈判时，态度即限于此。

这些保留置总督们于困难境地。皇帝的宣战书和海军将领们的公告水火不容。如果清王朝在起义后仍然掌权的话，他们对付指控其卖国的唯一辩护就是提出他们保持了各省的领土完整。如果没有从列强得到不干涉的保证，这个立足点就不牢靠。因而整个 7 月份他们在伦敦和上海的外交活动便是导致作出这个保证。与此同时，紧迫的形势又要求立即采取措施，因此他们采取了这唯一明智的方针并按照业已达成协议的假定行事。

7 月中旬，各条约口岸的领事们报告了一项著名的维持和平的安排准备工作。驻汉口的总督和湖北巡抚丁荫霖联合发出的公告在各地张贴，南面远及香港，原文如下：

> 吾人与各列强领事已作好安排，若战船一日不入长江，地方官员即应保护外国人之生命财产。已将此项协议电告北京。②

刘坤一发出的指示对这项安排略有修改，将其与女王陛下的"赫尔迈厄尼号"船长卡期达成的默契包括进去，同意每个条约口岸留下一艘英船，另许一或二艘船只在江上巡航。但是中国人显然决心不作更多的让步。7 月 7 日"林奈号"和"丘鹊号"同时抵达九江时，镇台*立即提出抗议，声称他是据南京的命令行事。署领事乐民乐通知说：

> 官员们似乎满脑袋是这样的思想，即有一个协议据该项协议，我国政府承诺不强制进入长江或占领吴淞口（原文如此），他们还在几次谈话中和至少在一次通告中表示，似乎他们保护我们的责任视我们是否遵守此项谅解而定。③

---

① 索尔兹伯里致霍必澜电，第 21 号，1900 年 7 月 12 日，英国外交部档案：F.O.17/1426。

② 港督卜力致殖民部电，1900 年 7 月 10 日，见殖民部和外交部，1900 年 7 月 11 日，英国外交部档案：F.O.17/1441。

＊　清代总兵的别称。——译者

③ 乐民乐 1900 年 8 月 6 日报告，见霍必澜致索尔兹伯里，第 98 号，1900 年 8 月 11 日，英国外交部档案：F.O.17/1424；乐民乐致霍必澜，1900 年 8 月 28 日，见霍必澜致索尔兹伯里，1900 年 9 月 25 日，附件，英国外交部档案：F.O.17/1425。

　　此外，尽管关于义和团胜利的传单曾经在该港流传，乐民乐注意到军方的行动却"慎重恰当"。"赫尔迈厄尼号"到达镇江时，道台表示了满意，可是当"埃斯克号""罗萨里奥号"和"俾格米人号"来接替时，他对三艘船舰的到来表示不安①。

　　在浙江，乌合之众的暴行导致了几个欧洲人的死亡，负责的地方官当即被撤了职，并常常提到"女王陛下政府和长江流域总督们之间的"那个谅解②。在苏州，巡抚鹿传霖对传教士们怨声喷喷，但是他向领事再次保证他将克尽厥职来维持秩序③。从重庆可以看出长江流域的总督们对内地的影响。四川总督和军队最高统帅就外国列强和长江流域的总督们之间达成一项协议发出了通告，法磊斯领事注意到，"其措词似乎是以此作为中国保护内地外国人的一个条件"④。白埃底领事从福州直接打电报到伦敦，请求允许签订一项体现这一协议精神的"协定"⑤。刘坤一在南京所作的努力可以用来说明中国人为维持秩序所采取那些严格措施的性质。派遣可靠的士兵从事夜间巡逻，在所有使团建筑安设卫兵；茶馆及其他集会地点于晚九时关门；并且在黎明以前实行宵禁⑥。

　　中国船只的活动是有意限制冲突的又一证据。中国驻烟台的海军将领通知海军少将布鲁斯说，袁世凯已经命令他到南方去，尝试同外国列强保持友好关系⑦。在长江地区，由于上海的外国人感到不安，刘坤一下令从泊于上海、吴淞口之间的中国大量舰只中调五艘较大的巡洋舰上溯到南京，

---

　　① 署领事吴理斯致霍必澜，第17号，1900年8月18日，见霍必澜致索尔兹伯里，1900年8月25日，附件，英国外交部档案：F.O.17/1425。

　　② 署领事经德瑞致霍必澜，见霍必澜致索尔兹伯里，第160号，1900年9月25日，附件，英国外交部档案：F.O.17/1425。

　　③ 嘉福禄致霍必澜，1900年7月5日，见霍必澜致索尔兹伯里，第160号，1900年9月25日，附件2，英国外交部档案：F.O.17/1425。

　　④ 法磊斯致索尔兹伯里，第3号，1900年7月23日，英国外交部档案：F.O.17/1430。

　　⑤ 白埃底致索尔兹伯里电，1900年7月14日，英国外交部档案：F.O.17/1430。建议中的协定文本见白埃底致索尔兹伯里，第120号，1900年7月23日，英国外交部档案：F.O.17/1430。

　　⑥ 孙德雅致霍必澜，1900年8月30日，见霍必澜致索尔兹伯里，第174号，1900年9月26日，英国外交部档案：F.O.17/1425。

　　⑦ 海军少将致海军部电，第6号，1900年6月24日，英国海军部档案：Adm. 116/117。

"必要时在维持秩序中给予英国船只以各种援助"①。

长江流域的总督们用这个战略无疑防止了普遍起义的发生。他们所享有的权威对大多数人有影响，仅在居民受到强烈排外的官员怂恿的地方发生了大屠杀。如果说华中、华南各省不知道华北的局势，这种假设是不能成立的；在危机的初期，模仿北京的那种义和团招贴已经在农村出现。6月25日叙述中国对大沽事件看法的谕令已于29日在广州各报上公布②。

在那个著名的协议辗转传到索尔兹伯里那里时（白埃底经由香港或以非同寻常的电报请求允许签订该项"协定"），他以他处理外交事务的慎重和正直的作风指示霍必澜向总督们重申他对中国公使所作过的保留③。霍必澜是否照办了，并不清楚。他的各个电报对此事慎重地保持沉默；上述那些阐明形势的详细领事报告，是在危机过后经由海路送达伦敦的。

上海的占领

霍必澜的缄默是可以理解的。在整个危机期间，上海外国人的处境特别不偷快：因为对北京被围困的人来说怀疑直接变成了勇气；对内地传教士来说，不是灾祸突然袭来，就是那些麻烦听起来有如远方的雷声。由于中国行政当局缄口不言；但是对于谣言充耳、整日认为大爆发即将蔓延而来的上海居民来说，生活定是不能容忍的了。这个条约口岸积累起来的财富意味着长江流域一旦发生起义，它就会成为主要目标，在6月下半月和整个7月份，他们觉得似乎是坐在火药库上，而附近的吴淞口要塞就是它的导火索。

有无从查明来源的"绝对可靠"的消息说，荣禄曾经恳求外国列强搭救他们的国民，否则为时已晚，又说拳民在北方获胜，各省总督得立即准备作战，还说有10万拳民正在进攻北京残留的两个公使馆，以及端王已

① 女王陛下"无畏号"军舰指挥官自吴淞海军部电，1900年6月24日。英国海军部档案：116/117。

② 司格达领事致索尔兹伯里，第28号，1900年7月5日，英国外交部档案：F.O.17/1422。

③ 索尔兹伯里致霍必澜电，第21号，1900年7月12日，英国外交部档案：F.O.17/1426；索尔兹伯里在人力1900年致殖民部电上的批语，英国外交部档案：F.O.17/1441。

命令袁世凯率 18000 人向南京进军。讨伐军显然必不可免地要沿着大运河和长江追踪而进：上海被围得水泄不通，因为有报道说拳民在南边的温州进行操练^①。

这些谣言一般是上海外国居民煽起来的，他们深信中国人会在长江流域采取牵制措施，以减轻外国对北方的军事压力。这样，在 7 月初得知外国计划进攻天津时，上海的忧虑加强了，7 月 14 日攻占该城表明要向北京前进时，这种忧虑达到歇斯底里的高峰。

这些谣言激起了对长江流域的越来越大的不安全感，达种不安全感对伦敦制定政策发生了影响。由于要处理南非战争以及华北的国际纠纷与日俱增，英国政府不愿卷入长江流域的事情。但是有两点具有压倒一切的重要性，即该地区英国国民的安全及列强中的一家可能入侵该地区。霍必澜的报告指出了上海的危急地位，这些报告构成了必须据以制定政策的素材。此外，当时活跃于伦敦的一个"长江"院外活动集团又进一步加强了这些报告的内容。

这个集团在危机发生之初已经奋发起来。6 月 28 日，英商中华社会的沃尔顿、柯乐洪、德贞、哲美森、耶伯格等诸人组成了中国同盟，公开宣称它的意图在于寻求：

> 通过通俗的演说和小册子等，在本国全国树立起关于远东问题的健康舆论；其次是通过强有力的议会派别，力求在制定和保持明确一贯的政策路线方面给予女王陛下政府以帮助和支持。^②

这个集团的目标曾为列强间开展起来的高层外交所挫，议会一直避免讨论它提出的问题。但是在长江问题上他们却得到自己名分应得的东西。他们把深得上海俱乐部地区的同情与友谊的霍必澜和上海总领事壁利南当成使政府言听计从的发言人。霍必澜成了他们的偶像；他们力求任命他为指导对华事务的专员，下文将要说到这位领事尽力代表他们的利益。

---

① 霍必澜致索尔兹伯里电，1900 年 6 月 29 日，第 19，20、22、21 号及 7 月 1、3，4 日电，英国外交部档案：F.O.17/1427。

② 参见《英国议会特别议事录》，（1899—1900），第 788 页。中国同盟的宣言见该书，第 497—498 页。

这样，在7月初，向外交部提交了各式各样的备忘录，建议政府采取一种恰当的行动方针。其中的一份是后来因其关于中国外交的著作而成名的历史学家 H.B. 马士提出来的。马士论证说，长江流域是英国的势力范围，由英国和德国军队在该流域和造反者之间安置一道屏障，最能使该地区获得安定。应该事先将此事通知长江流域的总督们并强迫其军队服役，但仅用于修路，因为"他们在前线没有用处，甚至是一种危险"。马士于是劝阻英国在华北投入战斗，那里的局势可以留给其他列强去管，英国为了表示合作，可以在联军的每个部队中附上一连英军，不要附上印度军队。马士断言，英国的行动路线自然是从南方着手，"而古怪行动在军事上的损害绝非政治上的收获所能完全抵偿的"①。7月4日壁利南也提出同样的建议。壁利南论证说，联军进入京城时朝廷恐怕已经逃走，那里将不会有与之打交道的负责人。当时正在进行的宫廷革命将继续下去，要过两个月才能发生。各省当局在此动乱中将小心翼翼地静观形势，衡量外国人和企图篡位的反动派首领端王之间的力量对比。英国的责任是鼓励长江流域的总督张之洞和刘坤一效忠，这两个人转过来又会影响李鸿章；英国还得准备出现无政府状态，因为各省或许不会接受端王的统治。准备好一个可供替换的王位候选人会是有用的。壁利南提出了孔夫子的嫡亲后裔衍圣公，因为袁世凯同山东省的联系，将扶助他登上王位②。

这些看法以及其他同样的看法对处理事情有间接影响；忙碌的全体外交部官员接受了这个看法，它在批注及各部间的备忘录中，甚至在用词上均屡次出现。当霍必澜为同样理由申辩的报告支持上述那些报告时，英国政府就信服了。掌管外交部中国处的伯蒂接受了这些看法，后来在各国公使馆获救后列强在华北展开紧急的战略角逐时，他便用这些看法去说服索尔兹伯里采取等待政策。军事情报处总监阿德少将也采纳这些想法，于7月5日和7月7日起草了两份备忘录，这些备忘录成了英国在长江流域的

---

① 马士：《论中国局势》，1900年7月4日，见金登干1900年7月6日致伯蒂函附件，英国外交部档案：F.O.17/1441。

② 壁利南备忘录，见1900年6月30日霍必澜致索尔兹伯里函，第32号，附件，英国外交部档案：F.O.17/1424。

行动依据①。

7月8日那个星期天下午在圣约翰·布罗德里克家安排了一次会议。参加会议的有阿德、布罗德里克、兰斯多恩、戈申、汉密尔顿、布朗、对华情报官壁利南和海军情报处的诺顿②。所有人对于英国处理对华政策均持共同态度。三位对中国的兴趣最持久的大臣的到场，保证了足够的一致，使内阁倾向支持一边；他们可以依靠政府中所有倾向于执行强有力政策的人的支持。

会上集中讨论了阿德7月5日和7日的两个备忘录所提出的那些需要考虑的事。这些考虑论证的前提是，由于各省总督或是已经不能够，或是不愿意保持中立态度，因此应当考虑采取预防措施来保护长江流域和南方外国人的安全。阿德提议所有边远地方的外国人群体应当集中到宜于防卫的地方去并且和海军接触。他明确宣称："在内地，应该毫不犹豫地承认，在炮舰不及的地方，列强的命令是无效的；而且谈不上采取军事行动的问题。"外国人应集中到条约口岸，并且由军舰提供给养，在军官的支配下组成当地的团队③。武器和军火（20000支步枪）将从印度启运。如果人们服从了端王夺取南京的命令，英国势必要夺取上海的要塞；这些要塞中的大炮只须拆下少许不可替代的部件就不能为害了。要是总督们合作的话，可以承诺给予海军支持，必要时可给予陆军支持。如果这种狂热总爆发了，就必须最后撤退到上海。要是局势严重，当时在从印度开往华北途中的军队就应开赴上海。列强应把长江流域的防御委托给最利益攸关的英国去办理，但是在采取行动之前应该有明确的国际谅解。会议赞同了这种对形势的估计。其实，形势是如此危险，早已授权采取预防措施。

战略问题的中心是在外国人撤退时控制住大运河的河口，制止中国人向南驱驶。位于江阴要塞上游50英里处的镇江，是可以监视大运河所有三个出口的地点，而大运河又是雨季时反叛者抵达长江的唯一途径。因

---

① 第58号备忘录，保证外国人安全的预防措施，英国国家档案局存档：30/40/14，第207—217页，1900年7月5日备忘录，英国外交部档案：F.O.17/1441。

② 阿德日记，1900年，英国国家档案局存档：30/40/6。

③ 1900年在中国大约13000名外国人；其中7000人在上海，1568人在长江内地，400人在汉口，710人在九江。

此，女王陛下的"赫尔迈厄尼号"受命报告南京的局势，并采取步骤抵抗来自北方的军队的攻击；采取这些步骤不用通知中国人[①]。

与此同时，霍必澜也在上海积极活动。曾报道有拳民活动的温州，到7月10日已经全部撤离。重庆孤处一隅，形势更加危险。由于直到10月晚些时候炮舰未能上溯长江，因此有一艘私人船只被扣留，每天给户部缴纳100英镑。当地的英国领事法磊斯有一个时候日子不好过。中国居民一见外国人有撤离的迹象就变得敌对起来，法磊斯在忙中被迫扔掉那些掉队的人员和外交密码电报。他为此受到训斥，但是他的惊慌是可以理解的；他在此以前曾被诱使相信整个长江下游正在忙于武装作战[②]。

这个预防行动比起几天后上海得到建议进军天津的消息时发生的那场危机来说，就算不得什么了。霍必澜在大量电报中报告说形势危急，可能"发展成一次中国全民族遍及整个帝国的反对外国人的起义"[③]。还有："广西、山西、陕西、河南和湖北的巡抚全都宣布了支持起义；湖广总督仍然坚定不移，但是可能被清除掉。"[④]正在这时上海发出报道说北京的所有外国人已经被斩尽杀绝。

霍必澜报告说美国私人商界正同总督刘坤一密谋削弱英国的势力；上海的美国亚洲协会怵于形势，建议请求美国政府派军队来占领上海，"或是予以单独占领，或是和英国一起占领"；还说由于报道了北京的大屠杀，在继任海关总税务司一职的问题上已经发生一些阴谋活动，大概赫德爵士要失去这个职位，这个惊人的局势因此就更加复杂化了[⑤]。

在伦敦，人们设想7月7日阿德备忘录所正视的那种严重形势已经更加严重了，于是向正从印度到天津途中的军队司令发去一封急电，电

---

① 海军部致吴淞英国高级海军军官，1900 年 7 月 5 日，英国海军部档案：116/117；布朗致圣约翰·布罗德里克，1900 年 7 月 7 日，万一义和团起义扩大时的预防措施，英国外交部档案：F.O.17/1441，海军部致吴淞英国高级海军军官，1900 年 7 月 6 日，英国海军部档案：116/117。

② 霍必澜致索尔兹伯里电，第 45 号，1900 年 7 月 14 日，英国外交部档案：F.O.17/1427；法磊斯致索尔兹伯里，第 3 号，1900 年 7 月 23 日，英国外交部档案：F.O.17/1430。

③ 霍必澜致索尔兹伯里电，第 45 号，1900 年 7 月 14 日，英国外交部档案：F.O.17/1427。

④ 霍必澜致索尔兹伯里电，第 51 号，1900 年 7 月 17 日，英国外交部档案：F.O.17/1427。

⑤ 霍必澜致索尔兹伯里电，第 36A 号及第 49 号，1900 年 7 月 11 日及 16 日，英国外交部档案：F.O.17/1427。

文称：

> 收到一些关于暴动扩大和上海因此告急的不祥报告。你们应停留下来，不再北上，如果你们判断处境危急的话，应转而开往防卫似乎亟需军队的上海去。我们觉得需要大大增加天津的国际军队，与此同时，欧洲人在上海的利益太重要了，不容伤害。①

盖斯利将军所派出的军队很快就听从了上海的商业利益。上海工务局强调这个城市的无防卫状态，要求派去一万军队。这位军官认为三千人就够了，并相应地发出了这一建议②。作出这个决定的依据应予注意。害怕因占领天津而受到报复，驱使上海商界为他们自己的安全感到一种不合逻辑的恐怖。盖斯利所派出的军官在作出报告时，说这个决定的依据纯属军事上的考虑，考虑的是充分保卫这座城市所需的军队数量。

这时霍必澜不服管束，他深信如果他不行动起来，其他领事也会这样做，并把他排除在外。当盛宣怀企图纠正关于毁掉各国公使馆的报道时，霍必澜拒不相信，认为这是中国争得时间的一个花招。当这个中国人告诉他李鸿章正在北上途中去商定解决办法时，他拒不停手。相反，他向伦敦发出急件说，不应该同这位南方总督举行任何谈判，致使索尔兹伯里转而改变他主张由这位中国政治家出面调解的初衷。英国驻广州领事斯科特接获指示，劝李鸿章最好是留在原地不动③。此外，霍必澜未经允许就去找刘坤一，劝说这位不乐意的总督同意让英军登陆。当时山西和陕西地方报纸报道的大屠杀以及7月21日和22日的衢州大屠杀又增加了霍必澜的资本④。同样，这些暴行削弱了刘坤一的抗拒。7月27日，霍必澜发出了那份喜气洋洋的报告："机密。请派来军队。总督说由您决定人数。"⑤

---

① 陆军大臣致香港驻军司令，1900年7月18日，此件误放于英国外交部档案：F.O.17/1499，1901年1月7日之后。

② 盖斯利致印度事务部电，1900年7月22日，英国外交部档案：F.O.17/1442。

③ 霍必澜致索尔兹伯里电，第43号，1900年7月14日；索尔兹伯里致斯科特电，第5号，1900年7月14日，英国海军部档案：Adm.116/117。

④ 臭名昭著的山西暴行和盂县的排外活动有关。衢州大屠杀是浙江省的一个孤立事件。巡抚刘树棠发出告示命令进行大屠杀，两天后又收回，发出另外的指示命令保持和平。但那时已经太晚了。

⑤ 霍必澜致索尔兹伯里电，第65号，1900年7月27日，英国外交部档案：F.O.17/1427。

索尔兹伯里侯爵对于促使采取这个决定性步骤的那种目光短浅的论据有所领悟，他决心等到受命进行亲自调查的海军将官西摩作出了报告才动手。他请求西摩就与霍必澜报告有关的实际情况进行估量，核实刘坤一是否曾经同意过军队登陆并对此举是否会促成排外的起义作出判断。"必须在鲁莽行动和悔之晚矣之间进行权衡……"他的指示最后严肃地指出："女王陛下政府的政策必须主要取决您报告中的观点和您认为何者切实可行。这些都有赖您作出冷静的判断。"①

7月底西摩抵达上海时，他发现那里的局势一片混乱。过去对报复的恐惧重新占了统治地位。这种恐惧在6月底首次计划向天津进军时已经汹涌而起；7月中旬实际攻占天津时又复上升。到7月底，向北京进军的迹象又使焦虑百般复活，并为新的理由所加强，英商中华社会上海分会下述的信件即为一例，该信说："中国人企图将视线转移到这里和其他地方，以防止进军北京，确定无疑。"②上海的英国人鼓动西摩说，至少马上需要五千人，但是有一万人更好；这些人应是美国人和英国人，应于进军北京以前到达。此外，西摩发现由于"外国居民愚蠢的怯懦"，同吴淞口的联合舰队合作得很好的中国船只现已转移到江阴炮台以上不远的一个较牢固的阵地去。他指出，他们的司令官是友好的，但是将按照刘坤一的命令行动。中国人无疑正在从事准备，但是是否总爆发取决于刘坤一的意向。西摩断言最好的态度是和各位总督继续相好，并"采取我们不是同最高政府打仗的路线"。他强调说，英国的积极干涉"将立即促成这里的全面战争"③。

不过，西摩觉得他自己有责任作些安排来对付长江流域可能爆发的任何事件。他去南京劝说刘坤一同意在必要时让军队登陆。刘坤一"有病发烧"，直到8月2日才会见他。于是刘坤一反复说他深信上海需要军队，要是不得不开来军队的话，他同意只限于三千人，最好是英军④。

① 海军部致总司令电，第122号，1900年7月27日，英国海军部档案：116/117。

② 上海英商中华社会致伦敦汇丰银行，1900年7月28日，见嘉漠伦致伯蒂，1900年7月29日，附件，英国外交部档案：F.O.17/1443，转呈内阁。

③ 总司令致海军部电，第122、130、135号，1900年7月27、29日，英国海军部档案：Adm，116/117；海军部致外交部，1900年7月30日，英国外交部档案：F.O.17/1443。

④ 总司令致海军部电，第142号，1900年8月2日，英国海军部档案：115。

这时伦敦及上海的局势正不可收拾。7月20日汉密尔顿致寇松的信中有关于政府中存在的混乱的描述。陆军部、外交部和海军部均逐日分别收到有关情况及其补救办法的报告，汉密尔顿指出：

> 这样，我们日复一日地收到紧急求援的呼吁，受到那位较有经验的海军人士的阻挡，而在这里，我们不但没有哪怕是一个强有力的人物来主管政策，而且除了等待事情的演变外，我们迄今简直不能就任何方针步骤达成协议。[1]

上海的混乱更加普遍。霍必澜通电给内地各领事驻扎地，询问占领上海可能引起什么后果。这引起了恐慌，并传染给了中国人。驻重庆领事紧迫地回答说："后果会是把重庆和内地的全体外国人消灭干净。"[2] 尽管如此，仍在继续采取占领上海的措施。西摩曾主张同长江流域的总督们合作，如上所述，他还得到刘坤一的让三千军队登陆的保证。此外，他还下令撤走各河港的孤立无援的船只，仅仅保护汉口、南京、九江和重庆[3]。

刘坤一对西摩的保留态度很快就被人们知道了。中国人对联军准备进攻京城的反应不是各省掀起报复性的总起义，而是在北京爆发了强列的狂热[4]。7月26日，在负责江阴炮台时表现得如此碍事的李秉衡到了京城，给义和团运动注入了新的活力。自6月中旬李鸿章的媾和使命报告以来，解决问题的总潮流，由于处决两名温和派大臣许景澄和袁昶戛然而止。处决在长江沿岸引起相当大的不安，贬黜和处决各省当局的敕令日有所闻。传闻引起自杀；再次出现到处是难民的情况[5]。盛宣怀请求英国的保护；预计李鸿章也会提出同样的要求。这暗示朝廷的权威继续存在，暗示他们对英国政府保证英军不在长江地区登陆渐渐失出信心，以上两者结合起来，对刘坤一和张之洞发挥了强有力的影响。8月1日，他们宣布无条件忠于西

---

① 汉密尔顿寇松，1900年7月20日，汉密尔顿文书。
② 霍必澜致索尔兹伯里电，第68号，1900年7月31日，英国外交部档案：F.O.17/1427。
③ 总司令致海军部电，第137号，1900年7月30日，英国海军部档案：116/117。
④ 托尔致埃里克·巴林顿函，1900年8月9日。索尔兹伯里文书，196/31。
⑤ 同上。

太后，并且声称除非明白保证尊重她本人，就不可能履行中立的协议①。

总督们走的这一步是合乎逻辑的必然结果，因为一个月来他们致力于取得一项保持其管辖权的完整性的明确保证，以求巩固他们的地位，没有成功。英国7月底的行动已经表明，即使是这方面的默许的中立也不会遵守。自从索尔兹伯里7月5日关于北京政府本身对外国人的安全应负责任的"问罪宣言"以来，各省总督力求取得让西太后免于受到这一指控的保证。同时霍必澜指出："威胁着要她负责，均将影响他们目前的态度。"②他们的立场不是奴性的奉承，因为这位老太后受到与她年纪相当的老奴才们的真诚爱慕。更加贴切地说，如果他们默认她有责任的话，则他们的中立所赖以建立的那个实用主义信念就会成为笑柄；因为如果她有责任的话，她就会仍然有控制权，而自6月21日以来广泛流传的端王已经僭位的设想就不能成立。但索尔兹伯里坚决拒绝免除她的责任。这件事和英国的占领迫在眉睫地加在一起，使得人们对长江流域更加失去信心。

这时军队登陆的准备措施业已开始进行。阿德7月7日的备忘录已经制订了总的计划，但是各个部各行其是，增加了混乱。印度事务部已让盖斯利将军的部分军队转赴上海，这些人得在那里停留14天，很不舒服地挤在吴淞口外的运兵船里。海军部基于西摩的报告，曾经劝告保持克制，然而它又同意他的撤退海军船舰的措施，这一步有可能使中国人激动起来。外交部赞同西摩的报告，然而又下令撤离重庆，因为"直到全体欧洲人撤离各河港以前，上海海陆军的任何作战行动将受到很多牵制"③。

此外，阿德在他的小结中曾经强调过可能和总督们保持合作的重要性，其次也强调了在英国采取任何行动以前取得明确的国际谅解的重要性。政府处置这两个紧要问题都不恰当。8月2日下议院发表一项英国的政策以保持中国的完整为依据的声明。该声明继续宣布道："关于长江及其附近地区，已经向总督们作过保证，英国的船只及军队将尽可能同

① 霍必澜致索尔兹伯里电，第71、72、73、74号，1900年8月1、2、3、4日，英国外交部档案：F.O.17/427。

② 霍必澜致索尔兹伯里电；第27号，1900年7月6日，英国外交部档案：F.O.17/1427，关于"问罪宣言"，见上文，第149页。

③ 索尔兹伯里致霍必澜电，第41号，1900年8月1日，英国外交部档案：F.O.17/1426。

他们合作来平息动乱和保证秩序，现在正在采取措施以恰当地履行这个保证。"①

政府在私下并没有这种信心。他们对长江流域的总督们一点也拿不准。尽管有霍必澜的一再保证，西摩仍然于8月8日得到请求，要他"弄准刘坤一已同意在上海接纳那三千人的事"②。然而在确信他已同意时，仍然没有发出占领的决定性命令。由于张之洞在汉口，境况更加不稳。就在霍必澜发出兴高采烈的"派军队来"的电报的当天，（7月27日），这位机智的总督提出了贷款55万两（75000英镑）的要求，他表面上的理由是急需给他的军队发饷，否则他们就会起来暴动。然而他只准备拿出一些可怜的棉纺厂作担保来换取英国政府对这项贷款的保证，这就说明这笔钱是换取他的殷勤态度的贿赂品。伯蒂指出，看"我们是否同长江地区的总督们保持友好的协作"，这是一个考验。对此，索尔兹伯里侯爵反驳道："……这个考验，如果它是成功的话，就会是令人满意的，不用过分频频地来加以修补了。"③

贷款谈判间接暴露了张之洞对英国统治长江流域的态度。在正常情况下，英国本来会立即拒绝一项由政府担保的贷款原则的。即使是予以考虑，也得拖延几个月。然而张之洞在提出要求几天之内，就告诉说他正准备考虑通过华俄道胜银行接受比利时提供的款项，并通过瑞记洋行接受德国的贷款④。他还私下深思熟虑地对霍必澜说，没有贷款他会失去权威，"而且只得转到另一方去"⑤。张之洞为了得利手段高超，除了损害占领计划外，英国别无选择。英国内阁中对于英国不得不给他的军队出钱（虽然有证据说明他正在把军队派往北方）一事感到不满。他们还认识到，除非作出保证尊重西太后本人，这项贷款什么目的也达不到。财政大臣迈克尔·希克斯·比奇爵士曾一度有诱使张之洞摊牌的冲动，让华俄道胜银行接过去，但是索尔兹伯里坚信，虽然要求这项贷款"所作的抵押是我想象

---

① 议会辩论记录，第4辑，第87卷，第490页。此声明的草稿见英国外交部档案：F.O.17/1444。

② 海军部致总司令电，第144号，1900年8月3日，总司令致海军部电，第145号，1900年8月5日。英国海军部档案：116/117。

③ 1900年7月28日伯蒂备忘录，英国外交部档案：F.O.17/1443。

④ 霍必澜致索尔兹伯里电，第75，76号，1900年8月5日，英国外交部档案：F.O.17/1427。

⑤ 霍必澜致索尔兹伯里电，第70号，1900年8月1日，英国外交部档案：F.O.17/1427。

中最差的"，但这主要是一件政治上的事，不得不干①。到8月10日，贷款问题显得如此突出，以致索尔兹伯里认为拖下去有危险，力促财政部立即作出决定②。同日，作出了答应贷款的许诺，于8月28日签订协定，再次以宜昌的盐厘金作抵押，该项厘金已经为1898年中华帝国政府的四厘半借款支付过利息了，因而是不能令人满意的③。

张之洞受到他的成功的鼓励，就在贷款签字的时候，他宣布他还需要一笔以三个月为期的贷款。接着，在还没能考虑第二笔贷款请求的时候，他又通知说可能需要第三笔借款。索尔兹伯里沮丧地指出"我看这些申请简直是没完没了"，并且下定决心不能让这笔在危机高潮中勒索到的贷款开一个先例④。不过张之洞在1900年到1901年冬天的和谈中所坚持提出的种种给予财政帮助的要求，每一回均暗示着他要转而效忠他人的威胁，这很使英国政治家们对和长江流域总督们联合到底有多大力量感到幻灭。张之洞是一个野心勃勃的人，他对李鸿章的卓越才能嫉恨甚深。在长江地区，刘坤一一贯对英国友好，张之洞这样做则是有冷酷的算计。他后来公开悲叹英国不给予他像俄国给予李鸿章的那种支持⑤。

8月的第一周他们全神贯注于贷款问题，导致政府忽略了计划中的占领的一个比较严重的后果。阿德在他的备忘录中曾经强调过在采取任何一个行动以前须取得列强的明确委托。但是除了8月2日下议院那份不够味的声明外，在这方面并未采取过什么步骤，自从起义爆发以来，其他列强对长江的命运发生过兴趣，英国和总督们的密切协商使得它们对干涉失却

---

① 在霍必澜1900年7月27日和8月1日第64号，70号电报上的批语，英国外交部档案：F.O.17/1427；1900年8月6日希克斯·比奇备忘录，英国外交部档案：F.O.17/1443。

② 索尔兹伯里致财政部，1900年8月10日，英国外交部档案：F.O.17/1444。

③ 索尔兹伯里致霍必澜电，第64号，1900年8月4日，英国外交部档案：F.O.17/1426；霍必澜致索尔兹伯里电，第107号，1900年8月29日，英国外交部档案：F.O.17/1427；1900年11月9日伯蒂备忘录；金登干备忘录，附件，英国外交部档案：F.O.17/1449；文本及草稿见霍必澜致索尔兹伯里，第120号，附件1，1900年8月21日，英国外交部档案：F.O.17/1421，并见霍必澜致索尔兹伯里，第126号，附件2，1900年9月1日，英国外交部档案：F.O.17/1425。

④ 熙礼尔1900年9月5日备忘录，霍必澜致索尔兹伯里，第120号，1900年9月5日，附件1，英国外交部档案：F.O.17/1442。

⑤ 1901年1月27日接见《泰晤士报》奇罗尔时的讲话。情报报告，汉口，1900年12月—1901年1月，英国外交部档案：F.O.17/1442。

信心，虽然在出现空子时他们曾试图干涉过。总督们 6 月底的中立声明就是这样一个漏洞。得知这件事以后，比利时驻伦敦公使及时前往英国外交部，询问是否列强已经按照在北方商定的办法就长江和南方的问题安排了一项协议。伯蒂对这个间接的态度以更加间接的方式作答，他含糊其词地说了总督们已经宣布他们有能力维持秩序后，开始泛泛地谈起气候来了[①]。这个让人丧失兴趣的办法是继续不下去的。上面已经说到 7 月中旬上海各外国势力的阴谋活动；8 月初，从英国海陆军部队的调动情况已经说明占领即将发生时，情绪就激烈爆发了。法国驻上海总领事白藻泰伯爵提出抗议，同时建议他的政府从东京派一支法国分遣队来。美国总领事、前上海道顾问古纳给予他热忱的支持[②]。日本外相青木为了避免显出公开批评英国的行为，通过怀特黑德向西摩间接地表示了不安[③]。

此外，霍必澜由于热切地要实现英军登陆，没有足够强调地指出，如果其他列强采取同样行动的话，刘坤一对他的态度将有所保留。刘坤一是个上了鸦片烟瘾的七十开外的人，有被霍必澜的振振有词所动摇而放弃他的正确判断的倾向。法国和美国要动手的前景再次给予他以收回其同意的机会，这个同意他曾给予霍必澜，但又收回，然后又再度给予了西摩。8 月 9 日，他通过驻伦敦公使罗丰禄指出，西摩对他同意军队在上海登陆一事发生了误会，他的意图是只让一小股军队登陆；但由于英国决定登陆两千军队必将在居民中引起恐慌和法国及美国的报复行动，因此英国应打消这种想法。次日又重提了这个要求，李鸿章、张之洞和盛宣怀均给予了支持[④]。

索尔兹伯里明白允许英国溜进上海，非遭到其他列强的反对不可，其中法国将反对最烈。因此他于 8 月 9 日指示英国驻巴黎大使蒙森去试探法国外交部长德尔卡塞的态度，并解释说英国对上海并无领土上的图谋，也

---

① 1900 年 7 月 10 日伯蒂备忘录，英国外交部档案：F.O.17/1441。

② 霍必澜致索尔兹伯里电，第 81 号，1900 年 8 月 8 日，英国外交部档案：F.O.17/1427；霍必澜致索尔兹伯里电，第 95 号，1900 年 8 月 8 日，英国外交部档案：F.O.17/1424。

③ 怀特黑德致索尔兹伯里密电，第 45 号，1900 年 8 月 9 日，英国海军部档案：Adm.116/117。

④ 罗丰禄 1900 年 8 月 9 日及 10 日函，英国外交部档案：F.O.17/1435，索尔兹伯里致霍必澜电，第 65 号，1900 年 8 月 10 日，英国外交部档案：F.O.17/1426。刘坤一在不承认英军登陆人数时，连正确数目 3000 人也不承认。

没有排他性的打算，但是英国的利益既然如此占优势，它不能容许这些利益继续不受保护。索尔兹伯里也明白此举是无效的，因为他告诉蒙森说："只有当您对这些保证可能产生有益的效果时"才能作出，"我觉得这些保证有引起他们怀疑的风险"①。

索尔兹伯里的怀疑是可以理解的。法国刚刚吞下一颗由德国人担任中国远征军统帅的苦药丸，不能指望它能够友好地吃下索尔兹伯里建议给他的另一粒苦药丸。蒙森在巴黎的日子不好过。他向索尔兹伯里吐露道，德尔卡塞"近来对我表现很不信任，因此我同他打交道一定得小心翼翼。他不仅一直沉默寡言，我恐怕他还不讲真话"②。他最初试图避免打交道，借口是新闻界已经报道过法军已在上海，但是索尔兹伯里非要他做这件事不可，于是他在 8 月 11 日见了德尔卡塞。结果不出所料，德尔卡塞"很激动地"宣布如果英国在上海登陆，法国就立即照办③。

此举似乎把这件事情解决了。在南京，刘坤一在其他各省官员的支持下，曾经表示过他本人反对登陆，法国也已经宣布它将尾随英国而入。索尔兹伯里和戈申会商局势，决定放弃一切实行占领的想法。8 月 12 日晚，霍必澜接到指示，除非出现紧急情况，没有得到进一步的命令不得实行真正的登陆。次日，就将吴淞口外的运输船转而开往威海卫，以加强盖斯利将军的兵力一事作出了安排④。

英国在上海的当局没有接受这个决定。正当索尔兹伯里和戈申考虑着上海局势的时候，海军将官西摩已到刘坤一处去劝说他再次改变态度。顺从的刘坤一在他的压力下撤回了他反对一旅英军登陆的主张，虽然他继续表示不愿意其他列强登陆。当得到此事的报告后，英国政府拒绝就这些条件作出保证⑤。戈申对正向刘坤一施加压力的事一无所知，改变态度在他看

① 索尔兹伯里致蒙森电，（？）号，1900 年 8 月 9 日，副本，英国海军部档案：Adm.116/117。

② 蒙森致索尔兹伯里密电，第 61 号，1900 年 8 月 10 日，副本，英国海军部档案：Adm.116/117。

③ 蒙森致索尔兹伯里电，第 63 号，1900 年 8 月 11 日，副本，英国海军部档案：Adm.116/117。

④ 索尔兹伯里致霍必澜电，第 68 号，1900 年 8 月 12 日，英国外交部档案：F.O.17/1426；外交部致海军部，（急，密），1900 年 8 月 13 日，英国海军部档案：Adm.116/118，第 18 部分；海军部致总司令电，第 167 号，1900 年 8 月 13 日，英国海军部档案：Adm.116/117。

⑤ 总司令致海军部电，第 156 号，1900 年 8 月 13 日，海军部致总司令电，第 169 号，1900 年 8 月 14 日，英军海军部档案：Adm.116/117。

来似属可疑；他认为总督们大概正在试图制造国际摩擦[①]。

这时伦敦的英国内阁和南京的刘坤一均已不能控制局势了。上海的英国当局干脆决心实行占领。虽有 8 月 13 日外交部连续来电，还是作出了新的努力来使刘坤一屈从。海军将领西摩将运输船留在吴淞口。不仅如此，8 月 14 日，他还和霍必澜及上海英军司令克雷将军在上海会见刘坤一的一名代表，并劝说他放弃一切反对。同日，各国驻上海的领事一致作出安排，向各该国政府发电，述说撤退将危害上海的安全，建议达成国际协议共同占领上海[②]。

这个局面是索尔兹伯里曾经力图避免的，这使他在德尔卡塞明确了法国的立场后放弃了占领的想法。可是现在上海的英国当局却提出了这个建议。他 8 月 10 日在哈特菲尔德和桑德森的谈话中，决定派萨道义爵士（已被提名接替在北京的窦纳乐）立即前往东方，因为"有一个比我们目前驻上海代总领事更加冷静的人"在场显然是必要的[③]。

然而，索尔兹伯里于 8 月 15 日前往施鲁赫特进行他所亟须的休假。由一个由汉密尔顿、戈申、兰斯多恩组成的内阁三人委员会在他不在时负责处理中国局势[④]。从戈申与索尔兹伯里的讨论中可以推断出他注意到了给法国以派军去长江的借口的危险。他确实在 8 月 14 日向西摩明白说出过他对法国人和中国总督们的怀疑[⑤]。但是这个保留态度只是暂时的，他的两个同僚也没有助长他的这种想法。整个夏天，汉密尔顿都因缺乏一项有力的政策而发愁，现在他有力量采取行动了。同样，兰斯多恩也可望支持任何有助于排除他处理南非战争时所产生的不幸后果的决定性行动。这三个人均在性格上不适宜于这个等待的游戏；他们都缺乏索尔兹伯里侯爵的那种给人深刻印象的按兵不动的能力。最后，三位大臣都在前几个场合说过支持巩固英国在长江流域的地位的话。我们还知道，在 1898 年旅顺口危

---

① 1900 年 8 月 13 日记录，英国海军部档案：Adm.116/118，第 18 部分。

② 霍必澜致索尔兹伯里电，第 13、14、15 号，1900 年 8 月 15 日，英国外交部档案：F.O.17/1427。

③ 桑德森致萨道义，1900 年 8 月 11 日，英国国家档案局存档：30/33/7/1。

④ 8 月 2 日汉密尔顿致索尔兹伯里的信（索尔兹伯里文书：未分类）有助于说明这一有趣的行政措施，他在信中提出处于休息状态的内阁应该给予索尔兹伯里以指导中国发生的事件的"小委员会的权力"。

⑤ 海军部致总司令电，第 169 号，1930 年 8 月 14 日，英国海军部档案：Adm.116/117。

机的时候，他们曾在索尔兹伯里不在场的情况下支持占领威海卫。1900 年 8 月，又是在索尔兹伯里不在场的情况下，他们作出了占领上海的决定。

8 月 15 日，中国驻英公使转达刘坤一的一封电报称，已与西摩及霍必澜就几百名英军在上海登陆的事作好安排①。这件事对委员会来说有决定性作用。他们忽略了这不过是西摩 8 月 13 日所作的努力的一份先斩后奏的报告。对刘坤一提及的"几百名军队"也没有注意到。阿德为了使委员会注意占领可能产生的国际后果而作了最后的努力。他指出，由于瓦德西的任命、法绍达危机和德莱福斯丑闻，"法国的情绪正处于高度激动和爆炸性的状态"。他提出："还来得及建议实行委托政策，采取排他性的地方行动，或在当地利益最大的国家的领导下采取集体行动。"②但是同法国举行旷日持久的沉闷谈判的前景使该委员会望而生畏，8 月 15 日戈申、兰斯多恩和汉密尔顿会面时，他们作出了占领上海的决定。他们打电报给索尔兹伯里说明占领的理由是，领事馆认为需要军队，将"在中国当局的同意下就军队登陆一事"作出安排，"但不能保证任何其他国家采取行动，而且我们应该通知列强，这样做是鉴于涉及的英国财产数量巨大、纯属一种临时性的保护措施"③。

索尔兹伯里对此举明显地表示痛惜，他力求尽量加以补救。他回答道，在欧洲各国首都发通告或辩护书将导致这些外国提出"他们今后注定要予以坚持"的要求和保留权。除了微妙的谈判势将由蒙森来掌管的法国以外，他建议最好是经由霍必澜来非正式地进行谈判。索尔兹伯里在答复中显示出他认识到在他不在场的时候内阁亟须团结。他公开宣称，要是三人委员会的意见一致的话，他就让步④。这时登陆令业已发出⑤，索尔兹伯里的建议也就淹没在其他外国追随英国之后动手占领上海的狂冲乱闻之中。

---

① 伯蒂致索尔兹伯里电，1900 年 8 月 15 日，索尔兹伯里文书：施鲁赫特。索尔兹伯里在国外时的来往电文（1900 年 8 月 16 日—9 月 12 日）搜集在索尔兹伯里文书大事年表中：1900 年，外交与帝国（一）。为了便于参考，此处引自索尔兹伯里文书：施鲁赫特密码电报。

② 1900 年 8 月 15 日第 66 号备忘录，英国国家档案局存档：30/40/14，第 2 部分。

③ 桑德森致索尔兹伯里电，1900 年 8 月 15 日，索尔兹伯里文书：施鲁赫特。

④ 索尔兹伯里致普罗德罗姆，伦敦，1900 年 8 月 17 日，索尔兹伯里文书：施鲁赫特。

⑤ 海军部致总司令电，第 173 号，1900 年 8 月 16 日，英国海军部档案：116/117；索尔兹伯里致霍必澜电，第 85 号，1900 年 8 月 16 日，英国外交部档案：F.O.17/1425。

汉密尔顿在委员会作出决定不到一个星期的时候就清醒地指出："我们让上海那些狂热分子如此主宰我们，竟至迫使我们派军队去上海，从而给予列强以机会去占领我们的利益居于优势的地方。"①

应该指出，在命令英军在上海登陆时，北京已经被占领了；上海外国居民害怕中国人必然采取报复行动是没有根据的。8 月 8 日以后中国的抵抗微不足道；从是日起正举行停火谈判。刘坤一同意英军登陆是在中国全面灾难性崩溃的阴影下逼出来的。不过占领上海是霍必澜的狂热要求，在后期是直接违反英国政府公开宣布的意图的。原因很简单，由于其不合逻辑，也是难以作答的。在已经宣称有意占领之后而退却，在中国人心目中对英国的威信将是一个严重的打击。霍必澜对此不能忍受，他准备同意其他列强参加占领②。

德国朝这个方向最先采取了行动。8 月 22 日，德皇在同威尔士亲王交谈时宣称他对法国反对英国在上海登陆并不感到惊奇，又说如果英国就门户开放问题有某种正式的声明，德国就会站在英国一边③。伦敦得到这项报告后，对占领上海引起的后果感到沮丧的戈申和兰斯多恩立即决定应给予此种保证④。索尔兹伯里认为这是德国想在长江流域获得一个立足点的图谋，显得更加有保留些。他同意仔细考虑此事，但又补充说，"乍看一下，我就不同意给予德皇以特殊的保证。我不明白他何以非这样做不可，他的言论看来很像是企图使英、法之间发生争吵"⑤。

在随后的一周内，英国在长江的地位急剧恶化。同月底，法国人已经有 600 名海军、一个山炮连和一连安南兵登陆。在张之洞建议列强要求法国按其在上海需要保护的既得利益的比重限制其军队时，索尔兹伯里干巴巴地回答说，法国人其实是派军队来防止英国的占领成为永久性的占领。他嘲弄地指出，"我们很难期望法国人就为此日的所需要的军队数量问题

---

① 汉密尔顿致寇松函，1900 年 8 月 22 日，汉密尔顿文书。

② 霍必澜致索尔兹伯里电，第 92 号，1900 年 8 月 15 日，英国外交部档案：F.O.17/1427；英商中华社会致外交部，1900 年 8 月 14、15 日，英国外交部档案：F.O.17/1444。

③ 拉塞尔斯致索尔兹伯里电，第 29 号，1900 年 8 月 22 日，英国外交部档案：F.O.64/1496。

④ 伯蒂致索尔兹伯里，1900 年 8 月 23 日，索尔兹伯里文书：施鲁赫特。

⑤ 索尔兹伯里致伯蒂，1900 年 8 月 24 日，索尔兹伯里文书：施鲁赫特。

接受我们的建议"①。日本和德国开始采取驻扎军队的措施。从他们的行动看，他们似乎有必要永久占领。德国表现得特别处心积虑，开始在上海狭窄的黄浦江的大商业码头正对岸位于浦东一侧的战略地点修建二千人的兵营②。

然而，英国政府的主要焦虑并不在于外国军队侵入上海（这个城市商业活动的国际性已使英国起了首要作用），而是在于列强显然企图坚持让它们的活动遍及整个长江地区，从而在英国人独占的势力范围对其提出挑战。

在这个方面，原来叫嚷得最凶的法国却最不主动。它的注意力仅限于上海一地，它跟在其他列强之后，宣布有意在那里修建半永久性兵营。法国人的所作所为总地来说是很克制的；德尔卡塞好战性的勃然大怒仅仅是企图恢复法国因任命瓦德西而失去的威信。

可是日本却表现出意想不到的突发的主动性，于 8 月 24 日派军在厦门登陆。英国政府的注意力那时是集中在德国身上，倾向于轻视日本人的这一行动。但是这在外国列强寻求在华南谋求一个立足点的众多方案中，却是最精心制定出来的一个。

整个夏天，日本越来越多的舆论要求在中国实行一项坚定的独立政策，来和俄国在东北的行动相抗衡。当青木未能使索尔兹伯里和日本结成一个反俄联合体时，日本内阁认识到日本不能单枪匹马地反对俄国，于是开始从求得补偿方面来考虑问题。由于这个原因，日本驻台湾总督儿玉的行动就成为一件使人感兴趣的事。儿玉是一个野心勃勃的人，一个有能力开创而不是坐待良机的人。他在这方面表现出一种颠覆性的暴烈倾向。他后来因为同臭名昭著的黑龙会有联系而广为人知。1900 年他任台湾总督时，通过同孙中山及中国改革家合谋，用台湾作为在中国沿海登岸的基地来满足他的这种兴趣。

孙中山本想从香港进行活动，他的活动引起了有同情倾向的港督卜力爵士的注意。卜力爵士建议英国应该在即将进行的和平解决中"力争做到人民可能提出的一切公平合理的改革"，条件是孙中山和他的政党（卜力

---

① 索尔兹伯里致伯蒂，1990 年 8 月 21 日，索尔兹伯里文书：施鲁赫特。

② 霍必澜致索尔兹伯里电，第 117 号，1900 年 9 月 1 日，英国外交部档案：F.O.17/1427。

将其和康有为联系在一起）停止活动。可是索尔兹伯里接受伯蒂的建议，将改革家们逐出了香港[①]。这时孙中山已经转向儿玉，通过在日本的中国革命人士同他建立了联系。

计划是要在中国秘密会社的帮助下夺取广州以东100英里处的惠州，然后向华中各省前进，沿途集合声援者。这个计划付诸行动，但是由于计划欠周以及孙中山没得到给养和军火而失败了。

与此同时，儿玉也曾采取行动，并曾说服日本内阁同意占领厦门。山县政府是根深蒂固的扩张主义者，特别是海相山本权兵卫，如后来海军方面的意见一样，指望在中国南部扩张。枢密院院长伊藤博文提出反对，他劝告万一欧洲作出相反的行动，应当予以注意。但是山本指出了俄国在东北的行动，到8月10日，台湾的儿玉已被告知准备于8月29日实行占领。

在此关头，有两个因素破坏了这个计划。8月24日凌晨厦门的一座日本庙宇被焚烧净尽。人家说此事显然是受唆使干的，这个庙其实是前几周才租来的一个棚屋，在起火前已由两名看庙的佛教徒将里面的东西搬走一空。这一过早行动是由于那两名佛教奸细偶尔弄错了时间呢，还是儿玉由于英国在上海登陆而决定提前行动呢，还弄不清楚。不管怎样，日本驻厦门领事上野昏了头，下令日本海军分遣队马上登陆。此举已足以激怒居民，而非控制居民了，随之是一片惊慌；有五万名中国人逃往内地，大量的人被淹死[②]。儿玉仍然可以实现他的夙愿，但是8月28日他接到东京的指示称，内阁已经决定推迟入侵。在占领业已开始后下令作这个灾难性的一百八十度大转弯。原因是两天以前得到消息说，俄国有意提出外国从华北普遍撤军的建议[③]。这就把山县唯一适当的论点打得粉碎，并使伊藤得以拖延厦门计划的实现[④]。在8月29日女王陛下的"奥西斯号"军舰抵达后，厦门的动乱迅即平息下来，到9月5日，两国皆已撤离。

日本驻伦敦公使8月29日对这一事件作出解释说，厦门是对台湾进

---

① 伯蒂致索尔兹伯里函，批语，1900年8月19日，索尔兹伯里文书：施鲁赫特。

② 《厦门情况季报》，1900年9月，英国外交部档案：F.O.228/1357；满思礼致索尔兹伯里电，1900年8月26日，英国外交部档案：F.O.17/1430。

③ 见下文。

④ M.B.詹森：《义和团造反时期华南的机会主义分子》，载《太平洋历史评论》杂志，第20期（1951年8月），第241页。

行危险图谋的一个基地，在该港爆发动乱后，一小股日军曾经登陆去保卫全体外国人。索尔兹伯里接受了这一解释，他赞成伯蒂的如下评论："如果我们不理会我国领事的呼吁，去找日本人的麻烦，这件事也许会自行解决。"①

在索尔兹伯里看来，外国在长江流域的活动集中在德国的举止上。8月底，很多人觉得7月底已离开不来梅港的德国远征军在经过长江时会试图采取一些好战行动。不听从索尔兹伯里建议的李鸿章，这时在北上途中正留在长江流域，他鼓励张之洞将中国舰队撤离该地，"要是德国挑起争端的话"②，可以使舰队不被俘获。上海英军司令克雷也感到担心，并请求盖斯利增援。当派来接替克林德的德国公使穆默抵达上海，声言德国有意派一艘战舰溯江到汉口时，这种惧怕似乎是有道理的。霍必澜鉴于德国舰队集结，请求外交部就英国的政策作出明确的指示③。与此同时，海军将领西摩请求，如果德国人对中国要塞采取敌对行动，请就他应如何处置给予明确的指示④。

政府的回答充分揭示了占领上海使英国在长江流域的地位削弱到何等程度。西摩接到的指示是：

> 应尽力防止这样一场灾难。如果发生冲突（在德国人和中国人之间），可能的话您应该避免到场；但是如果女王陛下的船只在场而又非常必要的话，您应该帮助德国人。⑤

---

① 伯蒂在怀特黑德1900年9月4日致索尔兹伯里第57号电上的批语，英国外交部档案：F.O.46/531；索尔兹伯里致怀特黑德电，第86号，1900年8月29日，副本，英国海军部档案：Adm.116/117。当代描述由县政府在这个事件中的扩张主义冲动的唯一参考资料是J.T.普拉特的《1990年9—12月日本在华南的行动》（情况季报），12月，附件，见萨道义致兰斯多恩函，第70号，1901年2月18日，英国外交部档案：F.O.17/1470，附件。

② 霍必澜致索尔兹伯里电，第126A号，1900年9月10日，英国外交部档案：F.O.17/1427。

③ 霍必澜致索尔兹伯里电，第109、111号，1900年8月29、30日，英国外交部档案：F.O.17/1427。

④ 总司令致海军部电，第174号，1900年8月30日，英国海军部档案：Adm.116/117。

⑤ 外交部致海军部，1900年8月30日，英国外交部档案：F.O.17/\1445；海军部致总司令电，第190号，1900年8月31日，英国海军部档案：Adm.11/117。

第八章　英德协定

　　8 月 14 日北京陷落以后，清廷逃到了陕西西安，中国军队被击溃到京畿地界之外，首都并未留下有效的中国当局，华北处于一片混乱状态。

　　外国军队掌管了控制大权，海军将领委员会在大沽指导事务，而天津则由一个临时军政府所控制，它的三名成员并不直接向列强而是向联军的将领们负责①。北京被分割成几个地段，表面上是为了维持治安，实际上是为了解决国际争端②。联军的每一支分遣军都保持着严格的行动独立。在会议上，不同指挥官的影响取决于其各自分遣军的实力。这甚至在攻占北京前就已看出来了，然而，一致行动的假象却一直审慎地保持着。那时前来指挥英军的盖斯利将军要求增加更多的军队，以便英国在委员会中能施加更大的影响③。

　　整个联军都参加了普遍的洗劫行动，纪律松弛，士兵不听外国军官的命令，对他们自己的命令也以嘲弄对之，毫不自重。这些以腐肉为食的人自己组成自卫性团伙，使其指挥官们对此毫无办法。他们到农村劫掠，公开宣称搜寻"战利品和血"④。

　　起初，盖斯利将军试图保持英国派遣军不参加这种洗劫，但是，他发

---

　　①　多沃德致陆军部，1900 年 8 月 2 日，英国外交部档案：F.O.17/1443。委员会的章程见于萨道义致兰斯多恩，92 号及附件，1901 年 8 月 5 日，英国外交部档案：F.O.17/1471。

　　②　英国的地段是位于前门大街以东的外城和顺治门以西、平则门街以南的内城，俄国在其区域内要求通行证，并侮辱外国人，企图将他们逐出。参见埃德蒙·巴克豪斯爵士 1900 年 9 月 4 日的申诉，杂类档 105，英国外交部档案：F.O.228/1343。

　　③　盖斯利致印度事务部，1900 年 8 月 13 日，英国外交部档案：F.O.17/1444。

　　④　C.H.鲍威尔报告，情报处致外交部，1900 年 11 月 12 日，附件，英国外交部档案：F.O.17/1449。

现，除非引起军队中的强烈不满，这样做是不可能的。他的军队看见，其他派遣军在这方面的活动得到公然容许。因而，在 8 月 16 日，他撤销了以前反对劫掠的命令，并通过没收财产仅限于无人居住的房屋和对虏获物发给赏金的做法，尽最大努力控制洗劫行为①。他向窦纳乐报告道："他们只要愿意，就对所有民族一视同仁地、不加区别地进行洗劫，保持秩序根本不可能。"②"从大沽到北京"，一位目击者指出，"遭破坏的乡村连成一片，行军途中的城镇或村庄无一幸免于劫掠，在很多情况下并伴随有暴行……"③两个月后，当欧内斯特·萨道义爵士进入北京时，他指出："就像进入了一座巨大的死亡之城，在那里，坟墓遭到摧毁，尘埃笼罩。"④11月，他写信给索尔兹伯里道：

> 只要有人发现什么东西无人守护，他就觉得有义务去加以占有，以免其他人在他离开后拿走它。这使人想起罗马教皇的一道训令，这道训令把所有异教国家的财产都给了西班牙和葡萄牙国王。没有一个中国人被承认可拥有动产。⑤

更值得注意的是，直隶省面临着饥荒。义和团 5 月份的行动使得春季庄稼颗粒未收，到 9 月，稻米售价昂贵。在北京，日本通过散发 13 个皇家粮仓的存粮以图进行救济；但是，食品的短缺非常严重，并很快造成这个省在军事上无以立足，盖斯利打算把他冬天的指挥部迁往上海⑥。

在这种混乱的形势下，有充分的证据表明，联合派遣军之间正发生着日益增长的摩擦。反对的矛头对准了俄国人，说他们破坏了协同进攻北京的协议，在各个派遣军着手占领战略要地的时候，他们的动机遭到了其他

---

① 通信见于英国陆军部档案：W.O.32/137/7842/1224。

② 盖斯利致窦纳乐，94 号，1900 年 8 月 16 日，英国外交部档案：F.O.228/1343。

③ 禧在明致埃里克·巴林顿，1900 年 8 月 31 日，索尔兹伯里文书：S.P.106/32。

④ 萨道义日记，1900 年 10 月 2 日。这也得到了一位中国目击者的共鸣，"坊市萧条，狐狸昼出，向之摩肩击毂者，如行墟墓间矣"。李希圣：《庚子国变记》，（义和团），第一册，24 页。

⑤ 萨道义致索尔兹伯里，1900 年 11 月 8 日，索尔兹伯里文书：编年编，帝国与外交，卷三。

⑥ 盖斯利致汉密尔顿（印度事务部），229 号，1900 年 8 月 29 日，英国外交部档案：F.O.17/1446。并见 S.D.甘博《北京的物价、薪俸与生活水平》，《中国社会及政治学报》，第 10 期（1926 年），7 月增刊，第 11—12 页，25 页。

军事当局的深切怀疑。

在这方面，就英国人来说，俄国人表现得老练持重，这表明他们有一个深思熟虑的计划。在 6 月份联军进攻大沽炮台后不久，一支俄国小分队占领了位于天津的北方铁路管理局总部，然后系统地销毁了与铁路工程有关的售地地契①。7 月 8 日，在联军进军天津城厢期间，俄国人夺取了这条铁路线的大沽—天津段，并以军事需要为由赶走了英国经理金德和他的全体职员。7 月 16 日，海军将领会议决定，津沽段在获得解决之前应由俄国军队管理。这项建议由会议的俄国主席阿列克谢耶夫海军上将提出，并且面对英国、日本和美国的异议，得到了大多数国家的支持②。当时，英中公司提请外交部注意俄国的行动③，阿德少将那时评论道：如果允许俄国管理这段铁路要道的话，以后撵走她将会困难重重，并且"……这一事件有些超出只是军事分遣的意味，看起来像是混水摸鱼，以推翻英俄间就那条铁路（这段路是其中的一段）所达成的谅解"。他建议英国把这条铁路线的权利放弃给俄国，以换取在上海放手行动的自由④。然而，索尔兹伯里拒绝了这种讨价还价的想法，他的行动仅限于对俄国发出一个温和的照会，声称：如果在敌对行动结束时这条铁路回归英国所有的话，英国不反对这种转换⑤。

当海军将领西摩 7 月 16 日在将领会议里的异议被驳回之后，他劝告那时在华北指挥英国军队的多华德将军尽快开工修复介于天津和北京之间的第二段铁路线，尽最大努力把这段铁路保持在英国手中⑥。这一目标被俄国人抢了先，8 月 9 日，他们在天津以北的铁路线上开始工作；多华德迟迟赶来要提英国的援助，俄国人对他不予理睬⑦。

---

① C.W. 金德、A.N. 布鲁斯：关于中华帝国铁路全部摧毁的报告，天津总部，海军部致外交部，1900 年 10 月 5 日，附件 4，英国外交部档案：F.O.17/1448。

② 海军高级官员 1900 年 7 月 16 日在英国军舰"百人长"号上的会议记录，中国信函 530/3871，1900 年 8 月 24 日，附件 2，英国海军部档案：Adm.116/115。

③ 英中公司致外交部，1900 年 7 月 14 日，英国外交部档案：F.O.17/1442。

④ 1900 年 7 月 16 日阿德备忘录，英国外交部档案：F.O.17/1442。

⑤ 索尔兹伯里致斯科特电，第 113 号，1900 年 7 月 25 日，英国外交部档案：F.O.65/1603。

⑥ 驻华舰队司令致海军部电，第 163 号，1900 年 8 月 19 日，副本，英国外交部档案：F.O.17/1444。

⑦ 贾礼士致索尔兹伯里电，第 17 号，1900 年 8 月 9 日，英国外交部档案：F.O.77/1429。

在使馆解围以后，克劳德·窦纳乐爵士着手处理此事，他看到，俄国人占领在最后攻击北京时没得到的其余路段只是时间早晚的事情。他在一系列电报里请求指示，这在 8 月 24 日的电文中达到顶点：

> 急需更多的军队以抵消俄国对交通线和有利地点的占领，他们已经占领颐和园与铁路的北京终点站，除非我们抢先行动，他们势将占领山海关、秦皇岛和唐山铁路，从而把山海关—北京铁路全线给了他们；他们已经占有大沽—天津线。日本未表现出进取精神——或许由于我们的软弱以及对我们意图的怀疑，她不愿如此[①]。

同一天，窦纳乐向此时前来接替多华德将军的盖斯利将军建议，英国军队应当在俄国人已经动手工作的路段以北的京津路段占领一处据点。盖斯利将军迅速行动，于 8 月 30 日占领丰台小站。俄国人随即把一支部队部署在这个站的前面。9 月 18 日，指挥俄国军队的利涅维奇将军正式向盖斯利提出抗议，说根据 7 月 16 日海军将领会议的协议，从大沽至北京的整条铁路线已经交予俄国。英国人拒绝这一论点，并且在日本的帮助下开始修复丰台至杨村间的铁路。随之双方陷入僵局，两国的旗帜飘扬在铁路线的不同路段，以示占有[②]。

使馆解围后，伦敦对中国事态发展的可能进程起初有一个错觉，政府那时所专注的是占领上海。弗朗西斯·伯蒂相信，在达成任何和解之前，中国将不可避免地爆发一场内战，在灾祸即将来临之际，应使长江流域的总督们确信英国的保护与支持[③]。8 月 20 日，在一份发给仍在施鲁赫特度假的索尔兹伯里的备忘录里，伯蒂辩解道：由于慈禧太后和端王是有名的反动分子：

> 他们将会抨击迄今采取另一条路线的长江流域的总督们，并将使其屈服或者把他们自己搞得精疲力竭。我相信，在我们能够看到中

---

① 窦纳乐致索尔兹伯里电，第 115 号，1900 年 8 月 28 日，英国外交部档案：F.O.17/1418。

② 窦纳乐致盖斯利，杂类档第 96 号，8 月 28 日；盖斯利致印度事务大臣，21 号，9 月 20 日，（杂类档第 104A 号）；利涅维奇致盖斯利，564 号，9 月 6、18 日；盖斯利的复函，1474 号，1900 年 9 月 20 日，英国外交部档案：F.O.228/1343。

③ 索尔兹伯里文书，1900 年 8 月 20 日。

国哪一派成为雄长之前，他们之间定将有一场大战。在此之前，列强除了保护条约口岸以及紧靠易于防卫的沿海或河流的欧洲人的生命和财产外，应明智地不去加以干涉。我们肯定不能将一个政府强加于一个四亿人口的国家。如果他们愿意这样做的话，让他们一决雌雄好了。①

对一向谴责妄动的索尔兹伯里来说，这一忠告是稳妥的。"下面要采取的步骤将是件困难之事"，他打电报给女王道："但是，在我们接到描述最近的危机及其起因的书面报告之前，不应该做出任何决定。"②

然而，由于通讯的中断，在8月下旬期间获取可靠的情报很困难。窦纳乐被迫沿着一条迂回的路线发送他的报告，在传送前通过从天津打电报或由轮船运送到上海或长崎，这样，造成很大的延误，他8月28日有关北方铁路的电报直到9月8日才到达外交部③。一份电文在8月24日总算发出，这份电文使政府陷于迷惑不解，而不是从中得到启发。在电文中，窦纳乐强调在开始谈判以前，需要彻底击垮附近地区的中国军事力量④。报告似乎证实了索尔兹伯里从危机开始以来就已怀有的担心：在中国的抵抗崩溃之后，列强将会扩大作战的领域，以达到他们的目标。"……要是我们没有盟友的话，我要回答，在采取任何行动之前，最明智的方针是让中国事态去进一步发展"，他告诉窦纳乐："（但是我们有）急躁的盟友，（所以事情留归）你来处理，（只是有一个）唯一的保留，在试图实施惩罚时，你切不可从事任何危险或耗资的远征行动。"⑤两天后，在给窦纳乐的

---

① 伯蒂致索尔兹伯里，1900年8月20日，英国外交部档案：F.O.17/1447。

② 索尔兹伯里致英国女王电，1900年8月20日，索尔兹伯里文书：施鲁赫特。

③ 当时，北京和天津的电报通讯是通过：1.上海至天津陆上线路，2.恰克图—北京线，3.海兰泡—吉林—满洲里线，4.取道日本和朝鲜。除费力的海上路线外，一切都操纵于俄国人的手中，很难说是否存在着故意的扣压，但当9月8日收到迟误的电报的时候，它们的密码讹误百出，显然遭到了窜改。外交部终于认识到了其危害，所有东西都复制一份给在上海的霍必澜，当这证明同样不令人满意时，通过在东京的怀特黑德复制一式三份。

④ 窦纳乐致索尔兹伯里电，第112号，1900年8月19日，英国外交部档案：F.O.228/1334。这份电报从外交部往来信函中遗失，但从索尔兹伯里答复的性质看，显然是收到了，所以从领事档案中摘录了出来。

⑤ 索尔兹伯里致窦纳乐电，第82号，1900年8月24日，英国外交部档案：F.O.17/1417。

第二道指令里，索尔兹伯里流露了他的不安，他强调：击垮中国的抵抗不可能有任何希望，由于供其调遣的军队数量有限，英国休想在华北保持秩序，"即使我们独自坚持。但是由于我们自己与我们的盟友间肯定会发生冲突，结局将只会是灾难性的"①。

8月25日，俄国向列强发出建议，提出：由于使馆解围已经完成，并鉴于在北京未留有负责的政府，各国使馆和联军部队应撤至天津，所有与中国达成和解的尝试应予推迟，直到清廷返回北京和重新与列强建立正式外交关系为止②。德国接到这一建议后很惊慌，瓦德西元帅的派出是如此隆重盛大，如果他到达时发现所有的人都走了，将会显得滑稽可笑。艾卡尔德斯坦男爵急匆匆地来到英国外交部，声明：如果其他两个大国这样做的话，德国自己将保证停留不走，并将日本算做一个大国③。四天以后，9月4日，艾卡尔德斯坦扩大了这一许诺。伯蒂报告道，"只要我们下决心与日本和德国一道坚持占领北京"，英国将在天津—北京段铁路上得到支持。"如果我们决定不坚持下去，瓦德西将会停止前往中国，德国将坐守胶州，让'满洲'的事情听其自然。"④

伦敦以极其兴奋之情收到了俄国和德国的互相对立的建议，三人委员会对上海事态的逆转已日益感到沮丧。8月22日德皇的建议至少保证有一个国家答应稳定长江流域的局势，但是，这个建议遭到索尔兹伯里的冷遇。对首相的冥顽不化有一种日益增长的懊恼之情。委员会本身也未表现出信心。8月29日，汉密尔顿向寇松坦白承认，他们必须会同考虑俄国的建议，"以求或者我们自己得出结论，或者让首相更加明确地阐述他所想要做的事"⑤。三天前，陆军大臣兰斯多恩由于对他处理南非战争的指责，向索尔兹伯里递交了辞呈。兰斯多恩似乎尤为沮丧，他赞成从北京撤军，理由是：继续占领将导致令人不悦的混乱，并且军队冬天呆在那里很困

① 索尔兹伯里致窦纳乐电，第83号，1900年8月26日，英国外交部档案：F.O.17/1417。
② 斯科特致索尔兹伯里电，第93号，1900年8月29日，英国外交部档案：F.O.65/1604。
③ 伯蒂致索尔兹伯里，1990年8月31日，索尔兹伯里文书：施鲁赫特。
④ 伯蒂致索尔兹伯里，1900年9月4日，索尔兹伯里文书：施鲁赫特。艾卡尔德斯坦后来声称，这些条件是由他自己主动提出来的。参见：艾卡尔德斯坦男爵《在圣詹姆斯朝廷的十年》，（伦敦，1921年出版），第175页。
⑤ 汉密尔顿致寇松，1900年8月29日，汉密尔顿文书。

难①。汉密尔顿认为，陆军部敦促撤军是出于嫉妒中国的远征操纵在印度事务部手中②。

因此，德国态度的变化带来了一股令人鼓舞的乐观情绪，这种情绪只是由于担心索尔兹伯里将保持冥顽不化而有所减弱。从一开始，他们就误解了德国的意图，并且从一种退守长江流域的态度转向了缔结一项涉及整个政策领城的英德谅解的想法。在艾卡尔德斯坦首次访问之后，戈申带头向对这件事情显然有兴趣的张怕伦写信说：

> ……最后俄国关于从北京撤退的建议为德国所厌恶，它为我们与德皇开始会谈和交换想法提供了一个好机会，但是我们仍畏缩不前，未与任何人开始谈判，实际上将会处于孤立境地，或是在每个场合都步其他列强的后尘。

> 如果我看到有任何可供利用的渠道，我会要求你和贝尔福来伦敦会晤兰斯多恩和汉密尔顿，他们像我一样，对我们目前的态度感到失望……③

艾卡尔德斯坦9月4日的第二次拜访和他概括的特殊条件提供了必要的渠道。

那时，张伯伦的注意力集中在即将来临的大选上。8月31日，他曾写信给索尔兹伯里道：在整体上，中国似乎"情况不太危急"，并且公众在这方面的兴趣也很小④。这可能只是一种说服索尔兹伯里尽早解散议会的策略，首相曾宣布在局势明了以前不宜举行大选。但是，开辟英德谈判的时机不能错过，当三人委员会9月4日开会讨论中国局势的时候，张伯伦出席了会议。

会议后送发索尔兹伯里的有关讨论的联合电报摘要将事情处理得很圆满，大臣们要索尔兹伯里注意，在未与中国人事先就有关条件作出安排的情况下，过早从北京撤军，可能会引起不利的公众舆论。这样，他们在唤

---

① 兰斯多恩致索尔兹伯里电，1900年8月31日，索尔兹伯里文书：89/69。

② 汉密尔顿致寇松，1900年9月5日，汉密尔顿文书。

③ 戈申致张怕伦，1900年9月1日，引自加文·艾默里《张伯伦传》，第4卷，第138页。

④ 加文·艾默里：《张伯伦传》，第3卷，第561页。

起了 1898 年对旅顺口的焦虑不安的阴魂之后，随后提出了自己更有力的论据：撤军将"被认为是让猎物落入俄国的手中，它的兴趣显然是将联军从北京引开，而自己仍然占领牛庄和'满洲'的一部分"；这也可以被解释为畏惧的证据，从而导致进一步的激愤。利用最近俄国的行动拉拢德国皇帝更靠近英国非常重要，如果在他发表了大话以后我们帮助他避免出丑，他将会在北方铁路上支持英国，并就英国在长江流域的地位问题做出保证。为此，应当安排与德国交换意见。报告得意洋洋地断言道：兰斯多恩关心的是军事地位，但他将会赞同。报告还指出需要得到贝尔福的赞同①。

大臣们显然受到了英国处境明显改善的鼓舞。自从 1898 年以来，以张伯伦为首的部分内阁成员曾探寻过与德国结盟，但未获成功。前两次尝试每次都因未敌过两种反对意见而失败了，因为对这些反对意见没能作出满意答复。首先是索尔兹伯里坚持这一事实：与德结盟在英国需要的地方对她所获甚微；其次是德国令人不快地表明，除非英国献身于欧洲的三国同盟，她对德国就几乎没有任何用处。而今，这两点在中国事务的格局中发生了关联。汉密尔顿兴高采烈地写信给寇松道："我们有一个前所未有的机会将德国和俄国分离开来。"②

索尔兹伯里的冷淡答复触怒了他的同僚。张伯伦和其他大臣们热情地看到能够搭建英德间桥梁的地方，索尔兹伯里所看到的却是陷阱。他同意反对撤军北京，但不同意将此决定发展为普遍接受德国的政策，依他之见，这更加危险，需要慎思。"德国从我们这儿想得到什么呢？"他直率地问戈申（这可以使人料想到他 1901 年 5 月的著名备忘录）："她能给我们什么作回报呢？"③

对索尔兹伯里和他内阁中有影响的那一派人（主要是张伯伦、戈申、汉密尔顿，其次是兰斯多恩）之间的意见分歧，我们可简单地作些分析。这些大臣们认为，若要成功地制止俄国，需要采取一项强有力的政策。达

---

①　戈申致索尔兹伯里电，1900 年 9 月 4 日，索尔兹伯里文书：69/70。被拒绝的草案（索尔兹伯里文书 89/71）也强调指出了利用德国的处境将日本与俄、法分离以联合日本的机会。

②　汉密尔顿致寇松，1900 年 9 月 5 日，汉密尔顿文书。

③　索尔兹伯里致戈申电，1960 年 9 月 5 日，索尔兹伯里文书：施鲁赫特。这一答复所引起的失望在艾默里的《张伯伦传》第 4 卷 139 页有简要说明。艾默里注明的日期 9 月 4 日可能是上一次电报的日期，然而，日期应是 9 月 5 日，这在索尔兹伯里文书 89/73 里得到了证实。

到此目的明显途径是同德国紧密联合，可能的话还要同日本和美国进行合作。实际上，他们的看法是由长期存在的仇俄情绪所决定的，他们指望通过他们其实并不了解的中国问题，来实现似乎已出现在远方的英德同盟的想法。

在另一方面，尽管索尔兹伯里担心俄国最近在华的举动，但他拒绝不加控制地谴责它。他的目标是保持 1899 年 4 月的英俄协议。除非这项协议遭到蓄意侵犯，他拒绝采取行动。他不愿着手一项先发制人的政策；英国的利益取决于在华的协同一致，而非联合。另外，索尔兹伯里对德国根深蒂固的猜忌，一旦注视着远东之时，又重新起作用了。在派遣萨道义接替窦纳乐之前，他要萨道义注意，他怀疑威廉二世在华有重大图谋[①]。当 9 月 1 日伯蒂报告说德皇已命令德国东亚军团的两个连在上海登陆和 9 月 3 日霍必澜报告当地人对谣传德国意欲夺取江阴炮台非常不安时[②]，这种担心似乎就很实在了。还记得几天以前，海军将领西摩曾奉命不要反对德国在长江流域的行动。在整个义和团危机期间就德国而言索尔兹伯里的目标是不寻求德国的合作，而是将该国置于控制之下。

9 月 11 日，伯蒂报告道，德国驻伦敦大使哈茨费尔德伯爵希望将 8 月 22 日由德皇发起的商谈继续下去。伯蒂补充说，哈茨费尔德曾建议，商谈应置于英德发布一个自我克制的一般性声明的基础之上：双方声明，由于目前的复杂形势，两国任何一方将不在中国寻求领土补偿。这项建议引起了索尔兹伯里的兴趣，他同意在 9 月 14 日即在他返回伦教的两天后会见德国大使[③]。

当索尔兹伯里回到伦敦时，他发现内阁群情激昂。窦纳乐 8 月 28 日报告俄国攫取北方铁路的电报于 9 月 8 日到达；9 月 10 日，俄国的普遍撤军建议被拒绝[④]。同一天，张伯伦领头在一份洋洋洒洒的内阁备忘录中详细陈述了一周前戈申向索尔兹伯里提出的论点。

---

① 萨道义日记，1900 年 8 月 20 日、24 日。

② 伯蒂致索尔兹伯里，1900 年 9 月 1 日；霍必澜致索尔兹伯里（通过伯蒂），1900 年 9 月 8 日，索尔兹伯里文书：施鲁赫特。

③ 伯蒂致索尔兹伯里，1900 年 9 月 11 日，索尔兹伯里文书：施鲁赫特。

④ 索尔兹伯里致斯科特电，第 166 号，1900 年 9 月 10 日，英国外交部档案：F.O.65/1603。

如果英国支持德皇，张伯伦推断道，德皇的地位将会得到维护，他将免于出丑。仅此一项"大帮忙"，就能保证获取满意的回报。英国未强大到能够独自维护中国的完整或实施门户开放，就此目的与美国取得行动的一致要有一段时间；与此同时，为抵制俄国扩张的直接威胁，英国应同德国和日本紧密合作，支持这两个国家在山东和朝鲜的特殊要求。作为回报，英国应获取书面保证，承认她所要求的在长江流域拥有占优势的利益和影响。张伯伦断言：

> 在中国和其他地方，德国妨碍俄国符合我们的利益。德俄联盟通常需要法国的合作，这正是我们所不得不担心的，不管是在中国，还是在小亚细亚，德俄利益的冲突是我们的安全保证。因此，我认为我们的政策很清楚，就是促进我们同德国之间以及我们同日本和美国之间的良好关系，我们应努力加深俄德和俄日之间的不和……①

9月13日，即索尔兹伯里会见哈茨费尔德的前一天，伯蒂起草了一份关于英德在华关系的备忘录，索尔兹伯里可能不得不照张伯伦的分析行事的倾向都被伯蒂的悲观评估遏止住了。"我们也许可能与德国达成一个'权宜解决办法'以度过目前的危机"，伯蒂直截了当地说："但只靠'门户开放''口岸开放'，或发表几项关税声明不大可能使她满意。"德国的要求很多；她要求在山东的特殊地位，把英国排除在外，而且，在长江流域她也提出了要求。伯蒂继续讲道："德国所要求的特殊地带可能会是山东和黄河流域，我们将不得不承诺不支持任何英国人在那一地区的请求。"德国也将要求在黄河与长江之间的地区分享一切，英国会被推向南方，在那里她将与法国发生冲突。德国也不能被当作对抗俄国南进的缓冲力量，因为如果那个国家获得足够的领土，如果事件解决后首都仍留在北京，那么，俄国和德国将会共同控制中国②。

---

① 加文·艾默里：《张伯伦传》第4卷140页概括了这份备忘录的内容，引文见上书159页。

② 伯蒂备忘录，1900年9月13日，英国外交部档案：F.O.17/1446。备忘录被交去付印。伯蒂对备忘录受到的重视表示惊讶，但"未想到设法将其记录在案"，经考虑，该备忘录没有印行并禁止将其泄露，编入有关中国的文件丛刊。这份秘密印刷件被《关于大战起源的英国文件，1890—1914》的编者发现了，见该书第二卷第11页。

9月14日和18日，索尔兹伯里和哈茨费尔德举行了两次预备性会谈。24日，哈茨费尔德提交了一份德方协定草案，对此，作为响应，索尔兹伯里第二天回递了一份英方对案。随着书面交换，真正的磋商开始，双方的草案都包含有三项条款。

第一条处理贸易自由问题。德国的草案把门户开放的声明只局限于长江流域，英国的对案则坚持："中国内河与沿海口岸应保持对贸易及任何其他合法的经济活动自由开放……"第二条包括两国均保证不利用中国的形势谋取利益。对此，德国只是建议就一项自我克制的条例达成协议，而英国则加上了一项至关重要的条款，两国将"以两国一致同意的方式，反对任何其他列强方面以同样方式获取领土利益的企图"。第三条双方草案一致。它宣称：如果任何其他列强力图获取领土，如果两国将"因此认为他们需要着手获取领土"，则两国应就此问题事先达成谅解①。

分歧显得引人注目；德国的意图是达成一项严格有限的协定，允许她分享长江流域有利可图的贸易，英国则旨在使德国保证反对俄国在华北和东北获取领土。索尔兹伯里的意图是将德国的注意力从长江流域调开。这一策略极好，但由于他地理学知识贫乏，在随后的磋商中，他处于一种不利的境地。

在10月初，哈茨费尔德向索尔兹伯里指出，关于第一条，不能指望德国政府按照索尔兹伯里所建议的条件支持在华贸易自由的原则，因为那将会迫使德国在国际商业权利尚无任何条约保证的东北地区将此原则强加于俄国②。索尔兹伯里于是同意了一项显然由哈茨费尔德提出的建议：两国应当在华坚持门户开放，取消"北纬38°线以南中国所有内河及沿海地区的一切特殊商业限制"，这"将包括两国政府有影响的所有领土在内，而且两国对于在其他列强影响下所作出的不同性质的规定无意表示丝毫的赞

① 《关于大战起源的英国文件，1898—1914》，第2卷，第12—13页。

② 索尔兹伯里致拉塞尔斯，224号，1900年10月15日，英国外交部档案：F.O.64/1491；《关于大战起源的英国文件，1898—1914》，第2卷，第15页。概述整个商谈过程的这份函件中的部分章节在送发前被删除了。

同"①。实际上，索尔兹伯里准备遵守1899年的英俄协议，并且默认俄国吞并东北，在谈判中，他的目标是以要求英国进入德国在山东的势力范围的互惠权力为条件，来满足德国侵入长江地区的努力。

然而，38°纬线并非沿长城一线，而是恰好在山东半岛和黄河口以北的一条线，位于北京以南足足有200英里。索尔兹伯里同意了不仅把东北而且把华北的大部排除在外。当托马斯·桑德森爵士提请首相注意这一差别时，他被迫尽最大努力来挽救局势②。

经过多次讨论，关于贸易自由的声明被确定为适用于中国的口岸和沿海地区，两国同意"在力所能及的范围内在所有中国领土上坚持上述原则"③。此外，索尔兹伯里建议加上一个条款：两国同意维护其在华利益和现有的条约权利。哈茨费尔德对此表示赞同，但这种赞同是基于这样的谅解，即这仅指已公布的和为人所知的条约。最后，对第二条的措词作了改动，改动后的文字比较含糊了。针对索尔兹伯里所建议的英德应当"采取两国一致同意的方式，反对任何其他列强获取领土利益的企图"，比洛提出的行文是列强"应以保持中华帝国领土状况不受损害为其政策指针"。索尔兹伯里显然是不情愿地接受了这一点④。于是，协定在1900年10月16日签署。

这样，作为一项保持中国领土完整的英德谅解，其最后协定的措词危险地含糊不清，对"力所能及"这样的语句可以作各种解释。在磋商后不

---

① 索尔兹伯里致拉塞尔斯，224号，1900年10月15日，英国外交部档案：F.O.64/1491。10月5日，比洛告诉在柏林的拉塞尔斯说：索尔兹伯里曾建议，商谈中的安排不应局限于长江流域。当拉塞尔斯询问是否包括东北在内时，比洛回答说，索尔兹伯里"横跨中国地图在'满洲'以南划了一条线"（拉塞尔斯致索尔兹伯里，1900年10月5日。索尔兹伯里文书：121/61）。1902年，当英德就协定的条款发生争执以后，外交部的马利特告诉拉塞尔斯，38°线是哈茨费尔德于10月4日建议的（马利特致拉塞尔斯备忘录，秘密，3月5日，附件，1902年3月12日，英国外交部档案：F.O.17/1547）。

② 桑德森备忘录，1900年10月4日，英国外交部档案：F.O.64/1507。因为通常注意这种细节的伯蒂从10月初开始度假，这可能是致使犯下这个错误的原因。

③ 索尔兹伯里致拉塞尔斯，224号，1900年10月15日，英国外交部档案：F.O.64/1491；马利特备忘录，1902年3月12日，英国外交部档案：F.O.17/1547。

④ 哈茨费尔德致索尔兹伯里，1900年10月4日，英国外交部档案：F.O.64/1506。1900年10月6日、9日、13日的协定草案见于英国外交部档案：F.O.17/1448。此协定重印在《关于大战起源的英国文件，1898—1914》第2卷第15—16页。

到 6 个月的时间内，关于 1901 年春的东北危机就产生过争议。那时在外交部代替索尔兹伯里的兰斯多恩相信英德协定适用于东北，并据之行动，而德国则坚持东北已经排除在外。这种意见的分歧将在下章进行考察，但是，在此应该提一下索尔兹伯里商谈协定的意图。

索尔兹伯里的目标不是结成一个反对俄国的联盟，而是达成一项安排，以将德国置于某种控制之下。只有抓住这个意图，才能够解释首相何以对比洛的反建议和协定的含糊用词予以轻易默许。当 8 月底德国有可能利用各国占领上海所提供的契机，在长江流域对中国人推行侵略性政策日益明显时，达成一项谅解成了必不可少的事情。

大家记得，索尔兹伯里是在中国形势不断恶化的背景下商讨协定的。在整个 9 月份和 10 月上旬，上海的霍必澜发来许多令人惊慌的报告。这些报告的主要意思是，逃亡的清廷中蓄谋报复的官员决定惩罚长江流域的总督们。9 月底，霍必澜建议美国远征讨伐队应兵分两路，攻击逃亡的朝廷，一路从北方，一路溯长江而上，去惩罚威协张之洞和刘坤一的反动官僚[1]。当索尔兹伯里拒绝了这项建议时，霍必澜敦促英国应当保证这些总督不被调离职位，并于 10 月 13 日补充道："我相信女王陛下政府会允许我向他们保证，需要时将给他们物质援助。"[2]

在华北，局势同样的不稳定。俄国提出的普遍从北京撤军的建议遭到列强拒绝后，俄国随后于 9 月 15 日建议列强同意李鸿章和庆亲王为中国的全权代表，并同意立开和议[3]。李鸿章那时被普遍认为亲俄，从 7 月以来，英国商界认为应强力制止这位中国政治家北上。到 9 月，华北的军事当局接受了这种观点。并做出了将李扣留在一艘联军军舰上的举动。尽管索尔兹伯里意识到了李鸿章的亲俄倾向，但他渴望看到早开和平谈判，因为华北持续不断的军事活动的混乱状态对英国不利。当请求他作出决定时，他断然声称：他看"不出拒绝李鸿章或其他中国佬作为谈判人的理由。如果

---

① 霍必澜致索尔兹伯里电，第 150 号，1930 年 9 月 24 日，英国外交部档案：F.O.17/1427。

② 霍必澜致索尔兹伯里电，第 170 号，1900 年 10 月 13 日，英国外交部档案：F.O.17/1427。

③ 索尔兹伯里致窦纳乐电，第 109 号，1900 年 10 月 2 日，英国外交部档案：F.O.17/1417。

他得到适当的委任的话"①。

　　然而，德国不愿看到同中国人的早日和解。德国对俄国建议的答复是于 9 月 18 日发出一份针对它的通函，通函坚持，在和谈开始以前，必须惩办有罪的中国官员②。德国的目标是华北应当持续动荡，这将最适于扩大瓦德西的军事权威。

　　瓦德西 9 月 26 日抵达华北时，他试图建立一套德国军事控制体系。英国代表格里尔森上校到达瓦德西的统帅部时发现，一个由 30 名德国军官组成的完整的参谋机构已经建立起来。联军的联络官被故意排除在外。格里尔森强调指出："对我们的全部需要，就是我们应充当一种'联络工具'，即：在统帅部参谋机构和那些派遣军之间充当翻译和邮局。"③他们被阻止参与行政工作，在军事行动上也不与他们商量，德国国旗总是在瓦德西身后扛着；统帅部的卫队总是德国人。连厕所与鸡舍上面也挂上了德国国旗。此时对每个人来说都很清楚，德国的意图是想"利用他们的地位，为德国在华的军事与政治威信大作广告"④。

　　再者，瓦德西实施军事控制的方式明显地损害英国的利益。大家还记得，在 8 月底，窦纳乐决定抢在俄国前面控制北方铁路。在 9 月的第一个星期，当负责北塘（在大沽附近）和山海关炮台的中国将军私下透露，他希望向英国投降时⑤，这一时机来临了。索尔兹伯里得知这一消息时，他否定了窦纳乐的先发制人政策，并直截了当地宣称：由于如果俄国违背"1899 年 4 月协议的精神"采取行动，英国将提出抗议，所以她自己不会着手采取这个方针⑥。当瓦德西抵达华北时，他宣布山海关炮台将置于联军的共同控制之下。达成的协议是，法国和俄国各占一个炮台，德国、意大利和奥地利掌管第三个炮台，英国和日本控制第四个炮台。这一协议是在

---

　　①　怀特黑德致索尔兹伯里电上的批文，密电第 62 号，1900 年 9 月 13 日，英国外交部档案：F.O.46/531。

　　②　索尔兹伯里致窦纳乐电，第 96 号，1900 年 9 月 24 日，英国外交部档案：F.O.17/1417。

　　③　格里尔森致陆军部，最终报告……，1901 年 7 月 24 日，情报处致外交部，1901 年 8 月 12 日，英国外交部档案：F.O.17/1508。

　　④　同上。

　　⑤　中国通信，见于 1900 年 9 月 13 日的第 124 号件，英国外交部档案：F.O.228/1334。

　　⑥　索尔兹伯里致窦纳乐电，第 87 号，1900 年 9 月 7 日，英国外交部档案：F.O.17/1417。

俄国人抗议下才作出的；阿列克谢耶夫海军上将正式声明：他认为山海关是"俄国在'满洲'军事行动的左翼和势力范围"，但他将同其他国一起悬挂国旗[①]。这一口岸控制着北方铁路与长城的连接处，俄国控制它的决心在占领过程期间就已显露出来了。

为满足中国要塞指挥官的愿望，汇丰银行的禧在明爵士被选派赶在国际派遣军前面通过英国之手安排和平移交，这使得禧在明所带领的一小支护卫队得以表面上以保护为名占领了这个瓦德西忘记分配的十分重要的火车站。当10月1日其他列强的军队抵达时，俄国人置他们的炮台于不顾，冲向了这个火车站，但是他们懊丧地发现英国人早已占据在那里。到10月3日，已有7000俄国军队调离唐山和旅顺口。当这些军队不得不撤到东北执行任务时，俄国留下了一名三年衔龄的少将来指挥两个营的弱卒，从而保证它对港口的行政控制。"华北的事态确实难以容忍"，汉密尔顿在谋求索尔兹伯里占领该港口（占领实际上两周前就已完成）时评论道，但是英国必须参加，否则，"我们有可能完全被甩在一边"[②]。为了重新控制，资历居第二位的英国将军里德得到提升，这样将他置于主管的地位。24小时以后，那位俄国人也宣布他得到提升。面对这种无畏的决心，英国遂将此事放弃[③]。

同样，俄国在北方铁路方面的活动如果不是受到了瓦德西的怂恿，也是得到了他的容忍。这条铁路是由英国人建造和经营的，它是在北方"英国势力最后剩下的一个楔子"[④]，没有它，英国就休想对清廷处于有影响的地位。俄国已经控制了大沽—天津段铁路，同时她也在动工修复天津至北京的铁路线，只是由于窦纳乐抢先行动，占领了杨村那边的丰台，俄国才停止向前。最后一段铁路是东面从大沽到山海关的一段。在山海关占领以后的军队大量调动期间，一支由泽尔皮斯基将军率领的俄国小分队悄悄地

① 驻华舰队司令致海军部电，第206号和210号，1900年9月27日、10月1日，英国海军部档案：Adm.116/117。

② 汉密尔顿致索尔兹伯里，1900年10月13日，索尔兹伯里文书：91/45。

③ 盖斯利致印度事务部电，第42号，1900年10月9日，英国外交部档案：F.O.17/1448；鲍威尔致印度事务部，1900年11月8日，附于印度部致外交部函，1900年12月31日，英国外交部档案：F.O.17/1451。

④ 禧在明备忘录，英国在华地位，附件，1900年3月22日，英国外交部档案：F.O.17/1438。

开了进来，并通过沿铁路线派 3000 名士兵警戒的简单策略占领了这段铁路。这是对瓦德西的非经他的指示不得占领任何地方的命令的公开违抗。然而俄国人拒绝撤离，并且借口对这条铁路有征服权而要求予以占领。后来，在英德协定签定以后，英德表现出较大的相互信任的趋向时，瓦德西向窦纳乐强调指出，"除了开战以外"，他只得被迫默许①。但是，当时各国对瓦德西的这一讨好行为反应不一。10 月 4 日，盖斯利从天津回来报告说，瓦德西已经决定俄国人有权控制和建造大沽至杨村的铁路，而剩下的杨村至北京段应由德国在其他列强援助下修建。瓦德西也暗示，应当容许俄国人保持大沽至山海关的铁路②。尽管索尔兹伯里立即命令在柏林提出抗议，尽管由美国发起，美国、日本和英国的将领们对瓦德西提出抗议，但这位陆军元帅依然坚持他的意向。10 月 8 日，瓦德西发布一道军令，肯定了对铁路线的这种占用方式③。格里尔森明确指出："我敢说，统帅部参谋机关对在此的俄国人的态度是由纯粹的德国政策考虑和对他们的担心所决定的……"④

这样，在瓦德西接管权力的两周内，即恰好在英德协定缔结前不久的时间里，英国被剥夺了所有的战略要地，甚至丧失了窦纳乐以前取得的战略要点。她被授权管理某些沿海港口工程，但却明确规定，各国应同样有权获得这种管理权。而对俄国人却没有规定这样的条件。铁路已成为控制华北的标志，但它却从英国手中溜掉了，在几天以后，俄国人把所有的机车车辆都涂上了西伯利亚铁路的颜色⑤。

10 月 12 日，托马斯·桑德森爵士写信给萨道义说：

　　我不知道中国朝廷在干什么？瓦德西在寻求什么？俄国人想要干

---

　　① 窦纳乐致索尔兹伯里电，第 174 号，1900 年 10 月 23 日，英国外交部档案：F.O.17/1418。

　　② 窦纳乐致索尔兹伯里电，第 143 号，1900 年 10 月 4 日，英国外交部档案：F.O.228/1334，文中提到大沽是为了强调其战略位置；严格地讲，铁路线经过的塘沽是这个港口的铁路线起点。

　　③ 索尔兹伯里致拉塞尔斯电，第 188 号，1900 年 10 月 7 日，英国外交部档案：F.O.64/1496；窦纳乐致索尔兹伯里电，第 149 号，1900 年 10 月 11 日，英国外交部档案：F.O.17/1418；军令（军队统帅部，天津，1A，599 号，1900 年 10 月 8 日）见于杂类档 118A/1900，英国外交部档案：F.O.228/1343。

　　④ 格里尔森致陆军都常务次长密函，第 1 号，1900 年 10 月 2 日；附于陆军部致外交部函，1900 年 12 月 11 日，英国外交部档案：F.O.17/1451。

　　⑤ 窦纳乐致索尔兹伯里电，第 149 号，1900 年 10 月 11 日，英国外交部档案：F.O.17/1418。

什么？只有一件事情是确定无疑或无法否认的，那就是每个人都在攫取我们的铁路。①

英德协定的谈判正是在这样的背景下进行的，在俄国军队可能想采取侵略行动之机，得到德国的支持，这就显得意义重大。联军对中国人没有采取和平动议。展现出来的前景是，在德国的领导下，以报复政策为依据的对华北的无限制的军事控制。10月4日，这一行动由一次对保定府的联合军事远征拉开了序幕。瓦德西同时希望把这些惩罚性的远征扩展到直隶省界之外。当遭到抵抗时，德国极力主张封锁对流亡朝廷的一切供给，以便迫使它返回北京②。

索尔兹伯里拒绝考虑采取任何对清廷实行饥饿的政策，将其从躲避处逼出来的任何措施。他声称，尽管德国非常急于"做些事情"，但他"不赞成海盗般的行径"③。他指出：如果朝廷遭受饥饿被迫返回，"那将会引起一场势力竞争，那对我们就最糟了"④。

索尔兹伯里的目标是限制动乱地区的范围，将瓦德西的军事控制限定在直隶省，并劝阻对内地的惩罚性远征。他希望维持1899年的英俄协定。因此，他容忍了俄国军队在华北的挑衅行为，并拒不批准英国采取报复性措施。他希望早开和议。

如果德国打算支持俄国的扩张政策，或者如果英国要磋商一项反俄同盟，所有这些都不可能实现。唯一的解决办法是约束德国，使其同意不利用中国现有的形势谋利。这一安排不应触犯与俄国业已达成的协议；这样英俄关系就能不用进行讨厌的前途未卜的谈判而恢复正常了。在同意把和德国的协定限于38°线以南的地区的时候，索尔兹伯里作出了比这更多的让步，但是这个错误不久就得到纠正。在最后的文本中，所有涉及38°线的提法都取消了；而代之以将维护英国现有条约权利的提法写入了协定。对1900年10月16日英德协定进行一番考察，即知索尔兹伯里实现了他的目标；而德国所希望的对长江流域地区采取的攻势被巧妙地避开了，她

① 桑德森致萨道义，1900年10月12日，英国国家档案局存档：P.R.O.30/33/7/1。
② 桑德森备忘录，1900年10月11日，英国外交部档案：F.O.17/1418。
③ 桑德森备忘录上的批文，1900年10月18日，英国外交部档案：F.O.17/1448。
④ 索尔兹伯里在1900年10月18日伯蒂备忘录上的批文，英国外交部档案：F.O.17/1448。

在北方采取专横和投机活动的倾向也受到了遏制。与此同时，重新确认了英国对北方铁路的权利，1899 年的英俄协定也未遭侵犯。

英国内阁接到协定后感到失望。照汉密尔顿的意见，它只是重复了"一些陈旧的自我克制的条例"①。他同时评述：这个协定的重要性在于它将英国和德国拉到了一起。这种考虑渐渐支配了亲德派大臣们的态度。不像索尔兹伯里，他们把它当作在远东形成一个反俄同盟的良好开端。在 1901 年春，他们试图运用它在东北反对俄国。而德国随后拒不接受这种解释，使他们大失所望，这种失望在促使他们放弃英德同盟的想法中起了很大的作用。不过，在 1900—1901 年冬，认为英德已经达成一致目标的信心发挥了有益的作用。11 月，兰斯多恩接替了索尔兹伯里在外交部的职务，英德协定使他能够充满信心地面对中国问题，认为他背后有这一个必要盟友的支持。

---

① 汉密尔顿致寇松，1901 年 10 月 24 日，汉密尔顿文书。

第九章　联合照会

10月4日，法国外交部长德尔卡塞向列强发出照会，提出与中国达成和解的六点要求。这项动议来得正是时候。在使馆解围以来的两个月里，俄国的撤军建议连同德国先惩办凶犯的要求造成了一种形势，使得早开正式和议变得日益遥远。德尔卡塞建议，应接受以下六点做为通向和解的共同基础：

1. 惩办列强驻北京的代表们所指定的主要凶犯。
2. 坚持列强间所拟定的禁止输入武器的规定。
3. 向国家、团体和个人公平赔款。
4. 各国设置常驻卫队以保卫在北京的使馆。
5. 拆毁大沽炮台。
6. 由列强协议决定对某些据点实施军事占领，保持希望至海边的各国使馆人员或希望从海边前往首都的军队的道路常久开放。①

这个单子不算过分。针对迄今充盈外交界的惩凶要求，法国增加了其他五点。包括赔款和保证在华外国人安全的足够措施，但其中并未提及中华帝国的将来地位。在列强通过其驻北京代表进行了两个半月的艰苦磋商之后，这六点就成为12月24日提交中国接受的联合照会的基础。谈判于是在北京继续进行，直到1901年9月同中国达成和解。

这些谈判只是部分解决了义和团问题。事实上，它们在涉及列强的更

---

① 索尔兹伯里转致窦纳乐电，第115号，1900年10月6日，英国外交部档案：F.O.17/1417。已出版的蓝皮书，（中国），第5号（1901）第5页，词句略有变化。

大的政治问题面前变得黯淡无光，而这些问题是不能拿到北京的会议桌上来的。因此，当在东北问题上国际危机正炽的时候，当华北的列强军队在控制北方铁路以及其他战略要点上处境危殆的时候，与会的全权公使们只是在表面上显示出一致，来与中国人达成和解。

在接到法国的建议后，索尔兹伯里立即将其发送窦纳乐，征求他的意见。窦纳乐在 10 月 12 日的答复里提议增加若干点，这几点月底在北京被提出来以供考虑。

10 月 9 日，法国驻伦敦大使康邦去见索尔兹伯里，听取他的反应，索尔兹伯里除最后一项建议外对所有各点表示赞同。索尔兹伯里不主张由联军占领北京—天津—大沽间的一连串炮台，即法国的如何贯彻实施第六点的想法。他坚持，各国只要愿意，可以自己占有一个近海且实用的炮台①。在几天以后，即 10 月 16 日的另一次谈话中，索尔兹伯里重申了这一点，并对第四点所规定的使馆常驻卫队到底是一支集体部队、抑或是由各国单独保持一支部队一事表示有所忧虑，同时，他更愿各国发出内容相同的照会的形式，而不是集体照会②。

索尔兹伯里对第六点的立场，是他对 8 月解围后不久法国提出的建议的强硬反应。在 8 月 24 日与伯蒂的会谈中，康邦曾建议，列强有必要永久占有大沽炮台，索尔兹伯里当时是在各国应独自占有一座炮台的条件下表示了赞同③。索尔兹伯里之所以有所保留是因为：首先，他不愿意英国投入联合行动或使英国军队受外人指挥；其次，他决心避免任何意义上的义务，尤其是有关驻扎使馆卫队的义务。

10 月 17 日，法国建议，由于所有列强都已接受了德尔卡塞的基本要求，应向中国代表予以提出。索尔兹伯里以为他所作出的保留已经纳入，因而指示窦纳乐参与发出内容相同的照会④。然而，当两天后照会的新措词提交外交部的时候，人们发现，德尔卡塞所建议的京师至大海之间以一

---

①　索尔兹伯里致窦纳乐电，第 125 号，1900 年 10 月 11 日，英国外交部档案：F.O.228/1341。

②　康邦致索尔兹伯里，德尔卡塞关于谈判基础的谈话纪要；关于第 6 点和第 4 点的讨论，附索尔兹伯里的答复；康邦的答复；索尔兹伯里文书：S.P.119/83.84.87。

③　伯蒂关于与康邦会谈的备忘录，1910 年 8 月 24 日，英国外交部档案：F.O.17/1445。

④　索尔兹伯里致窦纳乐电，第 130 号，1900 年 10 月 17 日，英国外交部档案：F.O.17/1417。

连串据点为标志的通衢大道被保留了下来。桑德森收到了这个照会，他同意，由于法国的建议已经出笼，索尔兹伯里应接受它原来的措词，进一步的修正可以在北京讨论①。索尔兹伯里得知这一切后，他直截了当地声言：康邦误解了他们的会谈，对此他不能表示赞同②。然而，经考虑后，他还是接受劝告，同意了桑德森的观点。英国驻彼得堡临时代办哈丁发来消息声称：鉴于法国的建议已使形势发生变化，俄国将保留同中国全权代表联络的权利。实际上，这放弃了她的撤军政策。此外，艾卡尔德斯坦出来发表讲话：尽管法国已答应不反对索尔兹伯里所提出的保留，但德国觉得，在列强完全同意基本要求之前，开始谈判将是一个错误。任何事情也比不上局势的混乱更适合德国的军事野心，索尔兹伯里通过伯蒂回答：保留条件是事先加进还是在北京加进这无关紧要，只要它们成为措词相同的照会的一部分就行，他已对窦纳乐发出了相应的指示③。事实上，窦纳乐没有得到指示；但索尔兹伯里不愿在德国面前冒险表现得优柔寡断。直到三天以后，窦纳乐才授权参加谈判，条件是在允许索尔兹伯里作保留的情况下对第六点作了条补充。这条补充如下："各国有权占领一个从海上可以通达的据点并对之设防，各国使馆人员在需要时可以在那里寻求庇护。"④

当月底谈判在北京开始的时候，代表们开了个很不好的头，俄国公使格尔思透出风来说，他打算在 10 月 26 日的首次会议上建议停战。然而，当代表们开会时，新任德国公使穆默领头大声强烈反对任何停战。穆默很成功，以至于会议完全被惩凶问题占据了。讨论集中在 9 月 25 日朝廷发布的上谕上，上谕详述了对起义负有责任的官员的惩办。公使们认为，中国人所提出的惩办名单和分量都是不够的。他们已经于 10 月 8 日表示了对此的不满，这和有罪的官员名单里没有毓贤和董福祥的名字特别有关。26 日，此事被再次提起。

欧内斯特·萨道义爵士在讨论中起了突出的作用。他在前一天接替了

---

① 桑德森备忘录，1900 年 10 月 19 日，英国外交部档案：F.O.17/1148。

② 索尔兹伯里致桑德森，1900 年 10 月 19 日，英国外交部档案：F.O.17/1448。很难说德尔卡塞是真犯错还是故意犯错，俄国在很大程度上预先获悉了法国的建议也是一件有趣的事。

③ 伯蒂备忘录，1900 年 10 月 23 日，英国外交部档案：F.O.17/1448。

④ 索尔兹伯里致窦纳乐电，第 141 号，1900 年 10 月 26 日，英国外交部档案：F.O.17/1427。

窦纳乐，非常想在其他外交官中确立其声望。他新到北京，并且有点淹没在关于围困使馆的叙述和他最近读到的领事报告所讲的拳民对各省的传教士"恶魔般凶残"的记载中①。因而，当惩凶问题被提出来的时候，他建议应对有罪的中国官员要求处以死刑②。穆默高兴了，对他予以热情支持。两位公使在意大利公使萨尔瓦葛的帮助下，面对建议使用"严惩"字眼儿的格尔思的激烈反对，使这项要求获得了通过。最后，列强采纳了一项决议，称："外交使团同意以最后通牒的形式要求除处死董福祥和毓贤之外，对名列上谕（即9月25日上谕）的罪犯处以死刑。"③

10月28日，格尔思提出他的停战建议。美国和日本分别声明赞成这项提议。萨道义希望借此安慰格尔思，也表示了支持。然而，当李鸿章第二天向萨道义提出停火问题时，萨道义让人们离开房间，然后告诉李说，英国赞成停战，但是要在整个中国而不只是在直隶停战④。这指的是东北——正在进行正式军事行动的唯一其他地方，格尔思于是立即放弃了他的建议⑤。

11月5日，德国建议切断逃亡的清朝廷的给养，以便迫使它返回北京。这项提议遭到拒绝。从萨道义的报告可以明显看出，他想朝廷返回对英国是有利的，但出于威信的缘故，英国宁愿由中国方面提出此项建议⑥。

对萨道义的态度需要仔细地考察一下。8月20日，在他动身前往远东的五天前，萨道义与伯蒂在外交部为最后简要了解中国的形势而进行了一次长谈。伯蒂那时仍假设中国将爆发一场内战并据以工作，因而料定在长江流域将产生严峻的局势，这就是为什么索尔兹伯里8月10日在哈特菲尔德决定立即派遣萨道义的原因。随着瓦德西的任命，预计在华北将发生持久的军事行动。关于俄国在这一动荡形势下的活动，萨道义评述："俄

---

① 萨道义致兰斯多恩函，1900年12月6日，兰斯多恩文书。

② 萨道义日记，1900年10月26日。

③ 萨道义致索尔兹伯里电，第177号，1900年10月20日，英国外交部档案：F.O.17/1418。

④ 萨道义日记，1900年10月29日。

⑤ 萨道义致索尔兹伯里电，第189号，1900年10月30日，英国外交部档案：F.O.17/1418。在本章和下一章里，萨道义有关在北京谈判的电报得到了内阁会议议事录的补充。这些记述都收在1900年和1901年的外交信函中，英国外交部档案：F.O.17/1414—1416，1469—1481。

⑥ 萨道义致索尔兹伯里电，第194号，1900年11月6日，英国外交部档案：F.O.17/1418。

国将为了兼并'满洲'有的是事可干。"①10月8日，萨道义从上海私下写信给索尔兹伯里，以确认他对他的使命的看法。他认为，英国的政策是"同其余的全权公使们行动一致，并尽最大可能在这种形势下保全中国的独立"②。于是，在会议上，他要求对犯罪的中国官员处以死刑，并支持俄国的停战建议；在私下里，他暗示停战应当扩展到东北。还没有发现足以表明索尔兹伯里此时决心从俄国手中夺取东北的证据。事实上，当格尔思提出建议的时候，将东北排除在外的英德协定刚刚缔结，尽管公布这一协定被推迟了十天。萨道义在与华北英国军事当局协商后，公开宣称他的行动理由是，如果把东北包括在内，他将支持停战，因为：

（1）冬季不能进行军事行动。

（2）这将便于朝廷的返回③。众所周知，他料想索尔兹伯里是赞成朝廷返回的。

直到此时，内阁在停战一事上并未作出断定。俄国在8月底所呼吁的全面撤军已被拒绝。然而，当萨道义报告他曾经支持俄国要求停战的呼吁时，内阁不置可否。或许伦敦更加清楚地认识到，他所规定的条件已排除了俄国接受的一切可能。德国在10月中旬努力寻求英国的合作，以上将朝廷饿出其躲避之地，遭到了英国的拒绝。但是，当穆默在北京再次将它提出时，人们看到，英国赞成朝廷的返回，澄清局势就大有必要了。索尔兹伯里立即作了答复，他"牢记俄国和中国地理上的关系"，并对萨道义争取朝廷返回的希望发生了怀疑④。

自从危机开始以来，这种考虑曾在政府心目中占了很大比重。在整个夏季，由于俄国似乎在坚固她对华北的控制，欧格讷在旅顺口危机时所强调过的"不可避免的历史插曲"看来即将实现。可能的解决办法是，争取将中国首都迁至一个英国有较大控制力的地方。米特福德在危机初期致《泰晤士报》的一封信中即已提出这个老问题。出于对义和团活动的愤慨，米特福德曾劝说首都应迁往南京，以便"瓦解倒退派，恰似新的建筑

---

① 萨道义日记，1900年8月20日。

② 萨道义致索尔兹伯里，1900年10月8日，英国国家档案局存档：P.R.O.30/33/14/11。

③ 萨道义致索尔兹伯里密电，第179号，1900年10月27日，英国外交部档案：F.O.17/1418。

④ 索尔兹伯里致萨道义密电．第158号，1900年11月6日，英国外交部档案：F.O.17/1417。

规划摧毁伦敦贫民窟的破房子一样"①。当朝廷逃走以后，这在政治上成为可能，9 月初，伯蒂争辩道：

> 如果我们能使中国政府厌恶返回北京，并从而引导他们永久安顿在其他地方，即使这个新首都地处内地，对我们来说它也比在北京由俄国庇护并处于其掌握下要好。②

萨道义在觉察到政府对朝廷返回的看法后，提出了同样的见解。他说：

> ……鉴于俄国占有旅顺口和"满洲"铁路已经完工（他宣称），俄国将能够在任何情况下夺取华北（并且我看不出我们将如何预防一场突袭），我的意见是，我们的政策应当确保当拿掉蜂巢时蜂王不在家中。③

然而，有两点考虑阻止了内阁积极地贯彻这一政策。第一点考虑是兰斯多恩在答复萨道义的蜂巢政策时指出的，他写道：这个理论有很大的吸引力，"但蜂群会被容许在其他地方而不是北京安居吗"④？第二点考虑是，迁都南方实际上将会把北方放弃给俄国，并迫使英国采取势力范围政策。这种极端的步骤如果可能的话必须避免，尽管在 1900 年秋季有时看起来几乎是必须的。内阁还不知道，俄国当时同样急于并尝试通过李鸿章将朝廷迁至"'满洲'王朝的摇篮"——沈阳⑤。

因而，英国采取了一种不确定的态度，并未采取鼓励朝廷返回北京的行动，也未在"给养"问题上支持德国，在停火问题上支持俄国，因为这有可能陷于俄国的控制之下。另一方面，英国敦促与中国人早开正

----

① 弗里曼·米特福德：《泰晤士报》1900 年 6 月 22 日。米特福德是兰斯多恩的一位挚友，与政界关系密切。
② 伯蒂备忘录，1900 年 9 月 6 日，见霍必澜致索尔兹伯里电，第 120 号，1900 年 9 月 8 日，英国外交部档案：F.O.17/1437。
③ 萨道义致索尔兹伯里密电，第 202 号，1900 年 11 月 12 日，英国外交部档案：F.O.17/1418。
④ 兰斯多恩致萨道义函，1900 年 11 月 14 日，兰斯多恩文书。从 11 月 11 日起，外交部的函电由兰斯多恩处理，但他经常征求索尔兹伯里的意见。
⑤ 这个处理办法通过乌赫托姆斯基提出，他当时在北京谈判单独解决东北问题。罗曼诺夫：《俄国在"满洲"》，第 195 页。

式谈判。因为军队有限，会议室是她能成功地反对俄德掠夺野心的唯一地方。

与此同时，就在俄德的建议正被考虑以及死刑的要求反映给国内政府之时，代表们在提出的联合照会中争议不大的问题上取得了急速进展。

在接到德尔卡塞的六点要求之后，窦纳乐于 10 月 11 日曾提出增加几项条款，以扩充照会的内容。对德尔卡塞的惩凶条款，窦纳乐建议加上所有那些在省内纵容大屠杀的官员们，在发生虐害事件的地方废止乡试。专门列举各省一事遭到其他列强的抵制，他们觉得，德尔卡塞文本中的"各国代表将随后指定的那些人"这一句已足以包含这一条款。事实证明并非如此。1901 年萨道义的一项最为繁重的工作就与省内惩凶有关。同时，也根据窦纳乐的建议，停止乡试的期限定为 5 年（第二款第二条）①。窦纳乐增加的另一项条款是张贴谕旨公告：1. 禁止拳民活动。2. 说明惩办方法。这得到一致通过（第十款第一条）。他所建议的取缔总理衙门、任命一名中国外务大臣以及在合理基础上同清廷建立关系，在有保留的条件下通过了，只有俄、法、日三国反对（第十二款）。

当萨道义接手谈判时，德尔卡塞的条款被解释得更加准确并进一步扩大。关于防御的条款，索尔兹伯里所提出的有关使馆卫队单独成立的建议被接受了（第七款有所改动）；但是，在德尔卡塞所提议的大沽至北京的一连串据点的建议和索尔兹伯里所提的关于有权占有一个据点的保留之间，双方做出了妥协。这一妥协很幸运；在他要求"各国有权占领和设防一处近海据点"从而使英军避免承担内陆的义务之时，索尔兹伯里为依据旅顺口的模式而提出进一步的领土要求提供了一个机会。而另一方面，妥协性的补充条款又防止了这一点，通过规定占领某些据点要"由列强间的协议来决定"，这就有效地遏制了这种单独要求。禁止武器输入的问题比较微妙，将它包括在内是因为它是在围攻使馆期间所强调的。它最后被纳入联合照会内，关于禁止的期限留待进一步讨论。

11 月 5 日，萨道义在有关修改商约的基础上提出了一条重要补充，并在俄法的反对下被予以采纳。10 月 15 日，当列强忙于评估德尔卡塞的

---

① 英国的建议或增补在联合照会里被用括号标出。照会原文本见下文附录二。

基本要求时，中国人单方努力，提供了一项达成和解的基础。建议包括 5
条：第 1、2、5 条确认任命李鸿章和庆亲王为中国的全权代表，承认中国
有罪和有赔款的责任，并要求预先停止敌对行为。第 3 和第 4 条更为重
要，这些条文如下：

（3）列强须就（有关）将来贸易和交往的程序作出决定；决定是
维持及在某种程度上扩大现有条约呢，还是根据（各国的？原文模糊
不清）特殊需要起草一项全新的条约。

（4）拟定一项协定，作为中国与列强间谈判的普遍基础；此外，
各国将磋商单独的和解性协定——这些将按（列强？领地？原文模糊
不清）依次作出安排。

附录声明，第 4 条的单独协定与第 3 条的商约彼此无任何联系[1]。
第 3 条显然针对的是赞成门户开放和修订关税与厘金的列强，尤其是
针对英国；第 4 条针对的是更倾向势力范围政策的列强。事实上，这一条
直接指向的是俄国在东北问题上的单独协定，协定那时正在谈判的开始阶
段，列强对此尚不知晓。

伦敦和上海的商界强烈反对任命萨道义在北京任职，因为他们认为他
不是一个能够充分保护他们利益的实干家。当获悉他同窦纳乐的人事变动
后，英商中华社会宣布了他们公开表示反对（向外交部提出）的决心，以
便“尽可能最强烈地、系统地公开阐明公众和私人的抗议，……并表示现
时要求一名非凡的人”[2]。这种恶毒攻击可能坚定了萨道义的决心。他一到
北京，就抓住了 10 月 15 日中国建议的第 3 条，“作为一个有用的把柄”[3]，
以使英国能够在联合照会中加进一条以后缔结一项商业协定的规定。萨道
义通过谈判助成了这一目标（第十一款）。在整个 1901 年，面对其他列
强的干预，他小心地捍卫它，并满意地看到，通过在上海英国操纵下的磋

---

① 庆亲王和李鸿章致英国代表，1900 年 10 月 15 日（光绪二十六年八月二十二日），51 号，附
件，英国外交部档案：F.O.228/1350。

② 盖德利致金登干，1900 年 9 月 21 日，英国外交部档案：F.O.17/1447；参见：伯尔考维茨：《中
国通与英国外交部》，第 271—275 页。

③ 萨道义日记，1900 年 10 月 23 日；萨道义致索尔兹伯里电，第 177 号，1900 年 10 月 26 日，
英国外交部档案：F.O.17/1418。

商，它发展成为 1902 年的《马凯条约》*。为驳斥商界对他的指责，萨道义为马凯所仔细奠定的基础无疑是英国在和解中所取得的一项最重要的收获。

关于棘手的赔款问题，在进一步获悉情报以前，代表们慎重地将讨论保持在一般水平。然而，在 10 月初，窦纳乐补充了一条人道性建议；遭受虐害的外国人的中国仆从也应给予补偿（列入第六款）。他同时建议，列强应就赔款担保的范围和方法事先达成协议，"以防利用以后提出的要求作为榨取让予权的手段"①。这样，窦纳乐预见到了后来赔款谈判的方向；但是，在他所建议采纳的方法中，他转而接受由国际共管中国的财源，这就意味着英国所小心谨慎捍卫的独占物——中国海关将由国际共管。对此发表意见显然为时尚早，但是，根据意大利提出的一项作为补遗列入德尔卡塞第三点要求的妥协性建议，联合照会保持了平衡。这条建议如下："中国须根据列强所指示的方针采取财政措施，以保证偿付赔款和担保贷款。"俄国由于得到日本的一些支持，坚决表示反对这一条。直到 11 月底，当"列强所能接受的财政措施"取代了"根据列强所指示的方针"时，俄国才在劝说下改变了立场②。

代表们一致接受规定派遣一名中国使臣赴欧洲为克林德被害谢罪的补充建议。这在联合照会中被置于显著地位，日本因而也要求对谋杀杉山彬采用同样措施，尽管它较为温和。这被列入了第三款。为维护外国的威信，列强要求中国进一步作出让步，竖立赎罪碣碑，以纪念外国人墓地中遭受亵渎的坟茔。

到 11 月底，联合照会的主体大纲已经制订出来：（1）法国的六点基本要求；（2）被采纳的补充规定。这样，除惩凶一事外，一切都达成了协议。

10 月 26 日的首次会议上所临时采纳的建议规定：应以最后通牒的形式，要求除董福祥和毓贤之外，还要对名列 9 月 25 日上谕的有罪官员处以死刑。此外还设想将德尔卡塞所提出的要点第一条放进照会，这条规定

---

* 即英国政府派遣的修约专使马凯与吕海寰、盛宣怀于 1902 年签订的《中英续议通商行船条约》。——译者。

① 窦纳乐致索尔兹伯里电，第 151 号，1900 年 10 月 11 日，英国外交部档案：F.O.17/1418。

② 萨道义致兰斯多恩电，第 214、215 号，1900 年 11 月 23、24 日，英国外交部档案：F.O.17/1418。

把代表们所指定的案犯举列进去。这是一种毫不妥协的态度，它将惩罚问题完全置于外国列强的手中。联合照会从 11 月底到一个月后提出为止，其历史大致上是一个从这一强硬立场退缩的历史。

这一过程是由英国发端的。当伦敦接到 10 月 26 日的建议后，托马斯·桑德森爵士立即评述道，它的措词有点儿漫无边际和难以确定，可以解释为能将慈禧太后也包括进去。桑德森关心的是英国与长江流域的总督们的关系，在霍必澜成功地争辩说，除非太后的人身受到尊重，否则他们将会发动叛乱之后，英国不久前已就慈禧太后的安全作出了保证。桑德森认为，如果要下一道最后通牒，只应限于对"官员或私人"①。索尔兹伯里则更进了一步，表示他讨厌下达一道最后通牒的整个想法。他评论道："（中国）政府可能疯狂乃至加以拒绝，那时我们该怎么办呢？"② 因而，他提醒萨道义说，如果代表们的意图是对任何反对建议都不予考虑，那么"我们将冒在谈判伊始就陷于僵局的危险"，尤其是如果代表们能随意提出死刑要求的话，因为中国人将觉得"自慈禧太后以下无人能确保安全"③。

在答复中，萨道义承认，"最后通牒"这个词被代表们用得太随便了，在将来应该避免，而且并未有人要求惩办慈禧太后。11 月 13 日，"最后通牒"一词在惩办条款中正式被取消④。

到此时，代表们正在对他们的强硬立场进行重新考虑。随着"最后通牒"一词的取消，讨论开始集中在死刑问题上。在中国的罪犯中，最有权势的两名官员是端王和董福祥，甚至最敌对的公使也谨慎地避免提到端王，然而，10 月 26 日的建议特别提到了董福祥的名子。董的麾下有一支相当尽忠的部队，人们认为，他将"不服约束，如果强迫要他的脑袋的话"⑤。到本月底，这种清醒的认识削弱了代表的决心。萨道义最初建议死

---

① 桑德森致萨道义的备忘录，电报第 177 号，1900 年 10 月 26 日，英国外交部档案：F.O.17/1448。

② 桑德森上述备忘录上的批注。

③ 索尔兹伯里致萨道义电，第 147 号，1900 年 10 月 29 日，英国外交部档案：F.O.17/1417（电报未发送上海或其他地方）。括号中显示的这一保留表明，政府想通过否认霍必澜的爆炸性情报，努力限制他的煽动性行为；当时的做法是，把北京的所有消息都复述给上海和东京。

④ 萨道义致索尔兹伯里电，第 192、204 号，1900 年 11 月 3 日、13 日，英国外交部档案：F.O.17/1418。

⑤ 萨道义致兰斯多恩函，1900 年 11 月 15 日，兰斯多恩文书。

刑，此时他得出结论，去要求不能得到的东西简直是枉费心机①。

这一情绪本身感染了各国政府。到 11 月 23 日，英国内阁意识到，美国、俄国、法国和日本反对坚持要求处死中国政府可能不会交出的高级官员，从而危害和谈。柏林也表露出了这种看法，有迹象表明，德国不会坚持不让步②。兰斯多恩写信给索尔兹伯里道："很清楚，在判处死刑的事情上正开始出现类似一边倒的情况。"③法国大使康邦于是出来宣称：由于美国和日本通函反对坚持死刑惩办，法国经与俄国协商，准备用"严厉的惩罚"来替代"判处死刑"④。经过一个月的艰苦讨论，重新恢复了格尔思所提出的遭到拒绝的措词。

对曾经极端强烈地宣称主张判处死刑的列强们来说，眼下是他们能够接受这一形势的最好时机了。拉塞尔斯在与哈茨费尔德会谈后得出了一个印象：德国希望"利用女王陛下政府作为他们下台阶的梯子……他们想成为最后一个作出让步的人"⑤。

这似乎是德国的意图，驻北京的穆默接到指示，在萨道义本人作出声明之前，不要签字。这只是一个威信问题，兰斯多恩认为，它可以通过私下的协议获得解决；索尔兹伯里在对德问题上总是表现得更不妥协，他直率地声称，英国不应当率先带头来使德国满意⑥。

面对这些情况，内阁日益意识到依据萨道义简略含糊的电告开展工作的困难。兰斯多恩要求提供文本的全文。当 12 月 2 日文本到达时，人们看到，所有关于最后通牒和判处死刑的提法都取消了。同时也注意到，加进了一条绪言，绪言概括了对中国所犯罪状的一般性指控，然后以在和平关系恢复之前必须满足"定而不移之要款"（即联合照会的条款）的提法

---

① 萨道义致兰斯多恩函，1900 年 12 月 6 日，兰斯多恩文书。康格就董福祥一事写信给海约翰道："我已督促我的同僚们把他的名字从第一条要求中撤出，以便他能执行皇帝的命令，处死其他的人。"美国外交文书（1900 年），第 229 页。

② 伯蒂备忘录，1900 年 11 月 22 日。英国外交部档案：F.O.17/1450；兰斯多恩致萨道义电，第 171 号，1900 年 11 月 23 日，英国外交部档案：F.O.17/1450。

③ 兰斯多恩致索尔兹伯里，1900 年 11 月 27 日备忘录，英国外交部档案：F.O.17/1450。

④ 伯蒂备忘录，1900 年 11 月 30 日，英国外交部档案：F.O.17/1450。

⑤ 伯蒂备忘录，1900 年 12 月 1 日，英国外交部档案：F.O.17/1460。

⑥ 桑德森备忘录，1900 年 12 月 6 日，英国外交部档案：F.O.17/1450；索尔兹伯里在兰斯多恩致索尔兹伯里信上的批示，1900 年 11 月 27 日，英国外交部档案：F.O.17/1450。

结束①。与此同时，萨道义报告说，代表们中间有一种反对"定而不移"字眼的情绪，认为这个字不承认有任何妥协。北京方面也觉得，应当用"必不可少"的字句予以代替，并且应进一步在惩办条款中删去所有的人名。

12月9日，内阁讨论了草案。内阁决定，这一较轻的代替方案很不利，应当在惩办条款中保留判处死刑的提法。萨道义接到指示："你应当记录在案，依女王陛下政府之见，新方案要含有将最恶劣的罪犯处以死刑的意思，现指示你在与中国全权代表的谈判中力求做到这一点。"②内阁也对"定而不移"字句或它的替换词"必不可少"提出异议，理由是如果中国人不顺从的活，英国将参与联合讨伐的行动，而行动的范围并未确定。因此，内阁建议从绪言中删去这些词句，而代之以这样的语句："下列条款将适当地抵偿所犯之罪并为防止其再次发生提供最好的方法。"③内阁对形势并不完全了解就表了态。正如所有这类性质的谈判一样，为了避免在会议上出现普遍退缩的窘境，应当考虑到其他列强可能作出的反应，因而采取任何态度均得进行仔细衡量。由于据信其他列强也赞成去掉"定而不移"这个词，内阁受到鼓舞而公开表明了立场。

然而，指令发送给萨道义之后，事态发生了急剧的转折。萨道义报告：代表们已进行了一次投票表决，六家列强投票赞成原来的文本，保留"定而不移"一词；只有四家赞成英国的修正案，这四家列强是美国、日本、俄国和英国。美国公使康格随后通知他的政府，多数列强赞成"定而不移"词句，于是，他接到指令，改投赞成原来文本的票；俄国和日本对文体的措词甚不关心，因而也改变了立场④。这样，英国就成了孤家寡人。

在伦敦，人们痛感萨道义没有充分通报其他列强的态度⑤。兰斯多恩尤为抱怨，因为他不相信"必不可少"这个词会促使英国有义务采取可能的进一步措施，但是，他曾遭内阁的否决。此刻，在他接管外交部的一个月之内，英国在一次代表性最广泛的会议上，被置于自柏林会议以来的外交

---

① 萨道义致兰斯多恩电，第217号，1900年11月30日，英国外交部档案：F.O.17/1418。

② 兰斯多恩致萨道义电，第179号，1900年12月9日，英国外交部档案：F.O.17/1417。

③ 兰斯多恩致萨道义电，第186号，1900年12月26日，英国外交部档案：F.O.228/1340。

④ 萨道义致兰斯多恩电，第122号，1900年12月12日，英国外交部档案：F.O.17/1418。

⑤ 伯蒂致萨道义密电，1900年12月12日，英国外交部档案：F.O.17/1417。

上的孤立境地。兰斯多恩对局势感到痛心，尤其是因为这不是他的所为。他认为，英国必须坚持她所表达的意见，但他没有把握，于是他写信给索尔兹伯里，询问是否萨道义应坚持英国的修正案。与此同时，他试图解释自己的观点：

> 依我之见，制定"定而不移的条款"和你所说的将你"认为是抵偿所犯罪行和防止它们再次发生所必不可少的"条款列进去，两者之间存有差异，但内阁却不如此认为，未经你的授权，我不准备重新提出这一问题。①

索尔兹伯里拒绝接受这一论点，他同意已经议定的内阁决定。他答复道：

> 我不能设想出一项决定，据之，这个国家打算宣布某种必不可少的行动方针，而同时又指望在需要时去掉它。②

首相预料在下议院会遭到困难，他于翌日（12月14日）召集了一次内阁会议。整个形势令他厌恶，他情绪发作，尖刻地指责，这在一个对其常务官员如此大度和如此忠实的人来说是少见的："我认为萨道义干得糟透了，任命了他我感到惭愧。"③

不知内阁于14日通过了什么，但是在会议之后，向萨道义发了一道指令，揭示了所作出的结论。指令强调，他们亟望不要妨碍早开谈判，但又指出，其他列强所接受的词句"似乎跟我们是公开作对，因为这将迫使我们采取可能的进一步行动，而行动的范围无法确定"。因而，指令建议，应当在照会的末尾加上下列限制性条款：

> 以上条款，若非中国国家允从，足适各国之意，各本大臣难许有撤退京畿一带驻扎兵队之望。④

---

① 兰斯多恩致索尔兹伯里，1900年12月13日，兰斯多恩文书。
② 索尔兹伯里致兰斯多恩，1900年12月13日，兰斯多恩文书。
③ 同上。
④ 兰斯多恩致萨道义电，第184号，1900年12月14日，英国外交部档案：F.O.17/111。中文译文参见《义和团档案史料》，下册，第840页。——译者。

在北京，萨道义也为事态的转折所苦恼。他还是新到任，急于证明自己的能力。穆默同意支持英国的增补，和他一道的有意大利、奥匈帝国、德国的欧洲盟国，格尔思答应致电彼得堡；但是日本犹豫不决，而萨道义更是与美国公使失之交欢。他对葛络干承认，在去掉"定而不移"上，他曾尽最大努力给"康格以支持"，"现在康格却反驳起我来了"①。康格将自己搞到一种难堪的境地，他经常改变立场，以至于其他列强都开始不理睬他。华盛顿显然不想要"定而不移"这个词句，然而康格却在勒求它。他的行动可能是由这一事实所支配的：他和奥国公使齐干、法国公使馆一等秘书当都瓦曾负责起草照会的绪言。他的胡乱行动或许是由于他不懂法语。在外文会议中，他被迫坐在那儿，一句也听不懂，靠他国公使给他提供译文。12月15日，他再次试图改变立场，要求萨道义支持删除"定而不移"的提法，萨道义断然予以拒绝②。这时，兰斯多恩在接受英国所提出的限制性条款，以保证英国决心在中国人不允从之际不必采取未确定的进一步措施的条件下③，业已同意在绪言中包括"定而不移"一词④。

12月19日，萨道义宣布了英国在死刑判决上的立场，对此，内阁在12月9日就已给予他指示，只是由于在绪言问题上所引起的慌乱而将它推后了。英国的立场得到了德国、法国和意大利的支持；美国也给予支持，但有所保留：如果它不能付诸实施，美国将寻求退一步的解决办法，俄国认为，端王虽然有罪，但不可能保证能惩办他。然而，任何人都不准备重开讨论，由于萨道义只是被要求将英国的意见记录在案，他很乐意地将它搁到了会议记录里面。

---

① 萨道义日记，1900年12月14日；萨道义致兰斯多恩电，第229号，1900年12月15日，英国外交部档案：F.O.17/1418。

② 萨道义日记，1900年12月15日。

③ 关于英国的限制性条款，列强在它被译成法语时而引起的讨论中，间接地而非公开地表达了他们的意见。在可能采用"允从"一词上出现了意见分歧，所提供的译文如实地反映了列强们的态度。俄国和日本想译成"接受"（ncccpte）；德国则要求更强硬的词"履行"（rempli）。兰斯多恩声称："接受"是错误的，势须译成"履行"。僵局似乎无法解决，法国原准备同意任一种措词，但这时它建议译成"允从"（Se Conpormeri）。对此，所有人都如释重负般地接受了。

④ 这项指令不见于外交或领事档案，但它记录在1900年12月15日的萨道义的日记里。

一切就绪，于是代表们安排在 12 月 20 日签署照会。然而，康格的麻烦并未结束。19 日，华盛顿声称：他们"强烈地反对"任何将使他们参与长期占领或进一步军事行动的照会。康格通知代表们说，他自己负责，同意联合照会的内容①。这种自作主张的表现使国务院大为光火。第二天，正当代表们聚集签署照会时，康格收到一封电报，明确地"坚持删去'定而不移'的提法"。这种专横和公开的指令在外交官间引起惊愕，对他们来说，他们同僚的羞辱是难以忍受的。萨道义的意见是，如果康格早先要求改写，恐怕早就改写过了；只有穆默说他必须上报国内②。但是，康格并未动摇其立场，其他十国代表都签了字，康格于 22 日也将他的签名加了上去。

绪言中有争议的段落最后定文如下：

……而中国既自表明悔过认责，并愿挽回因此事变所生情势，于是诸大国公定，允如所请，但由各国酌拟惩前毖后所必须定而不移之要款施行。*

列强们所赞同的条款紧随其后。

联合照会是集体性质的，索尔兹伯里本欲由各国发出内容相同的照会，此时在这点上他作出了让步。照会按字母顺序签署（法文本），并于 12 月 24 日交给了庆亲王。李鸿章称他患有感冒，没有出席。会晤时，外交使团的首席使节葛络干愚蠢地要求庆亲王出示信任状，中国人拿出了全权证书，并反过来要求代表们出示他们的信任状，于是造成了混乱。无一人能拿得出来，会晤随即很快被放弃。这一事件可以说明伴随着谈判的混乱达到了顶点。

---

① 萨道义致兰斯多恩电，第 236 号，1900 年 12 月 19 日，英国外交部档案：F.O.17/1418。

② 萨道义日记，1900 年 12 月 20 日；萨道义致兰斯多恩电，第 238 号，1900 年 12 月 20 日，英国外交部档案：F.O.17/1418。美国公布的解释是，这是误读电文引起的。国务院 12 月 5 日的电文写的是，康格应在"所传达的"照会，即没有"定而不移的"字样的照会上签字，而康格读成了"大多数人"。参见美国外交文书（1900 年），第 240—241、243 页。然而，从英国方面获得的材料表明，康格扮演的是一个积极的、而非消极的角色。

*故宫博物院明清档案部编：《义和团档案史料》，下册，第 839 页。——译者。

传教士问题

英国对传教士问题的态度必须简要地提一下。大家可能已注意到，在整个使馆被困期间、解围后期间以及磋商联合照会期间，对有一个问题很少提及，而这个问题在义和团活跃时和后来指控中国政府有罪时想必是会占有显著地位的。整个 1900 年夏天，传教士们所遭受的暴行的叙述，以及他们逃离内地的令人激愤的报告出现在国内的报纸上，尽管它没有像在中国出版的外国报纸如《字林西报》所报道的那样广泛。虽然政府极需公众赞成由于中国的纠纷而承担的额外开支，——这项开支因为英布战争造成了沉重的财政负担，而在公众心目中显得尤为突出，但它没做任何努力通过这些叙述去激起公众的同情①。

索尔兹伯里于 1900 年 6 月 19 日就拳民起义这方面的事情发表了意见，当时第一批有关起义的报告已经获悉，公众对在华外国人的命运最为关心。在埃克塞特厅举行的一次庆祝外土福音布道会成立二百周年的公众集会上，他发表了讲话。他宣称：

> 如果一个福音传教士或一个布道者，一个博尼费斯 * 或一个柯伦巴 * 在中世纪布道面临困难，他要经受牺牲，他不畏所遭遇的痛苦，他的自我献身的整个伟大的道义和精神上的影响对他的听众畅通无阻地发挥着作用。但是现在，如果一个博尼费斯或一个柯伦巴面临此种牺牲，结果会是求助于领事和派遣一艘炮舰。……在东方他们有一句口头语——开始是传教士，随后是领事，再后是将军……只要看一看中国这件事就够了。你们看到，所有遭受屠杀的人皆为基督教徒，难道你们以为他们遭受屠杀就只因是中国人厌恶他们的宗教吗？世界上没有一个国家像中国那样对宗教如此漠不关心了。这是因为他们和

---

① 1900 年度预算于 5 月 5 日提出。7 月，一笔 1150 万英镑的补充预算不得不提了出来，其中 300 万英镑用于中国。12 月，政府又进一步要求议决一笔 1600 万英镑的款项，其中 50 万英镑用于中国。到年底，超出 1900 年 5 月 5 日提出的 3800 万英镑预算的追加军费总数已达 3050 万英镑。在 1900 年 8 月 1 日下议院议决"补充战争贷款法案"的二读期间，威廉·哈考特爵士在批评政府的开支时强调：300 万英镑用于中国已足以保持英国在东方的地位，正如最初估算的用于英布战争的 1000 万英镑足以保持英国在南非的地位一样。《议会辩论》，第 4 辑，第 87 卷，第 336—338 页。

其他国家都认为，传教工作只是世俗政府达到所期望目标的一个工具而已。[1]

在整个义和团起义期间，索尔兹伯里的注意力集中在使馆解围的外交问题与所有外国人的安全问题上，中国人敌视传教士和教民的证据被他故意压下，这主要是因为他怀疑德国的下一步企图[2]。了解情况的人谴责传教士保护教民的活动是引起排外骚乱的根源[3]。

义和团起义后，英国本来可望着手处理传教士案件，因为大多数受害者是英国侨民，对此，萨道义并不情愿去做。在出国做全权公使以前，他提出一项保护传教士人身财产安全的政策，但认为关于他们的工作安排应当由驻在国当局掌握[4]。抵达北京时，萨道义坚持认为，传教士仅应作为英国臣民而受到保护，教民必须留心自保，除非他们拿取薪俸（作为外国人的仆役这将赋予他们同样的特权）。他写信给伯蒂道：

> 我希望在有关传教士问题上能允许我推行我自己的路线，并且对我的同僚说：正如我昨天所说的那样，尽管我对传教士没有偏见，但我认为在《天津条约》中加入传教工作的条款是在华所曾做的最为失策之举。[5]

其他外国人也持有这种感情，它于 1900 年秋末使公众舆论对中国人暴行的性质的看法发生了变化。罗伯特·赫德爵士从 11 月起在《双周评论》上发表的几篇文章推动了这一进程。尽管路透社把这些文章描述为"想象过敏的幻觉"，但它们成功地为中国案件做了辩护，并于后来汇为一本书[6]。

在 1900—1901 年冬，当各种起义的报道开始出现之际，克兰伯恩勋

---

[1] ＊英国坎特伯雷大主教（1207—1270）——译者。
＊爱尔兰基督教士，后被尊为圣徒（约 521—597）——译者。
议会非常会议议事录，第 8 节（1899—1900），第 757—758 页。
[2] 汉密尔顿致寇松，1900 年 9 月 13 日，汉密尔顿文书。
[3] 牛津大学汉学教授布洛克尤为明显；参见：萨道义日记，1900 年 8 月 1 日。
[4] 萨道义日记，1900 年 8 月 20 日。
[5] 萨道义致伯蒂，1900 年 11 月 1 日，英国国家档案局存档：P.R.O.30/33/14/11。
[6] 罗伯特·赫德爵士：《这些从秦国来——中国论集》，伦敦，1901 年版。

爵预料到议会可能关注对传教士的屠杀和传教士的英雄举动，他对兰斯多恩说：

> 但是我们不应该趁机公开表示女王陛下政府不赞成传教士的某些做法和他们为了教民的利益对地方当局所采取的态度，看来主要是由于这种态度，加上欧洲的侵略，而产生了这场危机。①

兰斯多恩认为，罗马天主教教士是罪魁祸首②。这种观点是不能公开表露的。当萨道义于 1901 年 2 月给他写信解释联合照会有意略去所有涉及传教士的地方时，他批准了这一行动。萨道义提出，允许传教士在北京获取补偿的政策是一个错误，对此他也表示同意③。兰斯多恩答复道："我想大量伤害行为的发生，就是因为不加区分地对这些人予以支持，中国的行政管理非常分散，在这件事以及其他事情上，我们的外交也得在某种程度上分散一些。"④

传教士的地位是个非常微妙的问题，以至它不能拿到北京的与会代表们面前讨论，同中国全权代表谈得更少。因而，当坚持认为义和团起义是一场"教民与百姓"间的冲突的中国人提请批准依据联合照会第十款而颁发的禁止排外结社的谕旨草稿时，萨道义默许了外国代表们所一致同意的对这些谕旨草稿进行删改的意见。明显涉及宗教的地方被删去，"传教团体"被改成"外国团体"，"反洋教结社"改成了"……排外结社"，等等⑤。于是，在严格的政治路线的指导下实行了和平解决。

---

① 克兰伯恩致兰斯多恩，1901 年 1 月 27 日备忘录，英国外交部档案：F.O.17/1500。

② 同上备忘录上的批示。

③ 萨道义致兰斯多恩，1901 年 2 月 8 日，兰斯多恩文书。

④ 兰斯多恩致萨道义，1901 年 4 月 9 日，英国国家档案局存档：P.R.O.30/33/7/1。

⑤ 参见：萨道义致兰斯多恩函，第 58 号，1991 年 2 月 9 日，英国外交部档案：F.O.17/1470。

第十章　联合照会的实施

> 由于某些列强的巨大自我克制，以及所有或几乎所有列强在内心里做了保留，列强的协作持续了足够长的一段时间，使照会得以商定、签署和递交……。而今，这种协作可能会分崩离析。[①]

联合照会的递交标志着列强合作的顶点。只是为了显示有一个对华共同战线的迫切需要，列强才得以达成协议，很清楚，在未来的会议中，如果每一个步骤都取得与会列强们的一致赞同，那么在通往和解的道路上将会进展甚微。同样清楚的是，多数原则将不利于居于少数派的列强。

各国政府有些不安地注视着英国在这方面的状况。11 个国家参加了缔和工作，据设想，这些国家将分化为两大集团。英德将在英德协定下合作，成为一个集团的核心，奥匈帝国、意大利及德国的欧洲盟国将同他们联合起来。这似乎令人沮丧地限制了他们的投票把握。法国与俄国结成了一个坚固的集团。日本采取独立的立场，赞成温和行事。同样，在联合照会的磋商期间，美国表露出了强烈力求撤军的倾向，英国驻华盛顿大使庞斯福特认为，这是由于麦金莱总统一半的注意力盯住了那年的总统大选，他希望以此来取悦反对扩张的人们[②]。这一因素可能影响了美国的行为；总之，伦敦的感觉是，不能指望美国的合作[③]。在其余的三个国家中，比利时

---

① 伯蒂备忘录，1900 年 12 月 27 日，英国外交部档案：F.O.17/1451。

② 庞斯福特致索尔兹伯里密函，1900 年 9 月 14 日，索尔兹伯里文书：S.P.140/31。

③ 关于此时英美感情普遍冷淡的问题可参阅：L.M. 盖尔伯《英美友谊的兴起——1898—1905 年世界政治研究》，（伦敦，1938 年出版），第 80 页；C.S. 坎贝尔《1898—1903 年的英美谅解》，（巴尔的摩，1957 年出版），第 204 页。

被认为是俄法同盟阵营中的一员，西班牙同样值得怀疑，荷兰将根据其自身的利益作出表决。

自 1900 年 11 月以来，英德两国探索了改善这种不利局势的各种方法。德国建议，在投票表决中应采取多数原则，为确保这一多数，西班牙、比利时和荷兰应排除在会议之外，理由是他们未参加解救使馆的行动①。作为一条普遍准则，索尔兹伯里不愿放弃一致同意的原则。他认为，只有当英国发现自己居于少数时，才应考虑排除未曾参与"远征"行动的国家②。后来对联合照会的磋商表明：英国确实处在少数派的地位，而且其他一些列强尤其是美国表现出听从多数派意见的倾向。问题至关重要，在北京议和所得出的结论可能影响英国在华的未来地位。由于感到公开要求把不曾参与"远征"的国家排除在外可能将其驱至俄法一边，12 月 17 日，英国试探着提出一条妥协解决办法，指示萨道义力求在谈判中剥夺他们的投票权③。然而，在北京的他国代表们认为，此事过于微妙，不能讨论。面对这一连德国也表现出的勉强态度，英国遂指示萨道义将此事放弃了④。

在回顾 1900 年 12 月底的局势时，伯蒂评述道：西班牙、比利时和荷兰的参加将是"一个阻碍因素，即使他们不反对英国的话"，要是没有他们，英国、德国、奥地利和意大利可能会平衡法国、俄国、日本和美国的票数，有了他们，局势就变了。日本成为"重要的但不确定的因素"，因为如果她愿意听从英国与三国同盟的领导，它的支持将有助于把美国吸至英国一边，当作"一个匿名的伙伴"⑤。这一分析依据的是列强对联合照会中提出的各种问题所持的态度，同时它也是在英德协定谈判后英德短暂合作期间作出的。实际上，在行将于北京举行的会议上，英国从美国和日本那里得到了有价值的支持，而德国则对她频繁提出最激烈的指责。不过，兰斯多恩也持有伯蒂那样的评价，这表明政府对同中国开始的和平谈判怀

---

①　伯蒂备忘录，1900 年 11 月 7 日、9 日，英国外交部档案：F.O.17/1449；伯蒂备忘录，1900 年 12 月 31 日，英国外交部档案：F.O.17/1451。

②　索尔兹伯里备忘录，1900 年 11 月 8 日，英国外交部档案：F.O.17/1448；伯蒂备忘录，1900 年 12 月 31 日，英国外交部档案：F.O.17/1451。

③　兰斯多恩致萨道义电，第 233 号，1900 年 12 月 17 日，英国外交部档案：F.O.17/1418。

④　兰斯多恩致萨道义电，第 1、2 号，1904 年 1 月 1 日、3 日，英国外交部档案：F.O.17/1482。

⑤　伯蒂备忘录，1900 年 12 月 27 日，英国外交部档案：F.O.17/1451。

有怅然若失的感觉①。

然而，在一段时间内会议似乎不会举行。六个星期的艰苦谈判使与会代表们失去了热情，人们相信，他们享有特命全权，但是未经事先上报其政府，他们无权发表意见。没有一个人对即将举行的会议的性质有清楚的认识，联合照会的讨论在外交使团西班牙籍团长葛络干的官邸举行，但由于中国人即将前来参加，威信的问题就成为至关重要的事。葛络干自然要说服人们，代表们参加的是一次外交使团的会议，座次问题应由国书的时间早晚来决定。这遭致萨道义的强烈反对，他争辩说，由于代表们作为特命全权代表，不再是外交使团，因而只能在获选的主席之下按字母顺序排定座次。萨道义心想的是会议照 1884 年柏林会议的方针来进行②，他之所以走向这一立场，主要是因为这个由西班牙公使主持的会议混乱之至，不预先通知就开始了议题。两三个代表同时发言，并且不断地互相打断。萨道义报告说，会议活像"圆形宴会桌上的一次谈话，人人更关心让他人听自己的，而不是自己去听他人的"③。其他代表们承认葛络干不称职，但是认为未参与"远征"行动的列强参加会议一事过于微妙，不能提到桌面上来。当代表们最后开会时，他们按一次外交使团的会议开了会，参与"远征"行动和未参与"远征"行动的国家皆出席了会议。

在这种条件上，谈判的困难对萨道义有很大压力，以至于他在 12 月23 日即联合照会签署的第二天向国内报告说，除了张贴惩凶和禁止排外的谕旨外（联合照会第十款），一切讨论的事情应须提交给一次欧洲会议去解决④。建议即刻遭到了外交部的否决，索尔兹伯里强烈地认为，应当尽一切努力尽可能多地就地解决问题⑤。兰斯多恩初到外交部，对海牙和会的大堆工作并无经验，他以为，由于许多问题要尽可能就地解决，因此最后必

---

① 伯蒂认为英国的表决地位非常不利，他建议邀请葡萄牙派遣其公使（澳门总督）前往，兰斯多恩赞同这一建议，但却踌躇不采取行动。伯蒂备忘录，1901 年 1 月 3 日，英国外交部档案：F.O.17/1499。

② 萨道义日记，1900 年 12 月 10 日。

③ 萨道义致兰斯多恩，1900 年 12 月 25 日，兰斯多恩文书。影响萨道义态度的第二个因素是他未向清廷正式递交国书。

④ 萨道义致兰斯多恩密电，第 242 号，1900 年 12 月 23 日，英国外交部档案：F.O.17/1418。

⑤ 同上密电上的批示。伯蒂当时即将此报告呈交给了首相。

将召集成立一个新的机构，以接管北京与会代表们的工作[①]。外交部的官员并不持有这种观点，桑德森后来透露说，萨道义的建议"使我们某些人血管中的血都冻凝了"。他教训萨道义：为了把多数列强业已作出的结论记录在案，有时为了使其落实，欧洲会议是有用的，但它对作出结论则是个"非常有害的机构"。他强调指出，如果采纳萨道义的建议，恐仍须在北京举行辅助性会议，两会互相牵扯，"到世界的末日，人们会发现，这两个会仍在进行中"[②]。

随之，1月4日，就在否决萨道义的建议后不久，外交部接到美国以合众国总统个人名义向列强提出的一项建议，对此它感到十分沮丧。这项建议提出，有关赔款、条约与修订商约（第六和第十一款）的一切讨论应提交在华盛顿或某一欧洲国的首都去办理。要找到一种回答，它既能确保会议在北京举行，而同时又不疏离美国的表决，这非常困难。直到获悉日本与德国已经拒绝了这项建议，兰斯多恩才于1月10日对华盛顿作出答复：既然这两个问题有可能必须放在最后阶段去单独处理，因此由在北京的代表们将其尽可能在最初阶段提出来是可取的[③]。第二天，即1月11日，美国驻伦敦大使乔特通知兰斯多恩："由于德国和日本政府坚决反对"，总统已经撤回其建议[④]。

惩办问题

美国撤回其建议后，在北京的与会代表对如何召开和会有些慌乱。有关赔款的预备性讨论于1月份开始，但是代表们很快认识到，在拿到谈判桌上之前，解决此事尚需相当多的准备工作。1月16日，中国全权代表庆

---

① 兰斯多恩致萨道义，1901年1月16日，英国国家档案局存档：P.R.O.30/33/7/1。

② 桑德森致萨道义，1901年3月1日，英国国家档案局存档：P.R.O.30/33/7/1。

③ 伯蒂备忘录，1901年1月7日、10日，英国外交部档案：F.O.17/1499；金登干备忘录，1901年1月19日，英国外交部档案：F.O.17/1499；兰斯多恩致庞斯福特勋爵（英国驻美公使）电，第4号，1901年1月10日，英国外交部档案：F.O.5/2459。

④ 兰斯恩备忘录，1901年1月11日，英国外交部档案：F.O.17/1499；兰斯多恩致萨道义电，第11号，1901年1月11日，英国外交部档案：F.O.17/1486。此举是康格向华盛顿建议的，参见：托尔备忘录，1901年1月5日，英国外交部档案：F.O.17/1469。

亲王与李鸿章提交了一份关于联合照会的备忘录，给这件事开了一个头。备忘录多方面评论了列强所规定的条款，并同时提出这样的论点：由于中国已经接受联合照会，驻扎在北京、保定府以及所有那些不是为确保至海边的交通联络畅通而加以占领的地方的军队应当撤走①。

萨道义首先作出反应，他立即向兰斯多恩评述：

> 中国全权代表的整个评论腔调令人厌恶，几乎是傲慢自大，口国备忘录的内容不是祈求减轻列强所加与的严厉条款，而是向列强忌告与劝说他们之间应如何协商，并将结果立即通知中国。②

萨道义提出，他将向其同僚建议：应当告诉中国人，他们完全误解了联合照会最后一段的意思，在答复中国的备忘录之前，列强应坚持惩办有罪的官员。

于是，萨道义向与会代表们提议，在答复送交中国人之前，中国应拿出表现其诚意的明确证据来，为此，联合照会的第二款第一部分可作为一个试例。第二款第一部分是惩办条款，它规定应分别轻重，照其应得之罪，严厉惩办名列 1900 年 9 月 25 日上谕内和日后各国代表们所指定的人。很多代表同意试例的想法，但大多数人反对把处以死刑作为将来谈判的先决条件。俄国与日本公使建议应有所选择，也许能规定处死端王和毓贤，流放或贬黜董福祥。在 1 月 22 日和 24 日举行的会议上，正式考虑了萨道义的建议，所有代表均表赞同，俄国与日本提出了保留。1 月 26 日，列强对中国 1 月 16 日的备忘录予以答复。答复坚持，作为一个必要条件，中国必须先将联合照会的第二和第十款付诸实施，然后才能谈到撤军③。

外交部批准了萨道义的行动。尽管兰斯多恩认为，中国的备忘录中提出的某几点尤其是限制使馆卫队的人数值得考虑，但是他批准了萨道义所提出的以惩办条款作为试例的建议，并且强调说 9 月 25 日上谕所提之人

---

① 萨道义致兰斯多恩电，第 17 号，1901 年 1 月 18 日，英国外交部档案：F.O.17/1487；备忘录见于萨道义致兰斯多恩，第 24 号，1901 年 1 月 19 日，英国外交部档案：F.O.17/1469。

② 萨道义致兰斯多恩电，第 19 号，1991 年 1 月 18 日，英国外交部档案：F.O.17/1487。

③ 萨道义致兰斯多恩电，第 20 号，1901 年 1 月 18 日，英国外交部档案：F.O.17/1487；答复的全文见：萨道义致兰斯多恩电，第 62 号，附件 2，1901 年 2 月 13 日，英国外交部档案：F.O.17/1470。

应予处死，萨道义可自行选择确切的名单。然后，他意味深长地补充，确定直隶撤军的日期目前为时尚早①。

　　这里需要更加仔细地注意一下英国对惩办的态度。大家记得，由萨道义所提出的这一段落说：只有当中国顺从列强在联合照会中所规定的条件之后，各国才考虑从北京和直隶省撤军。这是在内阁认识到，"定而不移"一词的加入，将使英国对进一步措施承担义务，可能要对直隶省界以外的内地进行"远征"的时候，才将它加进去。大家可能还记得，12月9日，当其他列强已表示愿意采取较温和的态度时，内阁决定坚持要求对有罪的中国官员处以死刑，并指示萨道义在与中国全权代表的谈判中强行提出这一要求②。

　　英国坚持这一点，部分地是由于希望对犯下暴行之人予以应得的惩罚；在义和团起义中丧生的240名外国人中有112人是英国人③。不过，不能完全用这一理由来解释英国对死刑的立场。大体上看，英国对中国人表现出的容忍甚至是同情，其程度令人惊讶。我们已经说到对传教活动的态度。大家还将看到，英国反对对军事伤亡的赔款。在联合照会磋商期间，英国坚持采用死刑是由于它不满其他列强在11月份的可耻倒退；在1901年1月，坚持这一要求是因为这同华北撤军的问题有关联，从上年秋季以来，这方面的想法就已发生了变化。联合照会递交后，瓜分中国不大可能发生了。英德协定的磋商立即阻止了德国的投机倾向，并且显然使英国摆脱了孤立的境地，此后，英国不再急于从华北迅速撤军。对她的整个帝国政策及其在华地位来说，这个考虑都是适当的。英国如果能得到保证，列强的活动将不会导致中国被瓜分，那么，把列强紧紧拴在同中国的和谈中就对英国有益。欧洲的列强已表现出敌意，他们的注意力将会从南非战争中转开。再者，当英国依然忙于南非事务时，她就不能在中国采取强硬立场。华北由各国加以占领，将防止任何个别国家的独自行动，因而对英国

----

　　① 兰斯多恩致萨道义电，第13号，1901年1月22日，英国外交部档案：F.O.17/1482。

　　② 兰斯多恩致萨道义电，第179号，1900年12月9日，英国外交部档案：F.O.17/1417。

　　③ 在暴乱期间遇害的外国人总数为240人：英国112人，美国和瑞典79人，法国26人，比利时和荷兰11人，意大利10人，德国1人，瑞士1人。参见：1901年3月13日的第100号文件，英国外交部档案：F.O.17/1471。

是有利的。政府是基于这一假设开展工作的：欧洲列强一旦撤军，俄国的影响将在华北占据上风。1901年初，有足够的迹象表明，俄国有领土野心。1月3日有消息透露：俄国正就控制东北展开谈判；俄德不顾英国的抗议，正在就缔结一项移交北方铁路的协定进行安排；俄国并且在天津已获取了大块租界①。尽管这些问题的谈判独立在中国的和谈之外，然而，当列强的注意力集中在北京，并能通过和约的条件支配中国的态度之时，俄国的活动受到阻碍却是事实。人们将会发现，兰斯多恩一点儿也不急于迅速结束在北京的谈判。

导致英国极力要求死刑处罚的另一个原因是为了使中国顺从地实施联合照会。正如所假设的那样，俄国将从普遍撤军中获利；同样也就假设到，中国将会对和解的条款制造障碍。因而，在12月27日对所应遵循的政策进行预测时，伯蒂建议道，应把死刑处罚问题作为向中国全权大臣们的警告②。

英国对和谈中出现的各种问题的态度背后就是这些考虑，正如不鼓励清廷还都以免它落入俄国的控制影响了联合照会里的决定一样。因而，当萨道义取得了代表们对他提出的先惩办后撤军的建议的支持时，会议便转上了符合英国政策的方向。在接到萨道义关于代表们对惩办一事的普遍态度的报告后的第二天，兰斯多恩觉得，表明英国观点的时机到了。英国的观点是：任何仅予流放的要犯，不管任何时候返回，都可视为应予处决③。与此同时，对死刑处罚的立场确定了下来。讨论集中在端王、辅国公载澜和董福祥的命运上。俄国、日本和美国正式反对处死；法国赞成死刑，但是法国公使毕盛认为不能办到；德国也表赞同，尽管穆默认为列强在11月份已开始撤军时，提出要求的时机已经错过；奥地利和意大利的公使则接到命令，与他们的德国同僚一同行动，继续坚持其最初一致同意的考虑不变。根据这一估计，兰斯多恩得出结论：足以成事的大多数国家赞成死

---

① 萨道义致兰斯多恩电，第13号，1901年1月9日，英国外交部档案：F.O.17/1487。东北和北方铁路有单独几章讨论。

② 伯蒂备忘录，1900年12月27日，英国外交部档案：F.O.17/1451。

③ 兰斯多恩致萨道义电，第14号，1901年1月22日，英国外交部档案：F.O.17/1422；萨道义致兰斯多恩电，第21号，1901年1月23日，英国外交部档案：F.O.17/1484。

刑。于是，萨道义接到指令投赞成票①。

1月31日，外国代表们开会讨论惩办问题。会议起草了一个指控9月25日上谕所提及的八个人的简要声明，并加上了另外四名大臣的名字，判定他们犯了煽动攻击使馆的罪行。2月5日，列强安排与中国的全权代表会面，当时，外交使团团长打算提出一项口头通知，声称：外国全权代表们要求对有罪的大臣"根据其罪行给予最严厉的惩罚。因此你们要明白……这些人应处以死刑"。最后这几个词是美国公使坚持提出的，它取代了原先议定的文句："根据这些人所犯罪行，惩罚将会是死刑。"萨道义更赞同原先的词句，但是他在普遍的情绪面前作了让步。他向外交部表达了他的决心：即使替换词不得不遵行，也要确保将死刑记录在案②。在答复中，兰斯多恩大力赞同应将死刑记录在案③。

2月5日，在英国公使馆与中国代表举行的会议上，中国人力图减缓这些要求；他们同时透露了一道密诏，允诺在将来某时惩办董福祥④。在随后外国公使所举行的讨论中，萨道义发现，他不可能让他的同僚们同意处死犯罪的皇室成员（端王和载澜）的要求，于是，在下午他提出一项将死刑判决记录在案的要求并获得赞同，但让清朝皇帝可以随意地直接将此判决减轻为永远流放新疆。在当天早上，他曾私下里告诉中国代表说，再退让，他是不会接受的⑤。

这一让步是兰斯多恩所不能接受的，他相当详细地重复道：死刑只应暂缓，一俟犯人返回就得执行⑥。

这项指令到达得太晚了，因而没能包含到2月6日起草的递交中国的关于惩办的照会中去。于是，萨道义在2月8日的一份特别声明中公布了

---

①　萨道义致兰斯多恩电，第24号，1901年1月26日，英国外交部档案：F.O.17/1484；兰斯多恩致萨道义电，第17号，1901年1月28日，英国外交部档案：F.O.17/1482。

②　兰斯多恩致萨道义电，第24号，1901年2月2日，英国外交部档案：F.O.17/1482。

③　萨道义致兰斯多恩电，第27号，1901年1月31日，英国外交部档案：F.O.17/1484。12名有罪的大臣是：庄亲王、端王、辅国公载澜、毓贤、董福祥、李秉衡、英年、刚毅、赵舒翘、徐桐、徐承煜、启秀。罪状的陈述见于中国6号（1901），蓝皮书对英国在这一问题上的态度并未给予清楚的表述。

④　会议记录和光绪二十六年十二月八日（1901年1月27日）针对董的密谕见于：萨道义致兰斯多恩，第50号，1901年2月8日，英国外交部档案：F.O.17/1470。

⑤　萨道义致兰斯多恩电，第32A号，1901年2月5日，英国外交部档案：F.O.17/1484。

⑥　兰斯多恩致萨道义电，第26号，1901年2月6日，英国外交部档案：F.O.17/1482。

兰斯多恩的愿望，要求其他列强赞同。只有德国和奥地利完全支持处死所有这三名犯人。鉴于缺乏一致响应，萨道义于是将英国的声明加进了会议记录。法国提出的一项处死董福祥的决议案被代表们所接受[1]。

列强拒绝要求对有罪的皇室成员处以死刑逐渐使萨道义退居守势，他的处境在 2 月中旬得到缓和，当时清廷正试图减轻对其他受惩办者——主要是英年和赵舒翘的判决。中国人拼命试图挽救赵，他们认为对他的惩罚不公，在伦敦和北京都为他找了门路[2]。兰斯多恩将此事交与萨道义自行处置，但是这位一直在考虑减轻对赵的处罚的英国公使，在 2 月 13 日清廷发布一道详述宽大处置罪犯的上谕似乎忽略了 2 月 6 日外国代表们所提出的劝告时，他的同情心就疏远了[3]。萨道义确信，清廷和中国的全权大臣们正在指望列强间出现纷争，他还深深感到，如果他们在惩办上作出让步，那么，在其余的谈判上，困难将会增加。他认为，以中断谈判进行一次威胁将会产生良好的效果[4]。

其他代表也具有如此的好战性。大家一致同意，通过外交使团团长送交一份照会，表示相信：当皇帝发布 2 月 13 日上谕时，2 月 6 日的照会可能尚未送达朝廷[5]。但是，这一外交上的责难不能缓解英德公使对中国方面设置障碍的气愤之情，他们考虑采取包括使用武力在内的更为强烈的行动。这样做部分是为了消除 2 月中旬在军队中间表现出来的焦躁不安。

军事报复问题

为了让军方有事可做，公使们曾要求派遣的将军们拟定一项贯彻实施

① 萨道义致兰斯多恩电，第 36 号，1901 年 2 月 8 日，英国外交部档案：F.O.17/1484。

② 在伦敦为赵舒翘所作的呼吁参见：中国公使馆伦敦函件，刘坤一和张之洞的电报，1901 年 2 月 18 日发出并收到，第 64 号，兰斯多恩的答复，第 67 号。

③ 庄亲王应自尽，其他皇室成员被发配新疆；毓贤应处死，其他人判处较轻刑罚。萨道义致兰斯多恩电，第 68 号，1901 年 2 月 18 日，英国外交部档案：F.O.17/1470；《大清历朝实录》，卷 477，第 96 册，第 116 页。兰斯多恩让萨道义自行处置赵的决定见于：兰斯多恩致萨道义电，第 33 号，1901 年 2 月 12 日，英国外交部档案：F.O.17/1482；桑德森致萨道义电，1901 年 5 月 12 日，英国国家档案局存档：P.R.O.30/33/7/1。

④ 萨道义致兰斯多恩电，第 43 号，1901 年 2 月 17 日，英国外交部档案：F.O.17/1484。

⑤ 萨道义致兰斯多恩电，第 45 号，1901 年 2 月 18 日，英国外交部档案：F.O.17/1484。

联合照会的第八和第九款的计划，这两款规定的是保持北京和大海之间的交通联络畅通无阻。但是，这些安排正如和谈中其他事情一样成了政治事务，军方无权控制，所以他们的不满日益增长。因此，当了解到中国对惩办的态度时，军方提出一项解决方案。2月15日，瓦德西发布了一道军令，声明道：

> 尽管和平谈判仍在继续进行，但是，迄今为止的谈判过程促使我指出，短期内可能恢复较大规模的军事行动。因而，我请求：由于利于作战的季节正在来临，可以采取果断措施，以确保到本月底能动员所有的部队。[1]

表面上，这项命令的发布是为了吓唬中国人，使其在心志上更加顺从，但军方却倾向真的采取行动，发布了一道为期八天的讨伐行动命令，部队配有山地行军装备。这项计划是瓦德西的参谋长首先提出的，计划拟定派遣8000人或9000人的德国军队，翻越山岭，进入山西，这样，将他们置于威胁处在避难地的清廷的地位。如果法国人予以合作，他们得开往太原；意大利人将同德国人一道进军；英国将沿主力部队的侧翼开到直隶西南；日本和美国人则待在北京。总之，这项计划将包括一条700英里的战线，动用约13000人，目标是扩大占领领土，以推动谈判。

盖斯利将军正在处理一支庞大的百无聊赖的士兵部队的问题，这些人经过一个漫长的冬季后烦躁不安，他也有"表面上动员一下一支庞大的部队"的想法[2]。他同意了瓦德西的计划，并电请允许参加行动[3]。法军司令华伦将军也是满腔热情，几天内，人们已看到了法德军队的调遣。2月19日，美国公使宣布，他本人反对这项计划。萨道义指出："如果美国公使的抗议受到注意，将非常令人遗憾。"[4]

在伦敦，兰斯多恩对惩办问题上的这一事态发展下不了决心，因而决定等待盖斯利的报告。军事情报处总监约翰·阿德爵士则较为直言不讳，

---

① 萨道义致兰斯多恩电，第46号，1901年2月19日，英国外交部档案：F.O.17/1484。

② 格里尔森日记。第10号，1901年2月21日，英国外交部档案：F.O.17/1505。

③ 中国"远征"军司令致印度事务部，1901年2月16日，英国外交部档案：F.O.17/1501。

④ 萨道义致兰斯多恩电，第46号，1901年2月10日，英国外交部档案：F.O.17/1484。

他断言：尽管中国人会对这次部队动员感到惊恐，令人满意，但在其他方面，这一消息则不那么令人满意，因为英国对急于解决中国的难题并不感兴趣。他指出：

> 实行拖延政策在目前有许多好处，最明显的是，它可以把对我们最不友好的列强的注意力从其他问题和地方调开。在那里，人们可以利用我们在南非的纠纷，迫使我们同意一种我们目前尚无力加以反对的解决方案。这些地方如波斯、阿富汗、云南、纽芬兰、尼加拉瓜、阿拉斯加等等。①

幸运的是，不论是参加对内地的"远征"，还是退而瓜分领土，都证明是不必要的，因为在2月21日，鉴于军事行动即将重新开始，中国的抵制瓦解了。她所获得的唯一让步是，允许英年和赵舒翘自尽身亡，以取代绞刑。②

于是，犯下暴行的地方官员的惩办问题提上了日程。1月24月曾经作出决定，在有关传教士遇害方面提出要求的代表们，应当协商拟定一个犯罪官员的名单。首次会议于1月28日举行，法国、美国、意大利、荷兰、比利时和英国的公使参加了会议③。名单的拟定工作在整个2月份继续进行。美国反对进一步采取死刑。俄、日、德、奥地利和西班牙没有传教士死亡，对此不感兴趣。萨道义觉得，如果真正犯有杀人罪的地方官员受到宽大处理，而应对攻击使馆负责的大臣们却遭到处罚，对比将会太强烈；兰斯多恩赞同这种观点。2月28日，名单提交给与会的代表们，10名官员判处死刑，约94人被指名予以降职处分④。俄国公使格尔思反对死刑，但是兰斯多恩指示萨道义予以坚持，不管俄国同意与否。对多数代表来说，地方惩办问题在政治上不太重要，格尔思是坚持反对的唯一一人。不要忘记，俄国倡议宽大至少和其他列强要求严惩一样，是一次政治行动，

---

① 阿德备忘录，萨道义致兰斯多恩第49号密电（1901年2月19日）附件，英国外交部档案：F.O.17/1484。

② 谭春霖：《拳乱》，第222页。

③ 大屠杀的详情参见：萨道义致兰斯多恩电，第41号，1901年1月31日，英国外交部档案：F.O.17/1469。

④ 萨道义致兰斯多恩电，第60号，1901年2月28日，英国外交部档案：F.O.17/1484。后来又做了补充。

惩办问题上的考虑是以中俄东北问题的谈判为背景的。

3月12日，格尔思声称，他奉命宣布，俄国"认为惩办问题令人筋疲力尽"①。指令搞得这位俄国公使有些尴尬，因为在与地方惩办有关的整个初期阶段，他都表示过默许。其他代表对俄国拒绝在这个棘手问题上保持一致表示不满，之后，他们继续开始谈判。萨道义奉命继续敦促惩办地方罪犯："同你的德国同僚联络，他已接到指示予以合作。"②俄国这一立场唯一值得注意的后果是，它将法国公使置于了一种尴尬境地，在此之前，他曾与格尔思进行了紧密的配合。"他担心行动与俄国公使有异"，萨道义报告说，"但是，在另一方面，不去敦促惩办杀害法国传教士的凶手，将会损害法国保护天主教徒的要求"③。最终，这种考虑支配了法国的立场，当4月1日关于地方惩办的联合声明提交给中国人的时候，除俄国公使外，所有的代表都签了字。

对萨道义来说，提交名单表明惩办问题的结束，他并没料到中国会拒绝听从。在一份1月26日致中国全权代表的照会中，外国代表们曾暗示：联合照会中的惩办条款得以履行时，他们将讨论军事问题（占领沿海据点、拆毁大沽炮台、从北京和直隶撤军）。4月3日，萨道义报告说：尽管德国公使倡议将一切有关撤军的讨论推迟到赔款的建议解决之后，但是他——萨道义认为，考虑撤军措施的直接步骤应该开始了④。

兰斯多恩的回答迫使英国公使认识到：他一直在并未真正理解其目标的情况下执行着英国的政策。两个半月以来，他一直在执行上年12月给他的指示，力促严惩中国罪犯。由于其他代表之间在死刑问题上缺乏合作，萨道义开始缓和他的立场，支持由皇帝立即将死刑判决减刑的想法。他得到了兰斯多恩的反复指正，并因而被迫与其同僚重议这一问题，从而导致了无止境的讨论。萨道义发现外交大臣的密切关注令人难堪，"这种对微小细节的干涉有时很幼稚"，他在2月8日的日记中写道，"就好像不

---

① 萨道义致兰斯多恩电，第12号，1901年3月13日，英国外交部档案：F.O.17/1484。

② 兰斯多恩致萨道义电，第73号，1901年3月19日，英国外交部档案：F.O.17/1482。

③ 萨道义致兰斯多恩电，第90号，1901年3月22日，英国外交部档案：F.O.17/1484。

④ 萨道义致兰斯多恩电，第104号，1901年4月3日，英国外交部档案：F.O.17/1184。

能信赖一个人能在这里办好一件事似的"①。此后，这位英国公使很好地执行了他的任务，并满意地了解到，在有关惩办谈判的后期，俄国处在一种英国在联合照会谈判期间所曾经历过的孤立境地。

然而，兰斯多恩认为，英国代表在德国人倡议拖延时显然应该是"反应迅速的一员"，他补充道：倘若英国表露出愿意到某时撤离，这会有相当大的风险。所以，4月5日萨道义受命与他的德国同僚一道行动，阻滞撤军，直到赔款问题获得解决为止②。几天以后，在一封致萨道义的密函中，兰斯多恩解释了自己的观点："我们不得不提防在此处或彼处突然爆发一场急躁不安，从而导致火速要求仓卒撤军。"③撤军应与赔款谈判联系起来，这在当时尚处于全面讨论的初期阶段。兰斯多恩补充道：如果列强间能确定一个总数，撤军将依据中国的顺从程度陆续实施。

但是，不到一个月，兰斯多恩就得改变他的主意。驻直隶省的六万多人的联军部队，造成了一个外交手段难以控制的问题④。天津法租界自从1900年11月以来已不准英军入内。由大批巴黎流氓组成的法国步兵非常凶残，难以控制。入夜，城市街道上回响着"打倒英国人"和"法绍达"的喊叫声；德国士兵与他们关系友善，"布尔人万岁"和"英国人该死"的声音交相呼应⑤。骚乱经常发生，3月中旬，法国派遣军中爆发了一场兵变。6月，在关闭一所妓院问题上发生了一场严重冲突，有200多名法国人挥舞着出鞘之剑与刺刀发起攻击；接着爆发了一场激战，英国人和日本人为一方，法国人和德国人为另一方，双方死伤约20多人⑥。

军方和外交官之间的关系日益紧张。军界认为，公使们"一周两次召开庄重的秘密会议"有点儿荒谬可笑⑦。一种自由行动的倾向在联军指挥

---

① 萨道义日记，1901年2月8日。

② 兰斯多恩致萨道义电，第98号，1901年4月4日，英国外交部档案：F.O.17/1482。

③ 兰斯多恩致萨道义电，1901年4月9日，英国国家档案局存档：P.R.O.30/33/7/1。

④ 联军在直隶的兵力：英国11160人，澳大利亚340人，法国17800人，德国18700人，意大利2150人，日本6270人，俄国2620人，美国2100人。印度事务部致外交部，1901年5月15日，英国外交部档案：F.O.17/1501。

⑤ 格里尔森日记，1901年8月21日，英国外交部档案：F.O.17/1507。

⑥ 驻华英军司令致印度事务部电，第268号，1901年6月3日，英国外交部档案：F.O.17/1505。

⑦ 鲍威尔致斯特德曼电，1901年2月20日，英国外交部档案：F.O.17/1503。

官中发展起来。因此，他们未与公使们协商就扩大了天津临时政府的管辖权[①]。萨道义甚至同英军的指挥官们也有异议，军人的领事裁判权问题不得不提交国内来决定。司法官员的决定于事无补：华北的军队被认为是正服现役，因而无义务服从英国总领事的管辖[②]。盖斯利将军本人对铁路政治感兴趣，力求把势力从通州扩展至唐山，以此将俄国限制在北方，并挫败它所宣称的建造一条从东北伸入关内的铁路的意图[③]。

　　军方的动荡不安尤其表现在俄国天津租界危机上。3月15日，俄国将岗哨设在马德拉斯先锋营正铺设着的一条铁路侧段的附近，双方都不做让步，局势难解难分。中午，俄国人开挖壕沟，壕沟威胁了英军的阵地，后者于是占领了几间能纵射俄国人的房子。尽管荒谬可笑，但形势一触即发，东北危机达到了顶点。下午2点，俄国布设了一名岗哨、哨兵的一只脚踏在英国铺设的铁路枕木上；英国立即也安设了一名岗哨、哨兵的脚踏在枕木的另一端。美军司令回忆起他的历史，向其英国对手声明："我们将站在你们一边，自己人总是自己人。"[④]命令下达给了英国的铁路官员，阻止俄军的到来，与此同时，集结了现有的全体英国海军陆战队员，来取代现场的印度军队。人们觉得，俄国人寻衅恣事是因为他们对付的是印度人。指挥英军的博罗将军询问是否用军队驱逐俄国人。伦敦和彼得堡开始着手处理这一问题，3月22日，双方同时撤军[⑤]，俄国的观点是，这块土地已属俄国租界，于是，他们继续修筑铁路侧线。博罗将军要求萨道义提出抗议，但他不太情愿，说道："缩小事态可能是国王陛下政府的观点。"[⑥]他写信给兰斯多恩道；他认为军方开铺铁路侧线，事先未与俄国人达成谅解，是"极其轻率的"[⑦]。

---

① 萨道义致兰斯多恩电，第50号，1901年2月21日，英国外交部档案：F.O.17/1484。

② 信件见于英国陆军部档案：W.O.32/139/7842/1525/1559，1583，1766，1990。

③ 驻华英军司令致印度事务部，1901年5月9日，英国外交部档案：F.O.17/1501。

④ 格里尔森日记，1901年3月21日，英国外交部档案：F.O.17/1507。

⑤ 萨道义致兰斯多恩电，第74、77号，1901年8月15日、3月16日，英国外交部档案：F.O.17/1484；兰斯多恩致萨道义电，第70号，1901年8月16日，英国外交部档案：F.O.17/1482；博罗致印度事务部电，第167号，1901年8月15日，英国外交部档案：F.O.17/1502；首相致中国远征军司令密电，第88号，1901年3月16日，英国外交部档案：F.O.17/1502。

⑥ 萨道义日记，1901年4月1日。

⑦ 萨道义致兰斯多恩电，1901年8月23日，兰斯多恩文书。

　　问题是政治上的，但被军方的强硬行动弄得恶化了，后者受到政治的约束并在漫长的冬季之后焦躁不安。瓦德西的 2 月中旬"远征"行动本可缓和这种紧张，但这被认为是在政治上不可取的。到春季，这位陆军元帅已经厌烦了他的角色。4 月 8 日，为纪念他的 69 岁生日而举行了盛大的阅兵，但是，苏格兰风笛的尖叫、日本的音乐和狙击兵的嗽叭声都不能驱散这样的阅兵举行得太频繁的感觉。这是瓦德西的意见，4 月 6 日，他与其他将军们决定，认为部分的削减联军部队是可取的。外交使团作了慎重的答复，大意是可以这样做，但要等中国人遵守了惩办条款之后，才能适当撤军①。

　　军方并不满意这一答复，他们已经厌倦充当外交上讨价还价的本钱，而没有自己的行动自主权。在 5 月份，他们考虑到气候因素，并且申辩道：除非立即减员，否则，当炎热乡雨的夏季来临之后，不可能进行大规模的调动，这将会影响部队士兵的身体健康②。

　　兰斯多恩于是同意部队削减人员③，除了军事上的考虑，其他几项因素也影响了这一决定。赔款谈判已经表明：到 5 月初为止，列强要求的赔款数如此之大，中国人显然不易支付继续占领的军事开支。英军的占领费用为每月 129000 英镑④。再者，赔款谈判不可能进展神速，以取得急速撤军；军队也没有必要用来胁迫中国人。在和平解决的后期，军事力量过多，而且，到 5 月，东北危机已经过去，对俄国在华北的侵略意图的忧虑也随之消失。

　　5 月 25 日，艾卡尔德斯坦转发了一封里希特霍芬男爵打来的电报，大意是德皇认为应召回瓦德西⑤。6 月初，这位陆军元帅取道日本前往欧洲。于是，各国部队司令官会议负责作出军事决定，瓦德西到达前的混乱局面再次出现。

　　根据协议，各国部队要逐步削减，直到各派遣军的力量符合所允许的

<hr>

① 萨道义致兰斯多恩电，第 122 号，1901 年 4 月 19 日，英国外交部档案：F.O.17/1484。
② 中国远征军司令致印度事务部电，第 256 号，1901 年 5 月 19 日，英国外交部档案：F.O.17/1505。
③ 兰斯多恩致印度事务部备忘录草稿，1901 年 5 月 17 日，英国外交部档案：F.O.17/1504。
④ 英国陆军部档案：W.O.32/137/7842/996。
⑤ 桑德森备忘录，1901 年 5 月 25 日，英国外交部档案：F.O.17/1505；英国陆军部档案：W.O.32/137/ 7842/1067，1069。

使馆常驻卫队士兵的人数为止。除美国撤出了它的全部派遣军以外，列强间的相互猜忌使得这一切困难重重。1902 年，英德就撤出上海一事交换了意见，双方互相苛责。为避免英国舆论的激奋，政府被迫编辑了关于这一问题的通信提交议会[①]。到 1906 年，除使馆卫队外，在华北仍有 5000 多人的外国军队[②]。义和团起义后各国派遣军撤离中国经历了一段令人沮丧的历史，完全没有伴随着他们到达时的那种气势和戏剧性。

赔款谈判

赔款谈判错综复杂，因为列强除提出赔款要求外，还必须在他们之间就要求赔款的总数、支付的形式、可供利用的财源取得一致。在使馆被围期间，这些问题已经提出和讨论过，在使馆解围之后，它成了一件必须认真思索的事。[③] 问题的广泛性促使谈判迟迟不能开始，赔款问题直到 1901 年 2 月 16 日才提交与会代表讨论。在此之前，对此问题拥有发言权的人和许多自以为深知情况能够胜任的人私下里散发了各种方案。在随后举行的谈判中，摒弃了赔款问题上的这些理论上的解决方法。

2 月 16 日会议所关注的是提出赔款要求的基本原则。与会者同意：赔款要求必须分为官方的和非官方的要求，官方要求包括军事和给军人的赔偿费，这须由本国政府决定：非官方要求是指私人的、商业上的和传教士的要求，对此，代表们同意予以考虑。萨道义建议，一定要求赔款中应就估计数的原则达成协议；另一方面，其他多数列强认为，应当先确定每项单独要求的数额，而方法和手段可以以后解决。日本公使小村建议，以实际开支为依据的军费赔款和据直接损失确定的私人要求赔款应该加在一起，其总额就是赔款的总数。然后，讨论推迟到接到各国指示以后才进行[④]。

在伦敦，也讨论了赔款问题。英国的目标不是要求一大笔赔款，这

---

① 这收入《关于大战起源的英国文件，1898—1914》第二卷，第 138—153 页。

② "华北：各国军队的撤军"，英国陆军部档案：W.O.106/17。1906 年 7 月的数字是：德国 450 人，法国 1400 人，日本 800 人，意大利 100 人，俄国 40 人，奥地利 40 人，美国 0 人，英国 1900 人。

③ 布里登致伯蒂电，1900 年 11 月 27 日，英国外交部档案：F.O.17/1450。

④ 萨道义致兰斯多恩电，第 44 号，1901 年 2 月 17 日，英国外交部档案：F.O.17/1484；第 65 号，1901 年 2 月 16 日，英国外交部档案：F.O.17/1470。

将影响到中国海关，并因而影响到英国。相反，要求的数额尽可能地有节制，英国可以放弃在义和团起义中所引起的其余开支，主要用以换取增加贸易上的便利和商业上的改革①。2月5日，伯蒂建议组成一个考虑中国赔款的委员会，随后成立了一个以伯蒂为主席的委员会。从2月17日至3月13日，该委员会共举行了5次会议，届时提交了一份报告。讨论范围涉及中国的全部财源。委员会得出结论：通过使用中国全部可得的财源，如将关税改为条约规定的全额的值百抽五、利用盐税、利用漕运的储备金、将常关税转为海关税，中国每年最多可筹集150万英镑。按年息五厘计算，这将能为一笔3000万英镑的贷款付息和提存偿债基金。由于三笔中国贷款只能筹集到八成，除去贷款发放的费用，中国实际上到手的钱将有大约2300万英镑②。兰斯多恩认为，对中国财源的这一估计"太低"③。不过，据最乐观的估计，也不可能希望中国无论是通过搜刮其现有税收结余，还是通过改进其财源，能够筹集到足够的钱财，为筹借一笔足够大的贷款提供贷款基金，以支付所有列强预计的赔款总额。

所以，英国的目标是尽可能地保持其他列强的赔款要求适中，萨道义因而得到指示：建议排除间接的赔款要求和反对每个列强提出单独的赔款要求④。他已经敦求过将估价的原则应用到非官方的赔款要求。

然而，其他列强并不让其独自的赔款要求受到公共监督。2月23日，在北京组成了一个委员会，以探讨确定赔款所适用的原则，但是，不乐意合作的迹象已很明显。法国声明：赔款是受"条约、协定和经常的惯例"调节，因而不需要就共同原则取得一致，同时表示，她打算为当地教民要求赔款。德国赞同法国的意见⑤。

如果所有列强都追随法国的意图，每一个国家都能提出一笔数额庞大的赔款。萨道义奉命力求一切非政府要求的赔款都应交全体考虑。其他公使们认为这不切实际，鉴于涉及的工作量过重，萨道义被迫同意了他们的

① 伯蒂备忘录，1900年12月27日，英国外交部档案：F.O.17/1451。

② 会议的报告及批注收入英国外交部档案：F.O.17/1502中。会议成员有：贝特曼（商业部）、奥尔福德（英中公司）、贺璧理（中国海关）和科budget恩（北京英国公使馆）。

③ 兰斯多恩致萨道义电，1901年4月9日，英国国家档案局存档：P.R.O.30/33/7/1。

④ 兰斯多恩致萨道义电，第38号，1901年2月18日，英国外交部档案：F.O.17/1482。

⑤ 萨道义致兰斯多恩电，第53号，1901年2月23日，英国外交部档案：F.O.17/1484。

意见①。于是，各国都开始私下接受其非官方的赔款要求。当北京的委员会于3月13日和18日开会时，俄国声称，它将提出一项单独的赔款要求（中俄关于东北的谈判那时正处于高潮中）；美国声称，它将要求一笔数量可观的款子；英国提出的修订非官方赔款要求的建议以3比8遭到拒绝，意大利和德国支持英国②。兰斯多恩评论道：如果列强持这种态度，英国将通过拒绝为筹措贷款提供便利进行报复③。

兰斯多恩敦促"修订"的目的在于防止欺诈性的赔款要求。在提出来的许多要求中就有一个例子，还决不是最过分的，这就是法国提出的与京汉铁路赔偿有关的要求。比利时要求赔款的估额是100万英镑，尽管建造整条铁路的预算为500万英镑，而且只有一小部分铁路完工。当对此提出质疑时，法国反驳道：最初的建筑预算超出了6500万法郎，债券已经贬值，不能再进一步筹集资金，而且如果起义不发生的话，铁路会有收入，这个预计数也必须考虑在内④。

由于各国都要自行拟定其要求的赔款，这就意味着需要一笔总额庞大的赔款，于是，注意力便集中到中国能够为贷款付息及提供偿债基金的财源上面。这方面的谈判吸引了所有列强的兴趣。尽管伦敦的伯蒂委员会的工作由于不得不寻找不致妨碍英国贸易地位的税收结余而受阻，但其他列强却不受这一考虑的限制。为此提出了许多建议，其中尤以德国提出的最富侵略性。

中国的进出口关税最初于1858年定为按价值百抽五。在很多场合，这早已作为从量税被接受了下来。1899—1900年，主要是由于白银的贬值，与货物实际阶值相比的税率发生了变化，据估计，在很多场合，进口税总计不到百分之三。商人团体愿意承认这一差异，条件是废除厘金（省

---

① 兰斯多恩致萨道义电，第46号，1901年2月26日，英国外交部档案：F.O.17/1482；萨道义致兰斯多恩电，第59号，1901年2月23日，英国外交部档案：F.O.17/1484。

② 萨道义致兰斯多恩电，第80、81号，1901年3月18日，英国外交部档案：F.O.17/1484。

③ 上述第80号电报上的批示。

④ 萨道义致兰斯多恩电，第115号，1901年4月11日，英国外交部档案：F.O.17/1484。

际通行税）①，这种互相让步被认为是必要的，因为关税修改为值百抽五将给英国贸易以沉重的负担。

2月21日，德国在伦敦提出建议，如果把进口税提高为百分之十，将会获得足够的税收，以支付一笔贷款的利息②。根据现有数字，连同废除免税单在内，这笔增长金额将达300万英镑，足以为一笔5000万英镑的贷款付息，但是，这笔负担将会转嫁到英国贸易上。于是，3月23日，德国公使穆默向北京委员会提出了增长到百分之十的建议③。德国外交部殖民司司长施妥博博士又被派往伦敦，讨论提高关税的问题。伯蒂在他写给兰斯多恩的与施妥博会谈的报告里评述："我相信，除了海关税收是最为便利的贷款担保这一事实之外，德国和他国政府都希望推翻目前海关官员置于英国总税务司领导下的制度，而代之以一个国际管制委员会。"④在整个4月份，德国极力要求百分之十的关税，得到了俄、法的支持。美国和日本准备接受百分之十的关税，只是有个条件：中国同意在厘金和其他改革上做出让步。这也是兰斯多恩所采取的立场，在随后的整个谈判中，他一直坚持：税收增长超过实际的百分之五，只有按照联合照会第十一款的规定，与一项全面改革商约的计划结合起来，才能予以考虑⑤。

对英国地位的第二次攻击是由讨论关税改革引起的。在3月23日北京委员会的会议上，德国公使穆默建议，如果百分之十的关税、盐税及常关税不够的话，可以由列强对贷款作出担保。随后，他采取了一种飘忽不定的立场，对这项建议既肯定又否认⑥。由列强联合实行担保，将意味着列强有权从中国为贷款提供的担保中渔利，换句话说就是，即使英国抵制百

① 参见：英商中华社会致外交部电，1901年7月6日；盖德润致兰斯多恩电，1901年6月12日，英国外交部档案：F.O.17/1505；利物浦商会致外交部电，1901年7月5日，哈里法克斯商会致外交部电，1901年7月6日，英国外交部档案：F.O.17/1506。

② 德国的建议由德国使馆转达，1901年2月21日，（伯蒂委员会）报告的附录，第50—54页，英国外交部档案：F.O.17/1502。

③ 萨道义致兰斯多恩电，第92号，1901年3月24日，英国外交部档案：F.O.17/1184。

④ 对伯蒂与施妥博博士会谈的批示（及按语），1901年3月27—30日，英国外交部档案：F.O.17/1502。

⑤ 兰斯多恩致萨道义电，第94号，1901年3月30日，英国外交部档案：F.O.17/1482。

⑥ 萨道义致兰斯多恩电，第92、107、136号，1901年3月21日，4月8、24日，英国外交部档案：F.O.17/1784；萨道义致兰斯多恩电，第155号，1901年5月7日，英国外交部档案：F.O.17/1487。

分之十关税的做法，一个控制海关的国际管制委员会也能利用海关的税收结余。可以理解，俄国会采纳这项建议。3 月 28 日北京委员会会晤华俄道胜银行经理璞科第时，他承认，他没有考虑过由所有列强担保一笔贷款。然而，当 4 月 29 日委员会开会时，俄国公使格尔思谈起一笔百分之四的担保贷款的好处。他指出：由于中国不能在公开市场以低于百分之七的利率借贷，为获取 4000 万英镑，她将不得不发行一笔 5200 万英镑的公债，而以百分之四筹借一笔担保贷款，借 7300 万英镑就能得到 7000 万英镑[①]。

对这一理由难以进行驳斥，因为到此时已经获悉列强各自要求的大致赔款额。很清楚，对中国要求的是一笔巨额赔款。在 5 月 7 日于北京召开的一次代表会议上，代表们同意，应该向中国全权大臣送交一份照会，提出到 7 月 1 日为止的赔款总额约为 4.5 亿两白银（约合 6800 万英镑）[②]。代表们同时强调，7 月 1 日之后的占领费用还得增加进去。但是，列强们事实上明白，中国不能再承受更重的负担，继续占领的费用将不得不由他们自己承担。据悉，这一考虑对他们赞成逐步撤军发生了影响。

4.5 亿两的赔款总额比英国预计的数额要大。萨道义悲观地评论道："看来我们的选择是，或是接受联合担保的建议，或是作出让步，同意百分之十的关税率。"[③]两者取一，英国必须得找出一种解决方案，使海关免于列强的控制。对四种办法进行了讨论：1. 对中国的贷款不予担保。鉴于所要求的赔款额的巨大，这是行不通的；2. 由所有列强或某些列强担保货款。对此予以支持违背英国的利益；3. 用公债的方式支付所要求的赔款；4. 年金字据。

在伦敦举行的讨论集中在公债还是年金的问题上。5 月 3 日和 4 日，托马斯·桑德森爵士与弗朗西斯·莫厄特爵士（财政部）讨论了这两种方式的各自优点[④]。尽管年金比较有利，但他们认为，列强将会要求一种可销售的担保物。因而，当兰斯多恩和伯蒂审阅了莫厄特—桑德森通信之后，

---

① 萨道义致兰斯多恩电，第 149 号，1901 年 5 月 1 日，英国外交部档案：F.O.17/1484。
② 萨道义致兰斯多恩电，第 156 号，1901 年 5 月 7 日，英国外交部档案：F.O.17/1487。
③ 萨道义致兰斯多恩电，第 155 号，1901 年 5 月 7 日，英国外交部档案：F.O.17/1487。
④ 莫厄特致桑德森电，1901 年 5 月 3 日；桑德森致莫厄特电，1901 年 5 月 4 日，英国外交部档案：F.O.17/1504。

由伯蒂起草了一项计划，建议中国应该发行年息四厘的公债，其中半厘为偿债基金①。兰斯多恩随后审核了这一见解，于 5 月 8 日将其发到内阁。于是，英国政府在答复萨道义关于 5 月 7 日会议的报告时，规定了英国政策的基本要点，作为对萨道义的指示：

    1. 避免使中国破产。

    2. 除非考虑到满意地解决致中国全权大臣的联合照会第十一款的问题，海关关税不得增加到百分之五以上。

    3. 不参加对中国贷款的国际联合担保。

政府赞成降低利息，承认不担保的贷款行不通，于是便建议：

> 中国向每个债权国发行的债券，其面值将代表所决定的赔款份额，债券到期应予支付。这些公债的所生利息约为年息四厘，其中半厘分期偿付。

公债将由海关结余（关税提高到值百抽五）、常关税、对某些免税物品的征税和盐税的收入来偿还。这些税收将由列强所批准的一个监事会或委员会接收与分配，监事会无权直接干涉中国的行政，也无权征税。为了给中国以时间，公债将分期发行，各国可以对各自的公债自行担保②。

在整个五、六月份，英国都在为争取公债计划而奋斗。注意力集中在德国和日本身上。通过对公债的利息作出让步，英国获取了德国的支持。德国提出了几项计划，目的全都是在中国政府的财政状况得到预期改善的同时，日益改进德国债券持有人的状况。兰斯多恩最终接受了穆默 7 月 1 日提出的一项建议：通过一笔偿债基金，分期偿付赔款③。

---

    ① 兰斯多恩备忘录电，1901 年 5 月 5 日；1901 年 5 月 5 日的（伯蒂起草）计划草案；兰斯多恩在 1901 年 5 月 4 日莫厄特致桑德森函上面的批示，英国外交部档案：F.O.17/1504。

    ② 兰斯多恩致萨道义电，第 148 号，1901 年 5 月 11 日，英国外交部档案：F.O.17/1486。

    ③ 萨道义致兰斯多恩电，第 220、223、232 号，1901 年 7 月 1 日、3 日、6 日，英国外交部档案：F.O.17/1485；兰斯多恩致萨道义电，第 221 号，1901 年 7 月 8 日，英国外交部档案：F.O.17/1483，谈判的有关背景参见：1901 年 5 月 30 日、6 月 3 日的伯蒂备忘录，1901 年 6 月 6 日罗斯柴尔德勋爵与兰斯多恩的会谈备忘录，1901 年 6 月 10 日的兰斯多恩备忘录（附有与拉塞尔斯的往来文电），1901 年 6 月 10 日的伯蒂备忘录，英国外交部档案：F.O.17/1505。

日本的态度却比较微妙。尽管在北京的日本公使小村赞成公债计划，但他却接到支持一项担保贷款的指示，日本支持公债计划注定要受损失，因为它不能指望以年息四厘去借款。5月23日，萨道义报告说：除非英国主动帮助日本，为它那一份公债担保，否则日本有可能支持担保贷款。兰斯多恩那时正把注意力集中在德国，他认为"除非德国欺骗我们，由国际担保的建议不大可能实行"，英国"在事情的现阶段"不能同意为日本的公债进行担保①。然而，大家将会看到，与英日同盟谈判有关，兰斯多恩从5月底开始就对需要保持日本的善意日益关注。公债的发行牵扯两国的政治关系。6月15日，小村在北京宣称：票面年息四厘的债券将使日本蒙受损失，因为它不能以低于五厘的利率借款。于是，小村建议，应该给日本另外增加年息四厘的债券，以弥补这一差额。俄国也声明：俄国的年息四厘债券为96扣或97扣，所以在面值等同的债券上它也必定蒙受损失②。俄国的困难并未引起多大的关注，但是，兰斯多恩于6月19日起草了一份供内阁第二天使用的备忘录，强调指出满足日本要求在政治上的重要性③。兰斯多恩建议，英国可以或者：（1）支持日本要求增加赔款；（2）对日本债券进行担保；（3）将英国的部分债券给予日本；或者（4）从日本手中按面值购买她的债券。他赞成第四种解决方案。次日，内阁选择了第三种方案，将价值约50万英镑的英国债券转交日本。这遭到了日本的拒绝，日本声称：它所蒙受的损失使它有权要求补偿，强应支持这一论点。小村在北京告诉萨道义说：日本感谢这种慷慨建议，尽管天生的自尊心使他们不能接受④。日本的拒绝在伦敦引起了一些慌乱，人们有点担心日本会逐渐支持俄国。这一方面导致了明确地趋向于同日本达成政治谅解，另一方面导致英国力求了解日本在公债问题上的观点。

日本坚持认为，列强向中国人要求的是4.5亿两赔款，实际总额只有

① 萨道义致兰斯多恩电，第177号，1901年5月23日，英国外交部档案：F.O.17/1484。

② 萨道义致兰斯多恩电，第202号。1901年6月15日，英国外交部档案：F.O.17/1484。

③ 兰斯多恩备忘录，1901年6月19日，索尔兹伯里文书：1901年，内阁总档，未分类。

④ 兰斯多恩致萨道义密电，第205号，1901年6月28日，英国外交部档案：F.O.17/1483；萨道义致兰斯多恩密电，第218号，1901年6月29日，英国外交部档案：F.O.17/1484。财政大臣指出，内阁的建议是非法的，公债一经交付，它们就成了英国的财产。E.汉密尔顿爵士致伯蒂电，1901年6月22日，英国外交部档案：F.O.17/1506。

4.16 亿两，余下 3400 万两，其中的一部分可以用来满足日本的要求。尽管兰斯多恩对是否还会有剩余表示怀疑，但他指示萨道义提出建议：只要有剩余，日本应当享有要求的优先权①。

这一意图遭到俄国的阻拦。从 6 月初以来，俄国对担保贷款和百分之十的关税的立场已经有所松动，部分原因是东北谈判失败以后，俄国的政策普遍开始退缩，部分原因是它的财政困难。6 月 13 日，格尔思接到指示，只要接受要求的赔款，不管是以贷款、公债，还是证券的形式，俄国同意任何一种赔款计划②。7 月 3 日，格尔思宣称：俄国将接受票面价值一样的债券，但是，如果任何列强提出额外的赔偿要求，俄国也将照办。于是，小村私下同意了萨道义的意见，如果有剩余，就支付日本③。

英国的公债计划被列强接受使谈判进程加快。中国将通过支付年息四厘的债券满足赔款的要求，债券将按面值接受。讨论了各种分期付款的计划，列强最后决定，本金将分为五批，从 1902 年起逐年分期偿付，全部债务将于 1940 年还清④。

7 月 18 日，萨道义起草了一份议定书草案，草案转发给列强予以修改补充，8 月 2 日，议定书的定稿拟定完毕⑤。在与中国人进行和解谈判的最后这段时期，英国的政策可由兰斯多恩对交回的修正案提出的两点异议得到说明。

第一点涉及中国在指定时间以前偿还公债的能力。日本对萨道义初稿

① 兰斯多恩致萨道义电，第 203、213 号，1901 年 6 月 27 日、7 月 2 日，英国外交部档案：F.O.17/1483。

② 兰斯多恩致萨道义电，第 191 号，1901 年 6 月 13 日，英国外交部档案：F.O.17/1482。

③ 萨道义致兰斯多恩电，第 225 号，1901 年 7 月 4 日，英国外交部档案：F.O.17/1485。

④ 有关分期付款各种计划的来往文电见于：萨道义致兰斯多恩电，第 179、186 号，1901 年 5 月 28 日、6 月 4 日，英国外交部档案：F.O.17/1484；萨道义致兰斯多恩电，第 220 号，1901 年 7 月 1 日，F.O.17/1405；兰斯多恩致萨道义电，第 210、216 号，1901 年 7 月 2 日、5 日，英国外交部档案：F.O.17/1483。应当注意，到 1940 年，中国所应偿付的全部款项，加上利息，总额将超过 9.8 亿海关两（1.477 亿英镑）。然而，根据《凡尔赛条约》，德国和奥匈帝国免除了赔款未偿付的部分。此后，在 20 世纪 20 年代，其他多数列强也豁免了未偿付的赔款，同时规定，这笔钱将用于教育及其他公益目的。参见：侯继明《1895—1937 年中国经济发展中的外资》，第 44 页；王庆春（音）：《英国赔款咨询委员会的工作》，《中国社会及政治学报》，第 11 期（1927 年），第 361—372 页。

⑤ 萨道义致兰斯多恩电，第 246 号，1901 年 7 月 18 日；萨道义致兰斯多恩电，第 261 号，1901 年 8 月 2 日，及附件，英国外交部档案：F.O.17/1485。

增加了一条，大意是中国只能采取偿债基金的形式偿还公债。这项建议的要旨是：任何列强不得利用其公债份额从中国获取领土。大家将会看到，日本采取这一行动，是英国在英日同盟的谈判过程中曾询问过东北的事，日本对此发生了误会。当日本认识到英国询问的真实意向时，就放弃了此项建议。然而，日本的建议却使兰斯多恩中意，他认识到该建议对防止俄国同中国缔结单独协定有价值。因此，当伦敦收到议定书的最后定稿，看到法国、俄国和德国已经投票赞成删去这一防止中国与列强为偿还债务缔结秘密协定的条款时，兰斯多恩指示萨道义投票赞成保留这一条①。

8月6日，格尔思拜会了萨道义，对他宣称，俄国不能限制提前偿清债务的自由，如果中国能够做到的话。兰斯多恩一直猜想俄国正在为一项偷偷摸摸的安排进行活动，听到这话，他开始疑惑，在整个和解过程中，两国是否一直在误解的情况下耗费精力。于是，他允许放弃这个条款②。大家已注意到，兰斯多恩在联合照会的实施上曾经奉行拖延政策，这主要是为了让在华的列强反对俄国获取领土。在下一章讨论这一英俄斗争时，大家将会看到，从1901年秋开始，兰斯多恩对俄国采取了一种较为坦率的态度。

兰斯多恩的第二点异议与提出来的改变商业状况的措施有关。在同中国达成和解的议定书草案中，规定成立一个国际委员会，将关税税率改为实际值百抽五。兰斯多恩对此表示不满，他认为，贸易政策操纵在关系较小的列强手中，不合于英国的利益。兰斯多恩更愿意由英国邀请较少的一些国家来参加修订商约的谈判。因此，当他看到已经规定由一个国际委员会讨论将外国进口关税提高到有效的实际值百抽五时，他指示萨道义反对这一措施，如果表决失利，要将英国的观点记录在案：英国既不赞成也不接受这一规定，并且它不能保证向这样一个委员会提出修改由中英条约安排征收的任何关税③。

萨道义被这一指示搞得非常尴尬，因为当他报告组建委员会的计划

---

① 对萨道义草案的注释，萨道义致兰斯多恩电，第261号，1901年8月2日，及附件，英国外交部档案：F.O.17/1485。

② 萨道义致兰斯多恩电，第269号，1901年8月6日，英国外交部档案：F.O.17/1485；兰斯多恩致萨道义电，第258号，1901年8月7日，英国外交部档案：F.O.17/1483。

③ 兰斯多恩致萨道义电，第263号，1901年8月9日，英国外交部档案：F.O.17/1483。

时，兰斯多恩并未提出过异议[1]。许多代表对拖延表现得焦躁不安，长达九个月的艰苦谈判造成的劳累过度显而易见。萨道义力求应该一字不改地接受议定书。8月27日，他报告说，中国的全权大臣已准备签字。但是，兰斯多恩态度坚决。而且，令代表们忧虑的是，他再次提起了惩办问题，并命令萨道义，直到接到有关外地惩办的上谕，才能签字[2]。中国人赶忙发布了上谕，9月7日，议定书的定稿正式签署。但是，在议定书里，所有提及国际委员会修订关税的地方都被删去了[3]。

经过六个月艰苦的赔款谈判，英国成功地抵制了百分之十的海关税率和担保贷款。接受其中的任何一个都足以损害她对中国贸易的控制。而且，英国始终控制了修订海关税率的谈判。到9月17日，詹姆斯·马凯爵士被任命为专使，执行修订商约的任务[4]。12月，他在上海受命要与其他代表保持良好关系，"但不要与他们正式拴在一起"。兰斯多恩补充说："我们必须保持自己的行动自由，其他国家必须和我们保持步调一致。"[5]于是，《马凯条约》于1902年9月5日缔结成功[6]。必须承认，在与中国的和平解决过程中，英国的外交取得了显著的成功，特别是当想起这些谈判是在北方铁路和东北问题的政治紧张时期进行的。

---

① 萨道义致兰斯多恩电，第197、258号，1901年7月12日、31日，英国外交部档案：F.O.17/1485。

② 兰斯多恩致萨道义电，第277号，1901年8月23日，英国外交部档案：F.O.17/1433。

③ 议定书定稿参见施达格尔《中国与西方》，第306—315页。

④ 兰斯多恩致萨道义密电，第295号，1901年9月17日，英国外交部档案：F.O.17/1483。

⑤ 兰斯多恩致萨道义电，1902年1月20日，兰斯多恩文书。

⑥ 有关会谈的论述参见：魏尔特《中国关税自主沿革史》，（上海，1938年出版），第353—391页。

第十一章　东北

义和团起义爆发时，俄国首先关心的是它在东北的地位，在1896年中俄协定签订后的三年里，俄国将15亿多卢布投入了这一地区的总体发展和中东铁路的建造，这条铁路被认为是西伯利亚铁路计划不可分割的一部分。因而，维特的目标是通过与中国达成谅解使这一地区保持中立。实现这一目标的最好希望看来是与李鸿章进行直接谈判，李曾通知维特，他已从其在南方的职位被召回辅佐北京的朝廷。为避免耽搁，乌赫托姆斯基亲王作为维特的私人代表在这位中国政治家离开广州前被派前往与其商谈。然而，俄国对其领地的安全特别担忧，来不及等待这些商谈的结果，它命令军队进入东北去保护中东铁路。这样显示军力激起了已经骚动的百姓的不安，义和团活动迅速蔓延到了整个东三省。

最初，骚乱只在奉天一省，再从那里蔓延到了其他两省——黑龙江和吉林。7月17日，俄国宣布，整个黑龙江地区处于战争状态。到7月21日，下令动员所有在西伯利亚、七河省和土耳其斯坦的俄国军队。在8月4日夺取瑷珲之前，俄国军队处于守势，并日益在北方集结，于8月4日以后开始发起攻击，总计划是集中七支队伍直取哈尔滨。在整个9月份，这些战事在继续，10月2日，苏波季奇进入沈阳。到10月中旬，直隶、东北和西伯利亚共集结了约3900名军官和173000名士兵，其中，自战事爆发以来，有54410名士兵和11407匹马经西伯利亚铁路运至东方，约计

20000 名士兵由海上抵达海参崴和旅顺港 [①]。

东北各省的这些军事行动具有长期拖延不进行的特点，这是理解俄国对华北揭竿纷起态度的关键，直到东三省被侵点以及乌赫托姆斯基有时间与李鸿章作出单独安排以前，俄国的目标一直是拖延华北的事态发展。

到 9 月 29 日乌赫托姆斯基抵达上海时，他来得太晚了，以致无法实现他的缔结一项关于东北的单独和约的初衷。因而，他的使命作了改动，他接受指示，要他了解能获得什么特权，以取代对东北损失的直接赔款。然而，乌赫托姆斯基没见到李，其时李已动身前往天津。初步谈判是与为此目的而滞留在上海的李的侄子和义子李经芳开始的。李经芳提议中国将以一种不增强其他列强贪心的形式，付给俄国一大笔赔款。具体建议是：俄国用武力占领中东铁路，并在原则上声明它宽宏地拒绝占用整个地区。作为回报，中国将同意无条件地开发蒙古和喀什噶尔，"……以各种假冒私人公司专利的形式掩盖向俄国政府的让予" [②]。

维特显然明白，李鸿章的目标是将俄国从东北引开，由于李经劳提出的建议同时力求得到 1896 年中俄谈判时答应给他叔父的第二笔贿金，上海的谈判就不了了之。当一个月后李鸿章、格尔思、理科第在北京重开谈判时，讨论的基础已发生了变化。

到 10 月末，俄国控制了整个东北，延长占领的诱惑实际上不可抗拒。在俄国大臣中间，对应当要求的撤军条件没有明确的想法，维特倾向认为，俄国军队的撤出应当同西伯利亚铁路的全部建成联系到一起；拉姆斯多尔夫和库罗巴特金认为撤军应视能否安定局势和满足俄国的经济要求而定 [③]。

---

① E.R.H. 查普曼上尉（陆军部情报司），《1900 年 6—10 月俄国在"满洲"的军事行动》（1901 年），第 16 页，1901 年 3 月 11 日提交外交部，英国外交部档案：F.O.17/1501。在初期或"防御"阶段，中国人和俄国人的行动都相当激动，并且互相惧怕。7 月 17 日发生了突出的事件，据报道，俄国人在海兰泡将几千名中国人赶至江中，随后用枪炮对其屠杀。然而，有一位独树一帜的英国目击者作出了这样的描述，挤满难民的木筏遭到了中国人而非俄国人的射击。参见：R.N. 多瑞恩上尉的报告，1900 年 12 月 26 日，索尔兹伯里文书，编年档，帝国与外交，第 2 卷。

② 乌赫托姆斯基致维特电，1900 年 10 月 1 日，引自罗曼诺夫《俄国在"满洲"》，第 188 页。

③ 罗曼诺夫：《俄国在"满洲"》，第 187、197—198 页。

增祺－阿列克谢耶夫协定

鉴于清廷逃亡后不能与中国政府进行直接谈判，俄国决定与东三省的满族将军商谈有限的地区性协定，在以后的日子里将其并入同中国政府缔结的总的条约内。当库罗巴特金提出此事时，阿列克谢耶夫海军上将很为热心，并在此基础上与奉天将军增祺安排了一项协定。协定的谈判是在俄国人的压力下进行的，增祺被迫通过一名已被罢黜的名叫周冕的道台来处理此事，于 11 月 10 日在有所保留的情况下签了字。协定给予俄国对奉天省的完全军事控制权；中国军队被解散，由非武装的马步巡捕代之维持民间治安[①]。

在这之后，11 月 13 日，由维特发起，外交、财政和陆军大臣在圣彼得堡召开了一次会议，决定"俄国政府控制'满洲'的基本原则"。库罗巴特金提交了一项具体为十五条的计划，计划在谈及保留"作为中华帝国的组成部分"的东北现有民事政府和俄国占领的临时性之后，设想了一项方案，根据方案，俄国军队将集中在铁路沿线，由非武装的中国巡捕控制铁路线以外的地区，与此同时，中国行政机构将在俄国的军事监督下行使职权。对此明显的军事做法，维特增加了四条，确定军方和中东铁路的独立性。按照这些条款，将铁路管理机关最终置于财政部的监督之下，它有权直接与当地军事和行政当局打交道，甚至同北京在外交上打交道，它可以拥有一支独立的护路队，只是在战时听命于军方。这四项条款着重强调了铁路亦即维特的优越地位，并给予俄国军事当局以尽可能向铁路管理机关提供援助的义务。尽管兰斯多恩对这些要求的绝对性有些表示怀疑，并且相信谈判只应同中国的责任政府进行，但是，在维特的大力倡导下，三个部门一致同意了这项计划[②]。

因而，当李鸿章与乌赫托姆斯基在北京重开谈判时，他的处境异常不利。在 9 月份，乌赫托姆斯基急于获得一种解决办法，而到 11 月份，李鸿

[①] 谭春霖：《拳乱》，第 165—166 页。九条全文见于罗曼诺夫《俄国在"满洲"》，第 427—428 页。

[②] 库罗巴斯金的十五条连同维特的附加条款在罗曼诺夫的《俄国在"满洲"》第 191—193 页有所评述，谭的论述（《拳乱》，第 171 页）依据的是噶邦福对罗曼诺夫一书的概述，见于《中国社会及政治学报》，第 17 期（1933 年），第 450—460 页，文中的日期依照的是俄历。

章则在狂热地力图控制谈判。为此目的，他力求将俄国的注意力转向蒙古和喀什噶尔，以确保操纵在东北开始的地方谈判。并激使俄国外交当局在东北问题上采取正式行动。然而，他并没有成功。12 月 27 日，沙皇批准了与东北将军们缔结单独地区性协定的计划。12 月 22 日，格尔思接到指示，使中国驻圣彼得堡公使杨儒获得全权，以使讨论能够远离北京进行，而在北京是不可能保守秘密的。1901 年 1 月 3 日，清廷批准杨儒为全权代表，磋商一项东北协定[①]。

此刻，列强通过 1901 年 1 月 3 日《泰晤士报》披露的增祺 – 阿列克谢耶夫协定，开始注意这项谈判。报告是 1900 年 12 月 31 日由《泰晤士报》记者 G.E. 莫理循自北京电传来的。莫理循获取情报的技巧激起萨道义的"钦佩和惊讶"的感觉，他怀疑情报是由美国公使馆参赞司快尔泄露的，司快尔有跟李鸿章的著名亲信毕德格一起购买古董的习惯，李鸿章从司快尔处获取政治情报，"以对景泰蓝、瓷器和漆器的价值予以内行指点作为酬谢"[②]。情报很可能是李故意泄露的。两个月来，他在北京一直同格尔思、璞科第和乌赫托姆斯基举行秘密讨论，从未引起聚集在一起的外交家们的怀疑。然而，俄国坚持将谈判移往圣彼得堡，使李鸿章失去了对谈判的控制，由此产生了一种可能性，即按照增祺 – 阿列克谢耶夫协定的模式缔结一项关于东北的永久性协定，并强加于流亡的清廷。李的唯一对策是迫使俄国采取正式行动，由于中国的软弱状况，这样做的唯一途径是将事件公之于列强，然而，由于联合照会当时正在北京讨论，消息的泄露必须巧于权衡，过早的泄露可能导致放弃国际协同和领土的大掠夺。在 12 月 27 日联合照会递交清廷并被接受以后，这种可能性非常小了。在这一天和杨儒通知圣彼得堡他拥有全权的那天（1 月 3 日）的几天里，莫理循把增祺 – 阿列克谢耶夫协定弄到了手。更重要的是，到他手中的协定，其中混入了协定签订后举行的多次各部会议里俄国的进一步意图，俄国驻北京代表曾将其要旨暗示给李鸿章。阿列克谢耶夫与增祺的协定基本上是一项军事文件，它概括了增祺在俄国占领下可以再继续履职的条件，事实上，列强不能提出任何异议。从军事观点看，正如后来条款见之于世时阿

---

① 谭春霖：《拳乱》，第 170—171 页；罗曼诺夫：《俄国在"满洲"》，第 200 页。

② 萨道义致伯蒂私函，第 21 号，1901 年 1 月 17 日，英国外交部档案：F.O.17/1469。

德所指出的那样，它是温和的和合理的①。其时联军本身正在华北实施更严厉的控制，因而送达《泰晤士报》的文本对一个条款所作的重要改动可能并非出于错误，这一变动强调了确立俄国对民政的控制，而非军事意义上的控制。实际条文（第七条）则是："为便于同关东省主管当局联系，将军应配备一名俄国政治顾问……。"《泰晤士报》却将措词改作："一名享有全面控制权的俄国政治驻扎官将驻扎奉天……"因此，作为一项有别于军事协定（因而是临时的）的民事协定（因而是永久的），就涉及了其他列强。

英国对东北和北方铁路的态度

在整个义和团起义期间，索尔兹伯里侯爵对于俄国在华活动采取了一种克制的政策，尽管他意识到俄军在华北的侵略态度，但是他拒绝对他们的要求提出官方警告，除非发生英国权利遭受侵犯的情况，那时他会向俄国指出，当形势恢复正常时，这些权利应当归还英国。同样，他拒绝批准窦纳乐 1900 年 9 月所建议的先行占领的政策，他告诉窦纳乐，他的目标是恪守 1899 年英俄协定的精神②。因而，对东北事务他不加干涉。这种观点为所有列强所采纳，在整个起义过程中，东北被认为是俄国独自享有利害关系的个别地区。事实上，在 1900 年 7 月，阿德少将甚至欢迎起义波及到东北，因为它有可能缓解英国在其他地区的政治处境③。于是，在使馆解围后，人们希望俄国全神贯注东北事务将导致华北形势的改善。兰斯多恩 1900 年 11 月调至外交部时，他坚持这一态度。因此，当中俄就东北缔结单独协定的报道公布时，伦敦就安然接受了。兰斯多恩指示英国圣彼得堡大使斯科特尽力进行调查，但不要作正式质询④。

在莫理循泄密之时，摆在政府面前有两个关于英俄关系的问题，首先

① 军事情报处（D.I.M），关于俄中协定的战略后果的备忘录，附件，情报处致外交部，1901 年 3 月 23 日，英国外交部档案：F.O.17/1502。

② 索尔兹伯里致窦纳乐电，第 87 号，1900 年 9 月 7 日，英国外交部档案：F.O.17/1417。

③ 备忘录第 60 号，1900 年 7 月 19 日，阿德备忘录，英国国家档案局存档：P.R.O.30/40/14，第 2 部分，第 222—223 页。

④ 兰斯多恩致斯科特电，1901 年 1 月 3 日，英国外交部档案：F.O.65/1624。

涉及英国在长山群岛的停泊权，第二个涉及北方铁路。兰斯多恩对于每个问题的处理，说明了在 2 月下旬日本将东北转为外交问题之前英国对东北问题的态度。

在 1900 年 11 月底，英国军舰"普拉沃号"在远航打击海盗过程中，停泊在构成长山群岛的一部分的乌蟒岛和索尔顿港 *。长山群岛绵亘在距辽东半岛海岸 35 英里处。12 月 16 日，阿列克谢耶夫海军上将向海军将领西摩提出抗议，说这些岛屿处于俄国领水内。阿列克谢耶夫如此要求的依据是《旅大租地条约》的一项补充议定书，该议定书将这些岛屿租与了俄国[①]。英国外交部拒绝了这一论点，理由是：（1）岛屿距海岸 35 英里，不属于领水范围；（2）即使这些岛屿租与俄国，它们仍是中国领土，并且，根据《天津条约》第 52 条，英国军舰有访问权；（3）由于俄国同中国的协定秘不示人，英国可以不予认可。西摩奉命不理睬抗议，继续使用此停泊地[②]。

北方铁路在英俄关系中是一个更为严峻的问题。大家已经看到，在与使馆解围有关的军事行动时期，俄国军队已经开始占用这条属于英国的铁路，在 1900 年 8、9 月间，俄国又进一步予以攫取。其后瓦德西抵华后，他认可了俄国对山海关经大沽、天津至杨村的整段铁路线的占有，而剩下的到北京的一小段则处于德国的管理之下。对俄国的先行占领行动，索尔兹伯里表现出克制态度，只是照会圣彼得堡英国对这条铁路线享有权利。然而，鉴于瓦德西的行动，在 10 月，他采取更加明确的立场，向柏林和圣彼得堡正式提出了抗议[③]。

英国驻柏林大使拉塞尔斯于是向德国外交部常务次长里西特霍芬男爵作了说明，继之又向德国外交部长比洛伯爵提交了一份照会。尽管德国未予正式答复，但是比洛确实向德皇作过建议，瓦德西应对英国的观点示

---

* 中文地名待查，此处系间译。——译者

① 海军部致外交部信函中所附的来往文书，1901 年 2 月 21 日，英国外交部档案：F.O.17/1501。全部案卷见海军部档案：Adm.I/1711，S323/1901。译者按：此补充的议定书系指 1898 年 5 月 7 日签订的《续订旅大租地条约》。

② 海军部致外交部，1901 年 1 月 8 日，英国外交部档案：F.O.17/1499；外交部致海军部，1901 年 2 月 12 日，F.O.17/1500。中俄议定书的文本是李鸿章透露给萨道义的；萨道义致兰斯多恩电，第 34 号，1901 年 2 月 7 日，英国外交部档案：F.O.17/1484。

③ 索尔兹伯里致拉塞尔斯电，第 188 号，1900 年 10 月 7 日，英国外交部档案：F.O.61/1496。

以更多的同情。随后，德国通过其驻伦敦使馆，询问如何安排英国才能满意，索尔兹伯里回答道，整个铁路线的建造和管理应该移交给铁路的英国经理金德，为保证此线能为所有联军使用，必要时金德应服从瓦德西对该线的军事控制①。这一合理要求是不太容易提出反对的，10 月 30 日，德皇对拉塞尔斯解释说：瓦德西的行动纯粹出于军事考虑，俄国人已经有大批军事工程人员，俄国撤出的那部分铁路线，瓦德西将归还英国②。

英国认为，德国不愿采取积极行动去纠正瓦德西占用铁路的错误不能令人满意，特别是因为俄国和德国似乎正在巩固他们对铁路线的控制。10 月 31 日，萨道义报告说，京汉线的总工程师已直接向俄国和德国的代表申请，准许他们通过北方铁路运送铁路物资，没有劳神去同英国当局打交道。拉塞尔斯奉命在柏林采用强硬语调。这位英国大使于是告诉里西特霍芬，倘若瓦德西继续偏袒俄国，这将会给英国造成可能危害良好关系的印象。这种说法比较有效。11 月 6 日，里西特霍芬答复道，瓦德西又发布了一道军令称，有关铁路线的一切安排都是出于军事考虑，并不损害现有的权利③。

索尔兹伯里的强硬立场在圣彼得堡同样证明有效。起初，俄国试图把英国的抗议引开，坚持说俄国开始修复天津—杨村段铁路时英国驻华军事当局并未提出异议。索尔兹伯里拒绝接受这一闪烁其词的答复，并指示英国临时代办哈丁提出一项认真的正式抗议，敦促应将整个铁路线交给金德及其全班人马④。

这些抗议恰与增祺 - 阿列克谢耶夫的谈判同时发生，通过这一谈判，俄国希望巩固它对东北的控制。为进一步达到这一目的，并希望满足英国

① 索尔兹伯里致拉塞尔斯电，第 188、222 号，1900 年 10 月 7 日、25 日，英国外交部档案：F.O.64/1496；德国外交文书，第 16 卷，第 239—240 页；伯蒂备忘录，1900 年 10 月 18 日（艾卡尔德斯坦来访的记载），英国外交部档案：F.O.17/1448。

② 拉塞尔斯致索尔兹伯里电，第 37 号，1900 年 10 月，英国外交部档案：F.O.64/1496。

③ 萨道义致索尔兹伯里电，第 188 号，1900 年 10 月 31 日，英国外交部档案：F.O.17/1418；索尔兹伯里致拉塞尔斯电，第 244 号，1900 年 11 月 2 日，英国外交部档案：F.O.64/1496；拉塞尔斯致索尔兹伯里电，第 39、40 号，1900 年 11 月 8、6 日，英国外交部档案：F.O.64/1496。

④ 哈丁致索尔兹伯里电，第 123 号，1900 年 10 月 29 日，英国外交部档案：F.O.65/1604；索尔兹伯里致哈丁电，第 222 号，1900 年 10 月 31 日，英国外交部档案：F.O.65/1605。

的异议，俄国建议同英国商定北方铁路的关外或东北路段，即从山海关至牛庄路段的问题。

11月8日，拉姆斯多尔夫对哈丁提出一份照会称，随着俄军撤出北直隶，杨村至山海关一线将交给瓦德西，条件是偿还花在北京—山海关一线的修理和作业费用，而且，在北京至牛庄全线的修理和作业费用全部偿清之前，山海关—牛庄路段不能归还[①]。拉姆斯多尔夫的目的是将铁路线的关外、关内路段分开，通过间接移交的过程归还关内铁路，从而避免直接交出的印象，满足瓦德西的威望感，并且在可能妨碍英国的条件下使关外铁路留待进一步谈判。

伦敦并未立即察觉俄国的意图。11月21日，伯蒂起草了一份备忘录，注意力集中在铁路问题上。他声称："问题……已经到了一个关头，不管是由于议会的还是外交政策的缘故，有必要考虑我们应当以何种程度（如果要去做的话）去告诫和抗议俄国政府。"[②]兰斯多恩接着在第二天起草了一份备忘录，声称英国不能对拉姆斯多尔夫伯爵把一项国际安排应用于铁路线的西段或关内段的企图听之任之，英国只是就东段或关外段才参加这项国际安排的[③]。兰斯多恩所持的观点是，俄国为了干涉华北，正试图取消英国通过1899年英俄协定所拥有的利益。因此，兰斯多恩指示哈丁重申英国的立场[④]。

于是，俄国试图通过直接与汇丰银行磋商，来消除英国政府的反对。汇丰银行筹借了1898年贷款，英国对这条铁路线的权利根据的就是这笔贷款。12月10日，北京华俄道胜银行经理璞科第与汇丰银行北京分行经理熙礼尔进行了接触，向他提出要求，以少于占领和修理的费用，加价20%（120英镑）*赎回关外路段的铁路贷款。这项安排应由两家银行间秘密协商，经两国政府批准，最好是在北京进行。熙礼尔强调他不能代表银行说话，他答应将建议提交给董事们。与此同时，他通过萨道义通知了

---

① 哈丁致兰斯多恩电，第386号，1900年11月14日，英国外交部档案：F.O.65/1602。

② 伯蒂备忘录，1900年11月21日，英国外交部档案：F.O.17/1450。

③ 兰斯多恩备忘录，1900年11月22日，索尔兹伯里文书：内阁秘档，未分类。

④ 兰斯多恩致哈丁电，第284号，1900年11月23日，英国外交部档案：F.O.65/1597。

* 原文如此。——译者

外交部①。

俄国人通过伦敦的一家证券交易所潘缪尔·戈登·希尔公司采取了类似的态度。交易所的一位合伙人是一名比利时人，名叫 M.W. 科克，他是俄国财政大臣维特的财政顾问罗启泰的姻弟，12 月 12 日，罗启泰与交易所取得了联系，交易所找了中英公司，于是开始了试探性的谈判，英中公司将信息随时通报英国外交部。

到 1 月初，政府开始比较清楚地认识到俄国的意图。1 月 8 日，《泰晤士报》公布了单独缔结的《奉天交地暂行章程》。与此同时，萨道义从北京报告，俄德关于将山海关—杨村铁路线移交给瓦德西的联军司令部的协定，这正是拉姆新多尔夫在他 11 月 8 日照会里所指出的间接移交关内段的政策。英国政府也注意到，协定保留给俄国"那部分铁路线和山海关站的施工物资，这时保持山海关—牛庄一线的工作秩序是必要的"②。

兰斯多恩的直接印象是，移交的条款将英国放在了"看守人"的地位，不能令人满意，但是，鉴于重要的是不把关内段铁路留在俄国手中，以及瓦德西不准备采取一项较为大胆的政策，"……我们别无他择，只能尽力获取我们所能得到的东西，并对给予我们的东西只当作是在付账，不放弃任何东西，将我们的全部要求记录在案，而且要让人们完全清楚，我们认为这个协定是临时性的，是由于纯粹军事目的而缔结的，它并不损害政治、领土权利或财政义务……"③

他告诉萨道义将协定全文送来，并劝告盖斯利将军推迟签署协定。与此同时，他召集中英公司和印度事务部进行协商，讨论于 1 月 8 日举行④。

印度事务大臣乔治·汉密尔顿勋爵在会上声明，除作为临时措施，他本人反对任何分割铁路线或放弃铁路机车的做法。随后，他提出一份发给盖斯利的电稿，内称如果能确知铁路线的分割是暂时的，盖斯利可以赞成

---

① 熙礼尔致尤恩·嘉谟伦爵士的报告，1900 年 12 月 15 日，附件，克锡致伯蒂密函，1901 年 2 月 6 日，英国外交部档案：F.O.17/1500。

② 萨道义致兰斯多恩电，第 2、10 号，1901 年 1 月 2 日、6 日，F.O.17/1484；萨道义致兰斯多恩电，第 12 号，1901 年 1 月 8 日；萨道义致兰斯多恩电，第 30 号，1901 年 1 月 21 日（内有最后的德文文本）英国外交部档案：F.O.17/1469。

③ 兰斯多恩备忘录，1901 年 1 月 8 日，英国外交部档案：F.O.17/1499。

④ 外交部致印度事务部，1901 年 1 月 8 日，英国外交部档案：F.O.17/1499。

此项协定。在 1 月 10 日的会议上，兰斯多恩、斯特德曼爵士（陆军部）和伯蒂对这份电稿做了修改，修改后的电稿对英国一切现有的政治和财政权利和在军事行动结束后交还全部铁路线（北京—牛庄）作了更加明确的保留①。

对俄国试图购买铁路线，英国态度同样坚决。1 月 8 日，英国外交部写信给英中公司称：

> ……倘若公司决意商谈这样一项安排，他们必须对自己的行动负责，女王陛下政府不能对此事提供适当的忠告。与此同时，我要指出当女王陛下政府允许在贷款说明书上言明贷款是在他们知情的情况下作出安排的时候，……（他们）这样做，是相信在英国的管理下，这条铁路定能证明对这个国家的贸易有巨大的利益，如果铁路落入外人手中，这种状况似乎不可能得到保障……②

在答复里，中英公司同意按政府的意愿行事③。

然而，这种决心不可能坚持下去。1 月 12 日，盖斯利将军报告说：瓦德西只打算注意英国对北京—山海关铁路线的立场，关于直隶省界以外的延伸部分，英国得与俄国直接谈判。盖斯利认为，任何进一步拖延协定签署的试图，都将造成俄国继续保留整条铁路线的后果④。1 月 15 日，盖斯利奉命撤回了他对协定的异议⑤。

俄德关于北方铁路的协定于 1 月 18 日签署。25 日，北京—山海关路段移交给了联军司令部。俄国保留了山海关因经营山海关—牛庄铁路所需用的车站的部分，同时，它也保留了一些修理车间和积留在山海关的铁路物资。铁路全线（北京—牛庄）的机车被瓜分了，3/5 归瓦德西的司令部，2/5 归俄国。许多机车已遭劫掠，盖斯利不得不要求立即给予 90000 英镑贷款来恢复关内段铁路正常营运。由于英中公司没有资金，所以便请

---

① 印度事务部致外交部密函，1901 年 1 月 9 日，及修正稿，英国外交部档案：F.O.17/1499。

② 外交部致英中公司，1901 年 1 月 8 日，英国外交部档案：F.O.17/1499。女王陛下政府将"对任何这类行动表示遗憾"。这种更直截了当的讲法在电稿中被删去了。

③ 英中公司致伯蒂电，1901 年 1 月 11 日，英国外交部档案：F.O.17/1499。

④ 盖斯利致印度事务部电，第 124 号，1901 年 1 月 12 日，英国外交部档案：F.O.17/1499。

⑤ 首相致中国远征军总司令电，第 65 号，1901 年 1 月 15 日，英国外交部档案：F.O.17/1499。

财政部预支，贷款从中国的赔款中偿还①。2月22日，德国将铁路移交给了英国。

俄国在如此截然划分关内、关外段铁路上所取得的成功立即在伦敦产生了影响，1月17日，英中公司给潘缪尔·戈登·希尔公司写去一封信，它促使该公司相信，如果提出满意的条件的话，英中公司将把出售山海关—牛庄铁路给俄国一事提交外交部。因此，1月30日，潘缪尔·戈登·希尔公司答复道：如果债券持有者放弃他们对关外段铁路的权利，俄国须同意（大意是）：

（1）通过补偿的形式，弥补关内铁路收据上显示的贷款利息缺额；

（2）不"反对或妨碍"英国同中国所进行的任何谋求加强其对关内铁路的控制的谈判；

（3）对"满洲"铁路上的英国商品无差别收费；

（4）撤回修筑直达北京的铁路的要求。

答复同时指出，在诸如于牛庄保留一个铁路机关和保护英国有关南票煤矿的权利上，可能会达成进一步的谅解。潘缪尔·戈登·希尔公司坚持的态度是：他们这些经纪人对讨价还价不感兴趣，不过，他们又阴郁地暗示，如果达不成一项亲善协定，俄国将被迫采取极端损害英国利益的措施②。

2月6日，英国外交部获悉了这些谈判情况和璞科第12月对熙礼尔建议的全面报告。那时，已经得到俄国决心获得关外铁路（可能是在中国的支持下）的进一步证据。2月1日，1898年贷款的五厘半年期息票到期，英中公司根据此项贷款享有对北方铁路的权利。除中国政府的无条件担保外，贷款同时以优先征取铁路的收入作保。倘若拖欠不交，北京—山海关

---

① 英中公司致外交部电，1901年2月8日，外交部致财政部，1901年2月11日，英国外交部档案：F.O.17/1500；财政部答复说，支出款项的唯一正当理由是军事需要，预支的条件是，款项应从军队基金中偿还。财政部致外交部，1901年2月20日，英国外交部档案：F.O.17/1501。

② 潘缪尔·戈登·希尔公司致英中公司电，1901年1月30日，附件，英国外交部档案：F.O.17/1500；兰斯多恩备忘录，1901年2月15日，英国外交部档案：F.O.17/1500。

段铁路由英中公司经管，直至贷款本息全部偿清为止。联军的占据使铁路收入尽失，无法偿还 2 月份到期的总数为 57643 英镑 15 先令（57500 英镑外加 0.25% 的发行费）的债息。根据贷款协定第 4 款，中国对此负有责任。1 月 25 日，李鸿章告诉萨道义中国不能偿还；他"极其坦率地"[1] 承认，他的目的是迫使债券持有人取消抵押品的赎回权，因而在北京和俄国人之间插进英国的利益。然而，鉴于李鸿章的亲俄倾向，对他的举动，当时流行着另一种解释。在 1 月底，李同意了延伸至牛庄的路段彻底移交给俄国，并且根据俄国的建议，他企图让英国获取关内段铁路，以便随后不能反对俄国作为一种补偿获取关外段铁路[2]。

这些各种不同因素的巧合促使兰斯多恩重新考虑这件事。2 月 12 日，面对眼前的英中公司的谈判，伯蒂草拟了份备忘录，提出下述问题：

> 国王陛下政府到底是使中国和俄国坚守他们最近立下的承诺，还是鼓励债券持有人与代表俄国政府利益的代理商达成协议，从而使国王陛下政府不再对此事承担任何进一步的责任呢。[3]

三天以后（2 月 15 日），兰斯多恩接着又写了一份备忘录，他说，"现在已经是我们必须考虑对这些铁路采取什么方针的时候了……"随后，兰斯多恩谈到了俄国人通过潘缪尔·戈登·希尔公司 1 月 30 日的信件所提出的"讨价还价"条件，然后得出结论：如果英国宣布它认为 1899 年的英俄协定仍旧有效，他相信现状能够保持一段时间，但是，"如果我们为形势所迫，承认俄国有权继续占领'满洲'的话"，俄国的提议不失为"一个可以容忍的解决办法"[4]。这两份备忘录于 2 月 18 日散发给了内阁，但是，没有发现内阁召开过会议的任何证据。几天后，北方铁路问题因东北问题而退居次要，出售关外铁路的问题随着那场斗争的结果而得到解决。

---

① 萨道义致兰斯多恩电，1901 年 1 月 30 日，兰斯多恩文书。

② 萨道义致兰斯多恩电，第 31 号，1901 年 2 月 3 日，英国外交部档案：F.O.17/1484；萨道义致兰斯多恩电，第 55 号，1901 年 2 月 7 日，英国外交部档案：F.O.17/1470；萨道义日记，1901 年 1 月 25 日。

③ 伯蒂关于同俄国处理有关中国北方铁路问题的备忘录，1901 年 2 月 12 日，英国外交部档案：F.O.17/1500。

④ 兰斯多恩备忘录，1901 年 2 月 15 日，英国外交部档案：F.O.17/1500。

东北危机

　　2月下旬，我们在英国政府处理北方铁路问题时已经注意到的接受一项单独的中俄协定的倾向，因日本对东北所采取的态度而受到遏制。俄中谈判伊始，俄国财政大臣维特就已经认识到日本可能在多大程度上加以反对，他担心，如果俄国进驻东北，日本会夺取朝鲜①。为预防此举，他试图获得日本的支持，由列强共同担保，使朝鲜中立化。日本对此加以拒绝，反而将这一计划透露给了英国，并且于1月12日建议英国会同德国向俄国提出直接抗议②。日本的意图显然是要检验一下1900年10月英德协定的效力，对此，它也参加了签署。

　　兰斯多恩刚刚收到瓦德西对北方铁路态度消沉的消息，他"不太倾心于这种想法"③。在12月，英国驻柏林大使拉塞尔斯曾评论道："只要我们不想让它用头去撞击'满洲'的城墙"，英国可与德国合作在中国获取利益④。兰斯多恩对东北问题的态度表明他也有同样的看法。他在向首相报告日本的建议时说道，不能指望从圣彼得堡得到什么满意的答复，如果俄国向德国提出建议，而德国并不支持此举的话，那么，俄国就会了解英国的立场。他总结道："我总的感觉是，目前，我们必须对中国那些小事尽可能不表现出'大惊小怪'的迹象，——另一方面，考虑到议会和其他的原因，我们一定不能过于沉默。"于是，他建议，斯科特应向拉姆斯多尔夫提及，议会将对此问题提出质询，但是，当议会这样做时，他将"避免出现"对俄国在东北行动要求作出解释的情况⑤。

　　兰斯多恩在2月6日的答复中矢口否认存在在"南满"给予俄国新的

---

　　① 罗曼诺夫：《俄国在"满洲"》，第207—208页，第432页，注104。
　　② 兰斯多恩致窦纳乐，第6号、8号，1901年1月12日、15日，英国外交部档案：F.O.46/538。日本1901年1月21日对圣彼得堡的答复表现出措词激烈，这在递交给兰斯多恩的函稿中并未显示出来，里面直接提到"列强在奉劝日本撤出辽东半岛时所提出的论据"，答复的全文译自《红档》，见《中国社会及政治学报》，第18期（1934年），第574—575页。
　　③ 兰斯多恩致索尔兹伯里，1901年1月15日备忘录，英国外交部档案：F.O.17/1499。
　　④ 兰斯多恩致伯蒂，1900年12月29日，英国外交部档案：F.O.17/1451。
　　⑤ 兰斯多恩致索尔兹伯里，1901年1月15日备忘录，英国外交部档案：F.O.17/1439。指示于1月22日送交斯科特。

权利的缔约谈判。他强调，谣言的唯一根据是，俄国军事当局同中国地方当局正在就俄中两国在"南满"同时存在的期间安排一个暂且章程，像华北一样，一俟商定安排办法并恢复了中央政府，俄国将立即撤军①。

拉姆斯多尔夫的主张是站不住脚的。这个保证本身关系到增祺－阿列克谢耶夫协定，此时，俄国已将之扩充到列强有理由提出抗议的程度。增祺－阿列克谢耶夫协定签订后，圣彼得堡又决定了扩大中东铁路权利的几个条款，维特在此外又加上了一系列要求。如果这些要求得到中国允许的话，势必导致"按照垄断和限制北京政府在'满洲'的'主权'的原则巩固中东铁路的经济和政治权利，其次将导致正式扩大俄国的'利益范围'，将长城以外的所有中国领土纳入其中"②。维特将这些庞大要求拟成两项计划：一是俄中缔结一项单独政治协定，另一是中国和中东铁路间缔结一项协定。这些要求在 1 月 22 日和 24 日转交给了拉姆斯多尔夫。尽管拉姆斯多尔夫在 2 月 16 日将这些要求递交给杨儒之前对其进行了大幅度修改，但是，剩下的条件仍使他 2 月 6 日通过斯科特给予英国的保证成为一纸空言。

到 2 月初，俄国即将提出要求的某些迹象为日本所掌握。2 月 5 日，日本驻伦敦公使林董伯爵通知兰斯多恩，俄国已经系统提出并正在坚持立即批准一项永久性条约。同一天，萨道义送来了同样的消息，告诉他消息的人是日本驻北京公使③。日本通过林董建议，应立即警告中国，不能批准任何形式的单独条约④。

兰斯多恩不反对这种做法，但是，只有同德国一致行动，他才考虑予以接受。兰斯多恩打算对中国提出一项不得同个别列强达成"幕后交易"的警告。一份含有此意的备忘录于 2 月 7 日递交给了艾卡尔德斯坦，备忘录建议规劝中国："……缔结任何这类协定，对中国政府来说都将是危险的根源，中国政府同任何一家列强都不应当作出影响中华帝国领土主权的安排。"⑤ 与此同时，他发出指示，在接到德国的答复之前，不给林董以

---

① 斯科特致兰斯多恩电，第 41 号，1901 年 2 月 8 日（2 月 11 日收到），英国外交部档案：F.O.17/1501；斯科特致兰斯多恩电，第 65 号，1901 年 3 月 6 日，英国外交部档案：F.O.65/1620。

② 罗曼诺夫：《俄国在"满洲"》，第 205—206 页。

③ 萨道义致兰斯多恩电，第 33 号，1901 年 2 月 5 日，英国外交部档案：F.O.17/1484。

④ 伯蒂备忘录，1901 年 2 月 5 日，英国外交部档案：F.O.46/547。

⑤ 《关于大战起源的英国文件，1898—1914》，第 2 卷，第 35—36 页。

答复①。

2月12日，英国收到德国表示赞同的答复，次日，萨道义奉命与日本取得联系②。兰斯多恩处理对华警告的做法表明，他只是在肯定能得到德国的支持时，才准备对东北问题采取比较强硬的立场，而且，他对获得这一支持没有信心。因此，他在2月15日关于北方铁路的备忘录中，受了德国同意警告中国不得作"幕后交易"一事的鼓舞，因而想知道是否能够采取进一步行动，争取"所有列强同意一项自我克制的条例"③。与此同时，我们已经注意到，他正打算出售关外段铁路，如果有必要承认俄国有权继续占领东北的话。当次日艾卡尔德斯坦承认德国表示赞同"并非没有疑虑"④时，兰斯多恩的这种举棋不定的担心得到了证实。而且，当接到德国对中国警告的文本时，英国看到，德国的信函具有两面性，借以取得俄国的赞同，并且可能是事先想到它自己将提出的要求。中国被告诫："在能够估算出他们对所有列强的债务总额并接受按此数付款之前"，不能缔结单独协定⑤。

日本人不满意只对中国予以警告的意见。他们通过驻东京的窦纳乐和驻伦敦的林董重新做出努力，促请如果俄国坚持其要求，英国应立即采取"较大"的步骤，答应给中国以"实质性的支持"⑥。对这一建议，兰斯多恩态度冷漠，在将此建议报告给索尔兹伯里时，他坚持认为，对英国来说，以日本建议的"灵活的语言"提供保证是不明智的。他坚持英国应该声明，它的政策已显示在英德协定中，对任何列强所采取的不合该协定原则的行动将保留讨论的权利，而且"我们设想，在我们对中国提出警告后，未经事先向我们和其他两家共同提出规劝的列强征求意见，中国不会与单

①　1901年2月5日伯蒂备忘录上的批注，英国外交部档案：F.O.46/547。

②　兰斯多恩致萨道义电，第35号，1901年2月13日，英国外交部档案：F.O.17/1482，15日，英国向中国驻伦敦大使正式提出警告。

③　兰斯多恩备忘录，1901年2月15日，英国外交部档案：F.O.17/1500。

④　兰斯多恩致索尔兹伯里，1901年2月16日备忘录，英国外交部档案：F.O.17/1500。

⑤　见于"关于俄国占领'满洲'和牛庄的通信"，"报道和文件"，1901年（机要文书，1936年印），第110卷，第138页。

⑥　窦纳乐致兰斯多恩密电，第4号，1901年2月15日，英国外交部档案：F.O.16/542。

独一个列强达成任何安排办法"①。

然而，索尔兹伯里并不大想培植脆弱的英德同盟，因而对日本的建议作了比较准确的评价。他答复道："对我们来说，保卫华北沿海地区可能比较合适，尽管这项任务很艰巨（比如说北直隶和朝鲜的各个海湾*），但是，在划分中华帝国和俄罗斯帝国的广阔内陆边界时，我们没有需要予以重视或加以保护的利益。在兰斯多恩看来，日本的话之所以有伸缩性，是因为它提出了军事行动的问题，而在索尔兹伯里看来，它之所以有伸缩性，是因为如果英国同意的话，英国将承担保卫连日本也是没有理由去加以保卫的广阔的内陆边界的义务，索尔兹伯里最后说，"我原则上不反对与日本作出约定，共同防卫沿海地区，我们认为使之免受俄国的控制对我们有重大利益，但是，我们必须非常慎重地限定我们的职责范围"。这就是将于4月中旬提出的英日同盟的基础，索尔兹伯里认为此事关系非常重大，应该通知内阁②。

兰斯多恩依然全神贯注于与德合作的工作，英日同盟的思想对他来说简直是奇怪而费解。他和伯蒂猜测索尔兹伯里提出召开内阁会议，想必是"与他自己提出的可能对部分中国沿海地区的安全作出担保的建议有关"③。他明白，德国不打算动用武力，他也没有想到要达成一项将德国排除在外的双边谅解。因此，在伯蒂的帮助下，他致力于通过加紧对中国的规劝，来阻止俄中条约的批准，这是德国曾经暗示愿意合作的唯一途径。伯蒂建议，英、德、日提出一项联合警告，如果中国给予俄国任何形式的让与，列强将"不得不考虑如何重建利益的平衡，其后果可能会严重危害中华帝国的完整"④。兰斯多恩对此表示同意，并提出下列意见：

（1）中国决不能缔结单独协定。

（2）倘若中国被迫缔结此类协定，我们希望同我们也缔结。

---

① 兰斯多恩致索尔兹伯里，1901年2月16日备忘录，英国外交部档案：F.O.17/1500。

* 引文原文此处有"Liaocbung"一字，恐系"Liaotung"之误。

② 索尔兹伯里致兰斯多恩，1901年2月16日备忘录，英国外交部档案：F.O.17/1500。

③ 兰斯多恩致伯蒂，1901年2月17日备忘录，英国外交部档案：F.O.17/1500。

④ 1901年2月17日伯蒂备忘录，英国外交部档案：F.O.17/1500。

（3）倘若不与我们缔结，我们将不得不提出补偿的问题。①

如此列出拟议中的警告，显然是一种虚声恫吓。兰斯多恩不过是在要求中国强做它不愿处理的棘手问题；因为如果中国果真正式宣布一项若无列强的积极援助它就无力拒绝的单独协定的话，列强就得从头做起。伯蒂认识到了这一点：

> 除非给予中国以日本所建议的那种担保（如在建议的一般性条款中加上这一保证对我们来说既危险又失策），就根本没有提供反对俄国进一步侵略的真正保证；但是我认为，对中国采取恫吓和保证的办法可能有助于它抵挡俄国的压力，并鼓励它向我们透露俄国的建议。②

这是他们自己能够容许采取的最佳行动，于是向东京发了电报，其中包含一项实行补偿性报复的建议，以征求日本的意见③。

2月27日，林董通知兰斯多恩，日本政府认为这一警告没有益处，中国会认为它类似英德协定；它已经受到警告，而且来参加拟议的声明的列强可能会将此视为他们可以在各自的势力范围内为所欲为。因此，日本建议，应由三家列强联合劝告中国，将由拳乱产生的各种要求提交正在北京召开的联合会议审查订正④。兰斯多恩接受了这一建议，因为它提供了一种选择，即不用直接要求德国支持，又能使德国卷入其中。

到2月底，俄国在2月16日交给杨儒的建议已是众所周知。在十二项简要的条款里，俄国人要求在东北、蒙古和新疆边境地区拥有独占的经济、领土和政治控制权。在东北，中国军队将予解散；直到俄国的全部赔款要求得到满足之前，更重要的是，直到维特所强烈争取的通往北京的铁路允予建筑之前，整个地区将继续由俄国实行军事控制。

张之洞、刘坤一和袁世凯把这些要求的要点透露给了列强，他们直接

---

① 兰斯多恩在1901年2月17日伯蒂备忘录上的批注，英国外交部档案：F.O.17/1500。

② 伯蒂致兰斯多恩，1901年2月17日备忘录，英国外交部档案：F.O.17/1500。

③ 兰斯多恩致窦纳乐密电，第13号，1901年2月18日，F.O.46/542；参见《关于大战起源的英国文件，1898—1914》，第2卷，第36页。

④ 1901年2月27日备忘录，英国外交部档案：F.O.17/1500。

出面反对俄国的条约①。由于他们的坚持，清廷颁发了一道上谕，要求列强居间调停，上谕由中国公使罗丰禄于3月1日递交给英国外交部②。

在有关的中国要员当中，李鸿章独力申辩，请求批准；俄国答应给他的贿赂可能起了一定作用，但他也是真心相信，中国最多只能指望名义上归还东北，并且他的确曾利用列强的反对，劝告俄国人有必要修改其要求③。他尽了最大的努力来收回调停的要求；罗丰禄惊慌失措地返回英国外交部，告诉伯蒂，他误会了电文的意思，将电文误递了。他解释道，总督们的意图是希望列强不要反对这一协定，协定对中国的利益无害，如果列强反对，这可能引起中俄关系的破裂④。

德国对要求调停的答复是，所有事件应由在北京的代表会议而不是由内阁间作出的安排来解决。兰斯多恩催促萨道义支持这一意见⑤。然而，日本显现出好战情绪。俄国驻东京公使伊兹沃尔斯基报告说：日本已经向北京宣布，它"准备在任何情况下支持中国"⑥。到3月中旬，日本的情绪更加激昂，伊兹沃尔斯基报告说："事实上，所有日本舰队正在距我们最近的港口集结。"⑦窦纳乐爵士其时正任英国驻东京公使，他证实有这些准备活动。他指出："实际上，日本舰队不需要做进一步动员，就能立即从事敌对行动。"⑧

日本的态度部分是进行恫吓，在以后几天里列强所进行的谈判表明，

---

① 萨道义致兰斯多恩电，第56号，1901年2月27日，英国外交部档案：F.O.17/1484；谭春霖：《拳乱》，第182—183页。

② 兰斯多恩致萨道义电，第49号，1901年3月1日，英国外交部档案：F.O.17/1482；兰斯多恩致萨道义电，第48号，1901年3月1日，英国外交部档案：F.O.17/1467。

③ 罗曼诺夫：《俄国在"满洲"》，第214页，第434页注126。

④ 兰斯多恩致萨道义电，第53号，1901年3月2日，伯蒂备忘录附件，英国外交部档案：F.O.17/1482。后来罗丰禄作了第三次解释：李鸿章电报的意思是，只有在绝对必要时中国才会接受。兰斯多恩致萨道义电，第59号，1901年3月13日，英国外交部档案：F.O.17/1467。

⑤ 伯蒂备忘录，1901年3月4日，英国外交部档案：F.O.17/1501。

⑥ 伊兹沃尔斯基致拉姆斯多尔夫电，俄历1901年2月18日（3月8日），引自罗曼诺夫《俄国在"满洲"》，第214页。

⑦ 伊兹沃尔斯基致拉姆斯多尔夫，俄历1901年2月18日报告，（3月14日），《红档》，译文见于《中国社会及政治学报》，第18期（1935年），第585页。"人民同盟"和"黑龙会"起于此时，宗旨是将俄国赶出东北，把日本的统治扩展到黑龙江。

⑧ 窦纳乐致兰斯多恩电，第9号，1901年3月18日，英国外交部档案：F.O.46/542。

在朝鲜问题上，不管能否获得援助，日本都将不惜一战，而在东北问题上，只是当它能够肯定法国和德国保持中立，英国给予积极支持的情况下，它才准备开战。

3月6日，日本驻柏林公使请求德国表明态度。在答复里，德国外交部常务次长冯·米尔伯格男爵否认俄德达成了任何秘密谅解。他将德国的立场概括为"仁慈的中立"，并且评论道，这将会牵制法国舰队，英国将有可能支持日本。这一声明暗示了英德先前就采取一项强有力的政策所进行的磋商，使日本人深受鼓舞。于是，日本将谈判向前推进了一步，3月9日，日本驻伦敦公使林董奉命询问兰斯多恩："假使日本认为有必要同俄国打交道，日本可以依赖英国何种程度的支持？"[1]

德国还不曾与英国协商，因此，英国对日本的询问和日本提交的有关米尔伯格声明的报告，同时进行了考虑，并且加以互相参照。首先是一个术语的问题，如果日本通告中的"打交道"一词使用无误，那么仅仅是指英国给予外交上的支持，但是，如果像林董所承认的是指"抵抗"的话，则正如索尔兹伯里所指出的，这就涉及发生战争的可能性了[2]。然而，首要问题是弄清楚德国的态度。法俄同盟的条款仍不为人所知，这些条款是否限定于欧洲的纠纷也还不清楚[3]。法国的态度急需推测[4]，德国严格保持中立会鼓励而不是限制法国舰队的行动。另一方面，把一项仁慈中立的声明同监视法国舰队直接联系起来，就使形势发生了巨变。正如后来兰斯多恩所指出的那样，"牵制另一国舰队的态度很难说成是中立"[5]。8月12日，英国起草了一份诱使德国表明其意图的文件。这份文件强调，如果日俄开战，英国和德国将以限制这场战争为它们的目标，"为此，他们将保持中立，倘若事件的进程需要他们出于自己的利益代表日本进行干涉，他们将保留绝对的行动自由。然而，倘若有任何列强参加俄国一边对日本采取敌对行

---

① 《关于大战起源的英国文件，1898—1914》，第2卷，第41页。

② 在《关于大战起源的英国文件，1899—1914》第2卷，第41页上的批注。

③ 桑德森致兰斯多恩，1901年8月10日，兰斯多恩文书。

④ 兰斯多恩致蒙森电，第27号，绝密，1901年3月8日，《关于大战起源的英国文件，1898—1914》，第2卷，第40页。

⑤ 兰斯多恩致窦纳乐电，第27号，机密，1901年3月16日，英国外交部档案：F.O.46/538。

动的话，英国和德国政府将给予日本海军援助，以抵御此类攻击"①。

兰斯多恩补充道：假如德国拒绝参与这项安排，英国有必要重新考虑自己的立场②。翌日，内阁对此事辩论了一个半小时，随后不得不暂缓作出决定，以待收到进一步的情报③。

后来收到的情报证明英国的谨慎是有道理的。对于中立，德国指的是"仁慈和严格的中立"。比洛伯爵进而于3月15日在德国国会就德国对1900年10月英德协定的态度作了公开解释。按照这位德国首相的说法，列强对华野心可分为追求商业目标和追求政治目标两种，德国属于前者，协定的缔结是本着这一精神，"与'满洲'决无关联"。他补充说，"德国在'满洲'没有什么重大利益，该地区的命运是德国绝不关心的事"④。

比洛的讲话在伦敦引起了不安。大家已经看到，兰斯多恩对德国的态度有充分的认识，这促使他在行动之前，即便是对中国发出警告的事情上，也要确保德国参加进来。于是，当日本进行试探时，英国政府对德国以含糊的词句宣布中立的动机把握不定，甚至是疑虑重重。正如桑德森在3月10日所指出的那样，看来他们似乎准备煽动日本开战，并正在虚假地暗示英国会提供支援，而他们自己的态度显然就像巴克斯·艾伦和鲍勃·塞耶先生，"在格斗者身边跳来跳去，准备吸食先被打晕者的血液"⑤。为澄清事态，兰斯多恩曾要求德国对其态度作出更加明确的解释。德国在答复里不仅解释了"仁慈中立"一词的使用，而且对英德协定的适用范围

① 外交部附加备忘录草稿，1901年3月12日，英国外交部档案：F.O.46/547。J.A.S.格伦维尔："1901年3月12日兰斯多恩与德国缔结秘密协定的计划的夭折"，《历史研究所所刊》，第27期（1954年），第201—203页。兰斯多恩对东北问题的整个态度，表明他认识到英德在华不可能实现实质性的合作。

② 1901年3月12日兰斯多恩备忘录，英国外交部档案：F.O.46/547。

③ 索尔兹伯里致英国国王的报告引录，古兹瓦德：《英国"光荣孤立"政策结束的几个问题》，第72—73页。

④ 在《关于大战起源的英国文件，1898—1914》第2卷第26页上有这次讲话的摘要。德国的"仁慈"一词可能使用不太严格。德皇坚持认为，他1月底在英国就曾明确表示，他将保持"仁慈的而严格的中立"。（参见拉塞尔斯致兰斯多恩电，第94号，绝密，1901年4月11日，《关于大战起源的英国文件，1898—1914》，第2卷，第54页）。但是，当林董在2月份同艾卡尔德斯坦会谈时，他坚持主张，如果日本能够指望得到英国的积极支援和对德国的仁慈中立有信心的话，它将与俄国开战。（参见：1901年2月16日艾卡尔德斯坦报告，德国外交文书，卷14，第324页）。

⑤ 桑德森致兰斯多恩电，1901年8月10日，兰斯多恩文书。

做了明确限制。兰斯多恩认为，英德协定确实适用于东北，至少在涉及口岸时是适用的，协定第一款保证，两国坚持中国内河及沿海的口岸应当保持对华贸易自由开放，第二款保证，他们坚持中华帝国的领土状况不能缩小。兰斯多恩告诉拉塞尔斯道："如果德国对协定的解释同我们产生差异，那将是很不幸的。"①

外交部紧急采取行动，揭示德国对保卫东北承担了义务的证据。克兰伯恩勋爵 3 月 19 日在下议院援引了英德协定。第二款宣称该条约并未附加任何限制条件。的确，这一条款中没有写入任何特别限制条件，但是，这确非是出于会谈时充分宣布过的意图，这在英德协定的谈判过程中已经注意到了。再者，俄国的要求虽然很广，但是在名义上仍将这个地区留在中国手中，因而中国的领土是完整的。协定中唯一相干的条款是第一款，当英国对此款进行仔细研究时，发现它含糊之至。两国曾保证，"在他们可以施加影响的范围内"坚持门户开放。条款中找不到德国政策的原则是保护中国领土完整的论述。受命尽最大努力进行搜寻的外交部的坎贝尔总结道："我们没有发现德国的确曾经直接说过这样的话。"② 英国没有理由提出抗议。8 月 28 日，兰斯多恩在上议院宣布："我已对这一协定的谈判中所发生的有关事项进行了调查，我得到的回答是，德国政府确实曾示意我们，他们认为在东北这个地方，他们并不认为他们有什么影响。"③

那时，围绕东北协定的外交危机已经过去。3 月 17 日，萨道义报告俄国对其要求作了修改。日本驻伦敦公使也通报了这一消息。林董不得不承认，新的条件"不太招人反对"④。这是俄国人为促使协定通过所作出的最后努力，3 月 12 日，俄国将所提要求递交给中国人，限 14 天内接受。俄国的战略目标归于失败。中国人因国际利益而增强了力量，他们拒绝了这

---

① 兰斯多恩致拉塞尔斯电，第 79 号，1901 年 3 月 16 日，《关于大战起源的英国文件，1898—1914》，第 2 卷，第 27 页。

② 坎贝尔致兰斯多恩，1901 年 3 月 26 日备忘录，英国外交部档案：F.O.17/1502。

③ 兰斯多恩致拉塞尔斯，第 136 号，1901 年 4 月 7 日，《关于大战起源的英国文件，1898—1914》，第 2 卷，第 28 页。

④ 兰斯多恩致萨道义电，第 71、74 号，1901 年 3 月 16 日、20 日，英国外交部档案：F.O.17/1482；萨道义致兰斯多恩密电，第 73 号，1901 年 3 月 17 日，英国外交部档案：F.O.17/1484。

些要求，4月5日，俄国宣称，它打算放弃这一尝试①。

在整个1901年，有关中俄双方进一步努力争取就东北撤军一事达成协定的报道时有所闻，但这些报道再也没能引起先前的那种惊慌。英国外交部开展工作是基于这样的认识：由于中国人依照兰斯多恩奉劝罗丰禄的"中国政府的力量在于静观勿躁"的精神行事②，继之每提出一个建议，就使他们得到更加温和的条件。与此相关的是，英国意识到，占领东北已给俄国造成了财政紧张。伯蒂评论道："俄国人被迫大批驻军'满洲'的时间愈长，他们的手头就愈拮据，因而他们就更易顺服。"③当1902年3月26日俄国和中国最终达成协定时，伯蒂相信，协定不可能获得更好的条件了④。尽管兰斯多恩认为，"在如此大声抗议之后，我们不应出于纯粹的厌倦情绪而如此匆忙地退让"，但是他也不想对事件的细节提出异议⑤。

在1901年春俄国的首次尝试之后，英国对东北问题的处置反映了英国政府对俄国在东北问题的真实态度。英国一直承认俄国在这一地区拥有"支配性影响"⑥。在1901年1月，尽管兰斯多恩知道"拟议中的俄中协定的内情"⑦，但他并未向俄国抗议，到2月份，他甚至在考虑必要时出售关外段铁路。4月9日，危机高潮刚刚过去，他写信给萨道义说，尽管俄国是否有权建造一条通往北京的铁路值得怀疑，但是"他们可以表示，他们可以在长城以外建造"⑧。在整个事件过程中，他所主要关注的不是抵制俄国窃据东北，而是因为日本的强烈坚持，不能将英德协定摆在前头，并使

---

① 兰斯多恩致萨道义密电，第101号，1901年4月5日，英国外交部档案：F.O.17/1432。拉姆斯多尔夫认为，倘若俄国不这样做，恐将导致与日本开战。罗曼诺夫：《俄国在"满洲"》，第217页。

② 兰斯多恩致萨道义电，第103号，1901年4月5日，英国外交部档案：F.O.17/1482。

③ 伯蒂致兰斯多恩，1901年12月6日备忘录，英国外交部档案：F.O.17/1511；1902年4月28日桑德森备忘录，英国外交部档案：F.O.17/1548。在1901年4月，罗斯柴尔德曾报告说俄国陷入严重的财政困境，与通常在伦敦借贷100万英镑不同，它透支8万英镑；1901年4月4日窦纳乐备忘录，秘密，索尔兹伯里文书：1901年编年档，帝国与外交。1901年俄国在远东所投入的金额为8亿至10亿卢布。罗曼诺夫：《俄国在"满洲"》，第32页。

④ 1902年8月27日伯蒂备忘录，英国外交部档案：F.O.17/1548。

⑤ 兰斯多恩致窦纳乐电，1902年3月31日，兰斯多恩文书。

⑥ 桑德森备忘录，兰斯多恩的批示，1902年4月28日，英国外交部档案：F.O.17/1548。

⑦ 兰斯多恩致萨道义电，1901年1月16日，英国国家档案局存档：P.R.O.30/33/7/1。

⑧ 兰斯多恩致萨道义电，1901年4月3日，英国国家档案局存档，P.R.O.30/33/7/1。

这个同盟遭受它经受不住的考验。这就是东北危机对英国政策的真正意义所在。1901 年,张伯伦作出第三次也是最后一次尝试,想缔结一项全面的英德同盟。这次尝试的显著特征是他 1 月份向艾卡尔德斯坦提出的建议,这个建议要求成功地缔结有限的地区性的协议,在此基础上可以建立一个广泛的同盟①。兰斯多恩赞成这一想法,但是在提出这个建议时,他就被迫去应付东北问题。这说明他为什么顽固坚持对中国提出告诫的政策,也说明他为什么在 2 月下半月不愿同俄国直接接触,那时他在英德合作所许可的范围内辗转不安。尽管受此限制,在 8 月份他还是被引到了一种境地,即以东北问题来检验德国支持的价值的境地。德国公开强烈的拒绝并非没有效果。多年后,当有人询问兰斯多恩他为何放弃英德合作的目标时,他回答道:"这与'满洲'有关,我发现我不能信任他们。"②尽管缔结英德同盟的建议一直持续到 1901 年,但是处理这些建议是漫不经心的,英方与日本缔结双边协定的主张日益增长。

---

① 他特别举出摩洛哥为例,但是"他首要的考虑无疑是中国"。艾默里:《张伯伦传》,第 4 卷,第 145 页。

② A.L. 肯尼迪:《索尔兹伯里传》(伦敦,1953 年出版),第 393 页。

第十二章 英日同盟

　　英日间的亲善关系建立于英国拒绝干涉中日甲午战争的1895年。这种联系在随后的年月里得到了加强，在1898年旅顺口危机时，英国议会和新闻界常常提到需要与日本缔结协定[①]。义和团起义进一步证明了得到日本支持的重要性。在进军北京和使馆解围后的时期，英日派遣军进行了密切的合作，从这次接触中，日本的军事效率受到英国的赏识。但是直到1901年，从大国结盟的标准看，日本被当作一个二流国家，英国欢迎它在远东给予支持，是为了加强英德同盟，以对抗俄国和法国。

　　日本在1901年早春对东北的强硬立场给远东形势带来了一个新的因素。日本在2月份提出由列强给中国提供实际援助来对抗俄国要求的建议，使未定的外交形势立趋明朗。前已述及，索尔兹伯里立即领会了这一建议对英国政策的含义。首相当时发表了令人惊讶的意见：他原则上不反对与日本进行有限缔约的想法[②]。兰斯多恩对英德合作的现实性还没失去幻想，他并未遵从索尔兹伯里的思想指导。他的目际依然是与德国结成共同阵线，只是设想向中国提出一个反对"幕后协定"的警告。一个月后，日本再次试图取得英国的支持，使德国在日俄战争爆发时保持中立，兰斯多恩对此又未作出反应。在东北危机时期，兰斯多恩一直认为英国除保持中立外，别无他择。在受到德国的模糊言辞迷惑之后，他预期两国至多也许能联合起来，对俄国

---

　　① 《泰晤士报》1897年12月23日、31日，1898年2月1日、3月26日、4月4日、7月31日。《议会辩论》第4集，第53卷，第129—131、302—306页，第54卷，第307—309页，……张伯伦当时日本驻伦敦公使加藤高明的建议于A.M.普利编《林董伯爵秘密回忆录》（纽约和伦敦，1915年出版，第83页，石井菊次郎子爵：《外交余录》（巴尔的摩，1936年出版）第36页。

　　② 索尔兹伯里致兰斯多恩，1901年2月16日的备忘录，英国外交部档案：F.O.17/1500。

和日本"保持中立"①。甚至当德国暴露出其对东北的态度之后，兰斯多恩依然坚持这一政策。8 月 16 日，在回答日本驻伦敦大使林董提出的英日联合行动的谨慎建议时，兰斯多恩声称，英国的政策仍然受早先与德国共同递交中国的警告所左右②。鉴于兰斯多恩的态度，林董转而致力于修复英德在东方的反俄外交阵线。在这一点上他得到了艾卡尔德斯坦的鼓励。在 3 月下半月和 4 月初，两位外交家就如何改善形势交换了意见③。4 月 16 日，艾卡尔德斯坦将林董的个人计划交给英国外交部，计划要求"日本、德国和英国，在去年 10 月的英德协定的基础上缔结一项协定，但协议要进一步保证三国政府支持中国的完整和维持现有条约口岸的'门户开放'"④。翌日，可能是受艾卡尔德斯坦开了一个头的鼓舞，林董直接向兰斯多思提出了同样的建议。在答复中，这位外交大臣只是表示：由于没有使这一政策生效的实质性建议，他不能发表意见⑤。

在德国已经表示不准备坚持现有英德协定中那些无关痛痒的条款所规定的原则之后，兰斯多恩不愿参加一项有关中国领土完整的进一步声明是可以理解的。从 1901 年春起，英国政府对反复发表声明失去了信心。东北危机使得他们转而比较现实地估计远东的形势，尤其是比较现实地估计日本的地位和可能怀有的政治野心。

人们在 3 月份认识到，尽管东北问题紧迫，但日本主要是全神贯注于朝鲜，如果后者牵入其中，"不管有无支援，也不管法国和德国是否保持中立，它都要开战"⑥。3 月 23 日，军事情报处总监阿德在观察到俄国占领东北使俄日在朝鲜问题上发生战争的可能性增大之后，进一步把注意力集中在这一地区⑦。尽管人们假定如果发生这场战争，英国将保持中立，但是

---

① 兰斯多恩致拉塞尔斯电，1901 年 3 月 18 日，《关于大战起源的英国文件，1898—1914》，第 2 卷，第 60 页。

② 兰斯多恩致萨道义电，第 74 号，1901 年 3 月 20 日，英国外交部档案：F.O.17/1482。

③ 《林董回忆录》，第 114 页。

④ 1901 年 4 月 16 日桑德森备忘录，兰斯多恩文书。

⑤ 兰斯多恩致窦纳乐，第 44 号，1901 年 4 月 17 日，英国外交部档案：F.O.46/538；《林董回忆录》，第 116 页。

⑥ 1901 年 3 月 10 日伯蒂备忘录，英国外交部档案：F.O.17/1501。

⑦ 军事情报处关于俄中协定的战略后果的备忘录，情报处致外交部，1901 年 3 月 23 日，附件 1，英国外交部档案：F.O.17/1502。

到 7 月初，伯蒂已经提出了俄国占领东北对英国的利益来说是否重要的问题，如果英国对此不能认可，"答应提供援助与获取日本的合作就不算是多大的牺牲"[1]。

日本在朝鲜的利益范围是第二个需要考虑的问题。在东北危机的高潮时，桑德森评述道，"如果他们通过威胁就能取得一项还过得去的协议的话"，日本诉诸战争就非明智之举[2]。桑德森是考虑到 1898 年的罗生－西德二郎协定而发出这番评论的。在占领旅顺口的时候，为安抚日本，俄国商定了这项谅解，这个协定在保持朝鲜完全独立的同时，规定（第三款）俄国将不妨碍日本在朝鲜的经济利益。随着俄国进入"南满"，在允许日本加强对朝鲜控制的基础上达成一项进一步的谅解不是不可能的[3]。否则，正如伯蒂所指出的那样，如果不向日本提供援助，那么就有日本与俄国达成协议而损害英国利益的危险[4]。东北问题已将日本的地位提高，是否与它合作，或不如说，能不能获得它的合作，成了一项主要的事情。

直到 5 月份，当英国和日本在北京举行的赔款谈判中出现意见分歧时，这方面的考虑还没有成形。关于偿付赔款的方法，经过多次讨论，列强接受了英国提出的以年息四厘面值的债券偿付所要求赔款的建议。由于日本的信贷额较低，不能指望按下足 5% 的利率借贷，它提出了几项反建议以弥补这一损失。英国抵制这些替换方案，于是导致两国关系紧张。赔款公债问题直到 7 月始获解决，这个问题发生在那年春天再次提出英德同盟的建议遭到破灭后的时期，这是英国舆论转向英日同盟的第二个阶段（东北问题为第一个阶段）。

在早些时候的讨论中，萨道义建设，为帮助日本，英国应当参与担保日本那一份债券[5]。当要求英国驻东京公使窦纳乐发表意见时，他回答道，这个动议将使日本赞成公债方案，"这个国家（日本）举国感激之情将会非常深厚与持久，这在将来某个时候比起目前我们所冒的金融风险来说，

① 伯蒂致兰斯多恩，1901 年 7 月 2 日，英国外交部档案：F.O.17/1506。
② 桑德森致兰斯多恩，1901 年 8 月 10 日，兰斯多恩文书。
③ 林董刚刚报告了维特提出的缔结一项联合中立条约的建议。协定的文本见马克谟编，前引 约章汇编，第 1 卷，第 126 页。
④ 伯蒂备忘录，1901 年 3 月 11 日，英国外交部档案：F.O.17/1501。
⑤ 萨道义致兰斯多恩电，第 55 号，1901 年 5 月 15 日，英国外交部档案：F.O.17/1487。

是很值得的"①。度假一个月刚刚返回的伯蒂不无道理地评论道,"一个国家的感激是短命的",他对以这种方式获得日本欢心是否可行表示疑问②。兰斯多恩也是这样的意见;"在事情的现阶段",对日本的那份债券担保是不可能的③,于是便允予放弃这一方案。一周以后,日本对英国公债建议的不满日益显著,兰斯多恩因此建议北京的萨道义在谈判的其他方面满足他们。"我担心他们有些恼火",他指出,"或许这是很自然的事"④。

两周以后,日本提出了下一项动议。6月15日,日本驻北京公使小村要求增加债券,以弥补日本的信贷差额⑤。6月20日,内阁根据兰斯多恩起草的一份备忘录讨论了这一英国公债方案的障碍,备忘录是前一天起草的,它探讨了使"这笔交易对日本更合算"的各种不同办法。兰斯多恩评述道:

> 我们应当在远东获取它(日本)的好感,这是至关重要的。如果说它对我们有些恼火,并倾向于认为我们对它反对俄国支持得不够的话,我想这样说是不错的。⑥

这个警告是及时的。7月2日,艾卡尔德斯坦带来消息说,巴黎正在举行谈判,为日本举借一笔贷款,利息四厘,以日本所占的公债份额作担保。艾卡尔德斯坦强调指出,这将是俄、法、日在远东协议的第一步。伯蒂对法国金融界是否能说服俄国放弃占领朝鲜的一切企图有点表示怀疑,伯蒂认为这将是日本与之合作所必不可少的条件。不过,这个消息令人不安,尤其是当林董证实了日本可能在寻求法国贷款的时候⑦。

6月下半月由日本反对公债方案所引起的这一形势,促使伯蒂提出一项与日本达成亲善谅解的建设性建议。他在6月20日的一份支持兰斯多恩观点的备忘录中指出,英国对日本所作出的任何金额上的姿态需要取得

---

① 窦纳乐致兰斯多恩电,第34号,1901年5月20日,英国外交部档案:F.O.46/542。

② 伯蒂备忘录,1901年5月21日,英国外交部档案:F.O.17/1505。

③ 萨道义致兰斯多恩电文上的批示,第177号,1901年5月23日,英国外交部档案:F.O.17/1484。

④ 兰斯多恩致萨道义电,1901年5月31日,兰斯多恩文书。

⑤ 萨道义致兰斯多恩电,第202号,1901年6月15日,英国外交部档案:F.O.17/1484。

⑥ 兰斯多恩备忘录,1901年6月19日,索尔兹伯里文书:内阁总档,1901年,未分类。

⑦ 伯蒂致兰斯多恩,1901年7月2日,英国外交部档案:F.O.17/1506,兰斯多恩致怀特黑德,第82号,机密,1901年7月1日,英国外交部档案:F.O.46/538。这时维特第二次试图与日本解决朝鲜问题。(参见:罗曼诺夫《俄国在"满洲"》,第224页)

议会的满意。为满足这一要求，伯蒂建议两国间达成一项相互谅解，甚或是一项秘密协定①。两星期后，伯蒂在报告艾卡尔德斯坦所提供的情报时再次强调了政治问题。他说："在我们作出一些比一般地表示善意更加实惠的事情把日本拉向我们之前，我们将冒日本作出些可能于我们不利的安排的风险。"然后，他提出了朝鲜问题这个公认的日本野心集中关注的焦点，并且建议，如果英国政策的前提条件是朝鲜不应落入俄国的占领之下的话，那么明确地答应进行合作以保卫日本就不会是一项很大的牺牲。伯蒂说，如果政府无意"日前走这样远"，那么可取的做法是，向日本政府询问其对中国和远东的观点，"从而使他们相信，我们以后将愿意与其达成一项谅解，以免他们倒向我们的对手"②。

与此同时，伯蒂拟定了一份题为"与日本缔结协定的建议"的草案，把它附在7月2日的备忘录中交给了兰斯多恩：

> 双方保证，未经彼此协商，不得与任何其他列强就有关中国问题缔结单独性协定。

> 双方发表一项声明，两国的政策是保持中华帝国的独立和完整；双方遵守为两国所知晓及未提出过反对的那些条约，尤其是"门户开放"和"机会均等"的规定。

> "缔结一项协定，当这些原则中的任何一项遭受危害时，两国将进行协商由海上保护中国，反对任何列强采用强制手段获取违背英日协定目标的条约或让与权。

> 或者，与日本缔结一项秘密协定，我们将从海上援助它抗拒俄国占领朝鲜，日本则要从海上援助我们抗拒任何外国列强对长江流域和华南的侵犯。③

这个草案是与日本缔结政治协定的第一个尝试性大纲。它在海军合作的基础上，使英德协定中所坚持的原则适用于英国和日本。它不止是一

① 伯蒂备忘录，1901年6月20日，英国外交部档案：F.O.46/547。
② 伯蒂致兰斯多恩，1901年7月1日，英国外交部档案：F.O.17/1506。
③ 伯蒂备忘录，"与日本缔结协定的建议"，伯蒂致兰斯多恩，1901年7月2日，附件，英国外交部档案：F.O.17/1506。

项原则性声明，同时也仔细留意了索尔兹伯里关于英国与日本进行任何合作，应慎重地将其责任范围限制于海军事务之内的警告。最后，在作为选择方案的秘密协定里，伯蒂把维护英国在长江流域的利益同保持日本在朝鲜的利益互相联系起来，没有对东北作出规定，因为从日本的观点看来，在事态恢复正常以前，在满洲需要采取积极行动。这些考虑最终都体现到了1902年1月30日的英日同盟之中，伯蒂此时提出这些考虑的原因还需要进行更详细的考察。

在1900年8月占领上海期间，英国对德国活动的担心导致了英德协定的谈判。1900—1901年冬，列强的注意力集中在华北事件上面。然而，在1901年春，再次收到令人不安的报道，尤其是法国在华中和华南重新开始活动的报道。4月11日，《德臣西报》报道法国将在西贡至厦门之间铺设一条直通电缆，法国军队还将在后面那个港口登陆。然后，法国在西江的活动引起了海军部的关注，英国派出两艘炮舰，以增加英国在这些水域的军力[1]。在香港总督亨利·卜力证实了法国这些活动的报道后，兰斯多恩宣布事情已到了"危急关头"[2]。实际上，随着华北形势日趋稳定，列强似乎准备恢复义和团起义前所忙于的猎取让与权的做法。4月8日，欧内斯特·萨道义爵士从北京写信道："最近的事件似乎表明，政治的重心不在这里，而是在长江流域和华南。"[3]

兰斯多恩是5月31月收到这封信的，恰好在索尔兹伯里发出他的关于孤立主义的著名备忘录之后，备忘录揭示了参加三国同盟的后果，并且有效地消弭了英德同盟的建议。此后，与德国合作日益不受信任。在7月22日的一份备忘录里，伯蒂再次呼吁在维护彼此在长江流域和朝鲜的利益的基础上同日本缔结协定，明确声称："与德国达成可靠的协议是不会成功的。"[4]这种情绪引起对1900年10月英德协定的效力发生怀疑，这并不特别指德国可能入侵（尽管它对长江流域的野心年底以前在上海撤军的问

[1] "法国在西江地区的活动"，S.86/1901，英国海军部档案：Adm. 1/7511。
[2] 兰斯多恩在1901年6月22日致张伯伦函上的批示，见殖民部致外交部函，1901年7月25日，英国外交部档案：F.O.17/1507。
[3] 萨道义致兰斯多恩，1901年4月8日，兰斯多恩文书。
[4] 伯蒂备忘录，1901年7月22日，英国外交部档案：F.O.17/1507。

题上即将暴露出来），而是作为一项全面防范措施，以限制所有列强的野心勃勃的趋势。

　　然而，兰斯多恩不可能按照伯蒂的建议行事，转而与日本缔结协定，如果日本要确保俄国撤出东北的话。英国的目标不是一个东北问题上的反俄同盟，而是在维持远东现状的情况下缔结一项保持英国利益的有效协定。自春季以来，兰斯多恩一直急于打消英国与中国结盟反对俄国要求的设想。7月，他就中国进一步要求支持的一项建议说道，"我们必须慎重，不要同意由我们保证让俄国人撤退"[1]。几天后，作为试探日本的一项必要预备步骤，他向林董建议，只要俄国不利用其特殊地位妨害中国的完整或损害其他列强的利益，就没有理由反对俄国就撤出东北的条件同中国自行达成协议[2]。

　　兰斯多恩的建议没有给日本人暗示任何意向。因此，7月18日日本做了一个谨慎的答复，试图把东北的未来与当时在北京谈判的中国赔款债务联系起来。日本提出极端的建议：除非使用偿债基金，中国无权偿还赔款公债；只要公债尚未偿付，中国不得给予任何列强以任何单独或独占的领土利益。偿债基金三年后才到期，据估计，这笔巨额赔款要花40年才能还清。日本的答复显然意欲阻止英国在东北向俄国退却，是对兰斯多恩的建议的另一种解释。林董承认，尽管这一安排不尽如人意，但日本的想法是，它能把在东北给予俄国的利益向其他列强开放[3]。

　　日本在东北问题上表现得并不好战使英国感到满意，7月31日，兰斯多恩与林董安排了一次会晤。在这次会晤中，林董证实，尽管日本在感情上对俄国留在东北深为厌恶，但它真正关心的是朝鲜。兰斯多恩于是说，既然两国政策间有如此众多相似之处，就值得考虑"在远东水域的均势因严重动乱而受到威胁时，我们可以遵循何种行动路线的问题"[4]。日本8月14日的答复是谨慎的，只是询问了英国要求达成谅解的条件。对此，兰斯

---

　　① 萨道义致兰斯多恩电，第238号，1901年7月13日，兰斯多恩的批示，英国外交部档案：F.O.17/1485。

　　② 伯蒂备忘录，1901年7月22日，英国外交部档案：F.O.17/1507。

　　③ 伯蒂备忘录，1901年7月22日，英国外交部档案：F.O.17/1507。1901年7月18日关于日本答复的备忘录，英国外交部档案：F.O.46/545。

　　④ 兰斯多恩致怀特黑德，第89号，机密，1901年7月31日，《关于大战起源的英国文件，1898—1914》，第2卷，第90—91页。

多恩回答，由于日本是利益更为相关的国家，得由它系统地提出建议①。于是直到 10 月中旬才重开谈判。

这种缄默只停留在官方水平上。在私下里，两国间更密切合作的问题已成了一个全面讨论的事项。这些幕后会谈使得谅解采取了一种不同于兰斯多恩或伯蒂最初所期望的形式。原先的打算是在英德协定的基础上缔结一个协定，再加上两条：（1）海军应该合作；（2）应特别注意长江流域和朝鲜。当 8 月 14 日林董声明任何协定的目标都要保持门户开放与中国的完整，以及"他从来也不认为订立攻守同盟有什么问题"时②，他只是申述了官方的态度。从 7 月中旬以来，林董一直在会晤自东京召回的窦纳乐③，并通过他了解到爱德华国王赞成达成一项协定，而索尔兹伯里则同意缔结一个同盟④。8 月 16 日，就在夏季休假之前，兰斯多恩把此事提交给了内阁，并在他休假之前要求林董获取特命全权，以便在官方基础上展开讨论⑤。到 8 月底，兰斯多恩写信给萨道义：我们已经"与林董就我们之间达成一项更加亲密的谅解的可能性进行了一些有兴趣的会谈，我认为，我们达成这一谅解不是完全不可能的"⑥。

林董首先采取了主动。他集中致力于在伦敦制造最有利的舆论气氛，所有一切都作为他个人的看法提了出来，当时的日本外务大臣小村男爵后来宣称，这些都得到了日本政府的赞同⑦。到 9 月 3 日，窦纳乐就有关"谅解"的事写信给兰斯多恩道：主要的方针是"如果 A 与 B 发生争执，就让他们去自行解决，但如果 G 加以干涉，那么 D 就会有话要说"⑧。对此，兰斯多恩第二天回答：

---

① 兰斯多恩致怀特黑德，第 91 号，机密，1901 年 8 月 14 日，《关于大战起源的英国文件，1898—1914》，第 2 卷，第 91—92 页。

②《关于大战起源的英国文件，1898—1914》，第 2 卷，第 92 页。

③ 兰斯多恩致窦纳乐电，第 75 号，1901 年 5 月 20 日，英国外交部档案：F.O.46/542。窦纳乐于 5 月 28 日离开东京，10 月 22 日返职。

④《林董回忆录》，第 121—123 页。

⑤ 古茨瓦德的《英国"光荣孤立"政策结束的几个问题》一书第 77 页，索尔兹伯里就内阁会议致国王的报告。

⑥ 兰斯多恩致萨道义电，1901 年 8 月 25 日，兰斯多恩文书。

⑦ 窦纳乐致兰斯多恩电，1901 年 10 月 31 日，兰斯多恩文书。

⑧ 窦纳乐致兰斯多恩电，1901 年 9 月 3 日，兰斯多恩文书。

你的方案迄今为止是够清楚的，但是如果承诺一旦具体化，我们就得用更准确的语言来表达它，并且要考虑 A 来援救 C 或 B 来援救 D 时可能会发生一些什么事情，还须考虑是否就可能给予的援助形式发表一点意见。但我还是真诚希望这个主意能有所收益。[1]

海军界立即对把方案改进得同时适用于俄国和法国一事发生了兴趣。自从 1895 年以来，俄法同盟给英国造成的不利处境引起它的关注，特别是当考虑到英国国防的第一道真正防线——国家海军的自给自足的时候。

那时，英国海军政策所依据的是乔治·汉密尔顿勋爵 1880 年制订的两强标准。它设想英国海军的规模至少要与任何其他两个列强的海军力量相等。这样，1889—1894 年的造舰计划预计，一级战舰和二级战舰比法国和意大利之和要多 6 艘，比法国和德国之和要多 8 艘，比法国和俄国之和要多 18 艘[2]。那时，仅次于法国的最大海军国家是意大利，但是，由于和意大利的关系友好，因而英国比任何两国加起来的海军均占很大的优势。然而，在 1895—1901 年间，列强的海军状况发生了剧烈的变化，到 1901 年，1889 年的计划已不再适用。在这些年间，俄国、德国和美国成了海军大国，日本也成了一个重要的海军国家。从 1895 年起，俄国扩充了的造舰计划引起内阁的忧虑；俄国增加海军开支的报告相继而来，英国舰队计划作相应的补充，海军预算从 1895—1896 年的 18700000 英镑增长到 1901 年的 30876000 英镑[3]。到 1899 年，俄国的非常计划激起海军大臣戈申勋爵的极大惊慌，他建议两国彼此停止建造新的军舰，但这遭到俄国的拒绝，理由是俄国不能让它的海军劣于日本[4]。1901 年继戈申任海军大臣

---

① 兰斯多恩致窦纳乐电，1901 年 9 月 4 日，兰斯多恩文书。

② 海军大臣塞尔伯恩勋爵备忘录，1901 年 11 月 16 日，"海军预算和财政大臣关于开支增长的备忘录"，机密，索尔兹伯里立文书：内阁总档，1901 年；A.J. 马德：《1880—1905 年英国的海军政策》（伦敦，1940 年出版），第 105 页。

③《海军预算与对主要欧洲国家、美国和日本海军发展的评述》，海军部情报司，第 585 号，1900 年 8 月，索尔兹伯里文书：机要印刷品，1900 年；财政大臣迈克尔·希克斯·比奇备忘录，机密，1901 年 10 月，索尔兹伯里文书：内阁总档，1901 年。

④ 戈申致索尔兹伯里，机密，1899 年 3 月 1 日，索尔兹伯里文书：9，3/47；英国驻圣彼得堡大使查尔斯·斯科特爵士致戈申密电，1899 年 3 月 10 日，索尔兹伯里文书，129/63；A.R.D. 埃里奥特，《第一代戈申子爵乔治·乔基姆·戈申传》，两卷本（伦敦，1911 年出版），第 2 卷，第 215—216 页。

的塞尔伯恩把一份备忘录交给内阁，备忘录评价了海军的这一事态发展对英国政策的重大意义。塞尔伯恩力称，如果保持1889年的海军计划，就必须考虑到俄国、德国和英国已经上升到海军大国的地位。三强标准或四强标准是不可能的，而放弃两强标准，势必会产生误会。鉴于俄法同盟的存在，必然会得出的结论就是两强标准必须应用到政治关系上。塞尔伯恩断言：

> 我至今相信这个标准对我们来说是确切无疑的，它不能公开说。我在议会里一般只泛泛地说不要低于两强标准；我愿对内阁说，如果我们做了在与法国和俄国的战争中有理由肯定获胜的准备的话，我们就能充分应付各种意外事件。"[1]

换句话说，当考虑俄法同盟与英国海军防御的关系时，必须设想德国不会作对。因此，由于这些年间英国海外利益不断遭受俄法的侵犯，内阁里以殖民大臣约瑟夫·张伯伦为首的一伙人转而寻求与德国达成谅解的机会，1898年至1901年间在这方面提出的三个建议的失败对增强英国的信心没起任何作用。

此外，随着1895年后远东重要性的增长，争夺海军优势的斗争扩展到了这些水域。海军开支已经吃紧，使英国被迫或是损害其在国内和地中海的舰队去肩负这一额外负担，或是在远东作出让步。9月4日，海军大臣塞尔伯恩起草了一份备忘录，就可能与日本结盟一事谈论保持远东海军的均势。及至1901年，俄国在远东拥有5艘战舰和3艘正在建造中的战舰；日本拥有6艘战舰和1艘正在建造中的战舰；法国有1艘战舰；德国有4艘，英国有4艘。如果日本与俄国达成协议，形势将会非常严峻，但如果它与英国结成同盟，对俄法同盟的战舰比例将会是11比9。这就是英国海军部的第一个反应，并促使其赞成结盟[2]。

当议会在夏季休会后重新开会时，政府对他们处理外交事务显示了较强的信心。关于俄国，在春季东北危机时期所采用的间接外交政策被放弃了。政府10月9日已经接到报告，俄国重新致力于商谈一个关于东北的

---

① 塞尔伯恩备忘录，1901年11月16日，索尔兹伯里文书：内阁总档，1901年。

② 塞尔伯恩备忘录，1001年9月4日，英国外交部档案：F.O.46/547。

条约，条约显然包括建造一条至北京的铁路的权利①。兰斯多恩决定直接同俄国打交道，10 月 22 日，他与俄国驻伦敦大使史达尔男爵进行了一次非正式谈话，接着他更于 25 日建议内阁最好以"绝对坦率"的态度向俄国提出一项提议②。同一天，张伯伦在回答德国对基钦纳在南非的游击战政策的非难时，引用德国在普法战争期间的暴行，对其进行了痛斥。也是在 10 月 25 日，兰斯多恩拟定了一份与日本结盟的条约草案③，这份草案于 28 日得到内阁的批准。

10 月 29 日，林董提交一项条款，要求英国接受。该条款这样写道："鉴于日本在朝鲜的优势利益，英王陛下政府应默许日本采取适当措施以保持这些利益。"④实际上，这意味着日本在朝鲜可以放手行动。兰斯多恩立即向林董表示，他不喜欢条款草拟的形式，但他特设法满足日本的愿望⑤。11 月 6 日，内阁正式同意与日本缔结同盟，11 月 6 日，协定的初稿交给了林董。

草案包括一个绪言、四项正式条款和一项单列条款。绪言声明两国的意图在于保持中国的现状和中国的独立与领土完整，以及机会均等的权利。考虑到 10 月 29 日日本提出的条款，与这些原则相关，协定特别提到了朝鲜。四项条款提供了协定所依据的准则：如果第三国采取敌对行动时，另一方应严守中立（第一条），两国的一方与一国以上的其他列强交战时，另一方有参战的义务（第二条）；双方承诺，未经事先协商，任何一方不得缔结有损于绪言中所概述的利益的单独协定（第三条）；如果这些利益受到危害，双方应互相通气（第四条）。单列条款规定了两国海军

① 克雷少将致汉密尔顿电，第 405 号，1901 年 10 月 9 日；兰斯多恩致伯蒂，1901 年 10 月 10 日（？），英国外交部档案：F.O.17/1510；情报处致外交部，1901 年 10 月 21 日，英国外交部档案：F.O.17/1510。

② 兰斯多恩备忘录，机密，1901 年 10 月 25 日，索尔兹伯里文书：内阁总档，1901 年；兰斯多恩备忘录，1901 年 10 月 25 日，英国外交部档案：F.O.17/1510。提议遭到拒绝，兰斯多恩据之提出动议的情况并不完全。1901 年 11 月 9 日的《泰晤士报》，注意到了俄国的条件。兰格：《帝国主义的外交》的第 754 页把这一东北动议与"接近"俄国联系起来。

③ 草案见于英国外交部档案：F.O.46/547。

④ 林董提交的备忘录，1901 年 10 月 29 日，英国外交部档案：F.O.46/563。

⑤ 兰斯多恩致窦纳乐电，第 113 号，机密，1901 年 10 月 29 日，《关于大战起源的英国文件，1898—1914》，第 2 卷，第 98 页。

进行合作，包括互相提供碇泊与加煤的设施[1]。

兰斯多恩把草案交与日本公使时说，拟议中的协定由于只限于远东，似乎是一个"没有完全解决问题的办法"，英国不复成为一个海上强国，对日本将会是一场灾难，不管这灾难是远东还是世界某些其他地方的纠纷所引起的[2]。这番言论显然是前几天召开的内阁会议的讨论激起的。在那次会议上，内阁也考虑了9月4日塞尔伯恩关于远东海军力量均势的备忘录。这次会议上的报告没有找到，但从随后的谈判倾向看，内阁似乎希望把同盟的应用范围扩大到远东以外的水域，可能包括印度和东南亚。同时，对日本在朝鲜野心的潜在性质也表示了某些不安。至于林董，他在接受英国11月6日的草案时指出，草案对朝鲜的处理并未充分满足日本的需求[3]。

直到12月12日，日本才交回了一份修正案。表现出这种保留的原因，在于英国草案中处理朝鲜的方式。反过来，这也显示出日本政府内部在与英国缔结同盟的问题上的意见分歧。一方面，以政坛元老伊藤博文公爵为首的一批大臣倾向于认为与俄国就朝鲜和东北达成协议，对日本最为有利。伊藤是在1900年9月流产的厦门事件后上台执政的，在联合声明的整个谈判过程中，日本主张适可而止并迅速从华北撤军，这与俄国的政策一致，日本的上述态度为英国所关注。1901年5月初，伊藤内阁倒台。新任首相桂太郎子爵（后为公爵）所持观点与伊藤不同，他更倾向于同英国达成协议。在这方面，他得到了外交大臣小村男爵和在伦敦的林董的支持[4]。

这两派人的目标都是扩大日本对朝鲜的控制。然而，亲英派处于不利地位，因为与英国缔结的旨在保持日本在朝鲜利益的协定，从扩大这些利益考虑，无法同伊藤可能与俄国达成的协定相比拟。到1901年夏天，占领东北成了俄国的负担已为众所周知。俄国政府实际上也倾向于无条件从"南满"撤军，就在此时，维特又一次明显地试图通过在朝鲜许给日本好

① 见于英国外交部档案：F.O.46/563。协定谈判的各个不同阶段在《关于大战起源的英国文件，1898—1914》，第2卷，第116—120页有很好的陈述。

② 兰斯多恩致窦纳乐电，第115号，机密，1901年11月6日，《关于大战起源的英国文件，1898—1914》，第2卷，第99页。

③ 同上书，第94页。

④ 石井：《外交评论》，第48—49页。

处来安抚它①。此外，伊藤9月份离开日本前往欧洲去商定一笔外国贷款，并进一步打算访问圣彼得堡。11月中旬，他在巴黎遇到林董，林董给他看了英国的条约草案。伊藤显然对谈判进展情况吃了一惊，他似乎力促日本大使搁下英国的建议，直到研究了俄国可能提出的建议为止②。伊藤然后前往圣彼得堡，在那里，俄国人于12月初举行的非正式会谈中作了一些微小的、不令人满意的让步③。直到12月13日东京才知道这些会谈的结果，那时，日本政府已经向英国提出请求了。不过，这也意味着在研究英国的建议时，亲英派大臣也意识到他们不能在朝鲜问题上优柔寡断。

伦敦对这种拖延有些幻灭。当要求窦纳乐给予解释时，这位英国公使答称，这是因为日本天皇、首相和内阁成员都参加大规模军事演习去了，并且外务大臣自11月11日以来一直患肺炎卧床不起④。这些原因已由林董提出过，除了小材的病情外，它很难令人置信。11月27日，窦纳乐较为恰当地说道：日本人"对这一事态新发展的规模"感到惊恐，并且对英国草案中处理朝鲜问题的方式不太满意⑤。兰斯多恩认为，日本行动迟缓可以由伊藤在外旅行得到解释，当窦纳乐报告尽管这位公爵没有从日本政府授权去从事任何谈判，但他有足够的权势授权他自己去这样做时⑥，兰斯多恩并未因此消除疑虑。

当12月12日日本交回修正案时，英国看出他们关注的是朝鲜⑦。英国曾在绪言里建议两国，"对防止朝鲜被任何外国列强兼并尤为关注"，日本

① 罗曼诺夫：《俄国在"满洲"》，第222—224页，第227页。拉姆斯多尔夫在俄历1901年6月18日（7月1日）发往各部的信件存于《红档》，参见：《中国社会及政治学报》，第19期（1939年），第136页。

② 石井菊次郎：《外交评论》，第44—46页；《林董回忆录》，第137—144页。

③ 马洛泽莫夫：《俄国的远东政策》，第171—173页。译自日本官方文本的伊藤与沙皇、拉姆斯多尔夫、维特等人会谈录，作为附录发表于伊藤的秘密回忆录《伊藤博文回忆录》（两卷本，东京，1929—1930年出版）中，该译文见滨田《伊藤公爵》，（伦敦，1936年出版），第135页。

④ 窦纳乐致兰斯多恩密电，1901年11月22日，兰斯多恩文书。

⑤ 窦纳乐致兰斯多恩电，1901年11月27日，兰斯多恩文书。

⑥ 窦纳乐致兰斯多恩电，第62号，1901年12月3日，英国外交部档案：F.O.46/542。

⑦ 本节并未试图对条约的条款或谈判做全面分析，仅把注意力放在引起内阁注意的那些点上。参考材料系引自10月28日的英国草案（即：10月25日兰斯多恩的草案），其中包括日本的修正案，于12月16日印供内阁使用。兰斯多恩备忘录，绝密，1901年12月16日，索尔兹伯里文书：内阁总档，1901年。

人将这狡猾地改为"任何其他列强"，然后添加了一项单列条款，确认其在朝鲜的行动自由：

> （单列）第三条：英国承认，日本可以采取它认为必要的适当措施，以捍卫和增进其在朝鲜实际拥有的优势利益。

日本添加的另一项单列条款规定：

> （单列）第二条：缔约国每一方任何时候应力求在远东保持一支海军力量，其效力应大于任何在远东拥有最大海军力量的列强的海军实力。

日本对条约主体提出的最后一项重要修正是，同盟应限于 5 年，可以展期。此外，在回交日本的修正案时，林董声称，日本更愿意协定不超出草案所考虑的界限，并补充说："如果印度、海峡殖民地和暹罗被纳入它的范围，日本政府不能冒险承担这一责任。"[①]

这样，日本要求在朝鲜能放手行动并希望命令英国海军在远东承担义务。它拒绝扩大同盟的范围，并宁愿把它限期 5 年，可以展期。

当时，兰斯多恩向林董说，英国不大可能同意具体规定两国应保持多大海军实力的新添单列第二条。英国海军在远东的使命，他解释道，"必须从整个帝国的考虑来决定，而不是纯粹与局部状况有关"。兰斯多恩还强调，说明日本在朝鲜可以放手行动的新添单列第三条应该受到批评。他补充道，"它可能产生这样的效果，即由于俄日间因纯粹局部利益的事情而发生较微小的纠纷，就使我们卷入与两大欧洲列强在世界范围内的战争"[②]。

12 月 16 日，兰斯多恩起草了一份内阁备忘录，他在备忘录中声言，承担海军义务一事不能接受。然而，他认为，如果英国接受 5 年的限期（如果它"对对方为捍卫共同利益而作出贡献的方式感到不满的话"，这使它可以拒绝展期），就能够克服这一异议。他指出，关于日本对朝鲜的要求，"日本所明显期望的，是保留他们自由行动的权利，以便在条约中作出一项俄国

---

① 兰斯多恩备忘录，1901 年 12 月 16 日，索尔兹伯里文书：内阁总档，1901 年。这次会谈的主要内容通知了窦纳乐。参见：《关于大战起源的英国文件，1898—1914》，第 2 卷，第 102—103 页。

② 兰斯多恩备忘录，1901 年 12 月 16 日，索尔兹伯里文书：内阁总档，1901 年。

绝不能侵犯朝鲜的规定"。作为一项保护措施，他提出了修正条款（第一条和第四条内），具体说明双方为捍卫其利益所应该采取的措施[①]。

12月17日与19日，林董又递交了两份备忘录[②]。17日的备忘录讲道：如果英国能批准日本的修正案，将授权林董签署条约，并重申了两国在远东保持海军优势的必要性，以及日本的愿望是将同盟限于中国和朝鲜。关于朝鲜，小村更充分地强调了日本的态度。他声称："由于日本和朝鲜在地理位置、历史和工商业上有着特殊的关系，帝国政府认为他们应该在半岛上保留某种程度的行动自由，这是至关重要的……"第二份备忘录拒绝了英国提出的双方应具体说明为捍卫其利益而打算采取的措施的建议。在作解释时，小村强调，朝鲜的骚乱势将突发，要求采取迅速行动，在大多数情况下不可能与英国进行协商。为消除英国的疑虑，小村补充道，日本的政策严格遵守1898年的罗生－西德二郎协定。关于承担海军义务的条款，小村指出，尽管这将会使日本比可以召请预备队的英国负担更重，但日本仍然准备承受这一负担[③]。备忘录然后强调指出，不能说利益的平衡取决于日本，尽管长江流域目前平安无事，但那里有可能发生严重的动乱。最后，日本询问德国是否参加，但同意此事听从英国办理。

在12月19日的内阁会议上，与日本结盟的思想得到了普遍接受，正如索尔兹伯里向英王报告的那样，"意见分歧更多的与细节有关，而不是实质上的……"[④]讨论集中在海军条款和朝鲜问题上面。与会者认为，日本提出的协定太过于片面，应该将同盟范围扩大到印度和暹罗来平衡日本在朝鲜的收获。会议拒绝了承担海军义务的条款。在11月16日，塞尔伯恩曾再次提醒内阁注意英国与外国海军扩军竞赛的需要将引起巨额开支，塞尔伯恩强调，"只要法国和俄国照目前新的造舰规模继续下去，我们就不

---

① 兰斯多恩备忘录，绝密，印供内阁使用，1901年12月16日，索尔兹伯里立书：内阁总档，1901年。

② 兰斯多恩备忘录，绝密，印供内阁使用，1901年12月17日；日本1901年12月19日的信函，印供内阁使用，1901年12月24日，索尔兹伯里文书：内阁总档，1901年。

③ 12月11日，小村向窦纳乐解释，其目标是使盟国在东方的海军实力强大到足够对付俄国和法国，并且如果需要，还要加上德国，窦纳乐致兰斯多恩电，第151A号，机密。1901年12月11日，英国外交部档案：F.O.46/562。

④ 索尔兹伯里致英王的报告，引自古茨瓦德《英国"光荣孤立"政策结束的几个问题》，第85页。

能减少我们的,我们也不能忽视全世界海军力量的增长。真正的事实是,我们把海军的余款用在了华而不实的地方,而不是用于深谋远虑的保证上……"① 日本的建议势将迫使英国与俄国在远东扩充舰队展开较量,并使最初导致海军部赞成结盟的本意变得毫无价值。索尔兹伯里向英王报告道:"……内阁倾向于拒绝双方保证在日本海经常保持一支固定海军力量的建议。我们不能牺牲调遣舰只的自由,而日本的条约不能为我们放弃这一自由提供补偿。"②

从 12 月中旬直到 1902 年 1 月 30 日条约签订,继续就朝鲜问题和海军问题展开了讨论。可能是在 12 月 24 日的一次内阁会议上做出了决定,拒绝包括这些问题的日本要求在公布条约的其他内容时予以保密的单列条款。

12 月 31 日,林董提交了一份代替单列条款的外交照会草稿③。兰斯多恩在把它交给索尔兹伯里时说,"这是一项非正式建议,如果我们可以接受,日本政府将正式予以提出……"在照会中,日本重申了对朝鲜的要求,有关段落(第 8 段)的内容是:"鉴于日本在那个国家的优势利益,英国承认,日本有权采取其认为必要的,保护和增进这些利益的措施。"兰斯多恩认为这一段有些令人吃惊,但他补充道:

> 在我看来,承认日本在朝鲜的优势和规定,日本除经我们允许不得向俄国寻衅争吵,二者之间并无折衷的余地,如果日本未经我们允许真的陷入这样的争吵,那就引起了我们不坚持条约规定的情况。对此的规定,日本将不会同意,也可以说不能同意。④

兰斯多恩让索尔兹伯里注意几天内不会召开内阁会议,他最后说:"内阁的其他成员乐意由你决定去解决此事。你认为我们可以答应日本人

---

① 塞尔伯恩备忘录"海军预算与财政大臣关于开支增长的备忘录",秘密,1901 年 11 月 16 日,第 5—6 页,索尔兹伯里文书:内阁总档,1901 年。

② 古茨瓦德:《英国"光荣弧立"政策结束的几个问题》,第 85 页。

③ 林董男爵备忘录,1901 年 12 月 31 日,英国外交部档案:F.O.46/543。兰斯多恩在上面作了批示,并在同一天作为文件 A 递交给索尔兹伯里,随同附上的还有塞尔伯恩·希克斯·比奇、詹姆斯、博雷格、贝尔福、里奇、张伯伦以及沃尔特·克尔的观点。兰斯多恩致索尔兹伯里,1901 年 12 月 31 日,附件,兰斯多恩文书。

④ 兰斯多恩致索尔兹伯里,1901 年 12 月 31 日的批示,兰斯多恩文书。

吗？林董非常急于避免进一步的耽搁。"①

然而，大多数内阁成员并不像兰斯多恩那样急于了结此事。在以后的几天里，希克斯·比奇、张伯伦、塞尔伯恩、里奇和贝尔福声明，反对按原样接受这一外交照会。财政大臣坚持，内阁应对此再行考虑。他宣称："日本的建议……似乎只是表示，我们当作'秘密条款'而加以拒绝的条款，应以'秘密照会'的形式予以同意，这同样是要不得的。"②贝尔福和张伯伦倾向于同一意见。希克斯·比奇进一步争辩道：由于"这一明显有害的条约"必须公布，因此不应该秘密地予以增补，尤其是这是对外政策上的一个新发展，"……如果我们要有一个条约的话，就必须光明正大"③。

人们还觉得这个条约太过于片面。日本在朝鲜获得了其全部所需，而英国将同盟范围扩大至印度的建议却被弃置不顾。希克斯·比奇指出，英国在长江流域的利益未得到相应的承认，应该把它同朝鲜联系起来④。在这一点上，他得到了贝尔福与张伯伦的支持。张伯伦争辩道：应该将长江流域写入条约中，但是如果需要的话，他准备放弃这项建议⑤。然而，内阁却为维护原有方案而战，在最后文本中，只把保护英国在华的一般利益同朝鲜条款联系了起来。

剩下的唯一能够坚持的一点是英国海军力量在东方水域所承担的义务问题，正是这个问题首先引起海军部的兴趣，并且把英国同日本的谅解从一项关于中国事务的协定转为一个具有世界意义的同盟。如果英国在远东承担义务与俄国海军扩张展开较量，它就不能指望该同盟可以减轻其整个海军开支。因而，该同盟除能防止日本转入俄法同盟阵营中之外，将毫无意义可言。然而，公开依赖外部帮助对第一号海上强国来说是个难演的角色。当12月31日的外交照会提交考虑的时候，塞尔伯恩就关于保持海军优于任何第三国的条款说，如果指的是吨位而不是指各种级别舰船的数量的话，他表示赞同⑥。几天以后，塞尔伯恩写信给兰斯多恩道：

---

① 兰斯多恩致索尔兹伯里，1901 年 12 月 31 日的批示，兰斯多恩文书。
② 希克斯·比奇致兰斯多恩，1902 年 1 月 2 日，兰斯多恩文书。
③ 同上。
④ 同上。
⑤ 张伯伦致兰斯多恩（无日期），兰斯多恩文书。
⑥ 塞尔伯恩致兰斯多恩，机密，1992 年 1 月 2 日，兰斯多恩文书。

我希望在今后 5 年内我们教会日本三件事，对这三件事他们目前并不了解，而且犯了相当大的错误。

1.海洋是一小整体。如果英国被一场欧洲发生的纠纷所击败，日本将受致命的影响，正如这场纠纷是关于长江流域的一样。

2.适当的标准应该是：两国的联合舰队应胜过在中国海军站的任何两国联合舰队。

3.标准不应是按吨位而是按不同级别的舰船的数量。①

1902 年 1 月 14 日，草约起草完毕②。在连同一起的外交照会中，海军承担的义务指的是吨位，尽管没特别加以说明。1 月 18 日，日本回递了修正案。在一般承认其在朝鲜的特殊利益的同时，日本还特别补充提到它在那个国家的"政治及工商"利益。索尔兹伯里后来把这修改为特别承认日本在朝鲜的政治和商业利益，贝尔福、希克斯·比奇和张伯伦随后表示赞同③，于 24 日将条约交给林董。后者在 27 日指出，他的政府愿意接受④。第二天，林董坚持承认日本在朝鲜的特殊工业利益，英国对此作出了让步⑤。于是，协定在 1902 年 1 月 30 日正式签字⑥。

英日同盟清除了 1898 年以来一直压迫着英国政府并迫使其在处理对华事务中居于守势的外交上的孤立感。从那时起，人们承认沿西伯利亚大铁路发展同东方的交通将增加俄国在华的影响。人们认识到，如果不适当回敬一下俄法同盟，英国将不得不默认这一形势。索尔兹伯里完全拒绝了英德结盟以对付这一挑战的想法，这有可能使英国在欧洲陷入麻烦。反之，他力求与俄国达成谅解，以保持英国在华利益不受侵犯。到 1899 年，英国在默认势力范围政策的基础上，承认了中国的形势已经发生了变化。

然而，1900 年 6 月发生的义和团起义显示中国形势进一步恶化。俄国

①　塞尔伯恩致兰斯多恩，1902 年 1 月 7 日，兰斯多恩文书，塞尔伯恩认为日本舰队"优良"，但受资金短缺的限制，"不幸的是，我国的资金是两国中最充裕的"。塞尔伯恩备忘录，1901 年 11 月 16 日，索尔兹伯里文书：内阁总档，1901 年。

②　见英国外交部档案：F.O.46/563。

③　兰斯多恩致贝尔福，批语，1902 年 1 月 21 日，英国外交部档案：F.O.46/563。

④　巴林顿备忘录，1902 年 1 月 27 日，英国外交部档案：F.O.45/563。

⑤　林董备忘录，1902 年 1 月 28 日，英国外交部档案：F.O.46/583。

⑥　条约文本见英国外交部档案：F.O.46/563。

也许会利用这种动荡不安控制华北，而且在使馆解围后，德国会企图实行一种报复政策，深入内地和长江流域。为应付这些可能发生的事件，英国商定了英德协定。与此同时，在同中国谋求解决办法方面，英国进入了在北京进行谨慎磋商的时期。

整个 1900—1901 年秋冬时期，英国处理对华政策时都意识到它在外交上的孤立地位以及由于它卷入了南非战争，不能采取强硬的立场以捍卫其利益。因此，它对有利于其他列强侵略趋势的任何措施，都试图予以阻拦。在北京的谈判中，它反对深入内地讨伐的建议，这有可能导致瓜分中国，它还反对从中国京城撤军的建议，这会鼓励俄国对北方的野心。

在这一时期，索尔兹伯里的目标是致力于恢复义和团起义前已经在中国确立的局面。他容忍了谋取德国合作所做的尝试，但是，他的信念仍在于重建 1899 年的英俄谅解，因为似乎这是唯一可能的途径。

日本在东北危机时的出现提供了一个可供选择的办法，可以用来反对俄国的扩张，保持英国在东方的利益。索尔兹伯里认识到了这种可能性，早在 1901 年 2 月就予以支持。

英日同盟是一个满足当时英国外交需要的实际手段。它有助于保持英国在东方的利益，而不在欧洲承担义务，这似乎是确保与德国作出可靠协议的唯一途径。它抗拒了俄国的持续扩张，而未使英国卷入直接的反俄联盟[1]。最后，正如桑德森所指出的那样，英日同盟"对日本产生了稳定的效果"[2]，并防止了那个国家另求与俄国达成协议。作为1900年义和团起义的结果而出现的这些考虑，足以促成英国政策改变方向，导致在外交事务中采取新的方针。

---

[1] 这是欧洲大陆对日益增长的英日友好关系的观点。"应该防止英国在远东从日本找到其所缺乏的兵力。"鲍渥（法国驻北京公使）致德尔卡塞，1901 年 7 月 1 日，法国外交文书，（第二编）第 1 卷，第 365 页。

[2] 桑德森致萨道义，1902 年 5 月 9 日，英国国家档案馆存档；P.R.O.30/33/7/2。

文 献 目 录

1. 官方资料

英国外交部来往文书总档（英国国家档案局）

本书大部分依据的是英国外交部来往文书总档，中国目，F.O.17/。共有 362 个案卷，年限为 1895—1902 年。由于义和团问题的解决具有国际性，因而也需要参考来往文书总档中有关其他国家的档案。这些档案主要有：日本目，F.O.46/；德国（普鲁士）目，F.O.64/；俄国目，F.O.65/；法国目，F.O.27/；美国目，F.O.5/。

在使用英国外交部来往文书总档时，首先参考了英国外交部与英国驻外大使间的电稿和信函。义和团起义是一次重大国际事件，英国第一次在这些电报的基础上进行它的外交活动。由于当时通信联络受到干扰，发送函电所花费的时间从几小时到两周，甚至是两周以上不等。当对这些电报的号码顺序进行考察时，就会发现，有大批报告不是放错了位置，就是遗失了。其中有些发现附在后来的信函中，或是错误地进入了其他案卷。未能归档或密码模糊不清时，就只得求助于转发给其他政府部门的副本。为了弄清 1900 年夏天的事件，这个时期的外交部来往文书总档的函电序列上出现了严重的空白，我大量利用了在海军部档案中发现的副本。

外交公函和信函补充了电函的不足。它们是通过海路传送的。这就意味着它们要耽搁 5 周左右的时间送达上海，再用 1 周至 10 天的时间送达北京。它们对政策的实施没有多大影响，其用处主要是因为它们提供了事件的详情。同时，我也大量利用了在各部大臣和外交部常务官员间传阅的部与部间的备忘录和批示。这些文件散见于来往文书总档各处，并附于来文之后。中国目中的各个杂类案卷提供了这些庞杂材料的丰富来源。

内阁文书（英国国家档案局）

尤其是内阁 3（cabinet 3）与内阁 37（cabinet 37）有用处，是特别为了引起内阁注意的通信和备忘录。

使馆和领事馆档案（英国国家档案局）

这部分档案中有关中国的档案，收在英国外交部档案 F.O.228/ 目中。这部分材料提供了英国驻京公使和驻各条约口岸的领事官活动的详情。外交部的指示以及来往文书总档中找不到的公函有可能放在这部分档案中。其中特别令人感兴趣的案卷如下：F.O.228/1350，中国当局的来往公函，1900 年；F.O.230/143，144，总理衙门来往信函簿，1900 年；F.O.233/44，与中国当局的会谈记录簿，1897 年 6 月 30 日—1899 年 10 月 31 日，有索引；F.O.233/124，汉文秘书处，卷 52，杂类文书，中英文。

殖民部通信（英国国家档案局）

殖民部档案 C.O.521/1，2，3 内收入有关 1898—1902 年威海卫事情的文件。

海军部档案（英国国家档案局）

这些文书提供了有关使馆解围所采取的措施、扬子江的安全、瓦德西的任命以及驻华舰队司令就军舰调动事向海军部提交的例行报告等方面的有价值的材料。有关的案卷收入海军部档案 Adm.1/ 和 Adm.116/ 目中。

陆军部档案（英国国家档案局）

这部分文书中的材料比海军部档案中的材料更具一般性，陆军部档案 W.O.32/ 目中的案卷包含有关于中国"远征"的例行报告。W.O.106/ 目中的案卷提供了军事及情报的报告以及搜集到的有关中国的军事材料。

2. 私人文书

索尔兹伯里文书（牛津克赖斯特彻奇图书馆）

引用这批重要史料是按照①合订卷册，②函装档案，③未分类材料来进行的。

合订卷册有索引总目，下面是特别令人感兴趣的卷册目录：

第 83 卷——维多利亚女王来件。

第 84 卷——致维多利亚女王函件。

第 89 卷——内阁备忘录。

第 93 卷——海军部与陆军部。

第 95 卷——政务次官。

第 96 卷——私人秘书与备忘录。

第 97 卷——海军大臣查尔新·贝雷斯福德。

第 106 卷——中国与暹罗。

第 114—119 卷——法国。

第 120—122 卷——德国。

第 126 卷——日本。

第 129 卷——俄国。

第 139—140 卷——美国。

本书对引用的函装档案都作了必要的说明（例如：索尔兹伯里文书：内阁总档，1901 年）。未分类材料也是这样引用的。

兰斯多恩勋爵与桑德森爵士（1898—1905 年）私人文书（英国外交部图书馆和国家档案局）

1900 年 11 月以后这段时间的材料比较有价值，尤其是有关联合照会的后期谈判、1901 年 1 月至 9 月与中国达成和解及英日同盟的材料。这些文书装订成卷册，但没有索引。引用时注为"兰斯多恩文书"；兰新多恩文书收在英国外交部档案 F.O.277/ 目中。桑德森文书收在英国外交部档案 F.O.800/ 目中，有 1897 年以来一段时间的材料。

张伯伦文书（伯明翰大学图书馆）

1895—1903 年在位的殖民国务大臣约瑟夫·张伯伦的文书中有关远东的内容很少。

汉密尔顿文书（印度事务部图书馆）

乔治·汉密尔顿勋爵在 1895 年至 1903 年期间担任印度事务大臣，这些收藏品中包括 1 卷出版物和 34 卷材料（包括出版物、打印稿与手稿）。

引用时注为"汉密尔顿文书"，具体分布如下：

私人信件，印度，汉密尔顿致寇松：

卷1（1899年）C126/1。

卷2（1900年）C126/2。

卷3（1901年）C126/3。

私人信件，印度，第2部分，寇松致汉密尔顿：

卷16—18（1900年）D510/4—6。

卷19—21（1901年）D510/7—9。

阿德文书（英国国家档案局）

军事情报和动员处总监阿德少将的文件收入英国国家档案局存档P.R.O.30/40中，编在"赠品与寄存品"目下，特别令人感兴趣的文件如下：

英国国家档案局存档P.R.O.30/40/6，日记与秘密备忘录，1867—1901年。

英国国家档案局存档P.R.O.30/40/14，备忘录，军事情报处杂件，1896—1901年（军事与政治），共二卷。

萨道义文书（英国国家档案局）

欧内斯特·萨道义爵士1895—1900年间任英国驻东京公使，1900—1906年间任英国驻北京公使。他的文书收入英国国家档案局存档P.R.O.30/33中，编在"赠品与寄存品"目下，这是一项重要的史料来源，这一时期的有关材料在如下几处：

英国国家档案局存档P.R.O.30/33/7/1，来往文书与私人文书，中国使团，1900年8月至1901年12月。

英国国家档案局存档P.R.O.30/33/7/2，同上，1902年至1903年。

英国国家档案局存档P.R.O.30/33/7/9，同上，杂件，包括萨道义的备忘录。

英国国家档案局存档P.R.O.30/33/7/11，同上，使馆官员文书。

英国国家档案局存档P.R.O.30/33/8/1—24。

英国国家档案局存档P.R.O.30/33/9/1—9，条约口岸领事官员来往文书。

英国国家档案局存档P.R.O.30/33/9/14，萨道义与窦纳乐等人的来往文书。

英国国家档案局存档 P.R.O.30/33/9/18，19，同上，与克雷、盖斯利的来往文书。

英国国家档案局存档 P.R.O.30/33/9/23.同上，与海军当局的来往文书。

英国国家档案局存档 P.R.O.30/33/9/24，同上，与中国当局的来往文书。

英国国家档案局存档 P.R.O.30/33/10/1，同上，与外国代表们的来往文书。

英国国家档案局存档 P.R.O.30/33/10/4—ll，杂件，各类函电。

英国国家档案局存档 P.R.O.30/33/14/11—13，书信登录册。

英国国家档案局存档 P.R.O.30/33/16/3—6，日记，1899 年 l0 月 11 日至 1903 年 12 月 21 日。

教会档案

各个教会的档案为在华各传教会的工作提供了详尽的记载，这些写回国内的报告与信函没有政治色彩，引人注目，因而，它们同收入使领馆档案中的领事官报告形成了鲜明对照。主要需查阅一下领事官对传教活动的看法，因为这对制定英国的政策有影响。本书写作中查阅了下列档案：

伦敦传教会

华 北，5 函（1894—1895 年、1896—1898 年、1899—1900 年、1901 年、1902 年）

华南，2 函（1898—1900 年、1901—1903 年）

英国圣公会传教会

发自华中与华南的报告比较有价值：

福建教区（G_1CH_4/P_1，1900—1908 年）

华中教区（G_1CH_2/P_2，1895—1902 年）

福音传道会：《传教士报告》，（原件），非洲与亚洲，1899 年、1900 年。来往文书附件亦见于《中国来信》，第 2 卷。

3. 英国出版的资料

英国议会文书

蓝皮书在这段时期编了很多，但是，它们对英国外交的记述不够充分。有关的几十号是按英王谕令刊行的番号、日期及参考目录排列的：

条约编，第 7 号（1837 年）。"英中关于修订 1894 年 3 月 1 日缅藏条约的协定"及地图。1897 年 2 月 4 日订于北京。C.8654（1898 年）CV129。

中国第 2 号（1898 年）。女王陛下驻北京公使来件，呈交于中国政府就有关不出让扬子江流域所交换的照会。日期：1898 年 2 月。C.8040（1898 年），CV139。

条约编，第 14 号（1898 年）。"联合王国与中国订租威海卫专条"，1898 年 7 月 1 日在北京签署。C.9081（1899 年）CIX635。

条约编，第 16 号（1898 年）。"联合王国与中国关于展拓香港界址专条"，1898 年 6 月 9 日在北京签署。C.9087（1899 年）CIX639。

中国第 1 号（1898 年）。"关于中国事务的来往文书"。C.8814（1898 年）CV53。

中国第 3 号（1898 年）。"女王陛下驻北京公使来函，呈交英国驻思茅代领事关于云南贸易情况的报告"。C.9083（1896 年）CIX145。

中国第 1 号（1899 年）。"关于中国事务的来往文书"。C.9131（1899 年）CIX251。

"女王陛下政府与俄国政府关于各自在华铁路利益的通信"。C.9329（1899 年）CIX。

"联合王国与俄国关于各自在华铁路利益交换的照会"。C.9241（1899 年）CX。

中国第 1 号（1900 年）。"关于中国事务的来往文书续编"。Cd.93 CV85。

中国第 2 号（1900 年）。"与美国政府就有关外国对华贸易情况的来往文书"。Cd.94 CV731。

中国第 3 号（1900 年）。"关于中国暴乱情况的来往文书"。Cd，257 CV523。

中国第 4 号（1900 年）。"女王陛下驻华公使关于北京发生事件的报告"。Cd364 CV655。

中国第 5 号（1900 年）。"关于 1900 年 10 月 16 日涉及中国问题的英德协定的来往文书"。Cd.365 CV719。

中国第 1 号（1901 年）。"关于中国骚乱情况的来往文书"。Cd.436 XC11。

中国第 2 号（1901 年）。"女王陛下驻圣彼得堡大使关于俄中'满洲'协定的来函"。Cd.439 XCI735。

中国第 3 号（1901 年）。"关于北京发生事件的来往文书续编"。Cd.442 XCI739。

中国第 4 号（1901 年）。"关于北京发生事件的来往文书续编"。Cd.443 XCI775。

中国第 5 号（1901 年）。"关于中国骚乱情况的来往文书续编"。Cd.589 XCI925。

中国第 6 号（1901 年）。"关于中国骚乱情况的来往文书续编"。Cd.675 XCI403。

中国第 7 号（1901 年）。"关于华北帝国铁路的来往文书"。Cd.770 XCI593。

"关于英军撤出北京颐和园的来往文书"。东印度，中国"远征"军（1900—1901 年）。Cd.877 LXXX。

中国第 1 号（1902 年）。"关于中国事务的来往文书。"Cd.1005 CXXX61。

中国第 2 号（1902 年）。"女王陛下特使来函，内附英中条约"，1902 年 9 月 5 日订于上海。Cd.1079 CXXX375。

中国第 3 号（1902 年）。"关于撤军上海的来往文书"。Cd.1369 CXXX353。

"外国列强与中国恢复友好关系最后议定书"。1901 年 9 月 7 日订于北京。cd.1390 LXXXV Ⅱ。

"联合王国与中国续议通商行船条约"。1902 年 9 月 5 日订于上海。1903 年 7 月 28 月交换批准书。Cd.1834（1904 年）CX269。

"关于俄国占领满洲和牛庄的通信"。Cd.1936（1904 年）CX121。

议会辩论

本书是按编、卷引录的。有关大臣及其他官员在半官方和私人集会上所作的公开讲演，作者参阅了"非常议会议事录"，1899—1900年，1900—1901年。

《英国外交部》，英国女王陛下驻北京公使制订的则例。伦敦，1902年，

《英国外交部》，关于贸易与财政的使领年度报告。1893—1911年。

《英国外交部》，关于贸易与财政的使领报告。杂件，1894—1899年。

G.P.古奇、H.坦波利编：《关于大战起源的英国文件，1898—1914年》。第一、第二卷："从占领胶州到英法协约的缔结，1897年12月—1904年4月"。皇家出版局，1927年出版。

4. 外国出版的材料

中国。上谕及有关材料取自《大清历朝实录》，4485卷，东京，1937—1938年。系按卷引用。《清实录》中有关义和团起义的上谕见于翦伯赞编：《义和团》（资料丛刊），4卷本，上海，1951年出版，1953年第三版。

——伦敦中国使馆，英国皇家维多利亚勋爵士罗丰禄在1900年6月至1901年2月间收发的函件，合订扩印本，手稿。

法国。法国外交部：《外交文件：中国，1894—1901年》。5部分：1894—1898年，巴黎，1898年出版；1898—1899年，巴黎，1900年出版，1899—1900年，巴黎，1900年出版，1909—1901年，巴黎，1901年出版；1901年6—10月，巴黎，1901年出版。

法国。法国外交部第一次世界大战起源文件出版委员会编：《法国外交文书，1871—1914年》。第1集，1871—1900年：1—15卷，1871—1899年（正在陆续出版）共15卷全10册，巴黎，1929—1959年出版。引用1959年出版的第15卷，时间年限为1899年1月2日—11月14日，卷内提供了列强在华竞争与法国对英俄协定态度的资料。第2集，1901—1911年：1—14卷，共14卷，13册，巴黎，1930—1955年出版。第1卷提供了有关义和团事件的解决以及东北和日本的资料，第2卷提供了有关

德国对华政策、上海撤军、东北以及英国同盟的资料。

德国。德国外交部。J. 勒皮修斯、A.M. 巴托尔第、F. 蒂姆合编:《德国外交文件》,1871—1914 年,共 40 卷,全 54 册,柏林,1922—1927 年出版。特别需查阅第 14 卷第 1 部分;《世界政争》;第 16 卷:《中国动乱与列强》,1900—1902 年。

俄国。俄国的《红档》档案仅使用刊登于《中国社会及政治学报》上的译文,注释中标明了出处。

美国。国会外交委员会:《美国外交文书》,华盛顿,哥伦比亚特区,1898 年开始出版,按年分卷。

——《美国外交文书,1901 年》,附录:"故赴华特使威廉·柔克义关于中国事态的报告及附件",华盛顿,1902 年出版。

辅助材料

5. 条约集与半官方出版物
马克谟:《列国对华约章汇编,1894—1919》,二卷,纽约,1921 年出版。

中华帝国海关:《中外条约体定汇编》,二卷,上海,1917 年第 2 版。

——《通商海关华洋贸易全年总册》,上海,1882—1912 年出版。

——《海关十年报告》,上海,1892—1901 年,1902—1911 年。

英商中华社会:1900 年的报告见于英国外交部档案 F.O.17/1449。

6. 报刊文献
本书参考的报章在注释中引用。当时的期刊列于下述第"7"部分内。

7. 当时的资料
本部分包括当时有关义和团起义及 1895—1902 年间义和团活动及英国对华政策的资料。不著作者姓氏的期刊文献按刊名列出,必要时附以略注。

艾伦:《北京使馆被围记》,伦敦,1901 年出版;《关于导致保护北京外国公使馆的原因问题》,《科恩希尔杂志》,第 54 期(1900 年 12 月),

第 754—776 页。

　　R. 阿利尔：《中国的动乱与基督教传教会》，巴黎，1901 年出版。

　　佚名：《论英国在长江流域的处境》，巴黎，1900 年出版。

　　——《义和团运动在华的兴起与发展》，摘自美国圣经学会驻天津代表的报告。横滨，1900 年出版。

　　——《关于山西大屠杀的进一步报道》，上海，1901 年出版。

　　G. 安舒茨：《义和团》，《美国评论之评论月刊》，第 22 期（1990 年 9 月），第 838—339 页。

　　昂图瓦男爵：《中国对外国的反抗：义和团》，巴黎，1902 年出版。（昂图瓦是法国驻北京公使馆的一等秘书）

　　“二十世纪二十年代作者”著：《远东本帝国的未来》，《当代评论》，第 74 期（1898 年 8 月），第 153—166 页。

　　E. 班布里奇：《中国与列强》，《当代评论》，第 78 期（1900 年 8 月），第 172—182 页。

　　A.C. 巴拉斯库德：《1900—1901 年中国战役》，瓦讷，1983 年版。

　　A.A.S. 巴恩斯：《中国团的积极服役，第一中国团 1900 年 3 月至 10 月在华北作战纪实》，伦敦，1902 年出版。

　　（巴罗上校）西姆拉军需兵司令部情报分部：《直隶省军事简报》，西姆拉，1900 年出版。

　　巴罗：《生命之火》，伦敦，1942 年出版。

　　A. 巴顿：《长江流域与英国贸易》，《帝国与亚洲评论季刊》，第 3 辑，第 6 期（1898 年 7 月），第 62—68 页。

　　R. 巴辛：《军舰掌旗官亨利》，图尔，1905 年出版。

　　Z.C. 比尔斯：《中国与义和团》，多伦多，1901 年出版。

　　《幕后》；《远东问题》，《帝国与亚洲评论季刊》，第 3 辑，第 5 期（1898 年 4 月），第 275—300 页。

　　贝思福勋爵：《中国的分裂，兼述其目前的贸易、货币、水道、军队、铁路、政治及前景》，纽约和伦敦，1899 年出版。

　　P. 伯特兰：《中国战争的暴行》，巴黎，1899 年出版。

　　壁阁衔：《在华一年记，1899—1900 年》，伦敦，1901 年出版。

H. 比斯马尔克:《北京之围》,上海,1901 年出版。

《布莱克伍德杂志》;《中国的纠纷》,第 163 期(1898 年 4 月),第 552 页;《英国在远东的利益》,第 163 期(1898 年 5 月),第 718 页;《中国的危机》,第 163 期(1898 年 2 月),第 295 页,《威海卫作为海军基地的价值》,第 165 期(1899 年 6 期),第 1069 页;《狂乱的中国》,第 168 期(1900 年 8 月),第 287 页。

《商务部之刊》;《长江在商业上的重要性),第24期(1898年6月),第 651—657 页。

P. 贝尔:《在华天主教传教会的保护与法国的远东政策》,巴黎,1899 年出版。

H. 布雷尼埃:《里昂赴华商业考察团,1895—1897》,里昂,1898 年出版。

D.C. 布尔杰:《对中国的争夺》,《当代评论》,第 78 期(1900 年 7 月),第 1—10 页。

海思波:《中国内地传教会殉难教士录》,"兼述一些幸免者的危难"。伦敦,1901 年出版。

——《中国内地传教会殉难教士遗书及记载续录》伦敦,1901 年出版。

A.J. 布朗:《古老中国的新生力量》,("不受欢迎但必不可免的觉醒")。纽约和伦敦,1904 年出版。

宝复礼:《随联军从天津到北京》,伦敦,1902 年出版。并参阅:《义和团和其他关于中国的回忆》,伦敦,1936 年出版。

玛丽·布赖森:《十字架与王冠:华人殉道者的故事》,伦敦,1904 年出版。

H.N.G. :《英日协定》,《十九世纪及其后》杂志,第 51 期(1902 年 8 月),第 369—382 页。

A.E. 巴特沃思:《海军中国站女王陛下英军总司令旗舰"光荣"号的使命,1900—1904 年》,伦敦,1904 年出版。

C.G. :《随海军舰队从朴次茅斯经莱迪史密斯至北京》,香港,1901 年出版。

G.卡瑟利:《拳民的土地:联军统治下的中国》。纽约、孟买和伦敦,

1903 年出版。

W.G. 张伯伦：《奉命前往中国》，伦敦，1904 年出版。

J. 谢米农；《在华军事事件》，巴黎，1902 年出版。

吉尔乐：《远东问题》，伦敦和纽约，1896 年出版。

——《我们帝国在近东和远东的利益》，伦敦，1905 年出版。

司督阁：《盛京三十年，1883—1913》，伦敦，1914 年出版。

C. 科茨：《中国与门户开放》，布里斯托尔，1899 年出版。

W.A. 科依实（麦克利什）：《1900 华 6 月 15 日至 7 月 16 日被围时及其后的天津》，上海，1900 年出版，1901 年第 2 版。

葛林德：《一个比利时人的远东通讯》，安特卫普，1901 年出版。

柯乐洪：《变革中的中国》，伦敦和纽约，1898 年出版。

——《俄国针对印度——争夺亚洲的斗争》，伦敦，1900 年出版。

——《由陆路去中国》，纽约和伦敦，1900 年出版。

——《中国问题与英国的政策》，伦敦，1900 年出版。

——《印中铁路联接》，《帝国与亚洲评论季刊》，第 3 辑，第 6 期（1898 年 8 月），第 35—61 页。

——《中国问题及其对本帝国所能发生的影响》，《英国皇家军事协会会刊》，第 42 期（1898 年 4 月），第 406—437 页。

——《西伯利亚——满洲大铁路》，《英国皇家军事协会会刊》，第 44 期（1900 年 12 月），第 1408—1431 页。

满乐道；《北京被围记——义和团的排外战争》，费城，1901 年出版。

科南特：《美国在东方》，波士顿和纽约，1900 年出版。

康格：《北京信札》，伦敦和芝加哥，1909 年出版。

《当代评论》：《俄中条约秘史》，第 71 期（1897 年 2 月），第 172—173 页。

——《远东问题》，第 73 期（1898 年 2 月），第 93—201 页。

——《我国对外政策的失败》，第 73 期（1898 年 4 月），第 457—480 页。

高第：《中国的革命及起源》，莱顿，1900 年出版。

——《关于中国与欧洲关系的会谈》，鲁昂，1901 年出版。

高葆真:《中国概览》,伦敦,1901 年出版。

G. 克劳:《英国军舰"慑敌"号的使命》,伦敦,1903 年出版。

寇松:《1899 年俄国在中亚及英俄问题》,伦敦,1889 年出版。

——《远东问题:日本、朝鲜、中国》,伦敦,1894 年出版;1896 年新版。

A.S. 达格特;《赴华解围远征行动中的美国》,堪萨斯城,1903 年出版。

E. 达西:《法国驻北京使馆的保卫》,巴黎,1901 年出版。

L. 德博霍:《1900 年的北京惨剧》,巴黎,未注明日期(大约是 1900 年出版)。

L. 多伊奇:《在西伯利亚的十六年》,伦敦,1905 年出版。关于海兰泡大屠杀的记载,见第 327—343 页。

E. 狄西:《复仇及其后》,《十九世纪》杂志,第 48 期(1900 年 8 月),第 339—344 页。

E.L. 狄龙:《维特先生和俄国商业危机》,《当代评论》,第 79 期(1901 年 4 月),第 472—501 页。

"外交家":《我国对华政策的失败》,《双周评论》,新辑,第 63 期(1898 年 5 月),第 844—854 页。

——《索尔兹伯里侯爵的新对华政策》,同上,第 65 期(1899 年 4 月),第 539—550 页。

——《远东的危机》,同上,第 68 期(1900 年 7 月),第 143—151 页。

——《我们有一项对华政策吗?》,同上,第 68 期(1900 年 8 月),第 327—336 页。

——《即将到来的中国问题的解决》,同上。第 68 期(1900 年 9 月),第 513—522 页。

——《拉姆斯多尔夫伯爵的首次失败》,同上,第 68 期(1900 年 10 月),第 694—700 页。

——《在中国的协同一致》,同上,第 69 期(1901 年 1 月).第 135—146 页。

C.C. 狄克新:《1900 年中国义和团起义时的世界海军》,伦敦,1905

年出版。

A. 多伊西：《新远东》，伦敦，1900 年第 2 版。（关于日本的论著）

G. 唐奈：《1900—1907 年在华纪实》，巴黎，1902 年出版。

J.B. 埃姆斯：《英国人在中国》（此书记载了 1600 年到 1843 年的英中关系并概述了其后发生的事件），伦敦，1909 年出版。

《爱丁堡评论》：《中国与国际问题》，第 192 期（1900 年 10 月），第 450—477 页。

E.H. 爱德华兹：《山西的火与剑》，纽约，1903 年出版。

法思远：《山西大屠杀纪实》，上海，1900 年出版。

——《庚子殉难录》，伦敦，1904 年出版。

《双周评论》：《索尔兹伯里侯爵与远东》，第 63 期（1898 年 6 月），第 1029—1038 页。

H.N. 弗雷：《北直隶的法国人与联军：1900 年的中国战役》，巴黎，1904 年出版。

G. 吉普斯：《在华北作战》，伦敦，1901 年出版。

A.E. 格洛佛：《中国的千里奇迹：上帝从山西义和团手中解除权力的个人记录》，伦敦，1904 年出版。

H.E. 戈斯特：《中国》（论中国的经济资源及该国目前的政治经济状况），伦敦，1899 年出版。

H. 根瑟：《北京的恐怖日子》，哈姆，1902 年出版。

M.J.F. 吉约：《外国人占领下的北京，1900—1901》，巴黎，1904 年出版。

盖德利：《中国今昔》（对外交往、进展及资源；教会问题等），伦敦，1895 年出版。

H. 哈珀：《巧手人在中国：英国海军舰队的远征》，香港，1901 年出版。

赫德：《北京使馆》，上海，1900 年出版。

——《"这些从秦国来"：中国论集》，伦敦，1901 年出版，1903 年第 2 版增加一章"中国改革与列强"。

何德兰：《中国的英雄：义和团起义时当地教民受虐纪实》，纽约，

1902 年出版。

W. 海因兹；《围攻北京使馆》，海德堡，1901 年出版。

L. 亨利：《1900 年从北塘到北京之围》，北京，1920 年出版。

J.W. 休伊特：《在一所中国监狱里》，伦敦，1901 年出版。

许立德：《1900 年 6 月至 8 月北京使馆被围日记》，伦敦，1900 年出版。并参阅：《在华四十年》，伦敦，1943 年出版。

何天爵：《中国的真正问题》，纽约，1900 年出版；伦敦，1900 年出版。

M. 胡克：《在北京的幕后：使馆被围亲历记》，伦敦，1910 年出版。

谢立山：《"满洲"：它的人民、资源和最近的历史》，伦敦，1901 年出版，1904 年再次发行。

R.L. 杰克：《中国的边远地区》，伦敦，1904 年出版。

R.L. 杰斐逊：《中国和当前的危机》，伦敦，1900 年出版。

J. 约翰斯顿：《中国及其未来》，伦敦，1899 年出版。

I.C. 凯特勒：《保定府惨案》，纽约，1902 年版。

庆丕：《在中国海关；四十七年的亲身经历》，上海，1924 年出版。

A. 克劳斯：《衰败的中国：远东问题手册》，伦敦，1898 年出版。

——《俄国在亚洲：1558—1899 年事件纪实及研究》，伦敦，1899 年出版。

F. 洛尔：《北京被围记》，巴黎，1904—1905 年出版。

E.E. 勒格朗德—吉拉德：《1900—1901 年中国的特性》，巴黎，1903 年出版。

P. 勒鲁瓦—博利奥：《东方的觉醒：西伯利亚、日本、中国》，纽约，1900 年出版。

A. 利马涅；《苦修会士在中国》，巴黎，1911 年出版

立德：《中国的税收与新条约》，上海，1902 年出版。

A.T. 马汉：《甄洲问题及其对国际政策的影响》，波士顿，1900 年出版。

让—德—马尔西亚克：《开放的中国》，巴黎，1900 年出版。

丁韪良：《北京之围：中国对抗全世界》，爱丁堡和纽约，1900 年出版。

——《中国的觉醒》，伦敦，1907 年出版。

A.H. 马蒂尔：《被围的日子》，纽约，1903 年出版。

马丁荣：《1900 年 6 月 13 日至 8 月 15 日法国驻京使馆保卫记》，巴黎，1902 年出版。并参阅：《在龙的国家十年记》，巴黎，1910 年出版。

麦美德：《庚子中国殉教者传》，纽约，1903 年出版。

A. 米奇：《中国和基督教》，波士顿，1900 年出版。

——《维多利亚时代在华的英国人》，两卷本，伦敦，1900 年出版。

A.B.F. 米特福德：《使馆人员在北京》，伦敦，1900 年出版。

M. 蒙尼：《1900 年 7—8 月北京的惨剧》，巴黎，1900 年出版。

A. 冯·米勒：《中国骚乱与联军的作战》，柏林，1902 年出版。

H. 纽曼：《印度分遣队在中国》，加尔各答，1900 年出版。

N.C.D.N.：《在北京和前往南方路上的逃难经历》，上海，1900 年出版。

N. 奥利芬特；《庚子年夏北京使馆被围日记》，伦敦，1901 年出版。

伯拉科：《1900 年华伦将军到达前对中国的远征》，巴黎，1903 年出版。

R. 皮农：《中国的开放》，巴黎，1900 年出版。

吕非—德—蓬代夫：《海军人员在中国》，巴黎，1903 年出版。

卜舫济：《中国的爆发——它的起因》，纽约，1900 年出版。

杰西·兰塞姆：《北京被围医院的经历和 1900 年 5—8 月事件日记》，伦敦，1901 年出版。

芮恩施：《19 世纪末东方形势影响下的世界政治》，纽约和伦敦，1900 年出版。

李提摩太：《留华四十五年记》，伦敦，1916 年出版。

J.H. 罗伯茨：《天津逃生记》，波士顿，1903 年出版。

罗约翰：《义和团在"满洲"》，上海，1901 年出版。

——《"满洲"传教法》，爱丁堡，1903 年出版。

骆三畏：《北京被围记》，伦敦，1901 年出版。

S.M.：《中国与联军》，巴黎，1903 年出版。

M.M.P. 塞林斯：《庚子中国之役》，巴黎，1901 年出版。

A.H. 萨维奇—兰多：《中国与联军》，两卷本，伦敦，1901 年出版。

J. 沙伊泊特：《中国之战》，柏林，1901 年出版。

E. 肖特：《中国骚乱及其起因》，莱比锡，1900 年出版。

西摩：《我的海军生涯》，伦敦，1911 年出版。

《文汇报》：《义和团起义：义和团为祸中国史》，上海，1900 年出版。

M.M. 休梅克：《从圣彼得堡至北京的西伯利亚大铁路》，纽约与伦敦，1903 年出版。

明恩溥：《动乱中的中国》，两卷本，爱丁堡和纽约，1901 年出版。

司米德：《中国内幕——中国危机的真相》，伦敦，1901 年出版。

施美志等：《中国的危机》，纽约，1900 年出版。

R.E. 斯皮尔：《中国的教会与政治》，纽约，1900 年出版。

诺曼·斯图尔特少将：《我的军旅生涯》，伦敦，1908 年出版。

H.C. 汤姆森：《中国与列强：庚子起义爆发纪实》，伦敦，1902 年出版。并参阅：《中国事件》。伦敦，1933 年出版。

R. 蒂西埃：《1900—1901 年战役期间的法国红十字会及医疗船》，巴黎，1903 年出版。

A. 雨拉：《俄中帝国》，巴黎，1903 年出版。1904 年英译本。

H.B. 沃思：《圣乔治与中国龙：解围纪实》，伦敦，1902 年出版。

L.M.J- 维扬：《北京的末日》，巴黎，1902 年出版；M.L. 琼斯英译本，波士顿，1902 年出版。

武尔披齐：《俄国向太平洋的扩张与西伯利亚铁路》，伦教，1899 年出版。

J. 沃尔顿：《中国与目前的危机》，伦敦，1900 年第 2 版。

辛博森编：《发自北京的轻率信函》，伦敦，1907 年出版。

H. 沃蒂斯：《第三届索尔兹伯里政府，1895—1900 年》，伦敦，无出版日期。

H.J. 惠格姆：《满洲与朝鲜》，伦敦，1904 年出版。

T.H. 怀特黑德：《英国在华利益》，香港，1897 年出版，

——《对华贸易的扩大》，伦敦，1901 年出版。

M. 威廉：《跨越戈壁滩：1900 年 6—10 月义和团起义期间逃生记》，

俄亥俄，1901 年出版。

威尔逊：《中国》，纽约：1901 年出版。

8. 其他著述

B.M. 艾伦：《欧内斯特·萨道义爵士传》，伦敦，1933 年出版。

L.S. 艾默里：《我的政治生涯》，卷 1，《风暴前的英国，1896—1914》，伦敦，1953 年出版。

阿斯皮诺尔—奥格兰德：《罗杰·凯斯》，伦敦，1951 年出版。

中国银行研究部：《中国政府的外债》，上海，1935 年出版。

W.G. 贝林：《中国的外债》，天津，1925 年出版。

H.K. 比尔：《西奥多·罗斯福与美国世界霸权的兴起》，巴尔的摩，1956 年出版。

W.G. 比斯利：《大不列颠与日本的开关，1834—1858》，伦敦，1951 年出版。

E.A. 贝年斯：《剑桥英帝国史》，詹姆斯·巴特勒爵士、C.E. 卡林顿编，第 3 卷，《帝国联邦，1870—1919 年》，剑桥，1959 年出版。

濮兰德·巴克斯爵士：《慈禧外纪》，伦敦，1910 年出版。W.R. 布雷斯特德：《美国的太平洋海军，1897—1909》，奥斯汀，1958 年出版。

E. 布兰登伯格：《从俾斯麦到世界大战》（A.E. 亚当斯译自 1924 年柏林出版的德文版），伦敦，1927 年出版。

裴丽珠：《赫德爵士传奇》，伦敦，1909 年出版。

M.V. 布雷特编：《伊谢尔子爵·雷金纳德日记及书信集），4 卷本，伦敦，1934—1938 年出版。

G.E. 巴克尔编：《维多利亚女王书信集》，第三编：1886—1901 年，8 卷，伦敦，1990—1932 年出版。

B. 冯. 比洛：《冯·比洛亲王回忆录》，英译本，4 卷本，波士顿，1931 年出版。

J.F. 卡迪：《法帝国主义在东亚的源起》，纽约，1954 年出版。

M.E. 卡梅伦：《1898—1912 年中国的改革运动》，斯坦福，1931 年出版。

A.E. 坎贝尔：《英国和美国，1895—1905》，伦敦，1960 年出版。

C.S. 坎贝尔：《特殊商业利益与门户开放政策》，耶鲁，1951 年出版。

——《1898—1903 年英美谅解》，巴尔的摩，1957 年出版。

E.C. 卡尔逊：《1877—1912 年的开平煤矿》，马萨诸塞州坎布里奇，1957 年出版。

C. 卡里—埃尔威斯：《中国和十字架：教会史研究》，伦敦，1957 年出版。

格温多琳·塞西尔女士：《索尔兹伯里侯爵罗伯特传》，4 卷本，伦敦，1921—1922 年出版。

陈重兴（音）：《中国的租借地》，巴黎，1925 年出版。

张忠绂：《英日同盟》，巴尔的摩，1931 年出版。

张嘉璈：《中国发展铁路的斗争》，纽约，1943 年出版。

陈捷：《义和团运动史》，上海，1931 年出版。

陆志让：《袁世凯，1859—1916》，伦敦，1961 年出版。

M.C. 陈：《法国报界与中国问题，1894—1901 年：外国列强在中国的竞争研究》，巴黎，1941 年出版。

蒋湘泽：《捻军》，西雅图，1954 年出版。

J.L. 克里斯琴：《近代缅甸》，伯克利，1942 年出版。

P.H. 克莱门茨：《义和团起义》，纽约，1915 年出版。

O.J. 克林纳德：《日本对美国海军的影响，1897—1917》，伯克利，1947 年出版。

P.A. 科恩：《中国和基督教：传教运动与中国排外主义的发展，1860—1870》，马萨诸塞州坎布里奇，1963 年出版。

H. 康罗伊：《日本攫取朝鲜，1868—1910：国际关系中理想主义和现实主义的研究》，费城，1930 年出版。

A.G. 库恩斯：《中国的外国公债》，费城，1930 年出版。

H. 高第：《1860—1900 年中国与西方列强关系史》，3 卷本，巴黎，1901—1902 年版。

W.C. 科斯廷：《1833—1860 年的英国与中国》，牛津，1937 年出版。

A. 坎宁安：《1895 年 5—6 月四川骚乱史》，上海，1895 年出版。

C.C. 戴维斯：《1890—1908年的西北边界问题》，剑桥，1932年出版。

T. 德涅特：《美国人在东亚》，纽约，1922年出版。

——《海约翰：从诗歌到政治》，纽约，1933年出版。

A.L.P. 丹尼斯：《1896—1906年美国外交上的冒险》，纽约，1928年出版。

B.E.C. 达格代尔：《阿瑟·詹姆斯·贝尔福伯爵传》，2卷本，伦敦，1936年出版。

冯·艾卡尔德斯坦男爵：《回忆录》，3卷本，莱比锡，1920—1921年出版。

L. 埃尔金德：《德皇言论集》，伦敦，1904年出版。

A.H.D. 埃利奥特：《戈申子爵传》，2卷本，伦敦，1911年出版。

E.A. 福尔克；《多哥与日本海上力量的兴起》，纽约，1936年出版。

B. 法夫尔：《中国的秘密结社》，巴黎，1933年出版。

H. 费斯：《欧洲世界的银行家，1870—1914》，纽黑文，1930年出版。

费维恺：《中国早期的工业化：盛宣怀与官办企业》马萨诸塞州坎布里奇，1958年出版。

G.C. 芬德利、W.W. 霍尔兹沃思：《美以美卫理公会史》，5卷本，伦敦，1924年出版。

P. 弗莱明：《北京之围》，伦敦，1959年出版。

A. 加迪纳：《威廉·弗农·哈考特爵士传》，两卷本，伦敦，1923年出版。

J.L. 加文、J. 艾默里：《约瑟夫·张伯伦传》，4卷本，伦敦，1932—1951年出版。

L.M. 盖尔伯：《英美友谊的兴起；1898—1906年世界政治研究》，纽约，1938年出版。

J.L. 格兰维尔：《1896—1905年意大利对英国的关系》，巴尔的摩，1934年出版。

J.H. 格里森：《英国仇俄情绪的源起》，哈佛，1950年出版。

W.L. 戈德歇尔：《三种旗帜下的青岛》，上海，1929，年出版。

N. 古德尔：《1895—1945年伦敦传教会史），伦鼓，1954年出版。

F. 戈塞斯：《第一次世界大战前尤其是 1890—1914 年间英国对外政策的运用》，E.C. 冯·加夫译，莱顿，1948 年出版。

J.M. 古茨瓦德：《1898—1904 年英国"光荣孤立"政策结束的几个问题》，鹿特丹，1952 年出版。

J.A.S. 格伦维尔：《索尔兹伯里侯爵和外交政策：19 世纪的终结》，伦敦，1964 年版。

A.W. 格里斯沃尔德：《美国的远东政策》，纽约，1938 年出版。

E.M. 古尔：《英国在远东的经济利益》，伦敦，1943 年出版。

K. 滨田：《伊藤亲王》，伦敦，1937 年出版。

维多利亚·希克斯·比奇夫人：《圣·艾德文伯爵迈克尔·希克斯·比奇传》，2 卷本，伦敦，1932 年出版。

H.C. 欣顿：《1845—1911 年中国的纳粮税制》，马萨诸塞州次布里奇，1956 年出版。

S. 菱田：《日本作为一个大国的国际地位》，纽约，1905 年出版。

H.T.S. 霍夫曼：《1875—1914 年英德贸易竞争》，费城和伦敦，1933 年出版。

B.H. 霍兰德：《第八代德文郡公爵斯潘塞·康普顿传》，2 卷本，伦敦，1911 年出版。

侯继明：《1895—1937 年中国经济发展中的外资》，哥伦比亚大学哲学博士学位论文，1954 年。大学缩微胶卷出版号 10267，安阿伯，1954 年。

G.F. 赫德森：《世界政治中的远东》，牛津，1939 年第 2 版。

恒幕义编：《清代名人传》，2 卷本，华盛顿，1943—1944 年出版。

石井菊次郎：《外交评论集》，W.R 兰登编译，巴尔的摩，1936 年出版。

M.B. 詹森：《日本人与孙逸仙》，马萨诸塞州坎布里奇，1954 年出版。

P. 约瑟夫：《列强对华外交，1894—1900》，伦敦，1928 年出版。

耿爱德：《中国内债发行史》，上海，1934 年出版。

J.S. 凯利：《被遗忘的一次会议：1900—1901 年北京谈判》，日内瓦和巴黎，1963 年出版。

A.L. 肯尼迪：《索尔兹伯里传》，伦敦，1953 年出版。

甘博士：《中国铁路发展沿革史》，伦敦，1907年出版。

E.V. 季南：《英国对华外交，1880—1085》，伦敦，1939年出版。

郭颂平（音）：《中国对外国人蚕食的反应：专论中日甲午战争及其直接后果》，哥伦比亚大学哲学博士学位论文，1953年。大学缩微胶卷出版号6552，安阿伯，1954年。

W.L. 兰格；《1890—1902年帝国主义的外交》，纽约，1951年第2版。

赖德烈：《基督教在华传教史》，纽约，1929年出版。

J.R. 列文森：《梁启超与中国近代思想》，伦敦，1959年修订第2版。

W. 利维：《中国近代外交政策》，纽约，1953年出版。

李剑农：《1840—1928年中国政治史》，邓嗣禹、英格尔斯译，伦敦，1956年出版。

A. 马洛泽莫夫：《1881—1904年俄国的远东政策》，伯克利、伦敦，1958年出版。

A.J. 马德：《1880—1905年的英国海军政策》，伦敦，1940年出版。

R.S. 麦科多克：《1894—1900年的英国远东政策》，纽约，1931年出版。

A. 迈耶多夫：《史选尔男爵外交通信集》，2卷本，巴黎，1929年出版。

G. 蒙戈：《孤立的结束：1900—1907年的英国外交政策》，伦敦，爱丁堡，1963年出版。

马丁：《中华帝国对外关系史》，3卷本，纽约，1910—1918年出版。

——《中朝制度考》，伦敦，1908年出版。

A. 墨菲：《法国帝国主义的思想意识》，华盛顿，1948年出版。

牛顿勋爵：《兰斯多恩勋爵传》，伦敦，1929年出版。

I.H. 尼什：《1894—1907年的英日同盟：两个海岛帝国的外交》，伦敦，1966年出版。

R.A. 诺里姆：《胶州租借地》，伯克利，1936年出版。

E.H. 诺曼：《日本作为近代国家的出现》，纽约，1940年出版。

《北华捷报》馆：《1891年的排外骚乱》，上海，1892年出版。

大隈重信编：《新日本的十五年》，纽约，1909年出版。

C.F. 帕斯科：《福音传教协会外土传教二百年史，1701—1900》，2卷本，伦敦，1901年出版。

伯尔考维茨：《中国通与英国外交部》，纽约，1948年出版。

P.L. 彭森：《第三代索尔兹伯里侯爵在任时期的外交事务》，伦敦，1962年出版。

M. 珀哥蒙特：《北京的外交使馆区》，北京，1927年出版。

A.M. 普利编：《林董伯爵秘密回忆录》，纽约、伦敦，1915年出版。

R.L. 鲍威尔：《中国军事力量的兴起，1895—1912》，普林斯顿，1955年出版。

J.L. 罗林森：《中国发展海军的奋斗，1839—1895》，马萨诸塞州坎布里奇，1967年出版。

C.F. 雷麦：《外人在华投资》，纽约，1933年出版。

N. 里奇：《弗里德里克·冯·霍尔斯坦：俾斯麦和威廉二世时代的政治与外交》，2卷本，剑桥，1965年出版。

S.H. 罗伯茨：《法国殖民政策史，1870—1925》，2卷本，伦敦，1929年出版。

罗曼诺夫：《俄国在"满洲"，1892—1906》，附英文提要，列宁格勒，1928年出版。S.W. 琼斯英译本，安阿伯，1952年出版。

罗纳德谢公爵：《寇松勋爵传》，3卷本，伦敦，1928年出版。

O. 罗森：《1864—1902年的德日关系：远东的欧洲帝国主义研究》，大学缩微胶卷出版号19132，安阿伯，1956年。

A.J. 萨金特：《英日商业与外交》，牛津，1907年出版。

C.A.M. 史密斯：《中国和远东贸易中的英国人》，伦敦，1920年出版。

G. 苏利：《慈禧：义和团的皇太后》，巴黎，1911年出版。

L.A. 斯彭德：《欧洲五十年》，伦敦，1933年出版。

G.N. 施达格尔：《中国与西方：义和团运动的起源和发展》，纽黑文，1927年出版。

E. 斯托克：《英国圣公会传教会史》，3卷和补遗卷，伦敦，1899年，1916年。

谭春霖：《拳乱》，纽约，1954年出版。

邓嗣禹、费正清：《中国对西方的反应：文献考察，1839—1923》，马萨诸塞州坎布里奇，1954 年出版。

W.D. 塞耶：《海约翰的生平和书信集》，2 卷本，波士顿，1915 年出版。

D. 汤姆森编：《新编剑桥近代史》，卷 12，《暴乱的年代，1898—1945》，剑桥，1960 年出版。

J.A.C. 蒂利、S. 盖斯利：《英国外交部》，伦敦，1933 年出版。

《泰晤士报》：《泰晤士报电，1785—1948》，4 卷本，伦敦，1935—1952 年出版。

M.E. 汤森：《德意志殖民帝国兴衰史，1884—1918》，纽约，1930 年出版。

陶敏谦（音）：《中国与其他国家的条约关系所生发的法律义务》，上海，1917 年出版。

P.A. 瓦格：《门户开放外交家柔克义生平》，伊利诺伊大学出版社，1952 年出版。

——《传教士、中国人和外交家，美国新教在华的传教活动，1890—1952》，普林斯顿，1958 年出版。

瓦德西：《瓦德西元帅回忆录》，迈斯纳编，3 卷本，斯图加特，1923—1925 年出版。F. 怀特英文简译本，伦敦，1924 年出版。

A.W. 沃德爵士、G.P. 古奇编：《剑桥英国对外政策史，1783—1919》，3 卷本，剑桥，1923 年出版，第 3 卷。

E.S. 韦尔利：《英国、中国和反教会骚动，1891—1900》，明尼阿波利斯，1966 年出版。

韦罗壁：《外国在华特权和利益》，2 卷本，巴尔的摩，1927 年出版。

E.L. 伍德沃德：《英国与德国的海军》，牛津，1933 年出版。

魏尔特：《中国关税自主沿革史，1843—1938》，上海，1938 年出版。

——《赫德与中国海关》，贝尔法斯特，1950 年出版。

吴朝光（音）：《对华传教运动的国际性》，巴尔的摩，1930 年出版。

孙任以都：《1898—1911 年的中国铁路和英国利益》，纽约，1954 年出版。

主要人名对照表

AJexieff，Admiral E.I.	阿列克谢耶夫海军上将
Anzer，Bishop	安治泰
Aoki Shuzo，Viscount	青木子爵
Ardsgb，Sir John	阿德
Balfour，Arthur James	贝尔福
Barlington，E	巴林顿
Barrow，General Sir George	巴罗
Beau，Paul	鲍涅
Beresford，Lord Charles	贝思福勋爵
Bertie，Sir Francis	伯蒂
Bezaure，Comte de	白藻泰
Bigge，Sir Arthut	比格
Blake，Sir Henry	卜力
Brenan，Byron	壁利南
Brodriek，William St John	布罗德里克
Brooks，Revd S.M.	卜克斯
Browae，G.F.	布朗
Bruee，Rear—Admiral	布鲁斯
Buller，Admiral	布勒
Bulow，Prince Bernherb von	比洛
Cambon，Paul	康邦
Cameron，Sir Eweu	嘉谟伦爵士

Canterbury，Archbishop	坎特伯雷大主教
Caries，Consul	贾礼士
Cassini，Count Arturo	喀希尼伯爵
Chamderlain，Joseph	张伯伦
Choate，Joseph	乔特
Clarendon，4th Earl of	克兰伦登
Cologan，B.J.de	葛罗干
colquhoun，A.R.	柯乐洪
Conger，Edwin H.	康格
Coureel，Alphonse，Baronde	古塞
Cranborne，Jzmes Edward Hubert	克兰伯恩

Gasooyue—Ceci

Curzon，George Nathaniel	寇松
Creagh，General	克雷
Delcasse，Theophile	德尔卡塞
Derenthall，Herr voR	冯·德伦塔尔
Devonshire，Duke of	德文郡公爵
Dewey，Admjral George	杜威
Dvdgeon，C.J.	威厚阔爵士
Eckardstein，Baron Hermaon Vou	艾卡尔德斯坦
Edward Ⅴ Ⅱ，King of England	英王爱德华七世
Elgin，Lord	额尔金勋爵
Ferry，Jules	茹费里
Gaselee，GeneraI Sir Alfred	盖斯利
Giers，M.N.de	格尔思
Goschen，George Joachiu	戈申
Gough，Viscount	高夫

Grierson，Colonel   格里尔森

Hallet，H   哈利特
Hamilton，Lord George   汉密尔顿
Hareourt，Sir William   哈考特
Hardinge，Sir Arthur Henry   哈丁
Hart，Sir R.   赫德
Hatzfeldt，Count Paul von   哈茨费尔德
Hay，John   海约翰
Hayashi，Count Tadasn   林董
Heale，Father   韩理
Henry，Priuce，of Prussia   亨利亲王
Hicks Beach，Sir Michael Edward   希克斯·比奇
Hildebrandt，Vice—admixal   锡乐巴（希尔德布兰特）
Hillier，Sir Walter   禧在明
Hippisley，A.   贺璧理
Holstein，Count Friedsich Von   荷尔斯泰因伯爵

lto Hirobumi   伊藤博文
Izvolsky   伊兹沃尔斯基

Jamieson，G.   哲美森爵士
Katsura Varo   桂太郎
Keswick，W.   凯瑟克（克锡）
Ketteler，Barou ovn   克林德
Kimberley   金伯利
Kinder，C.W.   金德
Koch，M.W.   科克
Kodama Gentaro   儿玉源太郎
Komura，Baron Jutaro   小村寿太郎

Kuropatkin，General A.N. 库罗帕（巴）特金

Lamsdorff，Couat V. 拉姆斯多尔夫
Lansdowne 兰斯多恩
Lascelies，Sir Frank 拉塞尔斯
Lessar，M. 雷萨尔
Linevieh，General N.P. 利涅维奇（李尼维去）
Lobanov—Rostovski，Prince A. 洛巴诺夫—罗斯托夫斯基亲王

MacDonald，Sir C.M. 窦纳乐
Mackay 马凯
Mackinder，Sir Halford 麦金德
MeklnleY，Presideut William 麦金莱总统
Mahan，Admiral A.T. 马汉
Margary，A. 马嘉理
Meyet，C 迈耶
Monson，Sir Edmund 蒙森
Morrison，G.E. 莫理循
Morse.H.B. 马士
Mowatt，sir Francis 莫厄特
Muhlberg，Baron Otto von 冯·米尔伯格
Mumm Vou Schwarzenstein 穆默
Muraviev，Count N.N. 穆拉维也夫（穆拉岳福）

Nicholas Ⅱ，Tsar of Russia 尼古拉二世
Nies，Father 能方济
Northcote，Sir Henry stafford 诺思科特

O'Conor，Sir N. 欧格讷爵士

Palmerston, Lord	巴麦尊
Pauueefote, Sir Julian	庞斯福特
Pethlek, w.M.	毕德格
Playfair, G.M.H.	白挨底
Pokotiloff, D.D.	璞科第
Richthofen, Ferdinand P.W.von.	费丁南·李希霍芬男爵
Richthofen, Baron Oswald von	奥斯瓦尔德·里西特霍芬男爵
Ritchie, Charles Thomson	里奇
Rockhill, w	柔克义
Rosebery, 5th Earl of	罗斯伯里
Rothschild, Lord Alfred	罗斯柴尔德
Rothstein, M.	罗斯坦
Salisbury.Lord	索尔兹伯里侯爵
Salvago Raggi, Marquis de	萨尔瓦葛侯爵
Sanderson. Sit Thomas	桑德森
SatoW. Sir Ernest	萨道义爵士
Boott, Sir Charles	斯科特
Selborne. 2nd Earl of	塞尔伯恩
Sevmour. Admiral Sir E.H.	西摩
Sprye.R.	斯普赖
Squiers, H.	司快尔
Staal, Baron de	史达尔
Stedman, Sir E	斯特德曼
Stuebal, Dr.	施妥博
Subotieh, General	苏波季奇
Sugiyama	杉山彬
Sundius.Consul	孙德雅
Swettenham, Sir Fraak	斯维腾哈姆